중국의 역사

위진남북조

KB191634

중국의 역사 위진남북조

가와카쓰 요시오 지음 | 임대희 옮김

2004년 3월 18일 초판 1쇄 인쇄
2004년 3월 25일 초판 1쇄 발행

펴낸이 · 오일주
펴낸곳 · 도서출판 혜안
등록번호 · 제22-471호
등록일자 · 1993년 7월 30일

㉾ 121-836 서울시 마포구 서교동 326-26번지 102호
전화 · 3141-3711~2 / 팩시밀리 · 3141-3710
E-Mail hyeanpub@hanmail.net

ISBN 89-8494-213-8 93910
값 18,000 원

중국의 역사
위진남북조

가와카쓰 요시오 지음 | 임대희 옮김

혜안

지은이 | **가와카쓰 요시오 川勝義雄**

1922년 京都 출생

京都大學文學部史學科 졸업

京都大學人文學硏究所 敎授

1984년 작고

저서 『史學論集-中國文明選』(1973)

　　『マスペロ道敎』(譯注, 1978)

　　『六朝貴族制社會の硏究』(1982) 외

옮긴이 | **임 대 희**

1953년 경주 출생

德壽國校, 中央中高校, 서울대(동양사)

空士敎授部(역사교관), 臺灣師大(歷史硏究所 중퇴)

東京大(동양사), 茨城大(人文學部 專任講師)

筑波大(外國人訪問學者), 京都大(外國人訪問敎授)

현재 慶北大 교수

중국사에서의 난세(亂世)

여기에서는 중국 최초의 통일국가인 진한제국(秦漢帝國)의 약 400년에 걸친 역사에 뒤이어, 앞 시대와 정반대의 성격을 가진 2~3세기의 전환점에서 시작하는 극렬한 혼란과 분열의 400년을 개관할 것이다. 소위 위진남북조(魏晉南北朝)시대로 불리는 이 시대는 수제국이 다시 통일을 이룩하는 6세기 말경이 되어서야 비로소 종결되었다. 그 이후 300년 동안, 적어도 외견상으로는 현란한 수당제국(隋唐帝國)의 시대가 계속된다. 진·한과 수·당이라는 두 대제국 사이에 끼여 있는 위진남북조시대는 그러므로 말하자면 침체했던 시대처럼 보인다.

정치적으로 보면 그것은 분명 난세였다. 공자의 뒤를 잇는 아성(亞聖)으로 불린 맹자는 일찍이 역사의 움직임을 '일치일란(一治一亂)'의 반복으로 보았다. 예컨대 요·순(堯舜)에서 하(夏)의 우왕(禹王)으로 이어지는 뛰어난 치세는 이윽고 쇠란의 길을 걷다가 걸왕(桀王)대에 이르러 난세가 극에 달하였고, 이 때 은(殷)의 탕왕(湯王)이 걸왕을 무너뜨리고 다시 뛰어난 치세를 부활시켰다. 다시 은대 주왕(紂王)에 이르러 난맥이 극에 달하자, 주의 문왕·무왕(文王·武王)과 같은 훌륭한 군주가 다시 세상을 바로잡았다. 그러나 맹자의 시대에 그 '주의 왕도(周의 王道)'도 이미 쇠약해져 바야흐로 난세가 한창이라고 하였으니, 이것이 맹자의 인식이었다.

이러한 정치적 견해에서 본다면 400년에 걸친 위진남북조시대는 '일치일
란(一治一亂)'의 거대한 사이클 가운데 '일란'의 시대에 해당한다. 비교적
통치가 잘 이루어진 진·한제국의 400년과 혹은 그 다음 수·당제국의 300년
에 비한다면, 이 400년의 난세는 그 가치가 떨어진다고 볼 수밖에 없다.
그러한 사고방식은 새삼 맹자의 '일치일란'설을 끄집어 낼 것도 없다. 왜냐하
면 지금도 중국의 역사는 거대한 전제국가가 흥망을 반복하는 과정에 지나지
않으며, 간신히 19세기 중엽에 유럽의 근대문명이 충격을 가할 때까지 긴
정체의 꿈에 젖어 있었다고 간주하는 경향이 적지 않기 때문이다.

실제로 당제국이 멸망한 후, 10세기부터 송(宋)·원(元)·명(明)·청(淸)으
로 이어지는 거대한 제국이 중국사에서 흥망을 되풀이하였다. 중국사의
근간을 이루는 것은 이들 전제국가였으며, 그 같은 전제국가의 국가체제가
어떠한 조직으로 이루어져 있고, 어째서 그것이 멸망했으며 또 새로이 일어났
는가를 이해하는 것이 중국사를 이해하는 열쇠라고 생각하기 쉽다. 그러나
이런 식으로 전제군주체제라는 점에 초점을 맞출 경우, 그러한 체제가 확립되
지 못한 채 400년의 긴 세월 동안 혼란과 분열로 점철되었던 위진남북조시대
에 대해서는 중국사에서 예외적인 시대로 보고 경시해 버리기 쉽다.

그러나 과연 어두운 침체의 시대 혹은 예외적인 시대라고 간주해 버리고
그렇게 경시해도 되는 것일까?

무릇 난세란 격동의 시대이다. 사람들의 활력이 용솟음치고 정체를 허용하
지 않는 시대이다. 맹자가 '일란'의 시대라고 본 춘추전국시대야말로, 공자를
비롯한 제자백가(諸子百家)의 학문이 일어나 중국문명의 수준을 일거에 끌어
올린 빛나는 시대였다. 정치적 난세가 문명을 꽃피우는 화려한 시대가 될
수 있음은 동서양에서 공통적으로 확인된다. 중국의 위진남북조시대도 역시
결코 단순한 침체의 시대는 아니었다.

古式 金銅佛坐像 | 北朝 4세기 전반. 간다라의 영향을 받은 것으로 동서문화교류를 말해준다.

화려한 암흑시대

난세는 사람들을 종종 끔찍한 고난과 비참에 찬 상태로 밀어넣는다. 특히 북방과 서방에서 다수의 이민족이 침입하여, 화북의 선진지대를 황폐화시켜 버린 이 시대에는 분명 암흑시대의 양상이 도처에서 전개된다. 한제국(漢帝 國) 붕괴 후의 이 시대는 로마제국이 붕괴한 후의, 말하자면 유럽 중세의 '암흑시대'와 꼭 닮았다. 그러나 중국에서는 이 암흑시대에 유럽보다 훨씬 화려한 문명의 꽃을 피워냈다.

예를 들면 완벽한 서예술을 만들어 낸 왕희지(王羲之)와 화성(畫聖)으로 불리는 고개지(顧愷之)는 세상에 널리 알려진 인물이다. 물론 서(書)와 회화(繪畵)는 기원이 더 오래 되었다. 그러나 서예가와 화가라는 존재는 그 자신을 직인으로서가 아니라 개성적인 예술가로 자각할 때 비로소 출현한다. 서와 회화가 예술로까지 승화되고, 그 비평으로서의 서론(書論)·화론(畵論)이 행해지고, 그 장르가 자각된 것은 바로 이 시대였다.

또 전원시인인 도연명(陶淵明)도 사람들에게 널리 알려진 인물이다. 시라는 장르는 이 시대의 개막과 함께 한꺼번에 개화하였다. 한제국의 명맥을 끊고 위나라의 기초를 닦은 조조(曹操)는 걸출한 시인이기도 했다. 그 이후 이 난세에 많은 시인이 배출되었다. 도연명은 그 가운데에서도 독특한 존재로서 특히 뛰어난 인물이다. 서정시라는 장르의 확립은 이 시대의 가장 빛나는 산물의 하나였다.

이와 함께 문장의 문체는 대구(對句)를 구사하고, 4구·6구를 마치 말들이 머리를 나란히 하고 달리듯이 대단히 균형있게 구사하는 화려함을 보여주었다. '변려체(騈儷體)'라고 불리는 이 문체는 고전에 대한 깊은 교양과 중국어의 음조에 대한 예리한 감각을 아울러 통일시킨 가장 세련된 문체이다. 문학의 장르는 이 난세에 완전히 독립하였다. 그 명문과 대표적인 시 작품들은 6세기 초 편집된 유명한 사화집(詞華集)인 『문선(文選)』에서 찾아볼 수 있다. 이것이 후에 얼마나 엄청난 영향을 주게 되는지도 잊어서는 안 될 것이다.

이상으로 본 문학과 예술 양식의 확립은, 개성 넘치는 여러 유형의 교양인을 배출함으로써 이루어졌다. 다양한 개성은 사상의 자유라는 토대 위에서 피어난다. 한대를 풍미한 유교사상은 이 시대에 들어오면 더 이상 유일한 권위가 되지 못하였다. 노자·장자의 계보를 잇는 도가(道家)사상과 개인의 구제를 구하는 도교신앙, 나아가 서방에서 들어와 널리 퍼져나간 불교 사상·신앙 등 유(儒)·불(佛)·도(道) 삼교가 공존하고 섞여서 사람들의 정신의

太和二十年銘石造釋迦三尊像 | 北魏, 35×34cm

폭을 크게 넓혀 나갔다. 이 시대에는 여러 가치가 병존하였고, 계속해서 사람들은 보다 뚜렷하고 새로운 가치를 모색하였다.

　이러한 노력이 중국문명의 폭을 크게 넓히고, 그 질을 향상시켰다. 앞서 예시한 문학・예술 양식의 확립도 중국문명의 폭의 확대와 질적인 심화의 한 표출에 지나지 않는다. 중국문명은 종교 분야와 학문 분야에서도 이 시대에 풍요롭게 발전하였다. 오랜 기간에 걸친 지독한 정치적 암흑시대도 중국의 고대문명을 단절시키지는 못하였고, 오히려 그 내용을 새롭고 풍요롭게 만든 것이다.

　게다가 고도로 발전한 이 강인한 중국문명은 단순히 중국대륙 안에서만 유지된 것이 아니다. 중국문명이 주변으로 파급되어 이 문명을 핵으로 동아시아세계가 성립된 것도 이 시대에 와서였다. 정치적인 암흑시대는 바로 중국문명권의 빛나는 확대 팽창기였던 것이다.

이 책의 과제

빛나는 암흑시대라고 할 이러한 역설적인 현상은 어째서 일어난 것일까. 그것이 이 책에 부과된 중심과제이다. 실제로 이 같은 현상은 로마제국의 붕괴 후 그리스·로마의 고전고대문명이 완전히 암흑시대로 빠져들어 버린 서방과 비교하면 뚜렷한 대조를 보인다. 중국의 고대문명은 어떻게 이 기나긴 난세에도 불구하고, 단절되기는커녕 오히려 일관성을 유지하면서, 보다 풍요롭게 보다 넓은 범위로 발전해 나갈 수 있었던 것일까. 이에 대한 답을 구하는 것은 중국문명의 탁월한 일관성과 강인성의 비밀을 밝히는 일이기도 할 것이다.

필자는 이 거대한 과제에 대하여 아직 충분한 답을 제시할 수 없다. 그러나 아마 이 과제와 관련이 있을 하나의 의문을 진작부터 품고 있었다. 이 긴 전란의 시대에 무력이야말로 유일하게 의지할 곳이 될 수 있었을 것임에도 불구하고 무사는 결코 지배계급을 형성하지 못했다. 바로 그 원인이 무엇인지가 의문이었다.

이 시대의 중국사회는 일반적으로 '귀족제 사회'로 규정된다. 사회계층은 몇 갈래로 분화되고 가문은 각각의 계층으로 고정화되는 경향이 강했다. 그리고 그 최상층에 자리한 명문이 되기 위해서는 대대로 풍부한 교양을 갖춘 지식인을 배출해야 했다. 단순히 완력만 강한 무인은 아무리 전공을 세워도 이들 귀족들 틈에 낄 수가 없었다. 귀족계급은 무사가 아니라 교양있는 문인이었던 것이다. 긴 전란시대에 이러한 사회체제가 계속 유지되었다는 사실은 정말 놀랄 만하다.

물론 무력집단을 장악한 무인이 새로운 국가를 세우고 황제도 될 수 있었다. 특히 화북(華北)을 석권한 여러 이민족은 무력을 바탕으로 국가를 건설하였고 그들의 수장이나 유력 간부도 또한 무인이었다. 거기에서는 북족계의 무인가문이 귀족이 될 수도 있었다. 그러나 그들이 한민족(漢民族) 사회를 통치하고, 그 국가를 유지해 나가기 위해서는 반드시 한족사회의 명문, 즉 문인귀족층의 협력을 받아야 했다. 그 협력과정에서 황실 및 무인귀족도 점차 문인귀족층의 영향을 받아 문인화되는 것이 보통이었다.

이와 같은 문인귀족층은 국가의 흥망을 초월하여 영속하였다. 그들이야말로 이 긴 난세에 중국문명을 강인하게 지켜내고, 나아가 그것을 더욱 발전시킨 중심축이었다. 중국문명의 강인성이란 바로 이 문명을 담당하는 지식인들의 강인성에서, 그리고 이들 지식인을 뒷받침한 한족사회의 존재 양식에서 비롯된다. 소위 '귀족제 사회'와 깊은 관련을 갖고 있는 것이다.

필자는 이러한 관점에서 400년간의 난세를 불러온 여러 요인을 더듬어 이 시대의 의미를 생각해 봄과 동시에, 이 시대를 강인하게 살아간 '귀족제 사회'의 변천을 추적해 보고자 한다.

목차 |

1.
기나긴 정치적 분열시대

남과 북

분열과 혼란의 4백년

지금부터 개관하고자 하는 위진남북조시대는 대개 기원 3세기 초부터 6세기 말경에 이르는 약 4백년에 걸친 시대를 의미한다. 그 전시대인 기원전 3세기 말부터 약 4백년 동안의 진한시대에는, 때로 다소의 혼란이 없었던 것은 아니지만 대부분의 기간 동안 전 중국을 지배하는 통일제국으로 존속하였다. 그에 비한다면 완전히 대조적으로 이 시대는 극도의 분열과 혼란이 4백년 동안 지속되었다. 그것은 아래의 간단한 연표만 보더라도 충분히 이해할 수 있다.

위진남북조 왕조교체표

즉 중국 전체가 하나의 제국으로 통합되어 비교적 평온한 시기를 누릴 수 있었던 것은 280년에 진(晉)제국[1])이 오(吳)나라를 병합하고 난 후의 약 20년의 기간으로, 4백 년 가운데 겨우 5%에 지나지 않는다. 나머지 95%의 시기 동안 중국은 분열된 채 혼란을 되풀이하였다. 4백년 가운데 중국 전토가

---

1) 이를 후에 성립한 동진(東晉)과 구별하기 위하여 보통 '서진(西晉)'이라고 부른다.

통일된 기간이 겨우 20년밖에 되지 않았다는 것은 이 시대를 기나긴 분열시대라고 부르기에 모자람이 없다.

그러나 연표에 의하면 중국이 위(魏)·오(吳)·촉(蜀)의 삼국으로 분열된 것은 220년 무렵이고, 다시 수문제(隋文帝)에 의하여 통일이 이룩된 것이 589년이다. 따라서 분열시대는 서진에 의한 단기간의 통일을 포함해도 약 370년이므로 4백 년이라고 하는 것은 좀 과장이라고 할지도 모른다. 그렇지만 220년 이전인 한말의 대혼란기를 고려하지 않으면 안 된다.

2세기 후반에 들면서 이미 한제국은 어수선해지고 있었다. 사회불안이 급속도로 가속화되어 가는 184년 봄, 마침 60년주기가 시작되는 갑자년을 기하여 수십만에 달하는 일종의 도교신도들이 일제히 황색 머리띠를 두르고 화북 각지에서 무장봉기하였다. 이것이 소위 '황건(黃巾)'의 대란이다.

'한제국의 타도'라는 뚜렷한 구호를 내건 이 반란으로 인해 제국의 지배체제는 완전히 붕괴하였다. 이를 계기로 무력을 지닌 군웅들이 각지에서 할거 투쟁하는 끝없는 대혼란의 막이 열렸다. 그 군웅호걸이 서로 힘과 지모를 한껏 겨루면서, 마침내 위·오·촉의 삼국으로 정립되어 간 과정은『삼국지연의(三國志演義)』로 소설화되어 이미 유명하다. 220년의 삼국분립은 분열시대의 시작이라기보다 오히려 그 이전의 보다 격심한 혼란과 분열에 대한 일단의 수습이었다고 이해해야 할 것이다.

분열의 근본 요인

이렇게 분열과 혼란의 시대는 이미 180년대부터 시작되고 있었다. 그러므로 그로부터 589년 수에 의해 중국이 재통일되기까지 4백 년의 시기를 중국의 대분열시대라고 보는 것은 결코 과장은 아니다.

그렇다면, 진한제국의 지배하에 4백년 동안이나 통일을 누릴 수가 있었던 중국이 어째서 이렇듯 긴 분열과 쟁란의 기간을 거치지 않으면 안 되었던 것일까. 흔히 얘기되듯이 중국에 고래로부터 전제군주권력에 의한 지배체제가 굳게 확립되어 있었다고 한다면, 그리고 전제군주체제라는 것이 그 말에서 받는 인상처럼 전제군주가 일방적으로 인민을 강력히 지배하는 것이라고 한다면, 이처럼 긴 분열과 혼란의 시기는 있을 리가 없다. 일시적인 혼란이야 피할 수 없다고 해도, 곧 강력한 전제군주가 그것을 수습하여 공고한 지배체제를 확립할 수 있었어야 했다. 그러나 그렇게 되지 못했던 데서 위진남북조 4백년의 역사가 존재한다. 이 시대의 역사를 이해하는 것은 전제군주권력에 의한 지배체제라고 하는 위로부터의 시각만 갖고는 전혀 불가능하다. 오히려 역으로, 전제군주체제를 지속할 수 없었던 아래로부터의 요인을 찾는 것만이 이 시대의 역사를 이해하는 열쇠가 될 것이다.

그런데 이처럼 분열시대가 오래 계속된 요인 가운데 하나는 중국 내부의 각 지방이 각각 자립성을 강화해 온 데 있다. 이것은 크게 보아 남과 북으로 나뉘어져 소위 남조와 북조로 분열하게 되는 원인(遠因)이기도 했다. 그 밖에 한민족과 이민족 간의 민족문제와 분열상황의 기저에 있었던 각 지방세력의 결집방식, 즉 사회관계의 문제 등 여러 요인이 중첩되어 이처럼 오랜 분열시대를 낳았다. 여기에서는 우선 중국 각지의 자립화 문제에 대하여 남과 북의 문제를 중심으로 개관해 보자.

개활지(open land)=화북 천수(天水) 농경지대

최근 자주 얘기되는 생태학적 측면의 구분에 의하면, 중국본토는 대개 회수(淮水)를 기준으로 하여 그 이북과 그 이남으로 크게 나뉜다. 크게 보아 회수 이북은 개활지라고 명명되며, 그 안은 사막지대와 구별하여 사바나・스텝지대라고 하는 분류에 넣을 수 있다. 이 곳은 건조도가 높기 때문에 삼림이 충분히 생육하지 못하고, 어느 정도 삼림이 자란다 하더라도 일단 한 번 채벌되면 재생되기 어렵다. 따라서 회수 이북에는 삼림지대가 형성되기 힘들었고, 이에 울창한 삼림에 방해를 받지 않은 화북의 대평원은 전망이 좋고, 결국 공간이 열려 있어 집단의 이동이 용이하고 교통이 일찍부터

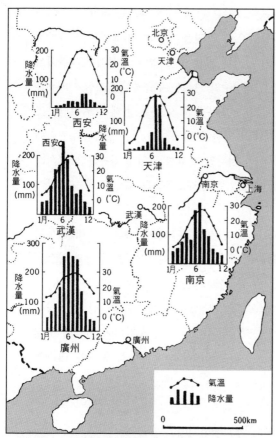

발달하였다.

또 이 지역은 예로부터 치수가 어렵기로 유명한 황하의 물을 거의 이용할 수 없는 상태였으므로, 소규모의 관개와 자연의 천수(天水)를 주로 이용하는 소위 소관개 천수(小灌漑天水) 농경지대였다. 그리고 건조도가 높았으므로 가능한 한 땅 속의 수분을 증발시키지 않고 이용하는 한지(旱地)농법이 일찍부터 발달했다. 이 지역에 적합한 보리·조·피 등과 같은 작물 외에 보다 습윤한 남방지역에 적합한 벼농사까지, 상당히 가혹한 자연조건 하에서 그 생산성을 높이는 지혜를 축적해 온

화북 · 화중 · 화남의 기후풍토 | 강수량·기온은
東京天文臺 편, 『理科年表』, 1973년판에 의한다.

것이다. 6세기 중엽 산동성에서 만들어진 『제민요술(齊民要術)』이라고 하는 농서는 이와 같은 화북에서 고대 중국인이 축적해 온 높은 농경기술 수준을 집대성한 것이다.

그러나 사바나·스텝지대, 그 가운데에서도 이러한 소관개 천수 농경지대는 맑은 날이 많고 높은 온도와 풍부한 햇빛이 있기 때문에 물만 있다면 식물이 잘 자랄 수 있는 환경을 갖고 있다. 그러나 물의 제한이 있으므로

가경지(可耕地)의 넓이에 한계가 있고 농경지와 거주지가 점의 형태로 분포하는 경향이 있다. 또한 강우량의 작은 변동도 작물의 생육에는 결정적인 영향을 주므로, 천수 농경지대에서는 수확이 극히 불안정하고 풍작과 흉작의 변화가 크다. 즉 적절히 비가 내린 지방과 그렇지 못한 지방은 풍흉에 큰 차이가 나기 쉽다. 이 같은 풍흉의 지역적인 불균형을 상쇄하기 위해서는 넓은 지역에 걸쳐 전체를 하나의 사회로 통일하여 조정할 수밖에 없었다. 이것은 개활지의 좋은 전망 그리고 용이한 교통과 어우러져 거대한 제국을 형성하기 쉬운 조건이 되었다.

이상과 같은 생태학적 관점은 진한제국처럼 거대한 고대제국의 형성 원인을 이해하는 데 틀림없이 도움이 된다. 화북의 지리적·생태학적 여러 조건 속에서 고대 중국인은 갖은 어려움을 능동적으로 극복하고 조정하기 위하여 거대한 제국을 형성하였으며, 살아가기 위한 지혜를 축적하여 고도의 문명을 탄생시켰다. 이렇게 하여 화북을 중심으로 결집된 거대한 힘을 바탕으로 진한제국은 전 중국을 통일하여 지배하고, 나아가 동서남북으로 인접한 외지에까지 진출하였다. 전 중국으로부터 해외에까지 지배력을 미친 진한제국의 중심적인 기반이 이 화북의 소관개 천수 농경지대였다고 하는 것은 말할 필요도 없다.

화북 각지의 자립성

전후 4백년에 걸친 비교적 평온했던 한제국시대에는 관개설비를 충실히 했고 농경기술의 진보와 보급 등에 의해 화북에서는 미개간지 개발이 강력하게 추진되어서, 가경지 면적이 크게 증대하였다. 화북 각지에서 농업생산력의 고양과 그에 동반한 축적물의 증가는 전반적인 인구증가와 광범위한 자립농민의 성장을 촉진시켰다. 동시에 각지에서는 부유한 호족과 빈농으로의 계급분화가 진행되었으므로 호족으로 하여금 주변 농민에 대한 규제력을 강화시키는 요인이 되기도 하였다. 각지에서 호족 또는 부유계층이 형성됨에

따라 이 계층에는 학문과 문화가 수용되었고 이에 따라 두터운 지식인층이
널리 퍼져나갔다. 뒤의 제3장에서 상세히 설명하겠지만, 이들 각지의 지식인
을 중심으로 하여 2세기 중엽부터는 인물평론이 활발히 이루어지고, 각지에
평판 높은 명사가 잇따라 출현하였다.

　이러한 화북 각지에서의 명사의 출현은 각 지방에 지역의식을 성장시켰다.
2세기 중엽부터 하남성(河南省), 하북성(河北省) 남부, 산동성(山東省) 서부
등의 선진지대를 중심으로 각지의 명사들이 빗발치는 여론을 배경으로 하여
각각 활발히 활약하기 시작하였다. 그러한 풍조가 꼬리를 이어 3세기에는
각 지방마다 각각의 지방에서 배출된 명사들의 전기를 모은 서적이 속속
만들어졌다. 이들 서적의 예를 들면 표와 같다.

위진시대 명사 전기 일람

書 名	著 者	郡治의 現在名	書 名	著 者	郡治의 現在名
汝南先賢傳	魏·周斐	河南省 汝南	山陽先賢傳	晉·仲長轂	山東省 金鄕
陳留耆舊傳	漢·圈稱	河南省 陳留	楚國先賢傳	晉·張方	湖北省
陳留耆舊傳	魏·蘇林	河南省 陳留	吳先賢傳	吳·陸凱	江蘇省 蘇州市
魯國先賢傳	晉·白褒	山東省 曲阜	會稽先賢傳	吳·謝承	浙江省 紹興
東萊耆舊傳	魏·王基	山東省 掖縣	予章烈士傳	吳·徐整	江西省 南昌市
濟北先賢傳	不明	山東省 長清	益部耆舊傳	晉·陳壽	四川省 成都市

* 서명에서 先賢·耆舊·烈士 등의 앞에 붙은 글자는 당시의 郡名·國名·地方名이다.

　위에서 제시한 서적은 대개 3세기 말까지 편찬되었다고 생각되는 것을
『수서(隋書)』「경적지(經籍志)」라고 하는 당대 초기에 정리된 목록 안에서
골라낸 것인데, 현재는 대부분 흩어져 버려 다른 서적에 인용된 형태로
남아 있는 일부 단편 모음에 불과하다. 3세기 이후에 편찬된 것을 더한다면
수는 더 많아진다. 어쨌든 2세기 말부터 이후 위진남북조시대에 이르는
시기에 이와 같은 출신지별 명사 전기집이 속속 편찬되기 시작하였다. 이는
이 시대에 각 지방의 자의식이 높아진 증거인데 일례로 같은 하남성 안에서는
여남군(汝南郡) 출신자와 영천군(穎川郡) 출신자 가운데 어느 쪽이 뛰어난가

를 둘러싸고 '여(汝)·영(穎) 우열론'이라는 논쟁이 일어났을 정도로 지방의
식이 높아졌다.

이 같은 지방의식은 각지의 지방지 역시 이 시대에 편찬되기 시작한 것에서
도 나타난다. 이미 아오야마 사다오(靑山定男)는 주처(周處)의『양선풍토기
(陽羨風土記)』를 비롯하여 대부분의 지방지가 각 지방 출신자 또는 그 지방에
잠깐 머물렀던 사람에 의하여 쓰여졌다는 사실을 확실히 밝혔다. 이 또한
각지의 자의식이 자각적으로 표현된 형태이다.

이와 같은 지방의식의 현저한 표현이 이루어질 수 있었던 것은 말할 것도
없이 각지의 독자성의 자각 때문인데, 각지의 물적·인적 축적이 그 자각을
가능케 할 만큼 높아졌기 때문에 나타날 수 있었다. 소위 바위처럼 단단한
진한시대의 통일적 지배 아래 이처럼 각지의 힘이 각각 높아진다. 이윽고
통일은 붕괴되고, 지방마다 분열되어, 각각의 지방이 독자적으로 자기의
갈 길을 모색하게 되는 것은 당연한 결과이다. 그 단단한 고대제국의 통일에
서, 여러 지방이 역사를 움직이는 주체가 되어 각각 긴 고난의 길을 걷기
시작하는 역사과정으로의 전환은 고대로부터 중세로의 이행이라고 이해해
도 좋을 것이다. 이 같은 시대구분에 대해 모든 연구자가 동의하는 것은
아닐지라도 적어도 화북을 중심으로 한 역사에서는 한제국의 붕괴기를 고대
에서 중세로의 전환기로 보고 싶다.

삼림지(forest land)=양자강 유역

지금까지 화북의 소관개 천수 농경지대를 중심으로 하여 생산력의 증대가
화북 각지의 자립성을 유발시켰다는 것을 서술하였다. 그러나 그 증거로
든 각지의 명사 전기집과 지방지의 서명에서 알 수 있듯이, 그러한 현상은
화북에만 그치지 않고 양자강(揚子江) 유역의 화중(華中)지방에도 미치고
있었다. 이 지방은 오(吳)·동진(東晉)·송(宋)·남제(南齊)·양(梁)·진(陳)
의 여섯 왕조가 대대로 할거한 지역이다.

司馬遷

이들 여섯 왕조의 수도는 건업(建業)·건업(建鄴)·건강(建康)이라 하여 글자는 다소 다르지만 모두 지금의 남경(南京)에 위치하고 있으며, 여섯 왕조는 위진남북조의 대부분의 기간을 차지하고 있다. 그래서 위진남북조를 '6조(六朝)'라고 부르는데, 이 기나긴 분열과 혼란의 시대에 남경을 중심으로 하는 강남이야말로 중국 문명의 전통을 유지하고, 나아가 이것을 풍부히 성장시키는 중심지가 되었다. 그러나 강남이 처음부터 그러한 문명의 온상으로 불린 것은 결코 아니었다.

회수 이남의 양자강 유역은 생태학상으로 삼림지대라고 불리며, 그 가운데서도 이 지역은 여름에 강우량이 집중하여 조엽수림이 무성한 지역이다. 여름의 고온다습한 기후로 삼림이 매우 무성할 뿐만 아니라, 숲속의 하초(下草)도 빽빽하다. 이 같은 삼림은 집단의 이동을 방해하는 역할을 하여 각 지역 간의 교통이 발달하기 어려웠다.

다른 한편, 강우량이 충분하고 물의 공급이 상당히 일정하였으므로 물의 제한 때문에 가경지의 넓이에 한계가 생기는 개활지와는 달리, 일단 경지가 만들어지면 그것을 주변 일대로 넓혀 나갈 수가 있다. 그리고 개활지에서는 강우량의 변동이 수확량에 결정적인 영향을 미치지만, 삼림지에서는 풍흉에 큰 영향을 주지 않는다. 개활지의 경우 풍흉(豊凶) 차이의 50%가 강우량의 변동에 영향을 받는 데 비해, 삼림지에서는 겨우 수확량의 5% 정도밖에 영향을 받지 않는다고 한다.

이와 같은 조건을 가지는 삼림지대에서는 꽤 넓은 경지를 포함하고 있고, 자급이 가능해진 지역은 하초가 빽빽한 울창한 삼림 때문에 다른 지역과의 교통이 용이하지는 않아도 자립이 원칙적으로 가능하다. 생태사관에서 보이는 바와 같이 개활지에서는 각 지역간의 격심한 풍흉의 차이를 조정하기 위하여 넓은 지역을 통합하는 대제국이 일어나기 쉬운 데 반해, 이러한 삼림지대에서는 거꾸로 각 지역이 독립하여 봉건적인 소국으로 분립하기 쉬운 경향을 본래부터 갖추고 있다고 한다.

여유로웠던 옛날의 강남

이러한 양자강 유역에는 춘추전국시대부터 이미 초(楚)·오(吳)·월(越)이라고 하는 꽤 넓은 지역에 걸친 왕국이 병존·흥망하였고, 진한제국은 말할 것도 없이 이 지방을 영토 내로 흡수하여 그 지배하에 두었다.

그러나 한제국의 전성기인 기원전 2세기 말『사기(史記)』화식열전(貨殖列傳)에서 사마천(司馬遷)은, "일찍이 초·월의 땅은 토지가 넓고 인구는 적으며, 인민은 쌀을 주식으로 하고 어류로 국을 끓였으며, 어떤 곳에서는 '화경(火耕)하고 물갈이(水耨)'하기도 하였다. 과실·어패류 등은 자급할 수 있고, 토지의 성질은 식물이 풍부하여 기근 걱정이 없다 …… 그러므로 강(江)·회(淮) 이남에서는 굶는 사람은 없고, 그 대신에 천금을 쌓은 부호도 없다"고 기록하고 있다. 그는 실제로 이 지방을 여행하였을 것이므로, 이 서술은 그 자신의 눈으로 본 바를 적은 것임에 틀림없다.

사마천이 남긴 이 서술을 보면, 당시의 양자강 유역 특히 강남이라고 불리는 그 하류 일대가 얼마나 여유로운 사회였던지 놀라울 뿐이다. 한민족은 화북의 소관개 천수 농경지대에서 가혹한 자연환경과 싸우며 살기 위한 지혜를 갈고 닦아 거대한 제국의 정치체제와 고도의 문화를 쌓아 왔다.

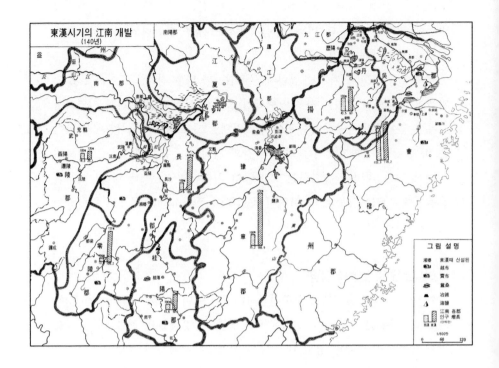

과연 이 한민족과 동일한 민족이 강남에서는 이토록 유유히 원시에 가까운 생활을 계속 누려 왔던 것일까. 필자의 견해로는, 사마천의 기술에 보이는 강남사람들의 생활이 학계에서 논쟁이 분분한 '화경하고 수누하는' 농법까지 포함하여 한민족과는 다른 남방계의 타이어(語)계 원주민에 의하여 영위되었던 것으로 생각되지는 않는다.

한민족과 이민족의 문제는 다음 절에서 개관하기로 하고, 여기서는 그저 기원전 2세기 말 사마천이 살던 무렵까지 강남은 계급분열도 없는 원시적인 공동체생활을 영위하는 사람들이 드넓은 땅에서 자급자족하며 살고 있지 않았나 하는 점을 염두에 두는 정도로 그치기로 하자.

한민족에 의한 강남의 개발

사마천의 기술에서 보았듯이 원래의 '초·월의 땅', 즉 양자강 유역은

28

馬王堆 漢墓 3호묘의 개관 장면(위) 및
칠기 출토 상황(아래)

고도의 중국문명이 발달한 화북에 비하여 전반적으로 훨씬 뒤떨어진 후진지역이었다. 그렇다고는 하지만 호북성에서 호남성에 걸치는 '초'의 중심부에서는 사마천의 시대보다 좀더 앞선 시대의 이 지방 제후의 일족이 극히 고도의 문명을 누리고 있었음을 확인할 수 있다. 최근 장사(長沙) 부근의 마왕퇴(馬王堆)에서 발굴된 한대묘에서 출토된 마치 살아 있는 듯한 귀부인의 미이라를 그 예로 들 수 있다. 이 지방이 '초' 시대부터 중국문명의 영향을 받아 높은 문화수준을 갖고 있었다는 것은 이미 알려진 사실인데, 이 출토품은 그 사실을 재확인시켜 주는 훌륭한 수준의 것이다. 또 양자강 상류의 촉(蜀)지방, 특히 성도(成都)를 중심으로 하는 사천(四川) 분지에도 한대 이전에 중국문명이 들어와 일찍부터 문명화되고 있었다. 그러나 그 하류지역 즉 강남은 중·상류의 일부에 비해서는 전반적으로 후진적이었다고 보아도 될 것이다.

한민족에 의한 강남 개발은 물론 옛날부터 서서히 진행되고는 있었으나, 꽤 많은 한인입주자가 소주(蘇州)를 중심으로 하는 델타 지대와 파양호(鄱陽湖) 부근, 혹은 소흥(紹興)을 중심으로 하는 전당강(錢塘江) 우안(右岸)과 해안지방으로 진출하여 개발을 시작한 것은 전한 말기에서 후한에 걸친 일이었다. 그 무렵 지금의 남경은 아직 벽촌에 지나지 않았으나 소주는 전국시대부터 오나라의 수도로서 일찍부터 번성하고 있었으므로, 남경보다 오히려 소흥 부근이 일찍 개발되어 있었다.

한인입주자는 이들 지방에서 부지런히 일하고 토지를 개간 점유하며 재산을 축적해 나갔다. 사마천이 아직 '천금의 집도 없다'고 한 지방에서도 후한시대에 이미 호족이 속속 생겨나고 있었다. 한제국의 정부는 인구증가에 따라 점차 현(縣)을 설치하고, 경비장관인 도위(都尉)를 변경에 증설하여 통치에 힘쓰게 했다. 이 무렵의 강남의 상황은 서부극에 보이는 아메리카 변경지대를 상상하되, 대신 건조지대가 아니라 훨씬 습윤한 지대로서, 서부극에서 쓰이는 총을 도검(刀劍)으로 바꾸어서 상상해 보면 비슷할 것이다.

이러한 강남개발의 형세는 한말에 이르러 화북이 혼란에 빠지고 동시에 피난하여 남하하는 한인의 급증에 의해 더욱 촉진된다. 이윽고 3세기가 되어 삼국분립시대가 되자, 오나라가 지금의 남경인 건업(建業)을 수도로 삼고, 그 곳에 나라를 세움으로써 본격적인 개발이 시작되었다.

이후 4세기에 이르러 5호16국이라고 불리는 북방·서방의 각종 이민족이 화북 선진지역을 황폐화시키고 여러 나라를 세워 흥망을 되풀이하기 시작했을 때, 한인들은 속속 강남으로 피난하였다. 일반 민중뿐만 아니라 일찍이 화북의 선진문명을 담당하고 있던 많은 지식인도 앞장서서 강남으로 피난하여 동진왕조 아래서 전통문화를 유지하고 발전시켰다. 따라서 강남 개발은 급속히 진전되었고, 이에 따라 오히려 강남이야말로 중국문명의 중심지라는 관점이 자리잡게 되었다.

阿育王寺의 대웅전과 放生池 | 東晉 때 창건, 양무제 때 증축

화북과 강남의 지위 역전

강남에서는 4세기 초에 성립한 동진왕조 이후 5~6세기에 걸쳐 송(宋)·제(齊)·양(梁)·진(陳)의 여러 왕조가 교체하고 그 때마다 다소의 혼란이 일고 또 그들의 왕조 내부에도 몇 차례의 혼란이 되풀이되었다. 그럼에도 불구하고 4세기 초부터 양·진이 교체하는 6세기 중엽까지 250년 가까운 시기의 강남은 화북의 대혼란에 비해 훨씬 평온하였다.

한민족의 본격적인 강남개발은 화북보다도 좋은 자연조건에 힘입어 활발하게 진행되어, 250년 동안 강남의 생산력은 비약적으로 상승하였다. 일찍이 선진지역이었던 화북이 4세기부터 5세기 초에 걸친 백 년 동안 호족(胡族)에게 유린되어 막대한 타격을 받은 데 반하여, 후진지역이었던 강남은 오히려 화북을 뛰어넘어 선진지역의 지위를 차지하게 된 것이다.

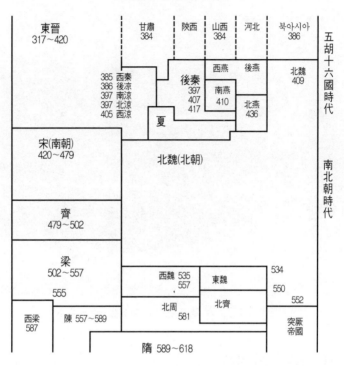

오호십육국, 남북조 연표

東晉 317~420	甘肅 384	陝西	山西 384	河北	북아시아 386	五胡十六國時代
	385 西秦 386 後涼 397 南涼 397 北涼 405 西涼	後秦 397 407 417	西燕 南燕 410	後燕 北燕 436	北魏 409	
	夏					
宋(南朝) 420~479	北魏(北朝)					南北朝時代
齊 479~502						
梁 502~557 555	西魏 535 557	東魏		534 550		
西梁 587	陳 557~589	北周 581	北齊	552	突厥帝國	
隋 589~618						

　5세기 전반 강남의 송(宋)왕조와 화북을 통일한 북위(北魏)왕조가 상호 대립하며 양립했던 이후의 시기를 남북조라고 부르는데, 이 남북조의 대립은 남과 북 각 사회의 힘이 팽팽히 대립했기 때문에 성립될 수 있었다. 그러나 늦어도 6세기의 양조(梁朝)시대에 이르러서는 그 문화수준은 말할 것도 없고 경제력에서도 강남쪽이 화북보다 훨씬 발전되어 있었다. 남과 북의 비중이 이와 같이 역전되는 것은 위진남북조시대에 일어난 대사건으로서, 후세의 중국사에 막대한 영향을 미치게 된다.

화북의 이민족

오호(五胡)

위진남북조시대의 기나긴 분열상태를 초래하고, 또 그 분열 상태를 더욱 복잡하게 만든 요인 가운데 가장 큰 작용을 한 것이 이민족 문제이다. 뒤에 서술하겠지만 특히 이 시대 화북의 역사는 이들 이민족을 도외시하고는 성립되지 않을 정도이다. 그래서 우선 화북 각지에 어떻게 여러 이민족이 거주하게 되었는가에 대해 개관해 보겠다.

먼저 역사시대에 들어가기 이전부터, 은주(殷周)시대에 개화한 고도의 중국문명을, 끊임없이 쌓아올린 민족이 과연 소위 한민족이라고 불리는 단일한 민족이었던가 하는 문제가 있다. 오히려 은주시대 이전부터 화북에 거주하고 있었던 다수의 이민족이, 이제 막 형성되고 있던 중국문명을 핵으로 삼아 결집하여, 한민족이라고 하는 형태로 동화해 나갔다고 보아야 할 것이다. 하지만 그렇게 오랜 옛날 이야기는 일단 접어두고, 진한제국을 형성하고 그 홍륭을 지탱해 온 민족은 이미 동화융합된 단일민족인 한민족이었다고 생각해 두자. 이 책에서 문제시하는 화북의 이민족은 앞의 연표에서 본 '5호16국(五胡十六國)'의, 그 '5호'를 주로 하는 이민족이다.

'5호(五胡)'란 흉노(匈奴) · 갈(羯) · 선비(鮮卑) · 저(氐) · 강(羌)이라고 하는 다섯 종류의 이민족이다. 이들 이민족이 4세기 이후 계속해서 화북에서 나라를 세우고 흥망을 되풀이한 과정은 후에 추적하기로 하고, 여기서는 그들이 어떠한 민족이고, 왜 화북에 거주하게 되었는가 등에 관하여 살펴보기로 하자.

흉노(匈奴)의 남북분열

우선 흉노는 진한제국에 대항하는 가장 강력한 북방의 기마유목민족으로서, 기원전 3세기 말 모돈선우(冒頓單于) 때부터 몽고고원의 초원지대를

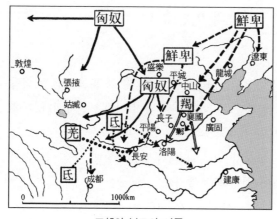

中心으로 광대한 지역에 걸쳐 부족연합국가를 형성하고 있었다. 진의 시황제에 의한 만리장성의 완성, 한무제에 의한 정력적인 흉노토벌전을 거쳐, 후한의 두고(竇固)·두헌(竇憲) 및 반초(班超) 등에 의한 토벌의 결과

五胡의 분포와 이동

겨우 서기 1세기 말이 되어서야 그 주력은 서쪽으로 이동하였다.

진한제국과 흉노제국 간의 이 사투의 과정에서 한의 흉노토벌은 점차 성공을 거두게 되었다. 흉노는 지배씨족 내의 내분과 피지배부족의 반란 및 서기 20년대에 계속된 대한발·기근으로 대타격을 받아 서기 48년에 선우의 일족이던 일축왕(日逐王) 비(比)가 관할 하의 8부족 4만~5만 명을 이끌고 한에 항복했다. 이 때 이후 흉노는 남과 북으로 분열하였다. 1세기 말이 되어 서방으로 이동한 주력은 북흉노라 하는데, 2~3세기 동안 중앙아시아에 머문 후, 4세기에는 서진하여 훈족이라는 이름으로 동유럽에 침입하였다. 이것이 서방의 민족대이동을 일으키는 원동력이 되었다는 것은 역사상 유명한 사실이다.

한편 한에 항복한 남흉노는 호한야선우(呼韓邪單于 : 일축왕의 고친 이름)의 통솔 하에 장성 이남의 중국본토 내로 이주하여 동은 하북성 북부부터, 서는 오르도스, 섬서성(陝西省) 북부에 걸쳐 각지에 분거하였다. 인구는 처음에는 4만~5만에 지나지 않았으나, 그 후 북흉노에서 항복해 온 부족이 남흉노에 병합되었고, 특히 그 과정에서 87년에는 58개 부족이 귀항(歸降)하여 그 수는 급격히 증가하였다. 90년의 기사에 의하면, 호수는 3만 4천,

인구는 약 23만 7천 명, 그 밖에 병사가 5만여 명에 달했다고 한다.

화북으로 이주한 남흉노

장성 이남으로 이주한 남흉노는 수십 개 부족으로 이루어진 부족연합으로, 각각의 부족민은 '대인(大人)'이라고 불린 수장의 통치를 받았다. 부족민은 한곳에 모여 있으면서 '락(落)'이라고 부르는 몇 개의 텐트군을 이루어 초원 각지에 나뉘어져 살았다.

이들 부족연합을 지배하는 중핵적인 지배부족은 도각종(屠各種)이라고 불리는 부족이었고, 일축왕(=호한야선우)의 자손이 대를 이어 계승하는 선우의 집안은 이 도각종 부족 가운데서도 최고의 씨족인 연제씨(攣鞮氏)라고 하는 씨족이었다. 즉 선우는 도각부족의 '대인'임과 동시에 전 부족연합의 군장이기도 하였다. 선우 일족은 자신들과 통혼관계에 있는 호연씨(呼衍氏) 등 성이 다른 부족의 수장과 함께 지배층을 형성하고 좌현왕(左賢王)·우현왕(右賢王) 등의 왕호와, 골도후(骨都侯) 등의 칭호를 가지고 각각 피지배 부족군을 분할 통치하였으며, 그들의 최고군장인 선우의 통솔을 받고 있었던 것이다.

'부(部)'는 정치적 단위임과 동시에 또 동일 종족으로 이루어지는 혈연집단이기도 했다. 이 같은 종족혈연제는 흉노뿐만 아니라 선비나 그 밖의 이민족에게도 공통적으로 나타난다. 그리고 이 기본적인 체제가 후에 중원에 들어가 그들의 독립국을 만들 때에도 중요한 역할을 하게 되었다.

그러나 '부' 혹은 '락' 중에는 노예가 된 이민족이 상당히 존재하였다는 것을 염두에 두지 않으면 안 된다. 흉노가 고비사막 이북지역(漠北)에서 패권을 부르짖고 광대한 지역을 지배했을 당시, 정복당한 이민족으로 그 노예가 되었던 자가 많았을 것이다. 그러다가 흉노가 남북으로 분열하고 남흉노가 한에 항복하지 않을 수 없게 되었을 때, 그들은 상당한 노예를 잃어 버렸을 것이다. 그럼에도 중국본토로 이주한 남흉노는 강족(羌族)과 정령족(丁令族) 등 많은 이민족 노예를 거느리고 있었다. 앞서 말한 30만에 가까운 남흉노가 모두 흉노족은 아니고, 그 가운데 다른 민족이 꽤 섞여 있었던 것이다.

그러나 남흉노의 반독립적인 체제는 언제까지나 순조롭게 유지되어 갈 수가 없었다. 우선 앞서 기술한 87년의 58개 부족의 귀항에서 발생한 급격한 인구증가에 대하여 선우의 지배력은 충분히 대응할 수 없었다. 또 일찍이 고비사막 이북지역에서는 정복전쟁과 그에 의한 재물의 포획을 유대로 하여 여러 부족이 단결하고 있었는데, 중국본토로 이주하면서 정복전쟁 그 자체가 불가능해졌으므로 단결의 유대가 느슨해졌다. 그에 더하여 북흉노가 서쪽으로 이주한 뒤에 들어온 선비·오환(烏桓) 등의 여러 부족이 북흉노를 대신하여 중국 변경을 침입하게 되자, 후한정부의 명령에 의하여 그 방위에 동원되었다. 이는 그들에게 어떤 이익도 가져다 주지 않았을 뿐 아니라 고통과 지출을 더할 뿐이었으므로 불만이 높아진 피지배부족은 선우에게 등을 돌리고 오히려 선비 쪽으로 도망치는 형편이 되었다. 이렇게 선우의 권위가 실추됨에 따라 남흉노는 내부 붕괴의 양상을 드러내게 되었다.

그러나 곧 후한제국도 '황건의 대란'으로 내부 붕괴가 시작되었다. 한정부로부터의 구원요청을 계기로 당시 어부라선우(於扶羅單于)는 산서성으로 남하하고, 그 군대는 황하의 남안에까지 도달하였다. 이미 권위를 잃고 본거지로 돌아갈 수가 없었던 선우는 그대로 산서성 남부의 평양(平陽)에 머무르고, 분수(汾水) 유역에는 적지않은 흉노가 정착하게 되었다. 섬서·감숙 방면에도 마찬가지로 흉노족의 남하현상이 진행되어 장성 이남의 최초의 이주지는 오히려 그 뒤에 남하한 선비족 등의 거주지로 변해 갔다. 그리고 그 주변에 남은 흉노는 선우의 통치를 떠나 선비 등의 지배하로 들어갔다.

흉노의 민족구성

그런데 이러한 흉노는 어떠한 민족이었을까? 민족구성이 고비사막 이북지역에서의 정복전쟁 과정에서 생겨난 다수의 피정복민족을 포함하여 극히 잡다했다는 점은 앞에서 언급한 바와 같다. 흉노의 언어는 고대알타이어의 일종으로, 현재 러시아의 볼가 강을 따라서 사마라와 카잔 사이에 살고 있는 추바슈인들의 언어에 가까웠던 듯하다.

그러나 흉노의 지배부족 가운데에는 인도·유럽계로 보이는 인종으로 이루어진 부족도 있었던 것으로 보인다. 우치다 긴푸(內田吟風)가 지적하듯

검은소(야쿠) 장식이 있는 銀牌 | 몽고 노인우라 흉노왕묘 출토

이, 흉노 왕후(王侯)의 분묘로 추측되는 노인 우라 고분에서 출토된 자수(刺繡) 인물이 그 특징을 갖추고 있다.

또 한무제 때에 흉노를 토벌한 명장 곽거병(霍去病)의 묘 앞에 있는 석조에는 말발굽 아래에 쓰러진 흉노인의 앙와상(仰臥像)이 있는데, 용모가 북유럽계 인종의 특징을 갖추고 있다. 흉노의 지배부족인 도각종은 인도·유럽계였을 가능성이 꽤 짙다. 왜냐하면 선우의 후예로 중원에 전조(前趙) 왕조를 세운 유연(劉淵)이나 그 일족인 유요(劉曜)가 모두 190cm를 웃도는 당당한 장신이었다고 중국의 사서는 특필하고 있기 때문이다.

그러나 이 같은 인도·유럽적인, 특히 북유럽적인 특징을 보다 명확하게 문헌상에서 추적할 수 있는 것은 다음의 갈족이다.

갈(羯)

갈족은 후조(後趙)왕국을 세운 석륵(石勒)이 속하는 종족으로, 문헌에서는 '흉노의 별부'이고, 강거종(羌渠種)이라고 불리는 부족이었다고 한다. 갈이라

는 명칭은 그들이 흉노의 남하와 함께 산서성 동남부, 당시에는 상당군(上堂郡) 무향현(武鄕縣)의 갈실(羯室)이라는 곳에 살았기 때문에 갈실이라는 지명의 발음에서 유래한 듯하다. 하지만 갈의 한자 뜻은 거세된 양이라는 뜻으로, 중국인이 이민족을 부를 때 짐승과 연관시켜 멸시하는 명칭을 즐겨 사용하였기 때문에 그러한 호칭이 정착하였을 것이다.

이 갈족의 석씨가 세운 후조에 대하여 기술한『진서(晉書)』의 재기(載記)에는 다음과 같은 이야기가 남아 있다.

갈인이었던 손진(孫珍)이라고 하는 사람이 최약(崔約)이라고 하는 한인 관료에게 물었다.
"나는 눈병을 앓고 있는데 뭐 좋은 치료법이 없을까."
원래 손진을 경멸하고 있던 최약이 조롱했다.
"눈안에 소변을 넣으면 낫지."
"소변 따위를 넣을 수 있는가."
"당신 눈은 크니까 충분히 소변을 넣을 수 있을 걸세."

조롱을 당한 손진은 참을 수가 없어 석호(石虎)의 태자인 석선(石宣)에게 이 일을 고했다. 석선은 석호의 아들 가운데 그 용모가 가장 호족풍(胡族風)을 띤 인물로 눈이 깊게 패여 있었다. 석선은 손진의 이야기를 듣고 격노하여 최약 부자를 주살했다. 이 이야기는 갈족의 특색 가운데 하나가 윤곽이 뚜렷한 용모였음을 보여준다.

후조는 350년에 한인인 염민(冉閔)이라는 자에게 멸망당했는데, 그 때 염민은 군대를 이끌고 수많은 갈족을 학살하였다. 그 수는 20만 이상에 달했다고 하는데, 그 가운데 '코가 높고, 수염이 많아' 갈족으로 오해받고 살해된 자가 반수에 가까웠다고 사서는 전하고 있다.

이와 같이 중국의 사서가 갈족의 특색을 '높은 코'·'깊은 눈'·'많은 수염'이라는 말로 표현하고 있는 것은 갈족이 소위 몽고인종이 아니라 인도·

유럽계였음을 나타내는 유력한 증거가 된다. 갈족 외에도 당시의 화북에는 노수호(盧水胡)·산호(山胡)·계호(契胡) 등, '호'라고 불리는 종족이 가끔 사서에 보인다. 이 또한 원래는 흉노의 일부로서 화북에 남하해 온 인도·유럽계 민족이었을 가능성이 상당히 크다.

선비(鮮卑)

흉노 특히 그 '별부'였던 갈족이 인도·유럽계였을 가능성이 큰 데 반하여 선비는 몽고족이었다. "그 언어·습속은 오환(烏丸)과 같다"라고 하여 오환을 퉁구스족이라고 보는 설도 있지만, 오환도 몽고족이라고 보는 것이 현재로서는 정설이다. 이들 민족은 현재의 요녕성(遼寧省)에서 내몽고 자치구 일대에 걸쳐 수렵·목축을 주로 하는 생활을 하고 있었는데, 오환2)은 남측 라호하강 유역에서 일찍부터 농업에도 종사한 데 비해 선비족은 북쪽 시라무렌강 유역에서 수렵·목축생활을 이어가고 있었던 것으로 보인다.

이들은 고비사막 이북지역에 흉노가 대제국을 형성하였을 때는 그들에게 복속하였지만, 한제국이 흉노토벌을 계속하자 남쪽에 있던 오환이 우선 장성 이남으로 옮겨 한인과 잡거하는 기회를 많이 가졌고, 선비족 중에서도 한에 귀속하는 자가 생겨났다. 그리고 흉노가 남북으로 분열하여 북흉노가 서방으로 이동하자, 그 뒤로 선비 특히 그 가운데 탁발부(拓跋部)가 크게 서방으로 세력을 뻗치고 남흉노의 뒤를 따라 남하하기 시작하였다. 요녕성에 있었던 동부의 선비족인 단씨(段氏)와 모용씨(慕容氏) 등의 부족도 남하 기회를 노렸는데 이 가운데 모용씨는 전연(前燕)·후연(後燕)·남연(南燕) 등의 나라를 화북평원에 세웠다. 탁발부가 나중에 북위(北魏)를 세우고 화북을 통일한 것은 익히 알려진 사실이다.

이처럼 선비족은 남하한 흉노족에게 덮인 듯한 형태로 세력을 확대해 갔으므로, 처음 흉노 휘하에 여러 민족이 통합되어 있었듯이 세력을 넓힌

---

2) 이를 烏桓이라고도 쓴다.

선비 밑에도 여러 민족이 포함되어 있었던 사실에 주의해야 한다. 예를 들면 처음에는 흉노 밑에 선비가 포함되어 있었던 것이, 후에는 주객이 전도되어 흉노가 선비의 일부로 포함되어 갔다. 후에 북주(北周)를 세운 우문씨(宇文氏)는 '원래 선비의 우문부'라고 되어 있지만 실은 이 우문부 자체가 선비 속에 포함되었던 흉노족이 아니었는가 여겨진다.

강(羌)·저(氐)

후진(後秦)왕국을 세운 요씨(姚氏)가 속한 강족은 감숙성 서쪽에서 섬서성에 걸쳐 거주하고 있던 티벳계 민족이다. R. A. 스턴의 『티벳의 문화』(山口瑞鳳·定方晟 共譯, 岩波書店)를 보면, 현재의 티벳이 여러 종족으로 구성되어 있음을 알 수 있는데, 강족이 티벳계라 하더라도 결코 단일한 티벳족에 속하는 것은 아니다. 다만 이 강족은 후에 티벳에 토번국(吐蕃國)을 세운 민족과는 다른 유목민족이었던 것 같다.

강족은 흉노의 지배하에 있던 자들도 있었으나, 후한의 지배하에 들어간 자들은 한인의 압박에 저항하여 집요하게 반란을 되풀이하며 후한정부를 괴롭혔다. 후한정부는 이들 강족의 반란을 진압하는 데 드는 비용 때문에 시달렸고, 나아가 이는 후한 쇠망의 한 원인이 되었을 정도이다. 한말의 대혼란 이후, 더 많은 수의 강족이 섬서성으로 들어갔다.

저족(氐族)도 감숙성·섬서성의 남서부에서 사천성에 걸쳐 살고 있던 티벳·미얀마어계 민족인데, 강족과는 달리 농경을 주로 하였던 것으로 여겨진다. 삼국시대에 그들의 주거지는 위와 촉의 양국에 걸쳐 있었기 때문에 양국 간의 전쟁에 휘말렸으며 그 과정에서 위나라의 조조는 국경지대의 저족을 대량으로 섬서성으로 이주시켰다. 사천성의 저족은 그 후에 성한국(成漢國)을 세우고, 관중 즉 섬서성 위수유역을 중심으로 하는 지역의 저족은 전진(前秦)과 그 밖의 나라들을 세우게 된다.

사천성 방면의 저족은 '파(巴)'라든가 '종(賨)'이라는 명칭과 연결되어 있었는데, 성한국을 세운 저족의 이씨도 '종인(賨人)'이었다고 사서는 전한다. 이들 저·파·종은 '늠군(廩君)'이라고 하는 선조로부터 나왔다고 하는 전설이 있는데, 고대중국인이 이민족을 부를 때의 말로는 '이(夷)'라고 하는 범주에 속한다.

經書와 正史(『史記』~『隋書』)에서의 숫자 + 민족이름

	夷	胡	戎	狄	貉	蠻	閩
3	△	○					
4	△○		○		○		
5		○	△○	△○			
6	○		△○	△○		△○	
7			△○	○			△○
8	○		△	△○		△○	
9	△○		△○		△○		
100			○			△○	

△=經書에 보이는 숫자+민족이름의 조합   ○=正史에 보이는 숫자+민족이름의 조합

'이(夷)'나 '만(蠻)' 등의 명칭은 예를 들면, 동이(東夷)·서융(西戎)·남만(南蠻)·북적(北狄)이라고 하듯이 막연한 표현이지만, 앞서 기술한 강족이 '융'의 범주에 속하는 데 비해 '이'의 범주에 포함되는 저족은 강족과 마찬가지로 티벳·미얀마어계의 민족이었다고는 하더라도 강족과는 꽤 달랐던 것 같다. 오히려 같은 '서남이(西南夷)'의 범주에 속하는 '만'족과 가까운 존재였다. 이들 저족은 실제로 '판순만(板楯蠻)'이라고 불리는 '만'족 등과 극히 밀접한 관계에 있었다. 그것을 현재의 중국남부에 잔존하는 소수민족으로 비정하기는 쉽지 않지만, 지금의 강족과 모소족보다도 오히려 로로족·묘족(苗族)·요족(傜族) 등에 가까웠던 것 같다.

이상으로 흉노·갈·선비·강·저 등 소위 5호에 대하여 대강 설명했는데, 이 5호를 주로 하는 여러 이민족 집단은 화북으로부터 사천성 각지에 걸쳐 한민족과 잡거하고, 각각의 무력집단을 통합하여 서로 경합을 벌였다. 이들의

인구는 잘 알 수 없지만 북으로부터는 흉노, 서로부터는 강과 호족(胡族)이 들어오고, 남으로부터는 저족이 다수 이동해 온 3세기경 관중(關中)의 인구의 절반은 이들 이민족이었다고 전해진다. 이와 같이 여러 민족이 각각 독자적인 집단을 만들어 대립 경합하고 한편으로는 교섭하며 서로 섞여 나가면서, 앞서 기술한 각 지방의 한민족 독립의 동향과도 관련되어 화북의 분열상황은 더욱 복잡해져 갔다.

양자강 중하류 유역의 이민족

무릉만(武陵蠻)

양자강의 상류지역인 사천성의 저족을 설명하며 저족에 가까운 '만(蠻)'이라는 존재에 대해 잠깐 언급한 바 있다. 이 '만'의 범주에 속하는 존재는 당시 양자강의 중류인 호북 · 호남 · 강서 · 안휘의 각 성에 걸쳐 광범위하게 분포하고 있었다. 특히 서쪽으로는 호남성 동정호(洞庭湖)의 서안에서 귀주성에 걸친 지역, 동쪽으로는 강서성 방면에까지 분포하고 있던 '만'족은 '무릉만(武陵蠻)' 또는 '오계만(五溪蠻)'이라고 불리는데, 당시 사서에 가끔 나타난다.

전원시인 도연명(陶淵明 : 365~427)의 『도화원기(桃花源記)』는 소위 도원향(桃源鄉)의 이미지를 묘사한 글로 예로부터 매우 유명한데, 이 글의 배경이 무릉만과 무관하지 않은 듯하다.

도연명은 대체로 다음과 같이 그리고 있다.

진(晉)나라 태원(太元) 연간(376~96)의 일이다. 무릉의 한 어부가 골짜기 개울을 따라 배를 저어가자, 양 기슭으로 1km 가까이 복숭아꽃이 활짝 피어난 곳으로 나오게 되었다. 이상히 여긴 어부가 복숭아 숲의 끝을 알아내려고 나아가니, 강물이 없어지는 수원에 이르러 겨우 복숭아 숲이 끝났다. 그 곳에는 산이 있고 작은 동굴이 있었는데 안쪽에는 희미한 빛이 보였다.

도연명이 은거한 땅

어부는 배를 버리고 동굴로 들어갔다. 입구는 매우 좁아 한 사람이 겨우 지날 수 있을 정도였는데, 수십 보를 걸어가자 평원이 활짝 펼쳐졌고 거기에는 낙원 같은 농촌풍경이 전개되었다. 촌인들은 별천지 사람 같았고, 갈색의 머리를 쌍상투로 올리고 모두 만족하여 즐거운 모습이었다. 어부를 보고 놀란 촌인들은 어디에서 왔느냐고 물으면서 곧 닭을 잡고 술을 내어 모두 모여 환영해 주었다. 그들이 말하기를 "우리의 선조는 진(秦)의 난세를 피하여 처자와 함께 촌인 모두가 세상과 멀리 떨어진 이 곳까지 온 이래, 두 번 다시 밖으로 나가지 않고 외부세계와는 단절된 채 살고 있다. 지금 바깥 세상은 어떻게 되어 있는가"라고 물어보았다. 그들은 한제국에 대해서도 몰랐고, 게다가 위와 진나라에 대해서도 물론 몰랐다. 어부가 상세히 설명하자 모두 감탄하며 들었다. 촌인들은 너도나도 자기 집으로 어부를 초대하였고, 수일 후 어부는 이 곳을 떠났다. 촌인들이 말하기를 "외부세계 사람들에게 이 곳에 대해 얘기하지 않는 편이 좋을 것입니다"라고 하였다. 그러나 그 곳에서 돌아온 어부는 지사(知事)에게 이 별세계에 대해 보고하였다. 지사는 조사대를 파견하였으나 결국은 찾지 못하였고, 그 후 이 도원향으로 가는 길을 찾는 사람도 없어져 버렸다.

무릉의 어부가 이러한 도원향을 방문한 설화는 4세기 말에서 5세기 중엽에 걸쳐 널리 유포되었던 것 같고, 도연명의 『도화원기』 외에도 같은 설화를 기록하고 있는 문헌이 있다. 그 중의 하나인 유경숙(劉敬叔)의 『이원(異苑)』이라고 하는 서적에는 이상향을 발견한 사람은 '무릉만'의 사냥꾼이라고 쓰여 있다.

이러한 설화에서 확실한 사실을 끌어내기는 곤란하지만, 당장유(唐長孺)와 주일량(周一良) 등의 중국학자들이 이 설화를 어떻게 생각하였는지 이하에서 기술하겠다.

무릉만과 한문화

3세기에서 4세기에 걸쳐 화북의 혼란을 피해 한민족은 계속하여 양자강 유역으로 유입되었고 이에 따라 화중은 점점 개발되어 갔다. '만'족들은 원래 산지에 사는 자들도 많았으나, 한민족의 압박을 받아 농경에 맞지 않는 더욱 깊은 벽지지역으로 들어가게 되었고, 생활은 수렵과 어로에 의지하지 않으면 안 되게 되었다. '무릉 사람' 또는 '무릉만'이 사냥꾼이나 어부로 등장하는 배경에는 그 같은 사정이 크게 작용하였을 것이다. 왜냐하면 그들이 발견했다고 하는 도원향이야말로 그들의 꿈을 나타내는 것이고, '닭울음 소리와 개울음 소리를 들을 수 있는' 자급자족이 가능한 원시공동체적인 농촌 모습이야말로 바로 그들의 잃어버린 이상향으로 해석되기 때문이다.

그들은 한민족에게 쫓겨간 결과, 현재 볼 수 있듯이 광서·귀주·운남·사천의 각지에 잔존하는 소수민족이 되었다. 그러나 그들은 단순히 쫓겨간 것은 아니고, 한민족과 섞이고 융합하여 중국문명에 적지 않은 역할을 했다는 사실을 잊어서는 안 된다. 사실 『도화원기』를 남긴 도연명 그 자신에게도

靑瓷印花卣 | 삼국 吳, 안휘성 蕪湖市 출토

'오계만(五溪蠻)'족의 피가 흐르고 있었을 가능성이 크다. 그 이유는 다음과 같다.

도연명의 조부 세대에 해당하는 동족 중에 도간(陶侃)이라는 사람이 있었다. 그는 동진왕조의 기초를 다지는 데 큰 공을 세운 명장으로, 원래 강서성 동북부 파양(鄱陽)의 매우 가난한 집안에 태어나 처음에는 어장 관리를 담당하고 있었다. 즉 어부였다고 보아도 되는 것이다. 후에 출세하여 양자강 중류유역을 다스리는 군단장이 된 후에도 한인인 온교(溫嶠)라는 사람은 그를 '계구(溪狗)', 즉 '오계만 녀석'이라고 부르고 있는데 이는 아마도 그 때문일 것이다.

만약 동진의 명장인 도간이 계만이고 중국에서 제일류 시인인 도연명에게도 계만의 피가 흐르고 있다고 한다면, 이들 '만'족이 중국문명을 유지하고 발전시켜 나가는 데 행한 역할을 무시할 수는 없을 것이다.

그런데 도연명의 선조가 살았다고 하는 파양 주변은 3세기 무렵, 원주민이 '종부(宗部)'라고 불리는 조직을 만들어 후한의 말단 지방기관과 삼국의 오나라 정부에 완강하게 저항한 곳이다. 『삼국지』에서는 '종부'를 조직하여 저항한 이들을 '산월(山越)' 또는 '산민(山民)'이라고 부르고 있다. 이렇게 보면 강서성 주변은 서로는 무릉만, 동으로는 산월이라고 하는 두 종족이 섞여 있는 경계지역이었던 것 같다. 다음으로 이 '산월'에 대하여 살펴보자.

산월(山越)

3세기의 강남에는 강소성 남부의 산악지대에서 안휘·강서·절강·복건·광동의 각 성에 걸쳐 '산월(山越)'이라고 불리는 민족이 넓게 분포하고 있었다. 한말의 쟁란기에 한인인 손책(孫策)·손권(孫權)형제는 지금의 남경을 수도로 삼고 이 지방에 오나라를 세웠는데, 그들은 이 '산월'을 진압하는 데 애를 먹었다. 손권은 "만약 산월을 모두 쫓아낼 수 있다면 북방 위나라를 크게 칠 수 있을 것을……" 하며 탄식하기도 하였다. 그것은 산월이 오나라 정권의 행동반경을 안쪽에서 크게 제약하고 있었기 때문이다.

이 산월은 춘추전국시대에 이 지방에 나라를 세운 '월'족의 후예라고 하는 것이 학계의 대체적인 정설이다. 또한 사마천이 "문신을 하고 긴 머리를 풀어헤쳤다"고 쓴 당시의 월족의 문화는 현재의 고고학에서는 '기하형(幾何形) 인문(印紋) 도기'의 문화로 보고 있다. 동기(銅器)도 상당히 광범히 사용되었고 소규모이긴 하나 주조도 이루어지고 있었다. 특히 월왕 구천(勾踐)의 검에서 보이듯이 강남에서 만들어진 '간장막야(干將莫邪) 검'의 명성은 옛날부터 명도(名刀)의 대표로서 중국인 사이에서 널리 알려져 있었다.

월족은 그 후 절강성 남부 일대에 동구(東甌)왕국을, 복건성 일대에 민월(閩越)왕국을 세웠고, 광동성에서는—군장은 한인(漢人) 조타(趙佗)였지만—그 주체를 월족으로 하는 남월(南越)왕국을 세웠다. 그들이 한무제에 의하여 기원전 2세기까지 차례차례 독립을 빼앗긴 것은 후에 서술하게 되겠지만,

그렇다고 해서 월족이 그에 따라 뿔뿔이 흩어졌을 리는 없다. 전한·후한의 양 정부가 이 지방에 도위(都尉 : 지방경비장관) 등을 두어 월족을 진무(鎭撫)하게 하고, 한인이 점차 이 지방에 들어옴에 따라 월족 또한 한문화를 수용하여 동화해 나간 것임에는 틀림없다. 그러나 일찍이 동구국(東甌國)에 해당하는 지방에는 3세기까지도 아직 월족의 가장 원형에 가깝다고 생각되는 종족이 남아 있었던 것 같다. 그것은 3세기 후반, 늦어도 280년 이전에 심형(沈瑩)이라고 하는 사람이 쓴 지방지『임해수토지(臨海水土志)』에 다음과 같은 기술이 남아 있기 때문이다.

안가(安家)의 민

'안가의 민'은 모두 깊은 산속에 살며 그 집은 '잔격(棧格)' 위에 만들어져 이층 건물 같은 형태로 되어 있다. 의식주와 옷의 장식은 '이주(夷洲)'[3]의 민과 비슷하다. 부모가 죽으면 개를 죽여 제사를 지낸다. 사각의 상자를 만들어 사체를 넣고 음주가무가 끝나면 높은 산의 바위 근처에 내건다. 한인처럼 토장해서 총묘(塚墓)를 만들지는 않는다. 남녀 모두 신발을 신지 않는다. 지금의 '안양(安陽) 나강현(羅江縣)' 근처[4]의 주민은 그 자손이다. 그들은 모두 원숭이의 머리를 넣어 끓인 국을 좋아한다.……

'잔격' 위에 만들어진 이층 건물 같은 집이란 소위 고상식(高床式) 주거를 말하는 것으로, 지금도 동남아시아 각지로부터 태평양의 여러 섬, 대만에 걸친 원주민에게서 널리 발견되며 이세(伊勢) 신궁의 본전을 비롯한 일본의 신사(神社) 건축에도 그 형태가 남아 있다. 그리고 위의 서술에 보이는 매장법은 민족학에서는 애장(崖葬)이라고 불리는 것으로, 사체가 백골이 된 후 이것을 씻어 다시 장사를 지내므로 세골장(洗骨葬)이라고도 불린다. 이 매장

---

3) 대만을 가리키는 당시의 명칭.
4) 현재는 절강성 온주시의 남쪽으로부터 복건성 복주시의 북쪽에 걸친 일대.

高床式 住居 | 雲南省 晉寧 石寨山 古墓 출토

법 또한 중국 남부의 소수민족·동남아시아·태평양의 여러 섬에 널리 나타
나며, 일본에도 그 흔적이 남아 있다. 개로 제사지내는 것은 멀리 북방의
퉁구스족에게서 나타나는 풍습인데, 역시 위와 같은 지역에도 몇 가지 예가
있다.

원숭이의 머리로 만든 국은 매우 별미였던 듯한데, '안가' 종족은 쌀 3백
석보다도 이것을 더 귀히 여겼다고 한다. 세계적으로 유명한 중국요리는
중국 내부에 있었던 이러한 다른 종족의 진미도 받아들여 오랫동안 세련되어
진 것이리라.

또 "의식주와 장식은 이주(夷洲)의 민과 비슷하다"고 하는 '이주의 민'에
대해서는 다행히도 심형이 남긴 기술이 다른 책에도 인용되어 남아 있다.
그것에 의하면, 당시 대만에서는 '산이(山夷)'들이 이미 오곡을 키우고 있었
고, 날로 된 어육을 큰 그릇에 넣어 1개월 이상 소금에 절여 둔 것을 별미로

崖葬

삼았다. 그리고 '세포(細布)'와 '반문포(斑文布)'를 만들어 모양을 내어 장식을
하였다는데, 당시 대만인은 아직 석기시대 단계에 있었던 듯하다. 그리고
다른 부족·부락을 습격해서 사람의 목을 베어 종교의식을 행한다거나,
시집가기 전의 여자는 위쪽 앞니를 하나 뺀다거나, 나무북을 두드려 부락민을
소집한다는 등의 내용이 적혀 있다. 또한 심형에 의하면 이주(夷洲)에는
"산꼭대기에 월왕의 과녁이라고 하는 새하얀 물체가 있는데 그것은 돌이다"
고 하는 이야기도 전하고 있다.

월족과 대만 원주민

3세기의 대만인과 그 무렵 중국대륙에 살고 있던 '안가의 민'이 매우
닮았다고 하는 지적이나 월왕 구천(勾踐)의 설화가 당시의 대만인들 사이에서
유행하였다고 하는 심형의 보고는 대단히 흥미롭다. 현재 대만 원주민의

여러 언어는 폴리네시아 어군에 속하고, '안가의 민'이 속했을 월족은 중국 남부에서 베트남으로 이어지는 시노·타이 어족의 계열에 들어간다고 추정되므로 대만의 원주민과 월족은 서로 계통을 달리한다고 보고 있기 때문이다. 그러나 위와 같은 심형의 기술은 오의 손권이 '이주' 원정군을 파견하여 230년에 '이주의 백성 수천 명을 데리고 돌아왔던' 일도 있어서, 당시의 대만에 관한 꽤 정확한 정보를 바탕으로 하여 쓰여졌다고 생각된다. 그렇다면 심형의 기술은 상당히 믿을 만하다고 볼 수 있는데, 그의 기록에서 보이는 '이주의 민'은 중국대륙의 월족의 한 갈래가 아닌가 하는 느낌이 든다.

언어학에 전혀 문외한인 필자로서는 "3세기 이전의 대만 원주민은 중국대륙에서 이주한 월족이다"라는 대담한 가설을 세울 용기는 없다. 그러나 잘 알려져 있듯이 월족은 옛날부터 배를 조정하는 솜씨가 뛰어났다. 또 중국남부의 소수민족인 묘족(苗族) 등의 언어·습관을 연구하던 능순성(凌純聲)이라고 하는 학자는 제2차 세계대전 후 대만으로 옮겨간 뒤에, 대만 원주민의 생활양식이 중국 남부의 소수민족과 극히 유사한 데 놀라서 양자의 비교연구에 관한 많은 업적을 내고 있는 것을 보면, 이 가설이 그렇게 타당성이 없는 것만은 아닌 듯하다. 민족학자 오카 마사오(岡正雄)는 기원전 4~5세기 무렵, 오·월이 무너지면서 동요한 '비한족(非漢族)' 사람들이 서일본이나 한반도 남쪽으로 와서 논농사를 전한 것은 아닌가 추정하고 있는데, 일부 월족이 우선 대만으로 이주한 뒤 오키나와에서 서남제도(西南諸島)를 거쳐 일본으로 들어간 경로도 생각해 볼 수 있지 않을까.

이야기가 너무 비약되었으므로 다시 처음으로 돌아가보자. 월족(산월)에 대한 설명이 좀 장황했는데, 앞서 언급한 '안가' 종족은 강남에 살던 산월 가운데에서도 가장 원시에 가까운 생활을 했음을 부디 염두에 두자. 그 같은 습관의 흔적이나 변형 등이 당시 강남의 다른 땅에도 없지는 않으나, 앞에서도 기술하였듯이 한민족에 의해 강남개발이 급속히 진행되는 중에 산월 또한 급속히 문명화하고 한인에 둘러싸여 동화되는 것이 일반적인 추세였다. 그들의 부락연합으로 추정되는 '종부'라는 조직의 활동도 3세기의 오시대 이후에는 역사책에서 모습을 거의 감추어 버린다.

민족이동과 국가형성

이상으로 중국 내부에 들어온 이민족과 원래 중국 내부에 넓게 분포하면서 한대에는 두드러진 활동을 보이지 않은 이민족에 대해 살펴보았다. 한제국이라는 이름 아래 한 가지 색깔로 녹아든 이 광대한 중국 전토에는 실로 여러 이민족이 포함되어 있었다. 현재의 중국에서조차 소수민족자치구가 설치되어 있다. 그와 마찬가지로 한대에는 사실상 그들의 자치구라고 해도 될 만한 것이 있더라도 그 구석구석까지 한제국의 직접지배가 미쳤던 것은 아니다. 그 수효도 지금보다 훨씬 많았고 훨씬 넓은 지역에 걸쳐 멀리까지 분포해 있었다.

그들은 한인 이주자와 한정부가 파견한 기관과 접촉할 기회가 많아지면서 고도로 발달된 한문명을 받아들여 그들 자신의 힘을 키워 나갔다. 그렇게 해서 점차 한인과 동화·융합해 감과 동시에, 한편으로는 한제국을 배경으로 하는 한인의 차별과 멸시, 압박 속에서 한인에 대한 반발과 자의식도 높여 가게 되었다. 따라서 한제국이 와해되고 혼란기로 접어들면서 그들 스스로 자립하여 국가권력을 만드는 방향으로 나아가는 것도 당연했다. 6조시대에 이민족 국가가 무더기로 나타나는 것은 여러 이민족이 한제국과 한문명의 자극을 받아 각성하고, 또한 스스로 힘을 축적한 당연한 결과라고 해야 할 것이다.

한민족에게 있어서, 북방과 서방으로부터 계속하여 유목민족이 화북으로 들어와 나라를 세우고 흥망을 되풀이한 4세기는 실로 참혹한 수난의 시기였다. 그들은 대량으로 점점 남쪽으로 피난하고, 원주민인 '만(蠻)'족·'이(夷)'족과 섞이고, 혹은 원주민을 벽지나 혹은 더욱 남쪽으로 쫓아 보내며 한민족의 수준높은 농경문화를 남방으로 넓혀 갔다. 이렇게 해서 3~4세기의 민족이동

彩篋 │ 漢代文化를 잘 반영한 樂浪 출토품, 樂浪彩篋塚 출토, 칠기

의 큰물결은 대개 북쪽에서 남쪽으로 파급되어 나갔다.

그렇다고 해서 한민족이 화북을 포기한 것은 물론 아니다. 오히려 그들 대부분은 수많은 어려움 속에서도 자신들이 돌보고 기른 농경문화의 옛땅을 굳게 지키고 있었다. 한편으로 화북의 농경지대로 들어온 유목민족은 이 농경민족에 의지하지 않으면 먹고 살 수 없었다. 그 결과 양자가 공존공영의 길을 찾는 것은 당연했고, 이에 따라 유목민의 농민화와, 호족풍·한족풍 문화의 형성이 진행되었다. 4세기의 5호16국시대로부터 전 북조시기의 역사란, 바로 그러한 공존공영의 길을 더듬어나가는 과정이었고, 호족풍·한족풍 문화의 형성과정이었다고 보아도 좋을 것이다.

게다가 한민족은 화북의 혼란에 의하여 남방으로만 피난한 것은 결코 아니었다. 장성(長城)을 넘어서 동북쪽의 요녕성으로도 흘러 들어가, 그 곳에서도 농지를 확대해 갔다. 더욱이 서북쪽인 감숙성으로도 흘러 들어가서 돈황에서 더 멀리 신강성(新疆省) 투루판의 오아시스에까지도 한인 국가5)가 성립되었다. 한제국은 분명 이들의 변경에까지 군대를 파견하여 정치적

---

5) 국씨(麴氏)의 고창국.

영향력을 미치고 있었다. 동북쪽으로는 요동지방은 물론 지금의 한반도의 평양 부근에까지 낙랑군을 두고, 내지와 마찬가지로 군현제를 실시하였다. 서역지방도 한제국에 복속되어 있었다. 그러나 이들의 정치제도의 짜임새와 그 내실은 같지 않았다. 요동에는 수많은 오환(烏桓)·선비(鮮卑)족이 살고 있었고, 낙랑군은 말할 것도 없이 고대 한반도의 여러 종족의 거주지이다. 이러한 지방에 실제로 한민족이 진출하여 정착하고, 그들의 농경문화를 착실하게 넓혀 가고 그 주변에 강력한 자극을 주기 시작한 것은 한제국의 구조가 어긋나기 시작한 무렵부터였다. 호족풍·한족풍 문화의 형성은 6조시대의 중국 내지뿐만 아니라 그 바깥으로도 퍼져 나가고 있었다. 그것은 뒤의 수·당시대에 동아시아세계의 극히 국제적인 문화권으로서 명확한 모습을 나타내게 된다.

　다음 장에서는 한민족의 밖으로의 진출을 중심으로 하여 동아시아세계의 태동을 살펴보기로 하자.

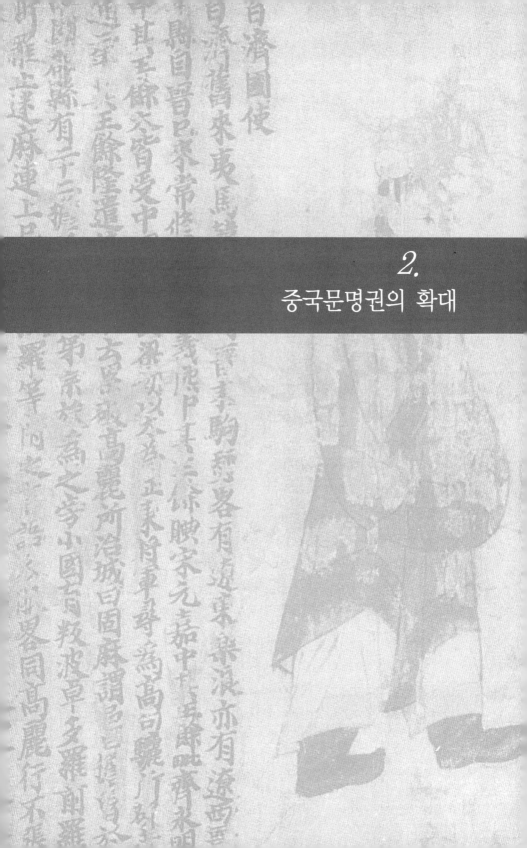

2.
중국문명권의 확대

동아시아세계의 태동

동북아시아 여러 나라의 국가형성

한제국 세력이 남만주에서 한반도까지 미친 것은 기원전 2세기 말에 행해진 무제(武帝)의 원정에서 시작되었는데, 동북아시아 여러 민족이 그에 자극받아 국가를 형성하기 시작한 것은 대개 기원후의 일이다. 먼저 한의 세력에 직접 영향을 받은 만주의 부여족 가운데서 고구려가 형성되었고, 이는 멀리 왜의 노국(奴國)과 함께 후한제국 초기에 이미 한제국과 접촉을 가졌다.

그러나 노국의 수장이 기타큐슈(北九州)의 한 토호에 지나지 않았듯이, 그 무렵 '국가'라고 하는 것은 본격적으로 통합이 이루어진 국가라고는 할 수 없고 아직 단순한 한 지방세력이라고 보아야 할 것이다. 이와 같은 지방권력이 국가를 형성할 정도까지 성장하기 위해서는 역시 동아시아에서 선진적으로 국가형성을 이룩한 중국민족으로부터 직·간접으로 자극을 받지 않으면 안 되었다. 우선 중국과 가장 가까운 위치에 있었던 고구려의 상황을 살펴보도록 하자.

고구려(高句麗)

동북아시아 여러 나라 가운데 가장 먼저 국가형성의 첫걸음을 내딛은 것은 고구려이다. 이는 1세기부터 2세기 동안 요동에서 한반도 북부에 걸쳐 설치된 요동군(遼東郡)·현도군(玄菟郡) 등 한제국의 파견기관과 직접 접촉하면서 투쟁을 겪었기 때문이며, 나아가 2세기 후반부터 3세기에 걸쳐 요동에서 반쯤 독립한 한인인 공손(公孫)씨 세력과 화북을 제압한 위(魏)나라와의

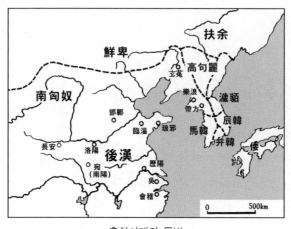

接触·投争에서도 자극을 받았기 때문이다. 238년 위나라에 멸망당한 공손씨의 반독립국에는 184년 황건의 대란으로 시작된 화북의 혼란을 피해 많은 한민족이 유입되었고, 그 가운데에는

후한시대의 동방

당시의 일류 지식인도 포함되어 있었다. 고도의 중국문명이 요동지방에 현실적으로 뿌리를 내리기 시작하는 것은 이 무렵이라고 볼 수 있다.

고구려는 위나라와의 투쟁과정에서 244년 위나라 장군 관구검(毋丘儉)의 공격을 받아 압록강 중류에 위치한 수도인 환도(丸都)를 함락당하는 타격을 입기도 하였다. 하지만 4세기에 접어들어 서진왕조 내부에서 붕괴가 일어나고 북방계 이민족이 화북을 대혼란으로 몰아넣기 시작하자 고구려는 한제국 이래 중국정부의 지방 말단기관이었던 현도군·낙랑군·대방군(帶方郡)을 연달아 함락시키고, 334년에는 낙랑군의 옛터인 평양성을 증축하여 한반도 북부에 대한 지배를 확고히 하였다. 그러나 요동지방에는 선비족 가운데 모용부의 연(燕)왕국이 성립함으로써 고구려와 대립관계에 놓이게 되었다.

연나라의 기초를 마련한 모용외(慕容廆 : 269~333)는 화북의 대혼란을 피해 요동지방으로 흘러 들어온 한인을 비호하고, 그들의 출신지에 대응하여 4개의 군을 둠과 동시에 이들 군·현 장관에는 그들 가운데 명망있는 자를 임명했다. 그리고 한인 가운데에서 현재(賢才)를 발탁하여 정치의 실권을 위임했으므로 모용외는 중국 예교(禮敎)의 보호자로 평가되어, 한민족은 이를 의지하여 요동으로 피난해 갔다. 이 시기가 중국문명이 이 지방에 뿌리를 내리는 제2의 시기였으며, 이로써 요동지방에 호족풍·한족풍 체제가 생겨났다고 할 수 있다.

모용외의 자손은 이 같은 방침을 이어받아 마침내 그 기초 위에 화북을 제패하는 데 성공하였다. 이 전연(前燕)왕국(337~370)은 요하지방에서 수도를 계(薊 : 지금의 북경)로, 나아가 업(鄴 : 지금의 하북성 臨章)으로 뻗어나갔고, 한때 저족의 전진(前秦)왕국(351~394)에 병합되었지만 이윽고 일족인 모용수(慕容垂)가 하북성 정현(定縣)의 중산(中山)을 수도로 하는 후연왕국(384~407)을 부활시켰다. 4세기 후반에는 이 모용씨의 연국이 화북의 동쪽 반을 제압하고 있었다. 그리고 후연왕국이 선비 탁발부가 세운 북위에 의해 붕괴된 후, 요하 주변에 한인을 군주로 하는 북연국(409~438)이 한때 부활할 수 있었던 것도 요동 일원과 옛 연나라 내부에 한인세력이 상당히 남아 있었던 결과이다.

고구려는 이처럼 중국문명을 받아들인 선비 모용부가 호족풍·한족풍 국가를 만들어 내는 큰 성공을 거두는 것을 눈앞에서 지켜보았고, 또 그 압력을 정면으로 받은 결과 선진적인 중국문명을 받아들여 강력한 국가를 이룩하고자 했다. 373년 일찌감치 고구려는 "율령을 반포하였는데" 그 율령이란 서진왕조의 율령을 모범으로 하였을 것이라고 한다. 이렇게 해서 점차 국가체제를 정비한 고구려는 5세기에 전성기를 맞이하고 한반도 남부에 압력을 가하여 475년에는 백제의 수도 한성을 빼앗고 백제를 한반도 서남쪽 구석으로 밀어넣게 된다.

이리하여 고구려는 당시 한반도 남부에 자리잡고 있던 백제, 신라 및 왜국과 관계 깊은 임나에 그 영향력을 강화하면서, 다른 한편으로는 중국본토에서 남북으로 대립하고 있던 남조와 북조 사이에서 세력균형을 꾀하며 각기 사절을 파견하고 중국으로부터 인정받은 권위를 이용하여 독립을 유지해 갔다.

이렇게 하여 고구려왕국은 남만주에서 한반도의 대부분에 영향을 미치는

고구려 수렵도 벽화

실력을 키워 나갔고, 남북조를 통합한 강대한 수제국과 대등하게 싸움을 펼칠 정도로까지 성장하였다. 후에 기술하겠지만 수양제는 고구려를 토벌하러 나섰지만 토벌 때마다 실패를 거듭하여 결국 수제국이 멸망하는 큰 원인이 되었다. 한편 고구려 벽화에 보이듯 고구려의 문화는 중국문명을 받아들여 고도의 수준에 달해 있었다. 그것은 동아시아에서 이민족 간에 국가형성과 문명화를 성공시킨 선구적인 한 예라고 해도 좋을 것이다.

삼한(三韓)

이상에서 기술한 고구려의 국가형성은 한반도 남부, 나아가 일본에도 영향을 미쳤다. 『삼국지(三國志)』「동이전(東夷傳)」기사에 의하면, 3세기의 한반도 남부는 마한·진한·변한의 세 국가로 나뉘어져 있었는데, 서부에 위치한 마한 안에서만 소국 50여 개가 분립해 있었다고 한다. 그 소국의

60

하나로서 '백제국(伯濟國)'이 있었는데, 이것이 마한 내부의 여러 나라를 연합·통일하는 중핵이 되었던 듯하고, 그러한 이유로 마한통일체가 '백제(百濟)'라는 이름을 갖게 되었을 것이라고 생각된다.

일찍이 국가형성의 길을 걷기 시작한 고구려는 남쪽으로의 공격 방향을 주로 이 백제연합체로 겨누었다. 369년 마침내 고구려는 백제와 전투를 벌이게 된다. 백제연합체를 이끈 근초고왕(近肖古王)은 다행히 고구려군에게서 승리를 거뒀다. 그 기회에 왕은 수도인 한성(漢城)에 가까운 한강 남쪽에서 승리를 가져온 여러 군대를 열병하고 깃발의 장식물에 모두 황색을 사용했다. 중국에서 황색은 황제가 사용하는 색임을 고려할 때, 근초고왕은 고구려에 대한 대승리를 기회로 해서 마한 내부의 여러 국가보다 한 단계 위에 위치한, 이를 통일하는 황제의 지위에 오를 의지를 분명히 밝힌 것이다. 백제의 국가형성은 이와 같이 고구려의 직접적인 자극에 의한 것이었다. 이리하여 백제는 371년에는 고구려의 평양성까지 쳐들어갈 정도로 세력을 떨치게 되었으나 강대한 고구려의 압력에 대항하기 위해서는 왜국과 동맹하지 않으면 안 되었다.

이에 비하여 신라는 진한 가운데 소국인 사로국(斯盧國)에서 발전한 것으로, 처음에는 백제의 영향 아래에 있었던 것 같다. 그러다가 고구려의 힘을 이용하여 백제의 영향으로부터 벗어났지만, 신라를 병탄하려 하는 고구려의 움직임에 대해서는 과감하게 저항하였다.

신라는 한편으로 이러한 고구려의 움직임을 경계하고, 또 다른 한편으로는 백제·왜의 연합세력으로부터 압력을 받으면서 국가형성의 험난한 길을 끈질기게 걷기 시작했다. 이러한 험난한 환경은 오히려 신라의 내실을 강건하게 했을 것이다. 6세기에는 중국과 고구려의 율령을 참조하여 율령을 제정하였고, 이윽고 7세기에는 한반도를 통일하는 기초를 만들어 나가게 되었다.

왜(倭 : 日本)

仁德天皇陵 | 일본 최대의 前方後圓墳墓. 길이 475m

이러한 한반도 정세와 밀접하게 관련하면서 일본도 국가형성을 진행시켜 나갔다.『삼국지』위지 동이 왜인전(倭人傳)에 보이는 유명한 히미코(卑彌呼)의 야마타이 국(邪馬台國)6)이 규슈(九州)에 있었는지 기나이(畿內)에 있었는지를 둘러싸고 오랜 논쟁이 있었고 현재도 아직 의견이 분분한 상태이다.

어쨌든 3세기의 야마타이 국 단계에서는, 왜국은 아직 많은 토호국이 한데 모인 오합지졸식 집단이었고, 히미코에 의해 통일을 이루었다고 해도 아직은 매우 불안정하였다. 그러다 점차 견고한 통일체를 만들어 나가는 과정은 상술한 한반도에서의 국가형성 과정과 결코 무관하지 않다. 특히

---

6) 원본에는 邪馬臺國으로 표기되어 있으며, 臺가 아니라 壹이라고 하는 설도 있다.

한반도 남단의 변한은 왜국과 가장 밀접한 관계에 있었기 때문에 한반도의 움직임은 왜국에 즉각 영향을 주었다.

왜인의 국가형성은 한반도의 국가형성 추세에 상응한다. 그리고 5세기에 남조의 송왕조에 조공한 소위 '왜의 5왕(五王)' 시대가 되면, 야마토(大和) 정권에 의한 일본국가의 형성은 상당히 강력한 흐름을 형성하게 된다. 5세기의 『송서(宋書)』 등에 나타나는 '찬(讚)' 이하의 다섯 왜왕은 다음 표에서 보는 천황들에 비정되는데, 이 시대는 저 닌토쿠(仁德) 일본왕릉에 보이듯이 전방후원(前方後円)식 분묘의 절정기에 해당하고, 그 거대한 능묘의 모습은 천황권력의 거대함을 확연히 나타내고 있다. 야마토 정권을 중심으로 하는 일본의 국가형성은 이 무렵에 이미 확실해지고 있었다.

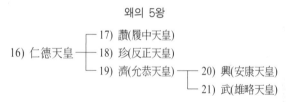

왜의 5왕

비고 : 숫자는 즉위순을 가리킨다.
　　　讚은 仁德이라고도 한다.

동아시아 문명권

이상에서 기술한 동방의 여러 이민족 국가는 이미 중국왕조에 조공을 하고 각각 왕호와 중국식 관호를 수여받았다. 왜의 오왕이 중국남조의 송·제·양 왕조들로부터 안동대장군·왜국왕 등의 칭호를 받은 것이 한 예라고 볼 수 있다. 그것은 중국의 황제를 중심으로 하는 세계질서 속에 주변의 여러 국가가 독립왕국으로서 공인받은 형식이라고도 할 수 있었다.

이와 같은 국제관계 형태를, 니시지마 사다오(西嶋定生)는 '책봉체제(冊封體制)'라고 하였다. 중국의 황제가 책서를 주고 왕이나 공으로 봉건하는 형식을 취하기 때문이다. 그것은 조공하는 여러 국가로서는, 그리고 문명의

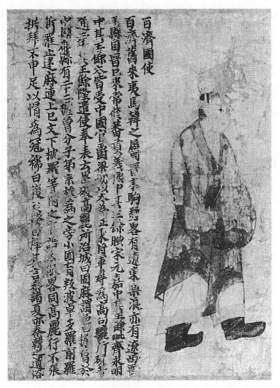

양직공도 백제사신

자각기에 있는 후진민족으로서는 어쩔 수 없는 것이었다. 왜냐하면 당시의 동아시아에서 인류를 문명으로 이끄는 길잡이가 되는 별은 중국문명밖에 없었기 때문이다. 중국황제는 이미 남북으로 나뉘어 일찍이 한제국과 같은 절대성을 갖지는 못했음에도 불구하고 동아시아에서 그 존재는 세계문명의 상징이었고 그 체현자에 다름 없었다.

이는 당시 서방세계에서 로마제국이 분열된 후, 로마교황으로 상징되는 크리스트교가 문명으로 이끄는 유일한 길잡이 별이었고, 후진적인 게르만 민족의 수장들이 그 앞에 무릎을 꿇은 것과 어떤 의미에서는 비슷하다고 할 수 있다. 실제로 클로비스(Cloivis)가 앞장서서 크리스트교로 개종하고 그 인증에 의하여 상징되는 인류문명의 권위를 부여받은 것을 배경으로 하여, 게르만 민족을 통일하면서 메로빙거 왕조(476~750)의 프랑크 왕국을 건설하는 데 성공한 후진민족들의 내부사정이 동아시아세계에도 마찬가지로 존재했던 것이다.

백제와 왜국에서 보았듯이 각국의 왕은 난립하는 지방 군소세력 가운데에서 돌출하여 다른 여러 세력을 아우르면서 각각의 국가형성을 이루어 내지

靈巖寺 | 벽지탑 동진시대에 시작된 사원으로 唐 천보연간에 건립. 山東省 長淸縣

않으면 안 되었다.

한편 다른 것보다 우위에 서서 이를 통합하기 위해서는 군소세력과 차원을 달리하는 다른 권위의 배경을 가지지 않으면 안 된다. 천황가의 조상신을 다른 신보다도 한층 높은 상위에 두는 방법도 그 하나이기는 했다. 그러나 당시 세계문명의 상징으로부터 직접 국토의 보유를 공인받고, 그 국토의 지배자로서의 왕호를 수여받는 것은 국내에서 그 권위를 높이는 데 매우 효과적이었다. 그러므로 국가형성 과정중에 있던 여러 국가는 인류문명의 상징으로부터 공인을 얻기 위해 앞다투어 조공을 했던 것이다.

중국문명의 확산

이와 같은 조공 현상은 6조시대에 시작된 것은 아니다. 일본 규슈의 한 토호가 조공을 하고 '노국(奴國)의 왕'이라고 새겨진 금인을 받은 예는 이미 서기 1세기 초인 후한 초기에도 있었다. 나아가 서역 제국의 조공 등은 그 이전부터 행해지고 있었다. 그러나 동북아시아 여러 나라가 각자 주체적으로 중국문명을 받아들여 그것을 하나의 중요한 지레로 삼아 각자 국가통일을 수행하면서 서로 전후하여 중국을 중심으로 하는 동아시아세계의 국제관계를 형성하기 시작한 것이 바로 이 시대의 뚜렷한 특색이라고 할 수 있다.

이 때 주의해야 할 것은 이 동아시아세계를 성립시킬 수 있었던 공통사항은 각 민족이 받아들인 중국문명이었고, 그들이 각각의 토양에 적합한 호족풍·한족풍 문화의 형성을 목표로 하면서 한족풍 문명의 면을 공통의 매개항목으로 하여 서로 연결되어 있었다는 점이다. 이것은 6조시대가 중국문명의 거대한 확산기이고, 중국문명의 입장에서 본다면 위대한 팽창기라는 말이 된다.

한민족의 정치적 지배력은 이민족의 화북침입으로 크게 축소되고 감퇴되었다. 그러나 화북에 응축되어 있던 중국문명은 이민족의 융합[攪拌] 작용에 의하여 사방으로 퍼져나갔다. 중국남부로 그 대부분이 퍼져나가 그곳에 뿌리를 내린 것은 앞서 기술한 대로이다. 동북으로 퍼져나간 것은 동북아시아의 인접 이민족들에게 연쇄반응을 일으켜 각각의 국가형성과 중국문명의 주체적 수용을 유발하고, 중국문명을 공통항목으로 하는 호족풍·한족풍 문명의 동아시아세계를 성립시켜 나갔다. 한민족에게 정치력 감퇴기가 거꾸로 한민족 문명의 팽창기가 되었던 것이다. 그것은 직접적으로는 중국문명의 담당자인 한민족이 화북으로부터 퍼져나감으로써 한민족의 농경문화권이 확대된 것이 하나의 기본적인 계기가 되었다고 할 수 있다.

그러나 동방의 이민족 국가들이 중국문명을 유일한 공통의 세계문명으로서 수용해 나갈 때 위대한 윤활유로 작용한 것이 불교였다는 점에 주의하지 않으면 안 된다. 불교는 말할 것도 없이 인도에 기원을 갖고, 인도·이란 문화권을 통해 중국에 전해진 종교이므로 원래 이민족 종교이다. 인도·유럽계로 추정되는 갈족의 후조(後趙)왕국에서, 왕족 석씨(石氏)가 불도징(佛圖澄)을 스승으로 하여 불교를 열렬히 신봉한 것도 당연했다. 그리고 불교는

돈황 275굴 서벽 미륵상 | 北凉

이미 민족성의 차이를 넘어 모든 민족에게 받아들여질 수 있는 세계종교가 되어 있었다. 한민족도 이것을 열심히 흡수하고 소화하여 중국불교를 만들어 내고 동아시아 불교의 중심이 되어 갔다. 불교는 이렇게 중국문명과 한 쌍이 되어서, 그 세계성을 매개로 하여 동아시아 세계문화권의 형성을 촉진하였다.

비단길과 중국문명

중국불교의 성립—걸승(傑僧) 쿠마라지바

그런데 불교가 이렇게 큰 역할을 맡아서 해 낼 수 있었던 것은, 한제국이 서북방에서 서역지방으로 세력을 뻗치고 소위 비단길을 개척하여 서방문물의 유입로가 열린 점, 더욱이 이 비단길이 제국의 붕괴 후 6조의 대혼란기에도

麥積山石窟 전경 | 後秦代(384~417)에 시작되어 明代까지 개굴된 대규모 석굴군

극히 활발하게 이용됨으로써 이 굵은 통로를 통해서 신진 불교승이 계속 중국으로 건너와 새로운 자극이 끊이지 않았다는 데 기인한다.

중국에 온 이들 도래승 가운데에 특히 기억해 두어야 할 인물은 쿠마라지바 (Kumarajiva)이다. 타림 분지 구자(Kucha)국의 왕자로 태어난 쿠마라지바는 소승불교에 만족하지 못하고 이미 대승불전도 체득한 걸출한 승려로서 서역에서 그 이름이 널리 알려졌다. 전진(前秦)왕국[저족]의 명군주인 부견(苻堅)은 부장인 여광(呂光)을 파견해서 서역 제국에 패권을 장악하려고 했을 때 그의 이름을 전해듣고 여광에게 이 쿠마라지바를 초빙하도록 명하였다. 여광이 쿠마라지바와 함께 돈황까지 돌아왔을 때, 그는 주군인 부견이 동진과의 비수(淝水)전투에서 대패하여 전진국은 와해되었다는 소식을 접하게 되었다. 여광은 그대로 머물러 독립하여 나라를 후량(後凉)이라고 하였고, 쿠마라지바는 이 여광의 보호 아래 평온하게 살 수가 있었다.

이윽고 후량은 저족의 후진왕국에 멸망당하지만 쿠마라지바는 후진왕 요씨(姚氏) 일가의 두터운 비호를 받으며 수도인 장안에서 많은 불전을 한역하는 한편, 대승불교의 교리를 중국인에게 설파하였다. 그가 남긴 대량의 한역불전과 그 아래에서 공부한 우수한 중국승려 승조(僧肇)와 승예(僧叡) 등은 본격적인 중국불교의 확립에 결정적인 역할을 하였다.

분명 비단길의 동쪽 종점에 해당하는 장안 일대의 관중은 2세기 말부터 3세기 초에 걸친 한제국 붕괴기와 4세기의 5호16국시대에 몇 번씩이나 대혼란에 빠지면서 여러 이민족 국가가 흥망을 거듭하였다. 또한 관중의 서북쪽 농서(隴西)에서 돈황에 걸쳐 하서 회랑지역에서도 전량·후량·남량·북량·서량이라는 다섯 양국이 흥망하고 병립했다. 그럼에도 불구하고 크게 보아 비단길을 통한 동서교통은 이 혼란에 큰 지장을 받지 않았다고 할 수 있다.

한민족의 서역진출

그렇지만 관중을 중심으로 하는 중국 서부의 한민족은 한말 이래 계속되는 본토의 전란을 피해 이 하서(河西) 회랑지역으로, 나아가 돈황에서 더 서북쪽에 해당하는 하미[伊吾]와 투루판의 오아시스로 흘러 들어갔다. 지금의 감숙성 무위(武威)인 5호16국시대에 고장(姑臧)을 수도로 하는 한민족 국가 전량(前凉 : 313~378)이 이민족 국가들 속에서 고립된 채 반세기 이상에 걸쳐 멀리 떨어진 서진·동진 왕조와 계속 친교를 유지한 것은 이러한 한인의 힘을 배경으로 한 것이다. 또한 이 한인정권이 투루판까지 세력을 뻗치고 있었던 것은 한민족이 이 방면으로 발전하는 데 큰 힘이 되어 주었다.

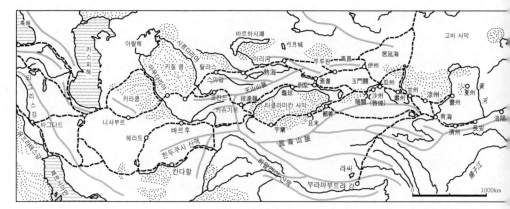

서역교통로

　20세기 초 각국의 서역탐험대가 잇따라 이 방면으로 진출하던 중에 일본의
오타니(大谷) 탐험대가 롭놀 호반의 사막 가운데 위치한 유적에서 서역장사
(西域長史) 이백(李柏)이라는 인물이 쓴 5월 7일자의 귀중한 편지를 발견했다.
328년 전량의 제3대 군주 장준(張駿)은 자신의 명령에 복종하지 않은 투루판
주재 조진(趙貞)을 토벌하기 위해 장군 이백을 서역장사로 파견하였는데,
이 편지는 롭놀 호반까지 진군한 이백이 카라샬 왕 앞으로 보낸 편지였다.
이백의 원정은 패배로 끝났지만 장준은 몸소 출정하여 투루판을 제압했다.

　투루판은 전량 이후, 전량을 무너뜨린 저족 부견의 전진국(351~394),
그 해체 후에는 부견을 따르던 같은 저족계 여광의 후량국(386~403), 한인인
이고(李暠) 부자의 서량국(400~412), 흉노계 저거몽손(沮渠蒙遜)의 북량국
(397~439)의 통제를 받았다. 그러나 비단길가에 위치한 이들 오아시스에는
북방 유목민족의 세력이 크게 영향을 미쳤다.

　당시의 고비사막 이북지역에는 선비 탁발부가 이미 화북으로 들어와 북위
제국을 건설해 나가고 있었고, 그 빈 자리를 채운 돌궐·몽고계의 유연(柔然)[7]
이 크게 세력을 뻗치고 있었다. 460년 이 유연의 후원을 받은 한인 감(闞)씨가

---

7) 또는 유유(蠕蠕)라고도 한다.

오타니 탐험대

당시 고창국(高昌國)이라고 하는 투루판 지방의 왕에 오르고, 그 후 약간의 변동이 있었지만 498년부터 당나라에게 멸망당한 640년까지 140년 이상을 한인인 국(麴)씨가 이 곳으로 이주한 많은 한족의 추대를 받아 한인왕조 고창국을 이끌었다. 고창국은 대부분 인도·이란계의 언어·민족을 중심으로 하는 문화권에 속한 타림 분지에서, 에노키 가즈오(榎—雄)의 용어에 따르면 '중국문화의 전시장'이라고도 할 만한 지역을 아우르고 있었다.

중국본토의 화북 일대가 여러 이민족에게 제압당하고 있을 때, 4세기의 하서지방 서쪽에서는 이처럼 반세기 이상에 걸쳐 한인왕조 전량국이 존재했고, 5세기 초에는 돈황을 중심으로 하는 한인의 서량왕국이, 또 6세기 이후에는 투루판 분지에도 한인 국씨의 고창국이 어쨌든 독립해 있었다는 것은 앞서 기술한 동북지방으로의 한민족의 진출과 맞물려, 6조시대에 중국문명권이 착실하게 확산 팽창한 사실을 나타내는 것이라고 보아도 좋을 것이다.

사막에 묻혀 폐허가 된 거대한 주거지 니아 유적

떠돌아다니는 호수

한민족의 서북방 진출이 하서 회랑지방의 서쪽 끝인 돈황에서 곧바로 서방으로 향하지 않고 그 곳에서 북방인 하미로 나오고, 나아가 서쪽의 고창, 즉 투루판 분지로 향하게 된 것은 흥미로운 자연현상과 관련이 있다.

1920년 중앙아시아 탐험을 시도한 스웨덴 탐험대는 타림 분지를 서에서 동으로 흐르는 타림강이 바람에 의한 사구의 이동으로 옛 물길이 복귀되고 있는 점, 그리고 그에 따라서 20세기 초까지 사막 안에서 타림강의 물이 흘러들던 롭놀호는 점차 말라가고 호수가 북방으로 위치를 바꾸고 있다는 점을 발견했다.[8] 대장 스웬 헤딘은 『떠돌아다니는 호수』라는 책에서 이 사실을 보고하여 매우 유명해졌다. 헤딘은 사막 안에 폐허로 변한 도시유적, 더욱이 한대에서 6조 초에 걸쳐 번영을 누린 증거를 보이는 도시 가까이로 롭놀호가 되돌아오고 있다고 보았다. 이 도시유적이야말로 바로 이노우에 야스시(井上靖)의 소설로 유명한 『누란(樓蘭)』이다.

비단길이 열린 초기 기원전 2세기에서 기원후 4세기 중엽까지 누란(=쿠로라이나)은 타림강과 롭놀의 물을 이용하여 번영을 누린 오아시스 국가였다.

---

8) 1921년 타림 강 하류에 만들어진 댐의 영향.

祁連山

비단길은 돈황에서 곧바로 서쪽인 이 누란에 와서 남과 북으로, 즉 천산 남로와 북로로 나뉘었다. 따라서 이 곳은 남북 두 개의 길을 지나 동서로 왕래하는 대상(隊商)의 집중점이었고 동서교통의 요충지로서 번영을 구가하게 되었다.

그런데 4세기 중엽, 타림강의 물길은 사구의 이동으로 누란의 훨씬 서쪽에서 남으로 수로를 바꾸어 버렸다. 이에 롭놀은 물이 말라 버리고, 새로운 롭놀이 훨씬 남쪽에 생겨났다. 누란은 오아시스 국가의 최대의 생명선인 물을 잃어버리고 사람이 살 수 없는 땅으로 변하였다. 사람들은 새로운 롭놀의 물을 구하려고 집을 버리고 남으로 이동하기 시작했다. 일찍이 번영을 구가하던 누란의 거리는 점차 사람들의 흔적이 없어지고, 휘몰아치는 모래바람 속에 파묻혔다. 이렇게 해서 쿠로라이나는 마을 자체가 남쪽의 새로운 롭놀로 이동되었다. 이를 한자로는 선선(鄯善)이라고 한다. 이제 천산남로(天

山南路)와 천산북로(天山北路)는 누란에서 나눠지는 것이 아니라 남로는 돈황에서 직접 남서의 선선으로 향하고, 북로는 돈황에서 북의 하미로, 나아가 그 곳에서 서쪽으로 투루판에까지 향하게 되었다. 그 같은 변화는 4세기 사이에 일어난 듯하고 돈황은 이 무렵부터 그 중요성이 점점 커졌다.

그런데 이 새로운 쿠로라이나(=선선)을 비롯하여 천산남로·연변의 마을들은 청해성을 근거지로 삼아 나라를 세운 토욕혼(吐谷渾)에게 제압당하게 된다. 앞서 요동에서 화북 동쪽의 반을 제패한 선비족의 모용부에 대하여 기술했는데, 사서에 따르면 토욕혼국은 그 일족이 멀리 기련(祁連)산맥의 남쪽에까지 와서 세운 나라라고 한다. 그러나 구성민족은 거의 티벳계 강족이었을 것이다. 이렇게 하서(河西) 회랑지대에서 돈황에 걸쳐 진출해 온 한민족은 천산남로 쪽으로 진출하지 않고, 북로의 하미에서 투루판으로 진출하였던 것이다.

그건 그렇다 치고, 4세기에 일어난 롭놀의 방황이 20세기의 20년대에 또다시 일어나기 시작한 것은 실로 흥미로운 것이다.[9] 만약 현대가 이토록 과학문명화된 시대가 아니었다면, 이 새로운 방황은 서역 역사상 대사건으로서 막대한 영향을 미쳤을 것이다. 그러나 1920년대 이후 지금까지 존재한 롭놀 호반이 쇠퇴하고 본래 롭놀 호반이 위치하였던 곳에 사람들이 아직 거주하지 않고 있는 시점에서, 이 양 지역에 걸친 거대한 무인지대(無人地帶)는 원폭실험을 위한 적격지로서 이용되고 있다. 문화혁명 이후 변강(邊疆)고고학에 힘을 쏟기 시작하고 있는 지금, 원폭실험보다 이 지대에 매장되어 있을, 수많은 역사적 문화재를 발굴 조사하는 데 보다 많은 노력을 기울이기를

---

9) 1870년대 이후로 러시아 사람과 독일 사람이 이 롭놀에 관해서 논쟁을 일으켜 지리학상의 커다란 문제로 되었다. 이 논쟁을 이어받은 헤딘은 롭놀 호수가 1600년 주기로 이동한다고 주장하였고, 마침 1930년대에 롭놀에 물이 찼기 때문에 이 설이 보강되기도 하였다. 그러나 그 배경에는 1921년 타림 강 하류에 댐을 만들었기 때문에 그 지류의 물이 롭놀로 들어왔다는 점을 고려할 필요가 있다. 또한 1952년에는 하류의 다른 곳에 댐을 만들어 수량이 점차 줄어들기도 하였다. 지금은 완전히 마른 하천이 되어 버렸다.

희망하는 것은 단지 필자 한 사람만의 바람은 아닐 것이다.

번영하는 동서무역

필자는 앞서 동아시아세계의 형성에서 불교가 지대한 공헌을 끼친 바를 중시하면서, 비단길에 대한 이야기를 꺼냈다. 그러나 비단길의 가장 큰 역할은, 역시 대상(隊商)을 통해 이루어지는 원거리무역의 경로로서이고 그에 따라서 불교만이 아니라 동서문명의 교류가 이루어진 데 있다. 이 무역량의 증대는 비단길과 접한 여러 나라에 큰 이익을 가져다 주었다. 그들 국가들은 스스로 중계무역을 통해 이윤과 통행세를 얻었다. 그뿐 아니라, 다른 나라의 대상 무리가 길을 지나면서 소비하는 물자를 이들 지역에서 마련하였던 것이다. 이를 통해 그들이 뿌리고 가는 돈으로 말미암아 연선의 여러 국민 생활이 풍요롭게 되었던 것이다.. 즉 비단길의 연선에 위치한 여러 나라들도 동서무역의 중계를 통해 경제적 기반을 얻고 있었고, 이 무역로를 원활하게 움직이게 하는 것이야말로 이들 나라의 유지와 번영을 위한 필수요건이었다. 하서 회랑지대에 몇 개의 양국(涼國)이 흥망하고 병존하면서도 이 경로가 끊기지 않았던 것은 모두 위와 같은 경제적 기반을 공유하고 있었기 때문이고, 서로 그 기반을 잃어버리지 않으려 했기 때문임이 틀림없다.

그 같은 사정은 이 경로의 북측의 광대한 사바나·스텝지대에 위치한 유연 등의 유목민족 국가와 기련산맥 남쪽에 나라를 세운 토욕혼 같은 나라에도 해당된다. 유목민족은 가끔 비단길과 접한 오아시스 국가를 약탈하는 일은 있었으나, 본래 유목민족과 오아시스 농업국가가 공존·공영 관계에 있었다는 것은 이미 전문가 사이에서는 상식으로 되어 있다. 유목민족이라고 해도 항상 소와 양과 말의 우유와 고기만 먹고 모피만 입고 사는 것이 아니고 농산물도 생활의 필수품으로 요구하고 있었기 때문이다. 이 필수품을 풍부히 공급하는 것이 바로 오아시스 농업국가였고, 따라서 가축 및 축산품과 농산물과의 교환관계가 필연적으로 요구되었다. 그것이 유목민족과 오아시스 농업

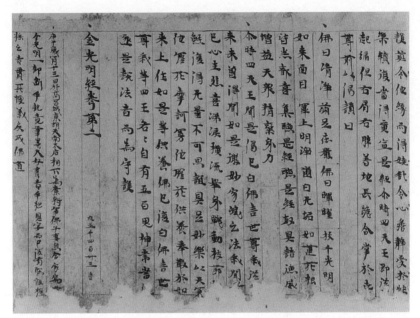

『金剛明經』殘卷 | 南北朝, 투루판 현 출토

국가와의 공존관계이다.

게다가 비단길과 접한 오아시스 국가가 무역량의 증대로 번영을 누리는 것은 유목민족에게도 생활수준의 향상을 가져온다. 오아시스 농업국가와의 교역에서 사치품을 수입하는 양이 늘어나고, 또 대상의 안전한 통행을 보증하고 호위함으로써 그 곳에서 보호료를 징수할 수가 있기 때문이다.

이리하여 북단의 스텝지대에서는 패권을 장악하는 유목민족이 선비 탁발부에서 유연으로, 다시 뒤에는 돌궐로 교체되지만, 앞에서 기술하였듯이 비단길과 접한 오아시스 국가들과의 공존관계는 변함이 없었다. 그리고 비단길을 지나는 동서무역과 문화교류는 여러 국가의 흥망에 큰 방해를 받는 일 없이 계속되었다.

이러한 사정은 기련산맥 남쪽에 나라를 세운 토욕혼에게도 마찬가지였다. 그들 역시 유목생활을 주로 한 것으로 추정되는데, 동서무역에 의한 이익을 구한다는 점에서는 위에서 기술한 여러 나라와 같았다. 토욕혼이 천산남로의 동쪽을 압박한 것도 그 이익을 구했기 때문이다. 또한 나아가 중국에서 천산남로로 나오는 길이, 하서 회랑을 지나는 간선 이외에도 그 남측에 치솟은 기련산맥의 남록(南麓) 연변, 즉 토욕혼의 중심부를 지나 또 하나의 지선이 있었던 점을 주의할 필요가 있다. 그 서쪽 출구가 바로 남쪽으로 떠돌기 시작한 새로운 롭놀 호반의 선선(鄯善)이다. 토욕혼이 선선을 중심으로 한 천산남로의 동쪽으로 진출한 것은 당연한 결과였다.

이 동서교통의 지선은 간선과 마찬가지로 토욕혼에게 위협이 되지 않는 한 누구나 이용할 수 있었다. 북위의 승려 송운(宋雲)이 인도로 구법여행에 나섰을 때, 서쪽으로 지난 길이 이 토욕혼 영내의 지선이었다. 그리고 이 지선은 남북조가 대립하던 시기에 중립지역으로 남아 있으면서 남조의 문물이 서방으로 흘러 들어가게 한 중요한 역할을 한 것으로 보인다.

유명한 돈황석굴에서 나온 방대한 고문서 안에서 발견된 남조의 남제(南齊)와 양(梁) 왕조 치하의 문서는, 저 멀리 강남에서 사천성을 경유하여 이 지선 경로를 지나 전래되었을 것이다.

소그드 상인

그런데 이들 경로를 통해 중국에서는 주로 비단을 서방으로 옮기고, 서방에서는 이란의 금·은그릇과 유리제품 등 진기한 품목을 동쪽으로 옮기는 데 상당한 활약을 한 사람들이 있었는데, 그들은 소그드 상인이었다. 소그드란 천산남·북로의 서쪽 끝인 파미르 고원을 지난 서쪽에 위치한 오아시스 국가로, 현재는 중앙아시아의 사마르칸트 부근에 해당한다. 소그드를 중심으로 해서 파미르 서쪽 기슭에 해당하는 국가들의 인도·유럽계 사람들은 멀리 서방의 로마 및 비잔틴 제국과 동방의 머나먼 중국과의 사이에서 중계무역을 한 상인들로서, 당시 동서로 대활약을 하고 있었다. 그들은 북위의 수도 낙양(洛陽)에도 왔으며, 또 북제(北齊)의 수도 업(鄴 : 하북성 임장)에서는 북제의 정국에까지 상당한 영향력을 행사할 정도의 경제력을 축적하고 있었다.

게다가 그들은 화북에만 머무르지 않았다. 소그드에서 약간 동북에 위치하는 코칸드 출신의 강씨(康氏) 일족은 4세기에 이미 장안에 거주하고 있었는데, 4세기 말부터 5세기 초에 이르는 장안의 혼란을 피해 한수(漢水)를 내려와 양양(襄陽)보다 조금 남쪽에 위치한 남조 치하의 땅으로 와서 동족으로 이루어진 일대 취락을 형성하고 있었다. 그들은 강남의 비단제품을 멀리 서방으로 보내기 위한 전진 기지의 역할을 하고 있었음에 틀림없다. 6세기 초 양무제(梁武帝)가 양양의 군사령관으로서 남제왕조를 타도하는 군사를 일으켰을 때, 이 강씨 일족은 양무제를 적극적으로 지지했다. 양제국을 건설하기 위한 군자금 가운데 상당 부분은 이 국제적 상업자본가인 강씨에 의해 제공되었을 것으로 추측된다.

강씨를 비롯하여 후조왕국을 세운 석(石)씨, 후에 당대(唐代)에 반란을 일으킨 안록산(安祿山)의 안(安)씨, 시인이자 문장가로서 막대한 영향력을 발휘한 백락천(白樂天)의 백씨 등은 원래 대부분 파미르 주변의 오아시스 국가 출신으로 인도·유럽계의 피를 이어받은 사람들이었다.

6조에서 수당에 걸친 시대는 중국문명권이 확대되는 시기임과 동시에, 중국문명 그 자체가 이러한 서방적 색채를 농후하게 받아들여 세계화해 간 시대였다. 거꾸로 말하면 중국문명이 이렇듯 세계화된 것이 중국문명을 확대시킨 것이고, 그리하여 세계적 중국문명을 기반으로 하는 보다 넓은 아시아세계가 출현할 수 있었던 것이라고 생각된다.

지중해세계와 동아시아세계

필자는 마침 이 부분을 '프랑스는 부르고뉴의 고도(古都) 오뙹(Autun)에서'[10]라고 적힌 어떤 호텔에서 쓰고 있다. 오뙹은 로마가 당시의 갈리아

---

10) "La France, ä l'ancienne ville de Bourgogne d'Autun".

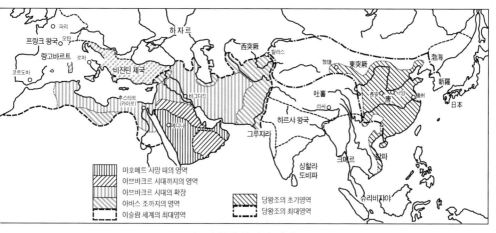

지도 내 레전드:
- 마호메트 사망 때의 영역
- 아브바크르 시대까지의 영역
- 아브바크르 시대의 확장
- 아바스 조까지의 영역
- 이슬람 세계의 최대영역
- 당왕조의 초기영역
- 당왕조의 최대영역

隋·唐朝의 동양과 서양

즉 지금의 프랑스 일대를 정복했을 때, 황제 아우구스투스의 칙허 아래 변경의 지배자로서 기원전 10년 무렵에 건설된 이 지방의 중심도시이다.

이 마을을 포함해서 이 주변 일대의 사람들은 에듀인(Eduens)이라고 불리는 갈리아인들이었다. 이들은 로마에 순종하여 로마의 시민권을 부여받고, 마을에는 신전·궁전·극장 등 큰 건조물을 연이어 축조했다. 이윽고 이 마을은 '갈리아인의 로마'라고 하는 그럴 듯한 이름으로 불리게 되었고 소위 갈로·로만(Gallo-romain), 즉 갈리아풍·로마풍 미술이 이 마을을 중심으로 피어났다. 중국세계와 비교한다면, 한대에 설치된 요동군의 군청소재지 정도가 아닐까 한다. 그리고 이 땅에 꽃핀 갈로·로만 문화는 오환, 선비 모용부, 고구려 등에 보이는 호족풍·한족풍 문화에 비교할 수 있지 않을까.

그러나 요동군 일대에서는 몇 차례의 전란에도 불구하고 선비 모용부에서 고구려로 호족풍·한족풍 문화가 확대된 데 반해, 오뙹에서는 로마 말기의 갈로·로만 문화와 그로부터 수백 년 후인 12세기에 꽃피는 크리스트교적 로마네스크 문화와의 사이에 일종의 단절이 있었던 것처럼 보인다. 오뙹의 마을과 미술의 역사를 다룬 간단한 안내서에 의하면, 그 사이에 오뙹은 몇 차례 파괴를 당했다. 특히 270년에는 테토리쿠스의 갈리아 농민들인 바고드인(Bagaudes)에게, 534년에는 쿠로타르 I세의 군대에게, 725년에는 사라센인의 침입에 의하여, 761년에는 가스콘인에 의해서 파괴를 당했다.

유럽사에 대한 지식이 부족한 필자로서는 바고드인에 의한 파괴가 갈로·로만 문화의 단절에 어느 정도나 결정타를 주었는지 알 수 없다. 그러나 위에서 언급한 몇 번의 파괴 가운데에서 결정적인 역할을 한 것은 사라센의 침입이 아니었을까? 그 이유는 유명한 벨기에의 중세사가 앙리 삐렌느의 설이 생각나기 때문이다.

앙리 삐렌느에 의하면, 지중해세계는 로마의 멸망과 게르만의 침입에 의하여 붕괴된 것은 아니다. 메로빙거 왕조 프랑크 왕국의 시대인 7세기까지의 갈리아는 아직 갈로·로만 문화가 지배하는 지방으로서 로마풍 고전문명이 유지되고 있었다. 그 곳은 아직 지중해세계의 일부분이었고 고전 로마문명은 아직 완전히 몰락하지는 않았다.

지중해세계의 통일성을 결정적으로 붕괴시키고 고전고대세계를 완전히 몰락시킨 것은 바로 사라센의 서진(西進)이었다. 아프리카 해안에서 이베리아 반도까지 포함한 지중해의 남부와 서부가 이질적인 문명에 의해 제압당한 결과, 지중해의 해상교통을 유대로 하는 고전고대세계의 통일성은 완전히 붕괴되고 만 것이다. 지중해의 동북부만이 간신히 동로마제국에 의하여 확보되고, 서북부는 지중해로부터 배제됨으로써 생활기반은 완전히 내륙으로 고립되었다. 이로써 일찍이 지중해를 중심으로 하여 번영을 구가한 고전고대의 로마문명권은 서북의 내륙적인 가톨릭풍·게르만풍의 서유럽문명권과, 동북의 그리스정교풍·비잔틴의 동유럽문명권과, 서부와 남부의 회교문명권의 셋으로 나뉘어지게 된 것이다.

스페인을 석권하고 오삥 마을을 파괴한 사라센인은 프랑크 왕국의 카알 마르텔(Karl Martel)에게 격퇴당해 피레네 산맥 남쪽으로 쫓겨났다. 이윽고 서유럽 대부분을 제패한 샤를르마뉴, 즉 카알 대제는 800년에 로마교황

레오 3세로부터 대관되고 로마제국 부흥을 구호로 내세웠지만, 그 궁정에는 라틴어 문장을 정확히 쓸 수 있는 자가 거의 없었다고 한다. 고전문명의 수준은 메로빙거 왕조 (프랑크)시대보다도 훨씬 뒤떨어져 있었고, 지중해세계의 붕괴로 내륙으로 틀어박힌 서유럽은 여기에서 새로이 독자적인 가톨릭적·게르만적 문화를 형성해 나가기 시작했다. 오뙁과 마찬가지로 부르고뉴 또 하나의 고도(古都) 옥세르(Auxerre)의 교회 지하묘지에 남겨진 9세기의 벽화는 가장 초기 유품 가운데 하나이다.

이와 같은 지중해 고전고대세계의 붕괴와 내륙으로 틀어박힌 서유럽의 가톨릭적·게르만적 중세문화 형성의 대략적인 역사를 회고해 보고, 그것을 중국세계의 6조로부터 수·당에 걸친 역사 전개와 비교해 볼 때 일종의 감개를 금할 수가 없다. 서방에서는 고대문명의 기반이었던 지중해세계가 회교와 크리스트교로, 그리고 그 크리스트교도 가톨릭과 그리스정교 등 서로 배타적인 종교의 각축에 의하여 세 개의 문명권으로 분할되었고, 그 때문에 지중해세계는 붕괴했다. 반면 동북아시아에서는 고대문명을 번영시킨 중국세계가 여러 정치적 분열과 민족 간의 투쟁에도 불구하고 오히려 보다 확대된 중국적 세계로서 계속 발전해 나갔다.

단절의 세계와 영속의 세계

서방에서 로마풍 문명을 공통의 기초로 하면서 지중해의 서북부는 갈로·로만 문화, 동북부의 로마풍 비잔틴 문명, 서남부의 로마풍·사라센풍 문명이라는 3자가 서로 열려진 관계 속에서 각각 세계화해 나갔다고 가정한다면, 이는 동북아시아에서의 중국세계의 호족풍·한족풍 문명권의 확대와 일정하게 대응될 것이다. 서방에서는 왜 그러한 공통성을 유지할 수가 없었던 것일까. 반면 동북아시아에서는 어떻게 중국적 세계의 계속적 발전이 가능했던 것일까. 이는 세계사적으로 극히 흥미로운 문제일 것이다.

이 문제를 생각해 볼 때 먼저 떠오르는 것이 지중해세계의 중심은 바다인 반면, 중국세계의 중심은 화북에서 화중에 걸친 평원이라는 단순한 사실이다. 인간이 정착할 수 없는 바다는 주변 육지의 상황에 따라 쉽게 성격이 변할 수 있다. 반면 인간이 정주하는 내륙에서는 사정이 그리 간단하지 않다. 만약 지중해가 내지이고 거기에 로마문명을 담당하는 사람들이 다수 거주했다면, 문명의 지속성은 보다 강했을 것이다. 바다에 돌출한 이탈리아 반도만으로는 로마문명을 핵으로 하는 지중해세계를 충분히 유지할 수 없었던 것이다.

두 번째로 생각되는 것은 크리스트교와 회교 공통의 배타적·전투적 성격과, 동방의 불교와 중국인의 종교의식에서 보이는 포용적 성격과의 차이이다. 중국에서도 6조로부터 수·당에 걸쳐 불교와, 도교 혹은 유교와의 사이에 배타적인 논쟁과 충돌이 없었던 것은 아니다. 그러나 중국에서는 궁극적인 실재를 비인격적인 '도(道)'로 간주하고, 이 '도' 자체를 인간의 분석적 인식능력을 넘는 '무(無)'적인 성격을 가진 것으로 생각하는 기본적 사고방식이 예로부터 존재하였다. 그 곳에서는 '일체공(一切空)'을 주장하는 불교도 또한 '도'를 추구하는 '도교'―도의 가르침―의 하나로 볼 수가 있었다. 즉 '도'의 무(無)적 성격 안에 모두가 포섭될 수 있었고, 불교도 또한 '도'의 탐구를 풍부하게 하는 역할을 한 것이다. 이와 같은 사고방식의 차이는 정신사상 극히 중요한 문제이다. 그러나 이러한 차이를 동방과 서방의 역사의 전개과정에서 실제로 다른 방향으로 실현시켜 나간 것은 이들 사고양식을 담당한 지식인이었다.

중국의 지식인과 귀족제 사회

실제로 지중해세계와는 달리 단절됨이 없이 중국세계를 고대문명을 핵으로 하여, 보다 풍부하게 국제색을 더하여 발전시키게 된 최대의 요인은 중국에 지식인이 폭넓고 강인하게 존재하였기 때문이라 생각한다.

서유럽에서 메로빙거 왕조 말기에서부터 카롤링거 왕조 초기에 걸쳐 7~9세기 무렵의 지식인 가운데는 이미 정확한 라틴어 문장을 쓸 수 있는 자가 거의 보이지 않았다는 점을 앞에서 소개했는데, 그러한 고전문화의 심각한 침체 현상이 중국에서는 전혀 보이지 않는다.

중국에서는 오히려 정치적으로 분열하고 크게 혼란한 6조시대에야말로 가장 화려하고 가장 율동적이고 완성된 변려체라고 하는 문장의 문체가 확립되었다. 그것은 정치적 분열과 전란이 한창일 때마저도 중국의 지식인들이 그들의 고전문명을 굳건히 유지하고, 나아가 그것을 보다 풍부하게 발전시킨 강인한 정신, 능동적 노력과 끈기를 갖고 있었음을 분명히 보여 주는 것이라 할 수 있다.

전란이 계속된 6조시대에 무력을 가진 무장의 활약은 대단히 눈부셨다. 특히 화북에 침입한 북방 이민족은 그 뛰어난 무력을 배경으로 한민족을 제압했다. 이처럼 무인의 역할이 컸음에도 불구하고, 중국에서는 이들 무인이 지배계급을 구성하고 봉건적인 무인사회를 만들어 내는 데 결국 성공하지 못했다. 중국에서는 전란시대였음에도 불구하고 지배계급에 들어가기 위해서는 지식과 교양을 갖춘 문인이 되어야 한다는 원칙이 대체로 지켜졌다. 6조에서부터 수·당시대에 걸친 사회는 보통 귀족제 사회라고 규정되는데, 여기에서의 귀족은 무인이라기보다 오히려 문인이고 그 성격상 본질적으로 지식계급이다. 화북을 제압한 이민족의 지배층은 원래 무인이었지만, 그들 역시 점차 지식과 교양을 갖춘 문인으로 변모해 갈 수밖에 없었다.

중국에서 이러한 지식계급의 강인함이 어떻게 생겨났고, 6조시대의 귀족제 사회는 어떻게 해서 형성되고 변천되어 갔으며, 무력을 지닌 무인들은 그 사회와 어떻게 관계하는가 등의 문제를 중심으로 앞으로 이 시대의 역사의 흐름을 살펴보도록 하자.

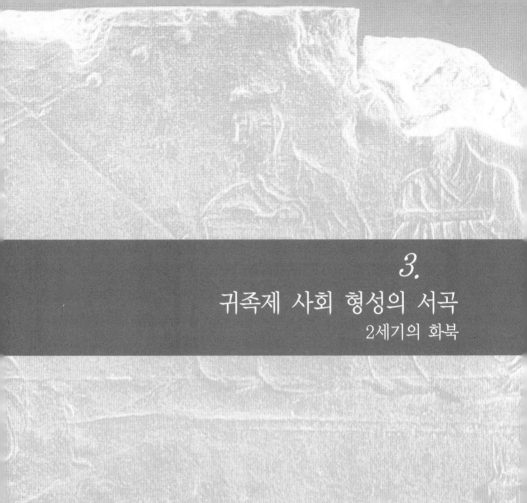

3.
귀족제 사회 형성의 서곡
2세기의 화북

한대 사회와 호족의 신장

귀족발생의 기반 – 향촌사회

귀족사회라고 하는 것은 귀족 또는 호족이라 불리는 사회층이 넓게 존재하고 그들이 정치·사회·경제·문화의 모든 면을 담당하는 중심적인 존재가 되는 체제로서, 이러한 사회체제가 3세기 이후 6조시대를 거쳐, 나아가 당대에 이르기까지의 중국사회의 특색을 이루고 있다. 그리고 전반적으로 보아 문인을 우선시하는 이러한 사회체제는 오랜 기간 정치적 분열을 거쳤음에도 불구하고 중국세계와 중국문명이 지속적으로 발전하게 된 최대의 요인이라고 생각된다.

그런데 지금 '귀족 또는 호족이라 불리는 사회층'이라는 애매한 표현을 사용했는데, 그러한 사회층은 한대를 통해서 향촌사회 안에서 서서히 형성되었다. 여기서는 먼저 향촌사회가 어떠한 것인지를 설명하고자 한다.

대체로 한대의 화북에서 보이는 전형적인 향촌사회는, 농가가 점점이 흩어져 마을을 이루는 산촌(散村)과 같은 것이 아니라 집촌(集村)이다. 즉 토성을 주위에 두른 소위 작은 읍이라고 할 만한 것 속에 농가가 모여 하나의 향촌사회를 이루고 있었다. 1957년 하북성 무안현(武安縣) 오급진(午汲鎭) 북쪽에서 '오급고성(午汲古城)'이라고 이름붙여진 한대 농촌마을의 폐허가 발굴되었다. 이는 동서지름 889m, 남북지름 768m의 원형을 그리고 있는데 주위는 성곽으로 에워싸이고, 동서로는 거의 중앙을 폭 6m의 도로가 관통하며 동문과 서문을 연결하고 있다. 남북으로는 폭 2.5m의 도로가 4개 뻗어 있고, 북문과 남문의 위치가 대칭은 아니다. 이들 도로에 의하여 마을은 10개의 구획으로 나뉘어져 있다.

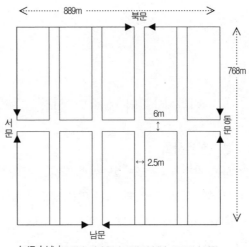

午汲古城 | 河北省 武安縣 午汲鎭의 북부. 1958년 발굴.
五井直弘 原圖

    이 한 구획을 당시의 용어로는 '리(里)'라고 한다. 그 주위에는 낮은 울타리가 둘러쳐져 있어, 하나의 '리'에 사는 사람들−제도적으로는 대개 100호정도 된다−은 도로를 향해 열려진 여문(閭門)이라고 하는 하나의 문으로출입을 하고 있었던 것 같다. 이 같은 '리' 몇 개가 모여 만들어진 마을은,당시에 '취(聚)'·'정(亭)'·'향(鄕)' 등의 이름으로 불렸다. 당시 '십리일향(十里─鄕)'이라는 제도가 있었던 것으로 본다면, 10개의 '리'로 이루어진 오급고성은 제도적으로는 분명히 '향'에 해당된다. 그러나 몇 개의 '향' 가운데에서그들을 제도적으로 통할하는 '현'청 소재지가 설정되므로 그것은 '현(縣)'이었을지도 모른다. 고이 나오히로(五井直弘)에 의하면, 한대의 현·향·취의크기는 대개 이 오급고성, 또는 강소성(江蘇省) 공유현(贛楡縣)의 서쪽으로30km 떨어진 곳에서 발견된 사방 약 500m의 옛 성터 정도의 크기였을것이라고 생각된다.

리를 기본단위로 하는 향촌공동체
    이와 같은 '향'과 '취'에 모여 사는 농민들은 아침에 그 마을 주변에 있는

灰陶彩繪 倉樓 | 후한시대, 1972년 河南省 焦作市 出土

각자의 농지로 나가 농경노동을 하고 저녁에 마을로 돌아오는 생활을 하고 있었다. 그리고 하나의 '리(里)'는 '부로(父老)'라고 불리는 인생경험이 풍부한 연장자를 중심으로 자치체제를 형성하고, 사람들은 서로 공동체 관계로 연결되어 있었다. 이와 같은 '리'가 여러 개 모인 '향'에서는 '부로'들 가운데에서 대표로 뽑힌 자가 '향삼로(鄕三老)'의 자리[11]에 오른다. 이 향삼로는 향촌자치체의 대표임과 동시에 '현'이나 '군'과 같은 상부기관에서 내려오는 명령을 하달하게 되어 있었다.

또 이와 같은 마을에는 '정(亭)'이라고 하는 건물이 있었다. 그것은 글자모양으로 상상되듯이 2층에 지붕이 얹힌 2층짜리 건물이거나 또는 하나의 말뚝 위에 2개 층의 지붕을 얹은 작은 탑 같은 건물로서, 망루나 창고의 역할을 한다. 즉 '정'은 자치체 혹은 공동체의 질서를 지키는 장소이고, 또 여기에 역마 등을 두어 다른 마을과의 연락장소로 삼기도 하고 여행객의 숙박설비도 갖추고 있기도 했다. 그리고 공동체에 속하는 젊은이들을 교육하는 '숙(塾)'이나 그 곳에서 공동으

---

11) '삼로(三老)'는 세 명이라는 의미가 아니라, 단지 직무의 이름이다.

講學畵像磚 | 重慶市博物館 소장

로 먹고 마실 수 있는 '주(廚)'가 갖추어져 있는 것도 있었다. 일종의 마을
공회당과 같은 공동집회소 역할도 하고 있었던 것 같다. 최근까지 베트남에서
는 마을의 공동집회소를 딘(dinh)이라고 불렀다고 하는데, '정'의 음이 팅
(t'ing)인 것과 관계가 있을지도 모르겠다. 어쨌든 '정'은 '향'과 '취'의 중심시
설이었고, 따라서 '정'이라는 이름이 취락 전체를 가리키는 경우도 있었다.
    '정'의 관리자는 '정장(亭長)'이라고 했는데, 마을의 질서유지를 직분으로
하는 일종의 경찰관이었다. 정장은 마을에서 신망받는 유덕한 노인이 뽑히는
것이 원칙이었다. 당시의 향촌사회에서는 중심시설로서 이러한 '정'을 두고,
'향삼로'를 포함한 부로(父老)들을 지도자로 삼아 서로 그다지 격차가 없는
자영농민들이 공동체 관계를 맺고 모여 살았다고 생각하면 되겠다.

그런데 일종의 농촌마을과 같은 성격을 띠는 '향'과 '취' 그리고 그 주변에 펼쳐진 농지와, 이웃한 '향' 간의 거리는 상당히 되었다. '십리일향'에서의 '십리'라는 것은 향과 향 사이의 거리가 10리라는 의미도 되지만, 그러한 간격 안에 약 100호나 혹은 100호에 미달하는 소취락이 하나의 '리'를 이루어 '부로' 아래 작은 공동체를 만들고 그 주변에 농지를 가진 곳도 있었음에 틀림없다. 고가 노보루(古賀登)는 장안의 도시계획과 관련하여 이와 같은 '향'과 '리'의 배치관계에 대하여 새로운 학설을 발표한 바 있다. 그에 따르면 '정'도 농촌마을과 대도시에서뿐 아니라 도로변의 한적한 곳에 숙박시설·역마시설로서 설치된 경우가 꽤 보인다고 한다. 그러나 한대의 향촌사회는 어쨌든 이 '리'를 기본단위로 하는 향촌공동체를 기초로 하여 이루어져 있었다고 생각된다.

유교사상의 침투

그런데 이러한 향촌사회가 근간이던 시기에 주지한 바와 같이 전한의 무제는 유교를 국교로 삼고 유교의 학문과 교양을 갖춘 인물을 관료로 등용하는 길을 열었다. 하지만 유교의 사고방식이 사회에 침투하여 앞서 기술한 향촌공동체와 그를 기초로 한 국가사회를 지탱하는 이념으로 자각되기까지는 상당한 시간이 필요하였다. 대략 그 이념이 향촌사회에까지 본격적으로 정착되는 것은 후한에 접어들면서부터로 생각하면 될 것이다. 그것을 알 수 있는 하나의 기준은 유가적 교양을 갖춘 관료의 양성기관으로서 수도에 설립된 '태학(太學)'의 학생 수와 유가 학문을 닦은 지식인이 얼마나 증가했는가 등에 있을 것이다.

전한 무제 때 처음 50명 정원으로 발족한 태학의 학생 수는, 점차 증원되어 전한 말에는 대개 1000명 정도에 달했다. 후한시기에 이르자 정원은 더욱 증가하여, 질제(質帝) 때인 146년에는 3만을 넘는 학생이 수도인 낙양에 유학하게 된다. 그런데 학생의 존재는 수도에만 한정되는 것이 아니다. 전한시

鄭玄

대에도 지방의 군에 '군학(郡學)'이라고 하는 지방대학이 설치된 예가 없지는 않으나, 후한 시대에 접어들어 특히 주목되는 것은 지방에서의 사학(私學)의 성황이다.

후한 중엽 이후가 되자, 학문을 이루고 돌아온 자는 각각 고향에서 문도를 가르쳤다. 한 사람의 숙유(宿儒)가 있는 곳에는 그 문하에 등록하는 학생이 천명 백명을 헤아리게 되었다. 이로 인해 학문은 천하에 널리 퍼졌다.

이는 조익(趙翼)이라고 하는 청조의 역사가가 한 말이다. 실제로 후한 말기에 등장한 정현(鄭玄)은 중국학술사상 큰 발자취를 남긴 대학자인데, 그는 집이 가난하여 고향을 떠나 다른 지방의 차지농(借地農)이 되었다. 그럼에도 불구하고 그의 밑에서 배우는 학생은 수백 명에서 천 명에 이르렀다고 한다. 말할 것도 없이 학문을 닦는 일은 돈과 여유를 가진 부유한 사람들쪽이 훨씬 하기 쉽다. 따라서 정현처럼 자작농도 아닌 차지농 계층에서조차 제일류 지식인이 존재했다는 것은 이 시대 지식계급의 층이 얼마나 두터웠는가를 나타내고 있다.

유교의 국가 · 사회이념
이와 같이 광범위한 계층에 걸쳐 침투해 들어간 유교 사고방식의 중심은 '효제(孝悌)' 즉 부모에게는 효(孝)하고, 형 또는 연장자에게는 공경(悌)한다

鳳闕像磚 | 東漢, 한대의 건축양식을 잘 보여준다

는 자율적인 가족윤리를 사회질서의 기본에 두고 이를 국가사회 전반의 질서의 출발점으로 삼아 넓혀가는 데 있었다. 앞서 기술했듯이 한대의 향촌사회는 '부로'를 중심으로 하는 '리' 공동체가 기본단위를 이루고 있었다. 거기에서는, 공동체 성원은 '부로'에 대한 '자제(子弟)'이고 향촌공동체의 질서는 '부로'와 '자제'와의 관계, 즉 '효제' 원리에 의하여 유지되었다. 현실적으로 이론 그대로 이루어지지 않을 경우라도, 유교적 이데올로기의 침투와 함께 향촌사회의 질서는 그러한 '효제' 원리에 의하여 유지되어야 하며 그렇지 않으면 안 된다는 자각이 이루어진 것이다.

한제국의 정부도 이러한 향촌공동체의 사회와 그 사회질서를 기초로 삼아

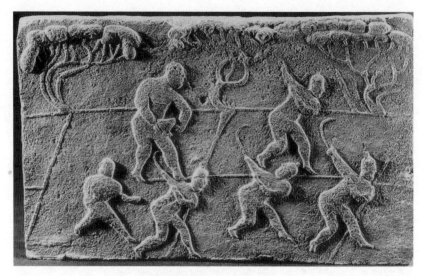

播種畵像磚 | 東漢, 四川省 출토

국가사회를 유지하려고 하였다. 이러한 방향으로 추진해 나갈 때 중요한 역할을 한 것이 '선거(選擧)'제도였다.

후한시대의 선거제도는 '효렴(孝廉)'이라고 하는 유교적 덕목을 중심으로 하여 '현량(賢良)'·'방정(方正)'·'무재(茂才)'·'직언(直言)' 등의 과목에 어울리는 인물을 각 지방장관이 중앙에 추천하여 이들을 관료로 등용하고, 이들 현자와 유덕자인 관료가 국정을 담당토록 하는 것이었다. 지방장관이 이러한 인물을 추천할 때는 당시의 용어로 '향론'이라고 하는 향촌공동체에서의 평판을 참고하였다. 이른바 향촌공동체의 대표자를 관료로 등용하는 것으로, 당시 이 제도를 '향거리선(鄕擧里選)'이라고 부른 것도 이 때문이다.

이와 같이 '효제'에 의거한 향촌공동체 원리의 담당자가 상부구조로서의 국가기구를 구성하고 국정 운용을 담당한다는 것은, 밑으로는 개별적인 가(家)와 그 집합체인 향촌사회로부터, 위로는 제국정부—그 정점으로서의 천자—에 이르기까지 유교적인 공동체원리가 국가사회 전체를 관통하였음을 말한다. 즉 공권력으로서의 국가기구는 이러한 공동체원리의 일관을

釀酒畵像磚 | 東漢, 四川省 출토

통해 비로소 공적기능을 완수할 수가 있었다고 할 수 있다.

실제로 전한 말에서 후한에 들면서 유가적 교양을 가진 인재는 관료 중에서 점차 큰 비중을 차지하게 된다. 이에 따라 이상적인 국가와 그 중심에 서야 할 '왕자(王者)'는 "사해를 집으로 삼고 많은 백성들을 아들로 삼는다"(王符의 『潛夫論』)는 유가적인 가족공동체 원리에 입각해야 한다는 국가이념이 일반적으로 퍼졌다. 천상의 모든 별이 하늘의 가장 높은 곳에 박힌 북극성 아래 상하존비(上下尊卑)의 계층적 질서를 유지하면서 정연히 통솔되고 운행하고 있듯이, 지상의 국가에서도 천자의 밑에 모든 관료와 서민이 유교적인 덕에 의거하는 상하의 계층질서를 유지하면서 통솔되어야 한다고 유가적인 이념에서 관념화된 것이다.

이와 같이 유교적 공동체 원리로 일관된 국가이념 곧 천상에 대응하는 이상적인 지상국가라는 보편적 국가의 이념은 현실의 한제국이 그 같은 이상적인 형태를 실현했기 때문에 일반적으로 보급된 것은 아니다. 실은 그 이상적인 이미지가 좀처럼 실현되지 않고 오히려 그와 같은 이상을 무너뜨리려는 움직임이 점차 강해지자 지식인들이 그에 대한 반발과 저항을 반복하는 속에서 점차 분명한 형태로 자각되어 온 것이다. 이상적인 형태를 무너뜨리려는 움직임이란 제국정부의 중추를 이루는 후한의 황제와 고급관료의 자세에서도 나타나는데, 보다 근원적으로는 역시 한대사회의 기층에 있는 향촌공동체 내부로부터 나타난다. 바로 향촌공동체 내부의 계급분화 현상이다.

부농의 발생과 그 호족화

필자는 앞서 한대의 향촌공동체에서는 상호 별 격차가 나지 않는 자영농들이 인생경험이 풍부한 연장자인 '부로'를 중심으로 하여 공동체 관계 속에서 모여 살고 있다고 기술했다. 그러나 평온한 한 통일제국의 긴 치세 아래 농경기술이 발전하고 관개설비도 갖추어지는 좋은 조건에 의하여 향촌사회에서 농업생산력이 높아지면서, 부농과 빈농으로의 분화가 생겨났다. 상승한 생산력의 성과는 아무래도 부농 쪽으로 많이 흡수되어 부농이 점점 강력해지는 계급분화 현상이 진행될 수 밖에 없었던 것이다. 이렇게 해서 나온 부농이 강대화된 것이 '호족(豪族)'이다.

한대의 호족이란, 형제들의 분가에서 그 아들 세대로의 분가로 몇 대에 걸쳐 분화해 나간 동족이 그 가운데 어느 강력한 집안을 중심으로 결집하고, 상호 협력하여 동족의 풍부한 재력을 배경으로 하여 향촌사회에 큰 영향력을 갖는 자를 말한다. 그들은 '향', '취' 등 농촌마을 사이에 가로놓인 미간지를 개척하여 광대한 토지를 소유하는 데 그치지 않았다. 그 토지를 경작시키기 위하여 유랑민을 소작인이나 노예로 삼는 것은 물론, 주변의 빈농을 대상으로 하는 고리대 등의 방법을 통해 빚을 갚을 수 없게 된 빈농의 토지를 몰수하여 이를 소작화했다. 그리고 자신의 지배력을 강화·확대하기 위하여, 힘센 검객을 고용하여 부하들로 부리게 된다. 이러한 검객으로부터 소작인에 이르기까지 어쨌든 주가(主家)의 측근으로서 그 수족이 되어 움직이는 타성(他姓) 사람들을 당시의 말로 '객(客)'이라고 한다. '빈객(賓客)'이라고 불리는 사람 중에도 거의 소작인으로 된 자가 포함되어 있었다.

녹유누각 | 후한

이처럼 호족이란 당시의 말로 '종족(宗族)'이라고 하는 동족의 상호결합을 중심으로 하고 동족을 각각 에워싸고 있는 '객'의 힘을 규합한 집단이다. 그 중심에는 꼭 본가라고는 할 수 없지만 동족 중에서 가장 유력하고 유능한 인물이 집단 전체의 통솔자로 위치하고, 그 주변에 '종족 및 빈객'이 결집해 있었다.

그 규모는 한말 2세기에서 3세기로 넘어갈 무렵에는 '종족 빈객 수천가(宗族賓客數千家)'에까지 이른다. 당시를 산 중장통(仲長統)과 최식(崔寔) 등의 책에 묘사된 표현을 빌면, 이러한 "호인(=호족)의 집은 용마루를 잇는 것이 수백 채이며, 기름진 땅은 들판에 가득하고, 노비는 천군(千群)이고, 추종자는 만계(萬計)"에 이르며 "상가(上家 : 호족)는 거액의 자산을 모아 그 가옥과 토지가 봉군(封君)의 영토와도 같고 뇌물을 주어 집정을 어지럽히고 검객을 길러 인민을 위협하고 죄없는 자를 마음대로 죽여도 저자에서 사형에 처해지는 자가 없다고 모두들 탄식한다. 그러므로 하호(下戶 : 빈농)는 기구하게도 발 디딜 곳도 없어, 아비와 아들 모두 목을 늘어뜨리고 노예처럼 돈 많은 사람들을 섬겼다"고 한다. 호족이 재력과 무력을 배경으로 삼아 주변에 대한 지배력을 넓히고, 그에 의하여 점차 자기의 재력과 무력을 강화하면서 '봉군(封君)', 즉 영주라고도 할 만한 지배력을 키워가는 과정이 이들의 표현에 서 잘 묘사되어 있다.

향촌공동체의 붕괴

이러한 호족의 성장은 한대 향촌사회의 기본적인 공동체질서와 모순되는 것으로, 호족의 향촌지배가 진행됨에 따라 향촌공동체는 해체되어 된다. 왜냐하면 향촌공동체의 질서는 '부로'와 '자제'의 관계로 규정되는 개인의 자발적·자율적인 상하관계를 포함하면서도 별로 격차가 없는 자영농들 간에 수평적인 공동관계가 우선되었던 데 비하여, 호족집단 내부에서의 주가(主家)와 객가(客家) 사이에 형성된 주종관계 및 호족집단과 이들 호족집 단에 예속된 주변 농민과의 관계에서는 지배와 예속이라는 수직적인 주종관 계가 우선하기 때문이다.

또 '용마루가 이어지는 것이 수백 채', '그 가옥과 토지는 봉군의 영토와도 비슷하다'고 할 정도의 광대한 호족의 본거는, '향'·'취' 등 예로부터 자립농 들이 모여 살던 농촌마을 그것도 면적상으로 수백 평방미터라는 제한을 가진 오랜 농촌마을 내부에서는 쉽게 실현되기 어렵다. 그 가운데 많은 것은 오히려 오랜 '향'·'취'의 주변, 혹은 그 중간에 원래 미간지였던 곳을 개간하여 이루어졌음에 틀림없다. 즉 미간지가 점점 호족의 장원으로 변화해 나간 것이다.

우선 그들은 원래부터 살던 오랜 농촌마을 내에서도 주택을 넓혀 갔겠지만,

호족의 힘의 근거는 오히려 위에서 언급한 대로 교외의 장원(莊園)으로 옮겨지고 도시 내부의 그들의 택지는 향촌을 지배하기 위한 파견시설 같은 성격을 띠게 되었다. 후한시대에 "민가는 모두 높은 누각[高樓]을 만들어 북을 그 위에 설치해 두고, 급한 일이 있으면 누각에 올라 북을 쳐서 옆마을에 알려 서로 구조를 하였다"는 기록이 남아 있는데, '높은 누각을 가진 민가'란 마을의 호족의 집을 가리키는 것임에 틀림없고, 몇 개의 '리'로 이루어지는 농촌마을에서 몇몇 호족의 외성(出城)이 이러한 형식으로 각각 자위(自衛)체제를 취하고 있었던 것 같다.

앞서 기술했듯이 농촌마을인 '향'과 '취'에는 원래 높은 누각이 있는 '정'이 있고, 마을의 신망있는 인물이 정장으로 뽑혀 마을의 질서를 유지하고 있었다. 이처럼 마을에서 성장한 호족들이 각각 높은 누각을 세우고 자위체제를 취했다는 사실은, 자치체·공동체였던 마을의 질서가 몇몇 호족의 자위체제에 의하여 무너져 갔음을 나타내는 것이다.

두 가지 사회경향-(1) 호족의 영주화

이상으로 기술했듯이, 비교적 평온한 치세가 오래 지속된 한대 사회에서는 농업생산력이 크게 상승한 결과 향촌공동체 속에서 호족의 힘이 크게 신장되어 공동체 내부의 계급분화를 격화시키고, 빈농을 비롯한 자립농민층에 대한 지배범위를 확대해 나가는 경향을 심화시켰다. 필자는 이러한 경향을 '호족의 영주화'라고 부른다.

이러한 경향이 그대로 계속된다면 향촌공동체는 완전히 해체되고, 강대한 재력과 무력을 가진 호족에 의한 향촌사회의 일원적인 지배, 즉 영주지배체제가 성립될 것이다. 실제로 한제국이 붕괴되기 시작한 대혼란기에 승씨현(乘氏縣 : 산동성 曹縣 동북)의 이씨(李氏)라고 하는 호족은 그 휘하에 '종족 빈객 수천 가' 안에서 사병부대를 편성하고, 부자 3대에 걸쳐 재지의 무인영주(武人領主)라고 불러도 좋을 존재가 되어 있었다.

방패를 든 무사 俑

만약 이 같은 상황이 화북 전역에서 진행되었다고 한다면, 무인영주로서 다양한 힘을 지닌 여러 권력체가 각지에서 발생하고 그들 권력체 상호 간에 서열이 매겨져 무인이 지배계급에 서게 되는 전형적인 봉건사회가 성립했을지도 모른다. 사실 그러한 방향으로 나아갈 가능성이 전혀 없지는 않았다고 생각된다. 그러나 실제로는 그러한 방향으로 간단히 진행되지 않았던 것은 무슨 까닭일까.

그것은 호족을 발전시킨 농업생산력의 상승 그 자체가 한편으로는 향촌공동체를 구성하고 있는 자영농들의 생활기반 역시 강화시켰기 때문일 것이다.

두 가지 사회경향-(2) 공동체의 저항

앞서 기술했듯이, 농업생산력의 향상과 함께 향촌사회 각지에 부유한 호족이 성장하고 이들의 영주화가 진행됨으로써 주변의 소농민은 자립성을 빼앗기고 호족에 예속되지 않으면 안 되는 상황이 확대되었다. 그러나 그와 동시에 농업생산력이 고조되어서 소농민을 소위 중농으로 발전시켜, 같은 소농민이라고 해도 한대 초기의 소농민과 비교하면 훨씬 강력한 기반을 갖는 농민이 생겨났다.

그것은 앞서 지적한 바와 같이 지식층이 두텁게 형성되었다는 사실에서도 알 수 있을 것이다. 유학은 당연히 부유한 호족층에게 수용되었을 뿐만 아니라, 자작농이 아닌 차지농인 '객' 계층에서조차 정현과 같은 일류 지식인들이 존재하고 '학문이 천하에 넓게 퍼졌다'라고 할 정도로 보편적으로 보급되어 있었다. 이것은 후한 중기 이후의 농민들이 각각 강한 자립성을 지니면서 넓은 범위에 퍼져 있었고, 그러한 농민층에게도 학문을 닦을 여유가 전혀 없지는 않았다는 점을 전제로 하지 않으면 생각할 수 없다고 본다.

앞서 기술했듯이 유가적 이데올로기는 향촌공동체 질서와 밀접하게 연결되어 있고, 그 사회질서를 지탱하는 방향성을 가지고 있다. 호족의 영주화가 강화되고, 그것이 향촌공동체의 질서를 해체시키는 작용으로 나타남에 따라 광범위하게 배출되고 있던 유가적 지식인들 사이에서는 바람직한 공동체질서의 이념이 점점 명확하게 자각되어 갔다. 그리하여 호족의 영주화에 대한 반발과 저항의 여론이 형성되었던 것이다.

즉 한대 사회는 농업생산력의 발전과 더불어 호족의 세력이 신장되고 그것이 향촌공동체의 질서를 파괴하여 향촌사회를 영주지배체제로 전환시켜 나가려 하는 경향이 있는가 하면, 성장하는 자립농민의 힘을 배경으로 향촌의 공동체적 질서를 보호하고 유지하려는 상반된 두 가지 경향이 존재하였다. 그리고 이러한 두 경향이 시대의 진전과 함께 점차 강화되어 가는 것이 기본적인 상황이었다.

물론 이 두 가지 경향이 서로 어떻게 얽히는가 하는 것은 지역에 따라 지방에 따라 다를 것이다. 어느 한 호족의 지배력이 미치기 쉬운 곳은 예로부터 많은 자유농민이 모여사는 '향(鄕)'·'취(聚)'와 같은 농촌마을보다는 오히려 마을과 마을 사이에 점재하는 작은 '리(里)' 쪽이었을 것이다. 또 이러한 농촌마을이 많이 들어선 선진지대보다 오히려 개발이 진행중인 후진지대 및 변경지대 쪽에서 호족의 힘이 크게 미쳤을 것이다.

그런데 위에서 살펴본 것처럼 후한정권은 한대 사회의 기본적인 두 가지 상반되는 경향이 상당히 진행된 상황 속에서 등장하여, 그간의 모순에 고민하면서 결국 최종적 해결을 보지 못한 채 붕괴해 갈 수밖에 없었다. 그리고 그 과정 속에서 소위 '귀족제 사회'가 생겨나게 되었는데 그 과정을 다음에서 살펴보도록 하자.

후한의 귀족과 환관 그리고 당고사건

후한정권의 성격

왕망(王莽)정권 말기에 일어난 적미(赤眉)의 난을 거치면서 후한제국을 세운 유수(劉秀)세력은, 하남성 남부와 호북성에 가까운 남양 일대의 호족들의 힘을 중심으로 하고 그 밖에 각지 호족의 협력 하에 형성되었다.

남양 일대와 중국 고대문명의 중추인 황하 유역은 높이 500~1000m의 복우(伏牛)산맥으로 가로막혀 있고, 이 산맥에서 시작되어 남양 일대를 기름지게 한 몇 개의 하천은 남으로 흘러 호북성 양양 부근에서 한수(漢水)와 합류한다. 한수는 지금의 무한시에서 양자강으로 들어가기 때문에 남양 일대는 양자강 유역으로 향하여 펼쳐지는 지리적 조건을 갖고 있어 한민족에게는 남으로 발전해 가는 거점이었다. 우쓰노미야 기요요시(宇都宮淸吉)가 지적하듯이, 유수가 등장한 무렵의 남양 일대는 남쪽으로 발전해 나가는 한민족의 변경지대이고, 이 변경지대의 개발은 호족들을 중심으로 하여 진행되었다. 유수의 집안은 남양군(南陽郡) 채양현(蔡陽縣) 관내에 있었으나 같은 군에 속하는 호양현(湖陽縣)의 번(樊)씨, 신야현(新野縣)의 음(陰)·등(鄧)·래(來)씨 등의 호족과 혼인관계를 통하여 서로 긴밀한 연계를 유지하면서 공동으로 개발을 진행시켜 나갔다.

개발도상의 변경지대에서 성장한 대호족들은 전한 황실의 피를 잇는 유수 밑에서 장군이나 참모로 활약하여, 건국공신의 지위를 차지하게 된다. 이들 건국공신 가운데는 남양군 출신자 이외에도 관중의 부풍(扶風) 무릉(茂陵) 출신인 마원(馬援) 등이 있으며, 당연히 다른 지방 사람으로서 유수에게 적극 협력한 경우도 포함되어 있다. 감숙성에 일대 세력을 구축한 후, 유수에게 귀순·협력한 두씨(竇氏)와 양씨(梁氏) 등도 후한제국의 형성에 큰 기둥이 되었다. 그들도 대부분 각 지방의 호족들로, 후한정권을 실제로 구축한 중심적인 힘은 바로 이들 호족 연합세력이었다고 할 수 있다.

그러나 유수정권이 화북 사회 전체에 확고한 기반을 다지고 일반 민중을 장악하기 위해서는 이 같은 일부 호족에게 의지하는 것만으로는 충분하지 않았다. 앞에서 기술했듯이 당시 사회에는 향촌공동체적 구조를 갖는 부분이 많고, 점차 힘을 축적한 자립농민들은 공동체질서의 평온한 존속과 발전을 열망하고 있었기 때문이다. 왕망정권을 타도한 적미의 난은 그러한 공동체질서를 유지하려고 하는 농민의 의지가 폭발한 것이었다. 그들이 표방한 '적(赤)'은 바로 진정 '화(火)'의 덕에 어울리는 바람직한 한왕조를 재건하라는 외침이었다.

전한 황실의 피를 이어받은 유수는 호족들의 힘을 결집하여 적미의 난으로 야기된 혼란상태를 진정시켰으나, 적미의 난 그 자체가 호족의 강대화로 인한 농민층의 계급분화 사태에 저항하여 소농민들이 일으킨 것이었기 때문에, 호족층을 기반으로 하여 출현한 유수정권도 진정한 한왕조의 재건을 위해서는 그러한 소농민의 저항에너지를 무시할 수는 없었다.

유수 즉 후한의 광무제(光武帝 : 재위 25~57)는 그러한 공동체질서를 기반으로 한 유교적 국가이념에 따라 바람직한 한제국을 재건하고자 노력하였다. 유학을 진흥시키고 유학적 교양을 지닌 인재를 관료로 등용하기 위해 노력한 것은 그러한 표현이다. 그러한 방침은 광무제를 이은 명제(明帝 : 재위 57~

후한 광무제 | 閻立本筆 『帝王圖卷』

75)·장제(章帝 : 재위 75~88)의 치세 동안 상당히 잘 지켜졌다. 이것이 유교적 이념을 관민(官民) 쌍방에 침투시키는 촉진제 역할을 한 것은 말할 것도 없다.

후한의 외척귀족

그러나 그 사이에도 각지의 향촌사회는 호족이 성장하고, 점차 몇몇 사람들이 사회·경제적인 힘을 장악하는 경향으로 진행되고 있었다. 그들은 유가적 교양을 체득하고 관계로 진출하여 '대대로 의관(衣冠 : 관료)의 집안'이라는 말로 알 수 있듯이 관료가문이 고정되고 정치적인 힘 또한 소수에게 장악되는 경향으로 진척되고 있었다. 그 가운데 최고에 선 것이 황실과 혼인관계를 맺은 몇몇 가문으로, 특히 황후를 배출하여 외척이 된 가문들이 두드러졌다.

후한에서 황후를 내는 가문은 대부분 건국공신 집안이다. 앞서 기술한 음(陰)씨·마(馬)씨·두(竇)씨·등(鄧)씨·양(梁)씨 등이 그들로, 원래 남양 출신의 호족 가문들이었다. 그들은 외척이 되자 권세를 믿고 불법을 자행했으며 내부적으로 후한정부의 권력을 자기 일족의 사익을 위하여 이용하는 경향을 갖고 있었는데, 이러한 경향은 이미 초대 광무제 때부터 싹트고 있었다.

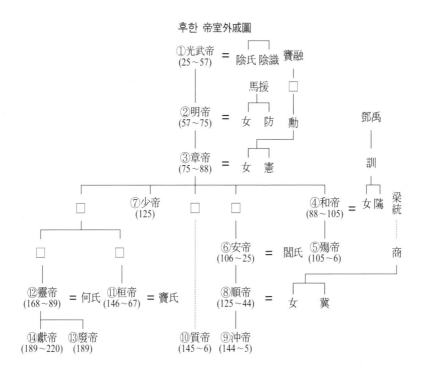

후한 帝室外戚圖

예를 들면 사천성(四川省) 광한군(廣漢郡)의 장관 채무(蔡茂)는 상주문에서 광무제의 황후 음씨 일족의 소행을 다음과 같이 지적하고 있다.

최근 귀척숙방의 집(외척 음씨)은 종종 은세(恩勢)를 이용하여 법률을 어기고 사람을 죽여도 사형에 처해지지 않고, 사람들에게 해를 입혀도 처벌되지 않습니다.……

또 명제의 황후 마씨는 현부인으로서 유명한데, 명제가 세상을 뜬 후 장제 치세에서 마방(馬防)을 비롯한 마씨 일족이 마황태후의 권위를 배경으로 하여 크게 횡포를 부렸다.

그래도 장제까지의 3대는 공동체질서 위에 선 국가를 유지하고자 하는 경향이 강했는데, 그 후 유약한 황제가 연달아 즉위하고 그와 함께 황태후가 계속 섭정하게 됨에 따라 그 외척, 즉 황태후의 아버지나 오빠가 대장군이 되어 소위 내조(內朝)를 주재하는 관례가 생기게 되었다. 그렇게 되자 외척이 정권을 장악하고 개인적 지배를 위하여 정권을 이용하는 상황이 점차 격화되었다.

88년에 장제가 세상을 뜬 후 황후 두씨가 황태후로서 섭정을 시작하자, 그 일족은 공경·대신 등 많은 중요직을 독점하였다. 예를 들면 그 중에서도 태후의 형제인 "두헌(竇憲)·두경(竇景) 등의 횡포는 날로 심해져, 친당(親黨)이나 빈객(賓客)을 대도시와 큰 군의 장관으로 임명하고, 하급관리와 인민을 수탈하고, 게다가 서로 뇌물을 보내면서" 이권을 확장했으므로 "그 밖의 주군(州郡)도 또한 이러한 풍조를 흠모하여 이에 따랐다"(『後漢書』 袁安傳)고 한다.

일부 외척에 의한 이러한 정권 농단은 두씨에서 등씨, 나아가 염씨(閻氏)·경씨(耿氏)로 이어지고, 140~150년대까지 충제(沖帝 : 재위 144~145), 질제(質帝 : 재위 145~146), 환제(桓帝 : 재위 146~167)의 3대에 걸쳐 어린 천자를 계속 옹립한 외척 양기(梁冀)에 이르러서는 그 폐해가 극에 달하게 되었다.

외척귀족의 특질

그런데 위에서 인용한 『후한서』 「원안전」의 두헌 등에 관한 기술은 유가관료인 원안이 외척 두씨의 전횡을 탄핵한 상주문의 한 구절인데 그 앞에 인용한 외척 음씨에 대한 채무의 상주문과 아울러서 살펴보면, 이들 외척의 처사가 향촌사회에서의 민간호족과 행동양식을 완전히 같이한다는 것을 알 수 있다. 앞서 보았듯이 향촌사회에서 성장한 "상가(上家 : 호족)는 막대한 자산을 축적하여 가옥과 토지가 봉군의 영토와 비슷하고 뇌물수수를 행하여 집정을 어지럽히고, 검객을 길러 민중을 위협하고 죄없는 사람을 마음대로 죽여도 공개처형 당하지 않는다고 탄식한다. 그러므로 하호(下戶 : 빈농)는 기구하게도 발 디딜 곳도 없이 아비와 아들 모두 목을 늘어뜨리고 노예처럼

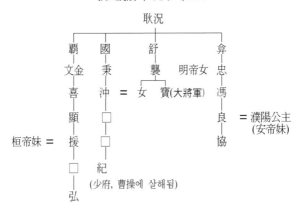

扶風茂陵의 耿氏 계보도

```
                              耿況
        ┌──────────┬──────────┬──────────┐
        霸         國          舒                        弇
        │          秉          襲   明帝女               忠
        文金       沖   =  女   寶(大將軍)               馮
        │          │                                    │
        喜         □                                    良   = 濮陽公主
        │          │                                         (安帝妹)
        顯         援                                    協
 桓帝妹 = │         │
        □          紀
        │         (少府, 曹操에 살해됨)
        弘
```

돈 많은 사람을 섬기고 있다"고 최식은 지적했다. 이와 같은 방식으로 공권력을 이용하여 전국적인 규모로 행한 세력이 "법률을 어기고 사람을 죽여도 사형에 처해지지 않았던" 음씨, 혹은 "친당과 빈객을 대도시와 대군의 장관으로 임명하고 하급관리와 인민을 수탈하고 게다가 서로 뇌물을 보내면서 이권을 확장한" 두씨 등의 외척이었던 것이다.

민간의 호족이 "검객을 길러 …… 죄없는 자를 함부로 죽여도 …… 사형에 처해지지 않았다"는 것은 "뇌물수수를 행하여 집정을 어지럽힐" 수 있는 뇌물수수의 대상이 상부권력자 안에 있었기 때문이고, 외척의 '친당·빈객'인 군현의 장관과 '뇌물을 서로 주어' 연계할 수 있었기 때문이다. 즉 외척이 정부의 실권을 장악하여 그 일족의 개인적 이익을 꾀하는 행위는 곧 뇌물을 통하여 연결된 향촌사회의 호족을 강대화시키고 사회 전체를 소위 호족의 영주화로 밀고 나가는 것이었다.

이 같은 외척은 자기 가문에서 배출된 황후나 황태후와 연계하여 그 일족을 중요한 관직에 등용시켰다. 등씨 일족의 경우, 후로 봉해진 자가 29명, 재상급인 공이 된 자가 2명, 대장군 이하는 13명, 대신급은 14명, 지방장관은 48명, 그 밖의 시중 이하가 된 자는 헤아릴 수가 없었다고 한다(『후한서』 鄧禹傳).

이 숫자는 등씨가 외척으로서 권세를 휘두른 시기뿐 아니라 초대 등우가 공신으로 대우받은 이후, 등씨가 외척으로서의 실권을 잃은 뒤 그 계보가 계속된 시기까지 포함한 전 기간을 통한 숫자이다. 이러한 외척가문은 실제로 귀족이라고 불러도 된다.

마찬가지로 초대 경황(耿況)이 건국공신이었던 경(耿)씨도 황실과 혼인관계에 있었는데, 경씨는 건국 당초부터 후한의 멸망까지 계속 세도를 누리며 그 동안 "대장군 2명, 장군 9명, 경(=대신) 13명, 공주와 혼인한 자 3명, 열후 19명, 중랑장 …… 및 지방장관 급이 수십 명에서 수백 명에 이르렀고 마침내 한과 흥망성쇠를 함께했다"(『후한서』耿弇傳)[12]고 한다.

이처럼 후한시대에는 황실을 중심으로 하는 외척가문·인척가문의 왕조 귀족군이 생겨나 있었다. 후한에서는 몇몇 귀족이 교대로 외척가문이 되어 계속 권세를 휘둘렀던 것이다. 그리고 권세를 다른 가문에게 빼앗긴 후 이전의 외척가문은 대학자 마융(馬融)과 같이 오히려 공정한 관료의 입장을 취하는 경향이 있었다는 점에도 주목해 보자.

제3대 황제 장제(章帝)의 사후 겨우 열 살 난 화제(和帝 : 재위 88~105)가 즉위하자, 장제의 황후 두씨가 황태후로서 섭정하게 되고 그 오빠인 두헌이 대장군이 되어 외척이 내조를 주재하는 상황이 벌어졌음은 앞서 기술했다. 본래 중앙의 행정부는 3공(三公)[13]과 9경(九卿)[14]을 중심으로 구성되어 있었다. 그런데 황제에 더욱 가까운 곳에 대장군부가 만들어지고 이 곳으로 실권이 이전되었다. 행정기구는 이 내조와 3공9경(三公九卿) 이하의 외조(外朝)로 나뉘었다. 그 가운데 외조가 점차 황제로부터 멀어지면서 실권에서 소외되어 가는 현상이 이미 전한시대에 싹트고 있었다. 후한시대의 외척의 정권농단은 이러한 행정기구 변화의 선례를 이용하면서 진행되어 갔다.

---

12) 『후한서』 권19에 따라 수정함.
13) 후한에서는 재상에 해당하는 것을 '사도(司徒)', 부재상 겸 대법관을 '사공(司空)', 국군 최고사령관을 '태위(太尉)'라고 하고 이 3자를 3공으로 한다.
14) 식부장관인 '태상경(太常卿)' 이하, 각성 대신에 해당하는 9명.

宦官俑 | 唐, 아스타나 206호묘

　그런데 외척에게 실권을 빼앗긴 황제가 점차 성장하면서 이러한 현상에 반발을 느끼고 빼앗긴 권력을 되찾고자 시도하게 된다. 그 때 황제는 이미 내조에서 먼 존재가 되어 버린 외조와는 연락을 취하기 어려웠으므로 그 반작용으로 내조의 가장 깊은 곳에서 일상적으로 황제를 가까이 모시며 속마음을 읽고 있던 환관에게 의지할 수밖에 없었다.

　이리하여 화제는 환관인 정중(鄭衆)의 모략으로 외척 두헌(竇憲) 등을 주멸하는 데 성공하였으나, 대신 이번에는 내조에서 환관의 발언권이 증대하여 정중과 같이 후(侯)로 봉해지는 환관까지 출현했다. 두씨를 이어 외척으로 권세를 휘두른 등씨도 또한 환관세력에 의하여 실각된다. 환관은 자신들이 옹립한 순제(順帝 : 재위 125~144) 아래에서 열후(列侯)로 봉해지고, 이윽고 양자를 들여 작위를 이을 수 있는 권리도 획득했다(135). 이어 환관은 실권을 장악하게 되고, 가장 전횡을 일삼던 외척 양기(梁冀)마저 마침내 159년 단초 (單超)를 비롯한 환관이 주멸시켰다. 이후 정권은 외척이 아니라 환관에 의하여 완전히 장악되었다.

화제 이후 내조의 역사는 마스부치 다쓰오(增淵龍夫)가 지적했듯이 "실제로 정권장악을 둘러싼 외척과 환관과의 치열한 투쟁의 역사라고 해도 좋은" 것이었다. 그리고 159년의 양씨 타도로 승리를 거둔 환관의 정치지배는 이미 황건의 대란으로 한제국이 대혼란으로 돌입한 189년, 군대를 장악한 원소(袁紹)가 수도를 제압하고 환관 몰살을 감행할 때까지 계속되었다.

그렇다면 외척과 환관은 정권장악을 목표로 하여 내조에서 사투를 되풀이 한 적대자라고 할 수 있다. 그러나 외척을 대신하여 실권을 잡게 되자 환관들은 자신들과 관계있는 자이거나 노비를 구매해서 양자로 삼은 자 등을 각지의 지방장관으로 임명하고 "인민의 재산을 독차지하는 것이 도적과 다름없었 다"(『후한서』臣者 單超傳)고 한다. "천하의 양전(良田)·미업(美業)·산림(山 林)·호택(湖澤)을 자기 수중에 쓸어넣고 민중을 궁핍으로 몰아넣는" 탐욕스 런 처사는 앞서 기술한 외척의 경우와 완전히 동일한 것으로, 공권력을 사권화하여 사회 전체에 걸쳐 호족의 영주화를 크게 진행시키는 결과를 초래하였다. 후한 말의 저술가 중장통(仲長統)은 다음과 같이 지적하였다.

권력은 외척으로 옮겨지고, 총애는 근습(近習)의 환관에게 쏟아져 같은 당인을 친하게 여기고 사인(私人)을 등용하니, 그들이 안으로는 경사에 가득하고 밖으로는 여러 군에 포진하여, 현명함과 어리석음은 거꾸로 되었 고, 선거는 거래의 도구로 사용되었다. 이리하여 무능한 자가 변경을 지키고 탐욕스럽고 혹독하고 매정한 자가 지방관이 되어, 인민을 어지럽히고 이민족을 분노케 하여 반란을 불러 난리가 더욱 심해지기에 이르렀다. (『昌言』「法誡篇」)

내조에서 적대자 관계였던 외척과 환관은 어느 쪽이 정권을 잡더라도 결국 한제국을 '격심한 난리 상황'으로 몰아가는 것이었다. 그것은 외척이건 환관이건 모두 호족의 강대화·영주화를 진행시킴으로써, 광무제와 명제가 한제국의 성립과 유지의 기반으로 삼은 향촌공동체와 그 사회질서를 붕괴시켜 큰 혼란과 저항을 일으켰기 때문이다.

지식인과 향론

후한정부의 권력이 외척과 환관에 의하여 이러한 방향으로 이용되는 것에 대해, 유가적 교양을 지닌 많은 관료와 지식인들은 처음부터 격렬하게 반대하였다. 외척 음씨의 소행을 탄핵한 채무와 두헌 일당을 고발한 원안(袁安) 등은 그러한 움직임을 보여주는 한 예에 지나지 않는다. 그럼에도 불구하고 화제 이후 후한정권이 외척과 환관의 개인적인 지배를 위한 정권으로 기울어져 감에 따라, 지방의 정치와 사회는 심각한 영향을 받지 않을 수 없게 된다. 그것이 우선 집중적으로 나타난 것은 중장통이 '거래도구로 사용했다'고 한 '선거' 문제이다.

후한의 선거제도는 앞서 기술했듯이 향촌공동체의 질서원리를 기반으로 한 유가적 이념에 따라 바람직한 한제국을 만들기 위한 중요한 역할을 수행하는 것이었다. 거기서는 '효렴(孝廉)'을 비롯하여 '현량(賢良)'·'방정(方正)'·'무재(茂才)' 등의 과목에 어울리는 유덕한 현장자를 향촌공동체의 여론인 향론에 의거하여 지방장관이 중앙에 추천하고, 이들 현자(賢者)와 유덕자를 관료로 삼아 국정을 담당케 하고 있었다.

그런데 실권을 장악한 외척과 환관이 '그 친당과 빈객을 대도시와 큰 군의 장관에 임명하고', '서로 뇌물을 주어', '선거는 거래의 도구로 사용되는' 상황이 만연되어 갔다. 이것이 지방에서 호족의 강대화를 추진하는 방향으로 작용한 것은 앞서 기술했는데, 이러한 방향은 당연히 공동체질서에 의거하는 '향거리선(鄕擧里選)'과 정면으로 충돌하였다. 더욱이 이와 같은 '선거' 방해는 시간이 흐를수록 격화되는 한편, 유학을 닦는 지식인의 수는 점점 증가하고 유교적 이데올로기는 넓은 범위로 보급되어 갔다.

유학을 닦는 자는 그 지식과 교양으로 '치국평천하'에 보탬이 될 것과, 스스로 위정자가 되어 국가사회의 질서유지를 담당할 것을 이념으로 하였다. 따라서 이러한 이념을 가진 지식인이 점차 증가하는데, 위정자를 채용하기 위한 '선거'가 일부 실력자에 의하여 공평하게 운용되지 않는다면 당연히 이는 큰 사회문제가 될 뿐만 아니라 중대한 정치문제로 발전하게 된다. 지식인들 사이에는 유덕한 현자를 등용하고 그 등용법인 '향거리선'을 지키라는 외침이 확산됨과 동시에 한편으로는 그 기초를 이루는 향촌사회의 여론인 '향론'이 유가적 이념과 결부되어 점점 자각적으로 드높아지고, 한편으로는 그 실현과는 정반대되는 움직임을 강화하는 외척·환관정권에 대하여 비판·공격의 화살을 돌리게 되었다.

청의의 비등

지식계급을 중심으로 형성된 이러한 여론을 『후한서』에서는 '청의(淸議)'라고 말하고 있다. '청의'란 외척이나 환관이 주재하는 정권에 의하여 재력과 폭력을 중심으로 속세의 실상이 돌아가는 것을 더러운 것[汚濁]으로 느끼는 반면 유가적 이념과 결부된 공동체적 질서원리의 유지를 '청(淸)'으로 의식하여, 그 이념 아래 '향론'의 내용과 방향을 자각하고, 이것이 좁은 향촌사회를 넘어 전국적인 여론으로 확산되어 나간 것이라고 생각하면 될 것이다.

이러한 반정부적 여론은, 159년에 외척 양씨가 무너지고 환관들이 정부의 실권을 완전히 장악하는 것을 계기로 급속히 고조·확산되어 나갔다. 『후한서』의 저자 범엽(范曄)은 다음과 같이 지적하였다.

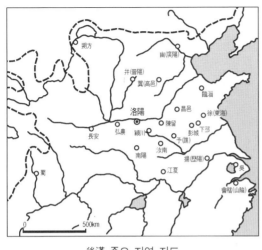

後漢 주요 지역 지도

환제(재위 146~167)와 영제(靈帝 : 재위 167~189) 무렵에 이르러, 군주는 무절제해지고, 정치는 올바르게 되지 못했으며, 나라의 운명은 환관에게 맡겨져 관직에 있는 사대부들은 그와 자리를 나란히 하는 것을 부끄러이 여겼다. 그래서 민간의 필부(匹夫)는 항분(抗憤)하고 처사(處士)는 횡의(橫議 : 멋대로 논의함)하여 급기야는 그들 스스로 사람의 명성을 부추겨 서로 인물비평을 행하고 관직에 있는 공경(公卿)을 품평하고 집정(執政)을 비판 평량(評量)했다.

궁형(宮刑 : 거세의 형)을 받는 것이 얼마나 큰 치욕적이었는가는 사마천의 고뇌를 상기하는 것으로도 충분할 것이다. 이러한 궁형을 받은 자 혹은 스스로 거세한 자가 환관으로 임명되었으니, 당당한 남자로서 국정을 담당한다는 자부심을 가진 지식인·관료들이 볼 때는 상종하지 못할 존재로 간주되고 있었다. 그 같은 환관이 황제를 옹립하고 정권을 좌지우지하기 시작했을 때, 당연히 관료 가운데는 그 휘하에 있는 것을 떳떳지 못한 것이라고 생각하는 자가 많아졌다. 무위무관의 지식인 처사(處士)와 이름도 없는 민간인 필부까지도 당시 비등하고 있던 향론·청의에 가담하여 반정부적 여론의 범위를 넓혀 가는 것도 당연했다.

이러한 여론 구성에서 중추적 역할을 한 것은 3만 이상에 이르는 수도 낙양의 태학생 및 각지의 학자 밑에서 공부하고 있던 다수의 숙생들이었다. 당시 태학생의 대표는 곽태(郭泰)와 가표(賈彪)였다. 곽태 등은 진번(陳蕃)과 이응(李膺) 등 정부 내에서 환관세력에 저항하는 신념 꿋꿋한 고관들과도 연락을 취하며 "천하의 본보기는 이원례(李元禮=이응), 협박을 무서워하지 않는 진중거(陳仲擧=진번)……"라는 태학생들의 구호를 통해 반환관 정부의 여론을 고조시켰다. 이와 같은 표어를 내걸어 인물비평을 행하고 "관직에 있는 공경을 품평하고 집정을 비판 평량"하는 일은 수도 낙양의 태학생들로만 국한되지 않았다. 오히려 이 같은 정부비판의 소리는 그보다 일찍부터 지방에서 일어나고 있었다고 범엽은 적고 있다.

당인의 확대

처음 환제가 여오후(蠡五侯)였을 때(즉 황제가 되기 전에) 감릉(甘陵)의 주복(周福)에게 학문을 배웠다. 황제의 자리에 오르자 환제는 주복을 발탁하여, 외조가 실권을 잃어갈 당시 실질적으로 대신에게 비길 만한 권한을 가졌던 황제의 비서직에 해당하는 상서로 임명하였다. 그 무렵 같은 감릉군 출신으로서 수도권 장관인 방식(房植)은 재조(在朝)의 명사로서 평판이 자자했다. 이에 당시 향인(감릉지방 사람들)은 "천하의 규구(規矩 : 모범)는 방백무(房伯武=방식), 스승이라고 해서 지위를 얻은 자는 주중도(周仲道=주복)"라는 노래를 퍼뜨렸다. 주가와 방가의 양쪽 빈객은 서로 상대방을 깎아내리고 각각 도당을 지어 점차 그 골을 깊게 했다. 이로 인하여 감릉지방은 남부와 북부로 분열되었다. 당인(黨人)의 의(議)는 여기서부터 시작된다. (『후한서』「黨錮列傳」序)

환제가 즉위한 것은 146년. 이 때는 아직 외척 양씨의 전성시대였고 환관은 오히려 양씨에게 눌려 있던 때였다. 그 무렵부터 이미 지방 향촌사회에는 황제와 그 측근, 즉 정부의 실권파와 연결하여 이익을 보려는 자와, 이를 반대하는 파로 분열하여 다투는 경향이 생겨났다. 주씨도 방씨도 같은 감릉 땅에서 함께 '빈객'을 거느린 호족이었음에 틀림없다.

그러나 그 가운데 한 호족이 주복처럼 황제와의 개인적인 연줄이나 뇌물 등의 수단을 통해 정부의 실권파(외척, 후에는 환관)와 연결하여 상부권력의 보증 하에 향촌사회에 대한 지배력을 증대시켰을 때, 그 노선에 연결되어 있지 않거나 또는 그 연결을 깨끗하지 못한 것으로 여긴 다른 호족들은 전자의 노선이 가하는 압력에 대항하기 위하여 반대노선에 서지 않을 수 없었다. 반대노선이란 일반 소농민을 포함하는 '향인'과 연합하여 그 편에 서서 공동체질서를 유지하는 방향이고, 그 이데올로기인 유교이념을 고취하고 스스로도 그것을 실천하는 것이었다. 향론은 이와 같은 호족을 '천하의 규구(規矩)'라고 인정하고 그들을 지지하여 그 선두에 세웠다.

이러한 향론은 유가적 이데올로기를 그 내용으로 하고 있으므로, 좁은 향촌사회의 틀을 넘어서 일반적으로 확산되어 가는 공통성을 가지고 있다. 또 향론에 의하여 부흥한 호족도 향촌사회에 적대적인 호족의 영주화와 그 배후에 존재하는 외척·환관세력에 대항할 필요에서, 입장을 같이하는 다른 향촌사회의 호족·지식인과 연계하고 공동전선을 형성하게 된다. 이러한 경향이 숙생과 빈객 나아가 중앙의 태학생 등에게도 파급되어, 마침내 환관정부와 그에 연결된 지방호족을 비판·공격하는 광범한 '청의(淸議)'의 터전이 형성되었다.

당고사건

수도 낙양을 비롯, 여남(汝南)·영천(潁川)·진류(陳留)·산양(山陽) 등의 여러 군, 즉 하남성·산동성·하북성 남부 등 화북의 선진지대에서는 이상에서 기술한 바와 같은 정세가 진행되어, 현·향 등의 기초적인 향촌사회의 범위를 넘어 군 규모의 크기를 갖는 향론의 범주가 만들어졌다. 예를 들면 산양군에서는 환관 후람(侯覽)의 죄상을 통렬하게 고발한 장검(張儉) 이하의 8명을 '8준(八俊)'이라 칭하고 유표(劉表) 등의 8명을 '8고(八顧)'라고 불러 군 자체에서 독자적인 명사의 서열을 만들고 있었다.

군 규모의 크기로 퍼져 나간 향론의 범주는 다시 다른 군과 연합하여 전국적인 규모의 범주로 통합된다. 반환관파의 고관 두무(竇武)·진번 등

3명을 '3군(三君)'이라 하여 가장 높은 자리에 두고, 신념이 꿋꿋한 사예교위(司隷校尉 : 경시총감)인 이응 이하 8명을 '8준(八俊)', 곽태 등 8명을 '8고(八顧)'라고 불렀다. 산양군의 '8준'에 들어간 장검과 '8고'에 들어간 유표는 전국적 규모의 명사 서열상 '8급(八及)'의 범주에 들어간다.

이와 같이 향론의 테두리가 중첩되어 형성된 민간 '청의'의 세계에서 정부의 관료서열과는 별개로 '명사(名士)' 서열이 만들어졌다는 것은, 정부가 임명하거나 정부 측이 선거를 통해 뽑은 실제 관료서열에 대하여 불신을 표명한 것이고, '청의'에 가담한 사람들이 정부반대당을 만들어 현재 야당의 소위 그림자 내각(shadow cabinet)과 유사한 것을 준비한 것이다.

환관정부를 공격하는 '청의'가 이처럼 세력을 얻어 성장하자 166년 12월, 환관 측은 드디어 탄압에 나섰다. 이응을 비롯한 2백여 명을 체포하고 도당을 지어 조정을 비방한다는 죄상을 물어 투옥시켰다. 다음 해인 167년 6월, 일단 출옥을 시켰으나 종신 '금고'(禁錮 : 관직추방・仕官금지)에 처했다. 이것이 소위 '당고(黨錮)'사건의 시작이다. 그러나 이러한 탄압으로 비등하는 청의운동을 누를 수는 없었고 오히려 투옥되어 숙청된 이응 등은 청의운동에서 영웅으로 떠받들어지게 되었다.

그 해 말 환제가 죽고 겨우 열두 살 난 영제(靈帝 : 재위 167~189)가 즉위하자, 환제의 황후 두씨가 황태후로서 섭정하게 되고 관례에 따라 아버지인 두무가 내조를 주재하는 대장군에 임명되었다. 일찍부터 환관반대를 표방하는 청의의 선비에게 호의적이었던 두무는 최고 군사령관인 태위에 임명된 청의파의 영수 진번과 함께 환관 일소 계획을 세우기 시작하였다. 청의 도당의 기대는 더욱더 부풀어 올랐을 것이다. 앞서 기술한 '3군'・'8준' 이하, 두무・진번・이응 등을 필두로 하는 전국적인 명사 서열은 이 무렵에 확립된 것으로 보인다.

그러나 두무가 외척이었고, 앞서 기술했듯이 외척과 환관은 정부의 실권장악을 둘러싸고 내조에서 사투를 거듭해 온 관계에 있었다는 점을 주의할 필요가 있다. 즉 두무는 정부의 실권을 환관에게서 탈환하기 위하여 진번 등 외조의 고관을 선두로 내세워 끓어오르는 청의운동을 단순히 이용하려 한 데 불과했을지도 모른다. 그리고 이러한 두무까지 '3군'으로 추대한 청의는 외척에게 감쪽같이 이용당한 것인지도 모른다.

어쨌든 168년 9월, 두무·진번 등은 조정에서 환관들을 주멸하려고 했으나 그 움직임을 알아낸 환관 측이 선수를 쳐서 두무·진번을 죽였다. 그리고 그 다음 해 169년 10월, "천하의 호걸 및 유학으로써 의를 행하는 자를 통째로 당인으로 간주하고," 당인 딱지가 붙은 사람을 철저히 탄압하기 시작했다. 이응 이하 백 명 이상에 이르는 유명한 관료·지식인이 사형에 처해지고, 간신히 도망친 당인에 대한 지명수배는 극도로 엄히 행해져 당인을 숨긴 혐의가 있는 집까지 처형의 손길이 뻗쳤다. 그리고 수백 명에 이르는 당인에게 내려진 '금고'령, 즉 관직추방·사관금지령은 이윽고 176년에는 그 일족 빈객에까지 확대되어 184년에 황건의 대란이 발발할 때까지 거의 20년 동안 엄중히 시행되었다.

철저한 탄압 후의 '청의'파

166년과 169년의 두 차례에 걸친 당고사건, 그 중에서도 169년에 행해진 제2차 탄압으로 청의운동의 중핵을 형성한 유가관료는 분쇄되어 그 세력이 관계(官界)에서 일소되었다. 이름을 숨기고 변장을 하여 아슬아슬하게 체포를 피한 당인의 명사는 지하로 잠복하고, 추방 처분만으로 끝난 당인은 고향집에 칩거하며 문인을 교육시키는 일을 하는 정도가 고작이었다.

그러나 청의운동은 향촌사회에서 공동체질서의 유지를 바라는 민중과 지식층의 향론에 깊이 뿌리박힌 것이었기 때문에 그 매서운 탄압도 이를 근절시킬 수는 없었고, 결국 청의의 세계는 재야의 잠재세력으로서 집요하게 살아남았다. 실제로 체포를 면한 당인의 한 사람인 영천의 진식 등을 중심으로 하여 새로운 재야명사가 계속해서 배출되었고, 여남(汝南)의 허소(許劭)·허

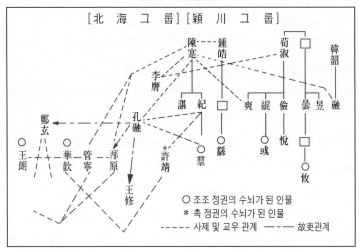

清流士大夫 관계도

정(許靖) 형제가 행한 인물비평은 천하의 명사를 인정하는 권위있는 장으로 인정받아 '여남월단(汝南月旦)의 평'이라는 이름으로 천하에 알려졌다.

이리하여 영천·여남, 그리고 대유학자인 정현 등을 둘러싼 북해(北海) 등 하남성·산동성·하북성 남부 등의 선진지대를 중심으로 하는 향론의 장과 청의의 세계는, 노골적으로 정부를 공격하지는 않았지만 현자와 유덕자를 인정하는 인물비평 형식으로 의연히 존속하였다. 그리고 184년에 발발한 황건의 대란으로 후한정부의 무력함이 폭로되었을 때, 이 정권에 밀착해 온 외척귀족과 환관은 후한과 함께 생명을 다할 수밖에 없었다. 이에 반하여 다음 시대를 담당할 힘은 오히려 혹독한 당고의 탄압 속에서도 여전히 여론을 배경으로 '명사(名士)'로 인정받아 온 사람들 속에서 생겨났다. 이윽고 이들 '청의'의 계보를 잇는 사람들이 6조시대에 들어 문인귀족층을 형성하게 된다.

황건의 난과 오두미도

빈농의 격증

환관세력은 당고사건을 이용하여 자신들에게 반항하는 청의 도당을 관계(官界)에서 추방하고, 정부의 실권을 완전히 장악하였다. 인민의 전지와 택지를 빼앗아 넓고 큰 저택을 만드는 등 환관들의 사적 권력행사는, 여기에 결부된 각지 호족들의 동일한 사적 권력행사와 일체가 되어 사회 전체에 소위 호족의 영주화를 촉진시켰다. 그리고 178년에는 관작매매가 대대적으로 이루어졌다. 『후한서』에서는 다음과 같이 기술하고 있다.

공경과 지방장관으로부터 이하 각각 단계적으로 납입액이 정해져 있는데, 부자는 우선 돈을 납부한 뒤 임관되고 가난한 사람은 관에 오르고 난 후 배액을 납부하든가 혹은 환관이나 천자의 유모들을 통해 따로 납입해야 했다. 공로도 있고 명예도 있는 고관조차 우선 돈을 납부하지 않으면 3공의 위치에 오를 수 없는 형편이었다. 그 때 최열(崔烈)은 천자의 유모를 연줄로 삼아 5백만 전을 납입하고 사도(=재상)가 될 수 있었다. 그의 아들 최균(崔鈞)이 말하기를, "세상에서는 아버님이 언젠가 3공이 되실 분이라고 했지만, 지금 3공이 되시어 모두 실망하고 있습니다…… 세상에서는 그 돈 냄새를 싫어하는 것입니다"라고 하였다. (「崔烈傳」)

또 수도권 장관이 된 유도(劉陶)는 부임하고 천만전을 내지 않으면 안 되게 되었다. 청빈한 유도는 돈으로 관직을 사는 일을 부끄럽게 생각하여 병을 핑계로 정무를 보지 않았다(『후한서』「劉陶傳」).

이와 같이 돈냄새 나는 환관정부의 기구는 축적된 재산을 기준으로 하여 권력이 체계화된 것이고, 그것은 이미 부유한 호족층을 위한 폭력장치가 되어 버렸다고 할 수 있을 것이다.

이리하여 169년 제2차 당고사건 이후의 10년 동안 향촌사회에서는 재산을 불린 호족의 자기확대, 즉 영주화의 노골적인 움직임에 의하여 공동체질서의 붕괴와 중소농민의 몰락·유망이 가속화되어 방대한 수의 빈농이 생겨났다. 중간계급으로서의 지식인층이 유교적 공동체를 재건하고 호족의 영주화에 반대하기 위해 일으킨 청의운동이 좌절(당고사건)된 이후, 그 중압은 중간층을 넘어 직접 소농민의 어깨 위를 덮친 것이다.

공동체생활을 빼앗기고 어쩔 수 없이 개인적으로 살아가게 된 방대한 수의 빈민은 개인을 구제해 줄 종교를 희구함과 동시에 같은 신자끼리 새로운 단결(새로운 공동체)의 건설을 추구할 수밖에 없었을 것이다.

신흥종교 '태평도'와 그 군단화

하북성 남부의 거록(鉅鹿) 사람인 장각(張角)은 스스로를 '대현량사(大賢良師)'라 칭하고 두 동생을 비롯하여 제자들과 함께 '황천(黃天)' 신의 사자로서, 병들어 고생하는 사람들을 치료하는 데 종사했다. 그들에 의하면 신은 개개 인간의 행위를 항상 자세히 살펴보고 있고, 죄를 범하고 악행을 더한 인간에게는 벌을 내리는데 그 벌이 병이라고 생각하고 있었다.

따라서 그들의 치료법은 우선 병자에게 자신이 범한 죄를 참회 고백케 한 다음 부적과 신성한 물을 마시게 하고, 신의 용서를 바라며 원문(願文)을 외우게 하는 것이었다. 그래도 낫지 않으면 믿음이 모자란다고 여겼기 때문에 더욱더 죄의 깊음을 참회 회개하고 선행에 정진하게 하였을 것임에 틀림없다. 당시에는 공동체생활에서 쫓겨나 의지할 데 없이 빈곤의 고통에 시달리던 민중이 급격히 늘고 있었다. 그들의 빈곤은 계속되는 재해와 기근으로 배가되고, 병에 대한 공포와 두려움도 깊어 갔다. 따라서 그들이 장각이 주장하는 개인구제의 가르침에 의지하는 것은 자연스러운 일이었다.

장각은 170년대 초 무렵부터 제자들을 사방으로 보내 자신의 가르침을 널리 확산시켰다. 그리고 당시의 청(靑)·서(徐)·유(幽)·기(冀)·형(荊)·양(揚)·연(兗)·예(豫)의 8주, 즉 산동·하북·하남·강소·안휘·호북성 등 화북의 동쪽 반에서 양자강 유역에 걸쳐 수십만 신도를 획득했다. 이러한 급격한 신도수의 증대는, 집단적으로 거행된 회개의식을 통한 열광적인 흥분상태가 전염된 결과일지도 모른다. 장각은 이들 신도를 36개의 '방(方 : 司敎區＝군관구)'으로 이루어진 거대한 교단조직으로 만들었다. 그 정점에 선 장각은 스스로를 천공(天公)장군, 동생인 장보(張寶)와 장량(張梁)을 각각 지공(地公)장군과 인공(人公)장군으로 칭하였다. 1만 명 가량의 신도를 거느리는 '방'의 수령은 장각의 제자들이 맡았는데 신도들로부터 '사(師)'라고 불림과 동시에 '방'은 장군의 칭호이기도 했다.

'태평도(太平道)'라고 불린 이 교단은 교단조직과 군단조직이 중첩된 형태를 취하였고, 공평한 '황천'의 신 아래 철저히 회개하고, 회개하지 않는 악의 근원으로 간주된, 현실의 후한정부에게 칼끝을 들이댔다. 이들에게는 후한정부란 이미 사멸할 운명에 처한 '창천(蒼天)'이고 새로이 '우리의 황천' 세상을 세워야 한다는 의미의 "창천은 이미 죽고, 황천이 마땅히 서야 한다(蒼天已死 黃天當立)"는 구호가 준비되어 있었다. 그리하여 "창천은 이미 죽고, 황천이 마땅히 서야 한다. 세(歲)는 갑자(甲子)이고, 천하는 대길하도다"라는 구호 아래 60년주기가 새로이 시작하는 갑자년인 184년 3월 5일을 일제히 봉기하는 날로 정하였다.

난의 발발과 그 여파

그러나 봉기준비차 수도 낙양에 잠입한 양자강 방면의 대사교(＝大方) 마원의(馬元義)가 체포당해 버리는 바람에 차질이 생기자 장각은 서둘러 예정을 변경하여 2월에 사람을 제물로 바쳐 하늘에 제사를 지내고 일제봉기 명령을 내렸다. 7주 28군의 신도들은 '황천'을 상징하는 황색 머리띠를 두르고 일제히 봉기하여, 군성(郡城)·현성(縣城)을 공격하여 관부를 불사르고 다수의 관리를 죽였다. 이것이 바로 황건의 대란이다.

대란이 일어나자 정부는 외척 하진(何進)을 대장군으로 삼아 수도 수비를 단단히 하는 한편, 황보숭(皇甫嵩)과 주준(朱雋)을 장군으로 삼아 하남성 동부와 남부의 황건을 토벌케 하고, 노식(盧植)을 우두머리로 하여 황건의 본거지인 하남성 동북부에서 하북성 방면으로 진군시켰다. 그리고 황건이 봉기한 다음 달인 184년 3월에는 20년 가까이 탄압을 계속해 온 당인을 사면하고 '당고' 금지령을 완전히 해제하였으나 "오직 장각만은 사면하지 않는다"는 조칙을 내렸다. 이것은 황건과 지식인이 서로 힘을 합칠 것을 두려워한 때문인데, 이 조칙으로 장각 일당을 지식인으로부터 고립시키는 데 성공했다고 여겨진다. 어쨌든 당인과 황건의 연합 위험성을 느끼고 있었던 것은, 양자가 정부(호족의 영주화 노선)에 대한 일련의 저항운동을 보여준다는 점에서 주목하지 않으면 안 된다.

그 해 6월, 황보숭은 하남성 동부의 황건군을 괴멸시키고, 북으로 전진하여 하북성 남부의 황건도 격파했다. 주준은 하남성 동부에서 남부로 방향을 바꾸어 11월에는 완강히 저항하는 남양군의 황건을 괴멸시켰다. 노식도 연달아 황건을 무너뜨리고 장각을 하북성 남부의 광종현(廣宗縣)에서 포위하였지만, 대학자였던 노식은 환관의 중상을 받아 실각하고, 노식 대신 지휘봉을 잡은 황보숭이 10월에 장각의 동생 장량(張梁)을 죽이고 11월에는 또 다른 동생 장보(張寶)를 무너뜨렸다. 장각 자신은 이미 그 때 죽고 없었기 때문에 봉기한 지 1년도 지나지 않아 황건의 주력은 궤멸되었다. 정부는 이로써 난을 평정한 것으로 보고 그 해 12월 연호를 중평(中平)이라 고치고 천하에 대사면령을 내렸다.

그러나 황건의 나머지 일당이 완전히 소탕된 것은 물론 아니었다. 게다가 황건의 봉기와 그에 대한 토벌전이 가져온 대혼란은 수많은 빈농의 참상을 더욱 악화시켜, 태평도 교단에 들어가지 않았던 빈농들마저 반란으로 몰아가는 용수철로 작용하였다.

즉 185년에는 태항(太行)산맥 주변에서 하북·하남에 걸쳐 흑산(黑山)의 도적이라고 불리는 무수한 반란이 있었고, 188년 이후에는 황건과 관계있는 백파적(白波賊)이 산서성에서 일어났다. 산동성에서는 청주·서주의 황건이

192년 말에 조조(曹操)에게 항복할 때까지 "한행(漢行 : 한의 운명)은 이미 다하였고 황가(黃家)가 마땅히 서야 한다"는 구호를 견지하고 큰 세력을 계속 거느리고 있었다. 조조에게 항복한 이 황건군은 병사가 3만여 명, 그 가족이 약 10만에 달하는 대집단으로 추정되는데, 그들은 꽤 관대한 처우를 받아 집단이 해체당하는 일 없이 '청주병(靑州兵)'이라 불리며 오히려 조조의 군사력을 지탱하는 큰 기둥이 되었다. 이에 대해 오부치 린지(大淵忍爾)는 "조조가 청주 황건의 항복을 받아낼 때 양자 간에 어떤 약속이 있었던 것 같다"고 해석하고 있다.

오두미도의 종교왕국

한편, 같은 무렵 황건의 '태평도'와 매우 유사한 종교교단이 사천성에서 섬서성 남부의 한중분지에 걸쳐 형성되었다. 이 종교집단은 215년 조조에게 항복할 때까지 30년 가까이 한중을 중심으로 하여 독립적인 종교왕국을 이루고 있었다. '오두미도(五斗米道)'라고 불린 이 종교는 조조의 지배하에 들어간 후에도 종교활동을 계속하여 '태평도'와도 섞이면서 화북으로 퍼져나가, 교단종교로서 소위 '도교(道敎)'가 되었다. 따라서 자료가 거의 남아 있지 않은 황건 무리의 의도를 살펴볼 때 '오두미도'의 가르침과 교단조직이 크게 참고가 된다.

오두미도의 창시자는 원래 강소성 풍현(豊縣)의 패국(沛國) 출신으로 사천성 곡명산(鵠鳴山)에서 수도하던 장릉(張陵)이라는 자인데, 신자에게 5두(약 1리터)씩의 쌀을 내게 했다고 해서 오두미도라고 불렸다고 한다. 장릉의 아들은 장형(張衡), 손자는 장로(張魯)라고 하는데 이 세 사람을 '3장(三張)'이라고 한다. 이 가운데 손자 장로가 192~193년 무렵 사천성에서 한중으로 들어와 여기에 독자적인 종교정권을 만들었다.

장로(張魯)는 교단조직에서 스스로를 '사군(師君)'이라고 칭했는데 후에는 '천사(天師)'라고도 불린다. 그 밑의 대사교구는 '치(治)'라고 하고 그 지도자는 '치두(治頭)'라고 하였다. 대사교구 밑에 있는 각각의 교구교회에는 '제주(祭酒)'가 있었는데, '대제주(大祭酒)'라고 하는 상급 제주도 있었으므로 대제주는 대사교구를 통할하는 치두와 중첩되는 경우도 있었을 것이다. 제주란 원래 제사를 지낼 때 최초로 신주(神酒)를 따르는 장로(長老)를 가리킨 듯한데, 한대에도 일반적으로 같은 종류의 벼슬아치 가운데에서 가장 장로에 해당하는 자를 제주라 불렀고, 현명한 연장자나 도덕적으로 공정한 관직 등의 의미를 갖는 말로서 향촌공동체 이념과 관계 깊은 명칭이었다.

오두미도에서 제주는 기독교 교구교회의 사제에 해당하는데, 교회와 교구민의 관리책임자이고, 제사·기도의 주재자임과 동시에 정치와 종교가 밀착한 오두미도에서는 관구의 통치자이기도 했다. 제주 밑에는 '귀리(鬼吏)'·'간령(姦令)' 등의 관직이 있어서 제주를 도왔다. 귀리란 신을 섬기는 관리, 간령은 간악 즉 죄과를 범한 자를 단속하는 자리라는 의미인데 일반 신도로 들어온 자는 '귀졸(鬼卒)'이라고 불렀다. 이와 같은 교단 구성의 등급체계는 제주라는 말의 의미가 상징하듯이 수도의 단계에 따라서 수양하여 얻은 덕의 고하에 따르는 것이라는 관념을 갖고 있었다.

공동체적 이상향의 이미지

오두미도의 가르침은 태평도와 마찬가지로, 개개인의 행위를 항상 자세히 살펴보고 있는 신들 앞에서 병의 원인인 죄를 참회·고백하고 회개를 실천하는 데 있었다. 단지 회개·고백만을 하기 위한 '정실(靜室)'이라는 건물이 있었고, 천지수(天地水) 3신에게 죄를 회개하고 앞으로는 죄를 짓지 않겠다는 맹세를 담은 삼관수서(三官手書)라고 하는 세 통의 서약문을 작성하여 한 통은 산 꼭대기에 두고, 한 통은 땅 속에 묻고, 다른 한 통은 물 속에 가라앉게 하여 3신에게 맹세하는 의식이 있었다.

나아가 회개를 위한 집단적인 의식도 있었던 것 같다. 즉 제주는 신도들을 한데 모아 '노자오천문(老子五千文)'을 읽히고, 다리와 도로의 수리 등 공익을 위해 일하면 죄가 없어진다고 하여 사람들은 앞다투어 근로봉사를 하고 '의사(義舍)'라고 하는 무료 숙박시설에 쌀이나 고기를 기부하기도 하였다. 여행자나 유랑민 등은 이 '의사'를 자유롭게 이용할 수 있었는데, 필요 이상으로 쌀과 고기를 먹으면 신의 벌을 받아 병에 걸린다고 하였다.

이상으로 기술한 오두미도의 조직과 가르침은 인간의 선악을 살피고 있는 신들 아래에서 끊임없이 자기를 반성하고 억제하며, 서로 도움을 주면서 공동체 생활을 만들어 내고자 하는 의도로 일관되어 있다. 그것은 종교적·도덕적 공동체임과 동시에 정치적·사회적 이상국가의 건설을 목표로 한 것이었다. 그리고 장로(張魯)가 다스리는 오두미도 왕국에서는, 왕국이 30년 가까이 계속되는 동안 그러한 이상국가의 모습이 일정하게 실현되고 있었던 것 같다. 중원의 혼란을 피해 이 곳으로 "흘러 들어와 머무르는 자는 모두 오두미도를 신봉했고" 그 곳에서는 "민도 오랑캐도 함께 즐긴다"라고 할 만큼 인심이 안정된 이상적인 상태가 이루어지고 있었다고 전해진다. 다만, 한 가지 주의할 것은 한중(漢中)에서 사천성에 걸친 일대에는 제1장에서 기술했듯이 '저'족이나 '만'족 등의 원주민이 살고 있었고, 오두미도에는 이들 원주민도 다수 가담하고 있었다는 점이다. 프랑스학자 R. A. 스턴은 원주민 사이에 남아 있던 공동체 생활과 오두미도가 목표로 한 공동체사회 건설이라는 양자 사이에는 어떤 상관관계가 있음을 지적한 바 있다.

삼국 분립

외척·환관의 궤멸과 후한의 말로

황건이 "창천은 이미 죽고, 황천이 마땅히 서야 한다"라는 구호하에 새롭게 세우고자 한 '황천'의 세계란, 태평도와 매우 유사한 오두미도가 한중을 중심으로 하여 어느 정도 실현을 본 공동체적 이상국가와 방향을 같이하는

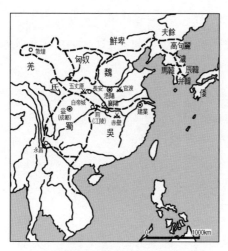

三國分立 무렵의 동아시아

것이었음에 틀림없다. 그러나 그 같은 새로운 종교적·정치적 공동체질서를 수립하려 한 의도에도 불구하고, 이 강렬한 무장투쟁은 1년도 지나지 않아 수령 장각 등을 잃고 지역별로 분산되고 결국은 전국을 전란과 무질서 상태로 몰아넣고 말았다.

그러나 후한정부는 이미 이러한 혼란을 수습할 능력을 잃고 있었다. 188년, 정부는 각 지방을 강력하게 통합하여 중앙으로 결집하기 위하여 각 주에 군정·민정의 양면을 관리하는 주목(州牧)을 두기 시작했으나, 이는 오히려 지방이 중앙으로부터 분리되는 경향을 낳았다. 또 같은 해에 '서원(西園)의 8교위(八校尉)'라고 하는 이름의 금위군(禁衛軍)을 증강하고 수도 방위력을 강화시켰으나, 행정부의 중추인 내조에서는 외척인 하진과 환관이 대립하였고 189년 4월에 영제가 죽자 하진이 8교위의 한 사람인 원소(袁紹)와 함께 환관의 주멸을 계획하는 상황이었다.

하진은 이 계획에 찬성하지 않는 하태후를 위협하기 위하여 산서방면의 군정·민정장관으로서 강력한 군단을 통솔하고 있던 병주목(幷州牧) 동탁(董卓)에게 낙양 상경을 요청했다. 이것을 알게 된 환관들은 그 해 8월 하태후의 명령이라면서 하진을 내조로 불러들여 조정에서 그를 사살하였다. 원소와 그 종제인 원술(袁術) 등은 즉각 금위군을 동원하여 이번에는 환관들을 죽였는데 늙은이와 젊은이를 가리지 않고 모두 주살했다. 죽은 자가 2천여 명에 달하고 그 중에는 수염이 없어서 환관으로 오인받고 죽임을 당한 자도 있었다고 한다. 이리하여 후한정부의 실권을 그토록 오랫동안 장악해 온 외척과

岳陽樓 | 湖南, 후한말 孫權이 최초로 설립했다고 전하며 唐 때 張說이 岳州刺史로 좌천되었을 때 대대적으로 개수하여 악양루라고 이름 붙였다고 한다. 현재의 건물은 淸 때 지은 것이다.

환관, 이 양자를 포함한 내조 그 자체가 궤멸해 버렸다.

그 직후 낙양으로 들어온 동탁은 산서성 방면의 많은 강족 출신들을 포함한 매우 사나운 군단을 이끌고 있었다. 그 앞에서는 금위군도 완전히 무력했고 수도와 정부는 완전히 동탁의 제압 아래 놓이게 되었다. 원소는 수도를 버리고 하북성으로 도망쳤다. 수도를 제압한 동탁은 영제 사후 제위를 이어받은 소제(少帝)를 독단으로 폐위시키고 그 동생을 세워 헌제(獻帝 : 재위 189~220)로 하였다. 이어 소제와 하태후를 죽이는 등 휘하의 포악한 군단과 함께 수도 안팎에서 난폭하기 짝이 없는 행위를 자행하였다. 후한의 황제와 정부는 완전히 이러한 군단 지도자의 꼭두각시에 불과한 존재가 되어 버렸던 것이다.

荊州古城 | 蜀의 關羽가 축성했다고 한다.

군웅할거에서 삼국분립으로

당시 지방에서는 황건의 난으로 비롯된 혼란 속에서 각지의 호족들이
종족·빈객을 무장시키고, 자위를 위하여 혹은 지방의 안정을 위하여 혹은
나아가 크게 비약할 기회를 잡고자 무력집단을 만들고 있었다. 또 그들
무력집단을 규합하는 군웅이 자라나고 있었다. 동탁이 지배하는 수도 낙양에
서 동쪽으로 도망한 원소와 원술, 더불어 위나라의 창건자가 될 조조도
곧 그들 무력집단을 규합하는 일에 착수하였다.

다음 해 190년 정월, 동방의 군웅들은 횡포한 동탁의 주멸을 기치로 하여
일제히 군사를 일으켜 원소를 맹주로 삼고 서쪽으로 진군하였다. 이에 동탁은
헌제를 우선 장안으로 옮기고 후한 2백 년 동안 수도였던 낙양의 많은 궁전을
태워버리고 관중으로 향했다. 후한의 헌제는 명목상 30년 동안이나 제위를
유지하지만, 수도 낙양의 괴멸은 후한제국의 괴멸이나 다름없었다. 동탁

형주성 빈양루 | 형주 고성의 안쪽에 위치한 이 건물은 현재 깔끔하게 수리가 되어 있다.

토벌을 내세운 동맹도 사실상 해체되고, 그 이후에 군웅은 각각 자신의 기반 확보와 세력권 확대를 노리고 상호 격전을 벌이게 된다.

이들 군웅의 활약상과 강자가 약자를 무너뜨리는 과정은 그야말로 소설적인 재미가 있을 것이다. 그것에 대해서는 필자의 서툰 솜씨로 묘사하기보다는 사실과 상상을 섞어 쓴 소설 『삼국지연의』에 맡기는 편이 현명할 것이다. 여기서는 단지 군웅 세력이 결국 조조의 위, 손권(孫權)의 오, 유비(劉備)의 촉의 삼국으로 통합되어 가는 과정에서 가장 중요한 사건을 연대기식으로 메모하는 정도로 그치겠다.

192년   동탁이 부하인 여포(呂布)에게 살해 당하고 관중은 혼란상태에 빠진다.

196년   조조는 관중에서 탈출한 헌제를 맞이하여, 허(許 : 하남성 허창

적벽전의 고지

현)에 수도를 정한다. 이 사건은 조조의 권위를 크게 높인다.

200년   관도(官渡 : 하남성 中牟縣 황하 나루터) 전투. 조조는 원소의
         대군을 격파하고 화북통일의 전망을 연다.

208년   적벽(赤壁 : 호북성 嘉魚縣 동북의 양자강 연안) 전투. 조조는
         손권과 유비의 연합군에게 패하여 전국통일은 불가능해진다.

214년   유비가 성도를 함락하고 촉을 영유한다.

삼국분립의 정세는 이렇게 확정되었다.

이상으로 기술하였듯이, 무력집단을 통솔한 많은 군웅이 무력투쟁을 통하
여 그 가운데 강력한 자에게 통합되고 결국 위·오·촉의 삼국으로 통일되어
가는 과정에서는, 무장이 당연히 권력을 장악하고 무인이 지배계급을 형성하

는 것도 당연지사일 것이다. 강남의 오나라에서는 그것이 어느 정도 실현되었다. 그러나 위나라에서는 그렇게 되지 않았다.

예를 들면 이 책의 제1절에서 언급한 산동성 승씨현의 이씨는 '종족과 빈객 수천 가(家)'를 결집하여 사병부대를 만들고 자손 3대에 걸쳐 마치 재지영주와 같은 형태로 조조에게 협력하고 있었다. 그런데 조조가 원소를 무너뜨리고 화북 제패가 명백해졌을 때, 그 수장인 이전(李典)은 자진해서 사병부대와 종족 1만 2천여 명을 승씨현에서 조조의 새로운 근거지인 업으로 옮겼다. 그리고 그 자신은 "유가의 단아함을 숭상하고, 재주와 덕망있는 사대부들을 존경하며, 예의를 잃을까 두려워할 만큼 공손한"[15] 태도를 취하였다. 재지영주라는 위치를 포기하고 그 앞에 무릎을 꿇은 이러한 '현명한' 사대부야말로 앞서 기술한, 여론으로부터 '명사'로 인정받은 사람들임에 틀림없다. 그러나 이러한 명사 혹은 사대부들이 어떻게 그 정도의 힘을 가질 수 있었는지가 문제일 것이다.

---

15) 진수 지음, 김원중 옮김, 『삼국지 위서』 제3권, 신원문화사, 137쪽.

4.
귀족제 사회의 성립
3세기의 화북

지식인[士] 계층과 위나라

지식인의 은일 사조

앞서 필자는, 당고사건으로 관계(官界)에서 추방당하고 사관(仕官)금지 처분을 받은 당인들을 중심으로 하여 향촌사회의 공동체적 질서를 구한 청의의 세계가 정부의 탄압에도 불구하고 의연히 유지되었음을 기술하였다. 그러나 공공연한 정치비판을 금지당한 청의는 한결같이 인물비평의 형식을 취하며 현자와 유덕자로 평가받는 인물을 추대하는 방향을 취한다. 그렇게 해서 재야의 '명사(名士)'라고 불리는 자들이 속출하였다.

그러나 '명사'가 될 경우, '명(名)'의 내용과 평판의 성격은 혹독한 탄압 아래에서 '위협을 두려워하지 않는 진중거(陳仲擧)' 식으로 용감하게 될 수는 없었다. 재야에서 소위 '명사'가 된 사람은 다음과 같은 사람들이었다. 일반 민중과 가까운 검소한 생활 태도를 갖고 남은 몫의 재물이 있으면 사유하지 않고 주변의 빈민에게 나누어 주며 붕괴해 가는 향촌공동체의 유지에 힘쓰는 지식인으로서, 많은 재산을 소유한 호족들의 권력기구로 끝나 버린 후한정부를 향해 암묵적으로 저항한 반권력적 지식인이 여론에서 높은 평가를 받아 '명사'가 되었다.

그 같은 재야의 반권력적 존재, 암묵의 비판자가 중국에서 말하는 '일민(逸民 : 백성들 사이에 숨음)'이고 '은일(隱逸 : 세상을 피하여 숨음)'이다. 중국 의 학자 후외려(侯外廬)가 지적한 것처럼, 당고사건을 계기로 하여 여론은 '은일군자(隱逸君子)'를 지지하는 방향으로 바뀌고, 지식인들의 일반적인 풍조는 '은일군자'의 청정고결함을 최고의 덕목으로 삼는 방향으로 기울어져 갔다. '청의'의 '청(淸)'은 더럽고 탁한 정치에 맞서 당당히 비판을 가한다는

위진화상전묘 벽화

데서 벗어나, 보다 인격적인 생활이념으로 내면화되었다. 이후 '청'의 이념은 6조시대를 통하여 사상적으로 여러 가지로 심화되고, 지식인의 기본 자격 가운데 하나로 여겨지게 되었다. 그것은 사회적으로 보면, 황건의 난 이후 계속된 대혼란으로 생산력이 크게 저하된 향촌사회를 유지하는 데 '가난에 안주하고 도를 즐기는' 일민적인 청정(淸淨)이 가장 소극적으로 보이면서도 실은 가장 기본적인 것으로서 결코 없어서는 안 될 인간의 삶의 방식이라고 하는 자각에 의거한 것이다.

지식인의 향촌지도력

지식인의 사조가 이러한 청빈한 생활태도를 선호하는 방향으로 기울 때, 대부분의 경우 호족층에 속하는 지식인의 자기 모순은 증대한다. 왜냐하면 호족이란 재력을 확대하고 향촌사회를 일원적으로 지배하기 위하여 정부의 공권력과 결탁하여 이를 이용하려는 면을 본질적으로 갖고 있기 때문이다.

호족의 영주화에 반대하고 공동체질서에 응하는 유가적 이데올로기를 갖춘 이와 같은 호족층 지식인은, 그 자체가 이미 자기모순적 존재였다. 지식인의 사조가 '산업경영'을 부정하고 '남은 재물이 있으면 나누어 주고' 민중과 가까운 청빈 생활을 선호하는 방향으로 크게 기울면, '명사'가 되기 위해서는 호족의 경제적 기반을 스스로 부정해야 했기 때문이다. 그러나 지식인적 호족은 이 같은 자기부정의 행위에 의하여 오히려 향론의 지지를 받고, '민(民)의 망(望)'이라고 하는 평판을 확립함으로써 향촌사회에 대한 지도력을 높이는 경우가 많았다.

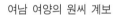

여남 여양의 원씨 계보

예를 들면 외척 두헌 등을 탄핵한 유가관료 원안(袁安)의 자손으로 원굉(袁閎)이라고 하는 일민적인 인물이 있었다. 원씨 집안은 원안 이후 후한정부에서 대대로 '3공(三公)'을 지낸 명문인데, 외척·환관이 점점 실권을 장악해 들어가는 정부 안에서 원안처럼 꿋꿋한 신념을 견지하는 유가관료의 성격을 지속하기는 어려웠다. 원굉의 종형인 원봉(袁逢)과 원외(袁隗)가 환관정부에 안주하여 부유함을 누리면서 명문가의 지위를 유지한 것이 그 예라 할 것이다. 원굉은 자신의 종형들이 "덕으로써 쌓아올린 선조 이래의 훌륭한 전통을 지키지 않고, 교만하고 사치한 생활을 일삼으며 난세와 권력을 다투는" 것을 부끄러워하여 당고사건이 있기 직전에 속세와의 인연을 완전히 끊어 버렸다. 이리하여 "몸을 숨기기 18년. 황건의 적이 일어나 군현이 함락되고 민중이 놀라 흩어졌을 때, 원굉은 경(經)을 읊으며 움직이지 않았다. 도적은 서로 약속하며 말하기를 '당신의 마을에는 들어가지 않겠습니다'라고 하였다. 향리 사람들이 원굉이 있는 곳으로 피난하여 전화를 완전히 피할 수가 있었다"고 한다(『후한서』「袁閎傳」).

일민의 사회적 의미

이 예는 당시의 '일민' 혹은 '은일의 선비'가 우리가 상상하듯이 단순히 소극적이고 무책임하면서도 고답적인 존재로서 민중과 동떨어져 있던 존재가 아님을 보여준다. 즉 그들은 반권력적인 입장을 취하여 권력자 측에서는 귀족으로서의 가문을 버리고, 암묵의 비판자로서 민중 측에 섰으며 붕괴되어 가는 향촌생활의 지지자로서 오히려 적극적인 역할을 수행한 지식인이었다.

원굉이 읊은 '경(經)'이란 분명 『효경(孝經)』과 같은 유가의 경전이었을 것이다. 따라서 유가와는 다른 '태평도'를 신봉한 황건이 원굉을 소위 '현자'라고 여긴 것은, 그들이 일민적 지식인을 자신들이 속한 민중 쪽에 가까운 자, 자신들과 마찬가지로 공동체 생활을 구현하려 하는 측에 서 있는 자로서 받아들였음을 나타내고 있다.

역사상 후한시대, 특히 그 말기만큼 일민적 인물이 대량으로 배출된 적은 없다. 그런 종류의 인물을 기록하고 평가한 「일민전(逸民傳)」과 「고사전(高士傳)」 등이 등장한 효시도 한말로부터 6조시대에 걸친 혼란기이다. 일민은 우리가 생각하는 그런 '무사태평한 일민'이 아니다. 즉 일민은 대혼란기의 중국사회에서 사회 저변의 가까운 곳에서 중국문명을 지탱하고, 나아가 유지하고 발전시킨 힘의 원천이기도 했다. 따라서 우리는 일민이 갖는 적극적

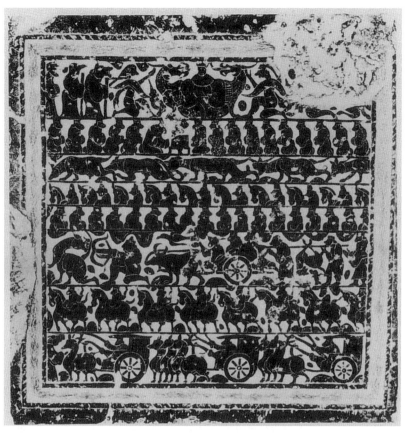

浮彫人物車馬畫像石 | 후한, 山東省 濟南市 출토

인 의미를 재평가해야 할 것이다.

원굉은 앞서 기술한 호족의 자기모순과 자기부정의 전형이기도 하다. 원씨 일족은 '4대에 걸쳐 3공'을 배출한 명문귀족으로 그 주류는 '호족의 영주화' 노선을 취하여 환관정권과 결탁한 '귀성(貴盛)'·'부성(富盛)' 가문이 었다. 조조의 호적수로서 관도(官渡)에서 천하를 판가름하는 전투16)를 벌인

---

16) 관도 전투에 대해서는 박한제 씨의 재미있는 글이 있다. 박한제, 「관도 전투의 진정한 승리자는 조조가 아니었다」, 『박한제 교수의 중국역사기행①』(사계절,

원소(袁紹)도 원굉의 동족으로, 조상 대대로 천하를 가득 채울 정도의 많은 부하와 문인을 거느리던 배경을 이용하여 일대 세력을 쌓은 영웅이었다. 그러나 원굉은 그들과의 관계를 일체 거부하고, 사회 저변의 가까운 곳에서 '깨끗한' 지식인으로서 향인의 신뢰를 받는 생애를 선택했다.

'귀성(貴盛)'한 원씨의 주류는 후한정부와 함께 그 생명을 다했다. 원소가 조조에게 격멸당한 것은 아마 원소가 '귀성'한 가문으로서 전통적 의식에 사로잡힌 것도 한 원인이 되었을 것이다. 그리하여 다음에 오는 위진시대에는 완전한 자기부정을 통해 변신한 일민적인 원굉만이 새로운 지식인의 전형을 보여주는 선구자로 가장 높이 평가받으며 사람들의 기억 속에 남게 되었던 것이다.

'지식인[士]' 계층의 형성

'청의의 지식인[淸議士]'이라는 사조는 당고사건을 계기로 이와 같은 은일 군자라는 방향으로 기울어져 갔다고는 해도, 현·향의 명사에서 군·국의 명사로, 나아가 천하의 명사로 겹쳐지는 청의의 세계는 계속되었다. 탄압당한 당인들은 탄압으로 인해 더욱 유명해졌고, 이들 명사는 서로 사제관계와 벗의 관계로 연결되어 있는 경우가 많았다. 천하에 이름을 날린 재야지식인 가운데는 원굉처럼 향촌사회에 틀어박힌 일민적 인물도 있었지만, 이와는 달리 탄압을 받으면서도 보다 넓은 세계에서 정치적으로 활동할 수 있는 인물도 존재하고 있었다. 요시카와 다다오(吉川忠夫)가 지적했듯이, 새로운 명사들을 배출하는 중심이 된 영천(潁川)의 진식(陳寔) 등이 그러한 인물이라고 할 수 있다.

진씨를 비롯하여 같은 영천의 순(荀)씨와 종(鍾)씨 등처럼, 당인에 대한 탄압이 계속되는 와중에도 심오한 지략을 숨기며 서로 연락을 취하면서

2003). 박한제 씨의 이 역사기행 시리즈 3권은 위진남북조시대를 이해하는 데에 풍부한 사진을 제공하고 있으며, 매우 친근감을 갖고 다가오는 글로서 높은 평가를 받고 있다.

계속 재야명사의 중심에 서 있던 사람들이야말로 황건의 난으로 시작된 대혼란기에 '현명한 사대부[賢士大夫]' 계층을 만들어 낸 중핵이었다. 그들로 하여금 지식인으로서 사(士)라는 계층을 형성케 한 하나의 큰 원인은 바로 황건의 대란이었다.

물론 이는 황건이 원굉에게 경의를 보낸 것처럼 직접 지식인을 지원했다는 말이 아니다. 그것은 황건의 난에 놀란 후한정부가 당인과 황건과의 연계를 두려워하여 '당고(黨錮)'의 금지령을 해제하고, 이윽고 당시까지 탄압의 대상으로 삼고 있던 당인 및 재야명사들을 오히려 조정으로 초빙할 정도로 정책을 전환한 데 있었다. 결국 황건의 대란은 그 때까지 암묵적 비판자로 머물러야 했던 당인이나 명사들을 공공연한 정치활동의 무대에 나설 수 있도록 해 준 것이다.

189년, 후한정부는 집정에 오른 하진 아래 구당인계를 포함하는 천하의 명사 영천(潁川)의 순유(荀攸) 등 20여 명을 불러들였다. 물론 부름을 거절하는 명사도 있었다. 순유의 동족인 순욱(荀彧)은 이미 유명한 지식인이었으나, 재빨리 조조의 유망성을 통찰하였다. 조조는 원래 환관 조절(曹節)의 양자가 된 조등(曹騰)의 아들이었기 때문에, 청의 지식인의 계보에 속한 순욱으로서는 조조가 오랜 숙적이 되는 셈이었다. 그러나 넓은 정보망을 갖고 있었을 것으로 보이는 순욱은 여남월단의 평에 의해서 "치세의 유능한 신하, 난세의 간사한 영웅"이라고 인정된 조조에게 대혼란을 평정할 능력이 있음을 간파했음에 틀림없다.

191년 당시 조조는 아직 미미한 세력자에 불과했으나 순욱은 그 세력을 부흥시켜 혼란한 질서를 회복하기 위하여 적극 협력하기 시작했다. 황건의 난으로 시작되는 화북의 대혼란은 그 때까지 호족의 영주화 노선을 걷고 있던 자와 그에 저항하던 지식인을 타협·협력시키는 결과를 가져온 것이다.

권력체 상호간의 연결고리를 장악하다

그러한 사태는 지방 향촌사회에서도 마찬가지였다. 예를 들면 황건이 습격하여 무질서 상태에 빠진 산동성 중서부의 동군(東郡) 동아현성(東阿縣城)은 바로 이 지역의 호족인 설(薛)씨와 지략을 갖춘 지식인 정욱(程昱)과의 협력에 의해 질서를 회복하였다. 그러나 이 양자의 협력만으로는 대혼란기에 현성의 안전을 유지하는 것은 어려웠고 보다 강력한 세력과 결탁하지 않으면 불안할 수밖에 없었다. 한편 194년 조조가 산동방면에서 위기에 빠졌을 때, 조조의 기반을 굳히기 위해서는 적어도 이 동아현 등 세 개의 현성을 확보할 필요가 있었다. 그 때 조조세력과 동아현 등의 세 현을 서로 연결시킨 것이 지식인인 순욱과 정욱의 협력이었다. 즉 무력을 가진 설씨가 보다 강력한 무력집단의 우두머리인 조조와 직접 접촉하여 보호·봉사 관계를 맺은 것은 아니었던 것이다.

결국 황건에 의하여 초래된 지방의 무질서 상태는 향촌사회의 존망의 위기를 앞두고, 서로 대립하던 호족과 지식인의 협동을 촉진했다. 그리고 이렇게 하여 질서를 회복한 향촌사회를 보다 안전하게 유지하기 위해 보다 강력한 권력체와 결탁할 필요가 있었다. 이러한 상황에서 연결고리 역할을 수행한 것이 지식인이었다.

이들 지식인은 스스로 무력을 갖지 않았음에도 불구하고 대혼란기에 발생하는 크고 작은 다양한 권력체들을 상호 연결하여 조조 아래에 서열화시켜 감에 따라 권력체 상호간의 매듭을 장악하게 되었다. 게다가 이들 지식인의 대부분은 청의운동이 전개되는 동안, 서로 수평으로 연대할 준비가 되어 있었다. 권력체 상호간의 매개자로서 횡적으로 연대한 이들 지식인은 상부권력을 배경으로 삼음에 따라 하부권력인 지방호족보다 우위에 서서, 그 강대화(무인영주화)를 억제했다. 그러면서도 한편으로는 하부권력을 배경으로 삼아 그 대표자 즉 '민(民)의 망(望)'으로서, 상부권력을 지지하면서 그 방향을 규제했다.

이와 같이 해서 조조정권 내부의 지식인들은 여러 권력체를 조조에게

조비 | 唐, 閻立本筆 『帝王圖卷』

결탁시킴으로써 실세를 장악하고, 그들 스스로가 수평적으로 연대하여 권력매개층으로서의 '사' 계층을 형성했다. 205년, 조조가 원소의 아들 원담(袁譚)을 죽이고 하북성을 평정했을 무렵에는 이미 조조정권 내부에서 지식인으로서의 '사' 계층이 무장들을 억제하고 있었다고 볼 수 있다. 그것이 재지영주 이전(李典)으로 하여금 '현(賢)사대부'에게 무릎을 꿇게 만든 것이다.

실제로 순욱은 조조에게서 '제1등 공신'으로 인정받고, 순유는 '제2등 공신'이 되었다. 순욱 등은 진식의 손자인 진군(陳郡)과 종요(鍾繇) 등 영천의 청의파 지식인을 비롯하여 북해의 청의파 명사인 화흠(華歆)이나 왕랑(王朗), 거기에다 사마의(司馬懿) 등의 명사들을 속속 조조 아래로 모아들였다. 그리고 213년 조조가 위공으로 봉해지면서 위공국이 성립했을 때, 이 나라 정부의 중요관직은 이미 이들 명사가 차지하였다. 이후 6조귀족은 이들을 중심으로 해서 성립되어 간다. 후한시대의 귀족으로부터가 아니라, 후한시대에는 오히려 탄압을 당한 재야지식인층에서 새로운 귀족이 탄생했던 것이다.

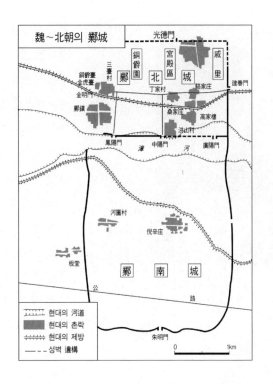

魏～北朝의 鄴城

光德門

銅雀園　宮殿區　戚里

北　城

鄴

三臺村

三臺

銅雀臺
金虎臺

金明門

鄴鎮

丁家村

駱家庄

桑家庄

高家樓

涉比村

建春門

鳳陽門　漳　中陽門　河　廣陽門

河圈村

倪辛庄

板堂

鄴　南　城

公　　　　　　　　　　　　路

|||||| 현대의 河道
███ 현대의 촌락
+++++ 현대의 제방
ーー - 성벽 遺構

朱明門

0　　　　　　1km

위국의 성립-선양의 시작

조조는 모신(謀臣)인 순욱의 권유에 따라 196년에 후한 헌제를 하남성
허창현의 허(許)로 맞아들이고 이를 받들어 모셔 한제국의 재건이라는 기치하
에 화북을 평정해 나갔다. 그 때 조조는 후한정부에서 사공(부재상 겸 대법관)
겸 거기장군(車騎將軍)의 지위에 올랐는데, 정부로부터 얻은 명목상의 관직이
무엇이었든 간에 그 세력권 내에서 군정과 민정 양면의 실권을 한손에 넣었음
은 말할 것도 없다. 그러나 당시는 아직 여러 세력이 한데 섞여 있고 서로
항쟁하고 있는 혼란기였으므로, 이런 식으로 한의 황제를 떠받들면서 제국의
질서를 회복한다는 기치를 내거는 것은 적대적인 다른 세력을 타파하는
명분으로서 충분히 효과를 발휘하였다. 조조는 이것을 방패막이로 삼아
자신의 세력을 확대하면서 계속 성장했다.

曹操

자신의 호적수였던 원소의 주력을 격멸한 조조는 204년에 하남성 남부·하북성 북부에 해당하는 기주(冀州)의 주목(州牧)을 아우르고, 지금의 하남성 임장현인 업(鄴)을 새로운 근거지로 정했다. 208년에는 승상으로 승진하고, 213년에는 기주의 10군을 여유하는 위공(魏公)에 봉해져, 위공국에서 독자적인 정부기구를 갖는 것을 인정받았다. 앞 절의 마지막에서 당금(黨禁)시대의 재야 명사들이 정부의 중요관직을 차지했다고 한 정부가 바로 이것이다.

216년 조조는 위공에서 위왕으로 승진하고, 나아가 한을 대신하여 황제에 오르기 직전인 220년 정월에 죽었다. 그 해 10월, 조조의 아들 조비(曹丕)는 후한의 헌제로부터 제위를 양위받는 선양(禪讓) 형식으로 황제 자리에 오름으로써 한은 정식으로 망하고 위제국이 성립했다. 조조는 시호를 무제(武帝)라 하고 조비는 문제(文帝)라 한다. 문제는 즉위하여 위제국 최초의 연호를 '황초(黃初)'라고 정했다. '황'은 오행설에서는, 한의 화덕(火德) 즉 적(赤)에 대신할 토덕(土德)의 상징으로서 황건도 이 '황'을 자신들의 상징으로 삼았는데, 이는 새로운 세계의 시작을 의미하였다.

이와 같이 어떤 실력자가 스스로 왕조를 세우려는 의도를 이미 품고 있고 또 그럴 만한 세력을 충분히 갖추고 있으면서도, 명목상 이전 왕조를 잠시 떠받들면서 그것을 껍질 삼아 번데기가 성장하듯이 공국을 왕국으로 만들고, 마침내 매미가 껍질을 벗고 나오듯 선양의식을 통해 새로운 왕조를 탄생시키는 방식은 여기에서 시작되었다.

왕조교체에 대하여, 전설적인 태고의 성군인 요·순이 행했다고 전해지는 선양방식이 좋은가, 아니면 은의 탕왕과 주의 무왕이 실제로 취한 방벌(放伐) 방식이 좋은가 하는 논의는 맹자 이래 유가에서는 가끔씩 문제가 되기는 했다. 그러나 역사시대에 접어든 이래, 실제로는 무력으로 앞선 왕조를 무너뜨리는 방벌방식을 취하였고, 그 가운데 형식을 중시한 왕망만이 전한을 찬탈할 때 겉치레로 선양방식을 이용했을 뿐이다. 그러던 것이 조조가 번데기형 성장, 혹은 매미껍데기형 선양방식을 취하기 시작한 이후, 이민족 국가가 난립하던 5호16국은 제쳐두고라도, 위진남북조에서 수당오대에 이르는 3세기에서 10세기 중엽까지의 약 8백 년 동안 일어난 수많은 왕조는 놀랍게도 모두 이 선양방식을 통해 왕조를 교체해 나갔다.

선양에 보이는 중세적 정신

이 방식을 시작한 조조 당시에는 4백 년 간 계속된 한 왕조의 비중이 아직 상당한 것이었다. "황천이 마땅히 서야 한다"는 구호를 내건 황건의 난 이래, 시대는 분명 새로운 세계의 탄생으로 걸음을 내딛기 시작하였다. 그렇다고는 하더라도 새로운 세계를 열어가는 당사자의 입장에서 보면, 오랜 껍데기로부터의 탈피는 그렇게 간단한 일이 아니었을 것이다. 한왕조를 대체할 의도는 갖고 있어도 공(公)으로 봉한다는 한 황제의 이례적인 조칙을 "아니, 그럴 자격이 없습니다"라고 사퇴하다 주위의 강력한 권유를 마지못해 받아들이고, 왕이 될 때도 한사코 사퇴하다 결국 받아들이고, 제위를 선양받을 때는 말할 것도 없이 극구 사양하다 받아들이는 형식을 취한 것도, 조조와 조비의 경우에는 아직 근거가 있었다.

그러나 위와 진, 진과 송으로 시대가 넘어감에 따라 제위를 빼앗으려는 의도와 행위는 더욱더 노골화되면서, 선위의 언사와 의식만이 점점 아름답게 치장되어 갔다. 우리에게는 그러한 허식과 위선이 혐오감을 넘어 하나의 코미디로 비친다. 그러나 그 코미디가 진지한 얼굴을 하고 8백 년 동안이나

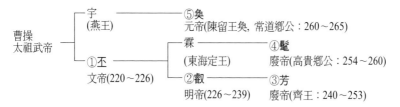

魏의 曹氏 계보도

```
                        宇 ─────────── ⑤奐
                        (燕王)         元帝(陳留王奐, 常道鄕公 : 260~265)
曹操                                    霖 ─────────── ④髦
太祖武帝                                 (東海定王)       廢帝(高貴鄕公 : 254~260)
                        ①丕 ──────────
                        文帝(220~226)  ②叡 ─────────── ③芳
                                        明帝(226~239)   廢帝(齊王 : 240~253)
```

계속되어야 했던 역사 속에서 우리는 중세적 정신의 일면을 보아야 할 것이다. 즉 선양은 현실이 어떻든 간에 적어도 양보를 미덕으로 삼는 중세적 정신의 하나의 표현형식이고, 계속 상호 양보의 덕을 재확인해 나갈 필요가 있었음을 보여주는 것이다.

그런데 위공국→위왕국→위제국으로 번데기가 성장하듯 국가를 형성해 나간 원동력은 물론 천재적인 전략가이자 정치가인 조조의 능력[17]에도 있지만, 이를 지탱한 '사' 계층과 그에게 협력한 군대의 힘이야말로 바로 그 기초가 되었다고 할 수 있다. 그리고 이 양자의 존재 형태는 당시 사회의 기본적인 두 가지 동향, 즉 공동체생활을 실현하고자 하는 경향과 호족의 강대화 경향의 뒤얽힘에 의해 규정되었다. 그와 같은 '사'의 계층과 군대가 위나라로부터 서진에 이르기까지 어떻게 정착하고, 또 어떻게 변천되어 가는지를 살펴보기로 하자. 우선 '사'의 문제부터 시작한다.

구품중정제도와 귀족

'구품중정' 제도

서기 220년, 한을 대신하여 위제국이 성립했을 때 중앙정부의 대신 진군(陳群)은 관제 및 관리등용법인 '구품관인법(九品官人法)'[18]이라는 새로운 제도

---

17) 그는 시인이자 문인이기도 했다.

후한의 俸秩과 위나라의 관품

後漢		魏		
秩	官	官	品	
만 석	三公	三公	1	公卿 大夫
	大將軍	大將軍	2	
중2천 석	九卿	九卿	3	
2천 석	州牧	州領兵刺史	4	
	郡太守	郡太守	5	
천 석	京兆大縣令	諸縣·署令秩千石者	6	上士
6백 석	諸署令 京兆次縣令	諸縣令相秩六百石以上者	7	
4백 석	少府黃門署長 等	諸縣·署長	8	下士
3백 석	京兆 小縣長	諸縣·署丞	9	
2백 석	太史丞 等			

* 礪波護 등, 『隋唐帝國과 古代朝鮮』(中央公論社, 1997), 45쪽에서.

를 만들었다.

구품이라고 하는 것은 1품에서 9품까지 9개 등급으로 나뉘어진 위계를 말한다. 일본에서도 옛날에 당의 관제를 모방하여 정1위·종1위 이하 관직에 부수하는 위계제도(位階制度)가 있었는데, 품(品)이란 이 위(位)를 가리키며 모든 관직을 위계와 품등으로 나누는 제도는 이 때 처음 시작되었다. 한대에는 녹봉 규모[石]의 다소에 따른 구별밖에 없었는데, 진군에 의해 관품이 제정된 이후 이 위계제도는 오랫동안 습용(襲用)된다. 물론 남조의 양(梁)에서는 9품을 이분하여 '18반(十八班)'으로 하기도 하고, 북위 이후부터 하나의 품을 정·종으로 이분하는 등 다소의 수정은 있었으나 모든 관직을 품계와 위계로 나누는 원칙은 수·당에서 일본에까지 미쳤다. 그러므로 구품관인법은 관료 체계에서 신분조직을 정비했다는 점에서 한 획을 그었다고 할 수 있다.

그런데 당시의 관료를 9품의 품계로 나눈 이 제도에서 보다 중요한 의미를 갖는 것은 품계 구분과 동시에 행해진 새로운 관리등용법이다. 황건의 난

18) 이에 대한 더 자세한 내용은 미야자키 이치사다(宮崎市定)의 『구품관인법 연구』(임대희·신성곤·전영섭 옮김, 소나무, 2002) 참조.

이후의 대혼란에 의해 교양을 갖춘 지식인의 대부분은 고향을 떠나 각지로 흘러 들어갔다. 그런데 중앙정부에서는 그들의 소식을 알기 어려웠기 때문에 각 군국 출신자 1명을 각각 군국의 '중정(中正)'이라는 관직에 임명하였다. 이들 '중정'은 자신이 담당하는 군국의 향론을 듣고 다른 지방으로 흘러간 사람까지 포함하여 현존하는 그 지역 인물에 대해 품등을 매기고 상신서를 붙여 중앙에 제출하였다. 여기에서 중정이 붙이는 품등을 '향품(鄕品)'이라 하고, 상신서(上申書)를 '장(狀)'이라 한다. 중앙정부는 이들 인물을 관리로 채용할 때 그 향품에 대응한 관품을 주었다.

예를 들면 향품에서 2품을 부여받은 인물이 관리로 임용될 경우, 관품 계열에서는 4등급 아래인 6품 관리로 채용되며, 이후의 관력(官歷)에서 2품 관직까지 승진할 수 있다. 향품과 실제로 임용되는 관품은 이처럼 4등급의 차이를 두는 것이 원칙이었다. 즉 이 제도에서는 향론에 의거한 향품이 관료체계의 기초가 되고, 거기에서 중요한 역할을 하는 것이 중정이기 때문에 이 제도를 '구품중정'제도라고 부른다.

향론은 향촌사회에서 현자와 유덕자를 지지하는 성향을 가지고 있었기 때문에 그 같은 향론에 의거하여 관료의 서열을 정하는 구품중정제도의 기본 정신은, 적어도 제정 당시에는 향론에 나타나는 공동체 원리를 국가사회 전체로 관철시키고자 한 것이었다. 그러한 의미에서 한대에 추구된 '향거리선'의 완전 실현을 지향하는 것이었다고 보아도 될 것이다. 실제로 이 제도를 만든 위국의 대신 진군(陳群)은 한말의 향론(청의) 세계의 번성기에 성장한 사람이다. 그의 조부는 다름아닌 당인이 탄압받는 치하에서 '천하의 명사'로 서 청의의 중심인물이었던 진식이었다. 그러한 환경에서 자란 진군이 비슷한 환경에서 자란 순욱(이미 사망)·순유·종요 등과 함께 조조정권을 바야흐로 제국정부로까지 발전시켜 나갔을 때, 그가 만든 인재등용제도에 민간의 향론 구조가 반영된 것은 당연한 것이다.

중정의 권력 편향

그러나 민간의 향론 구조는 황건의 난 이후의 전란에 의하여 상당히 변화되어 있었다. 영천·진유 등 일찍이 청의의 중심을 이룬 선진지역의 현이나 향은 전란으로 파괴되고, 활발한 향론을 지탱하였던 주민들은 흩어져 있었다. 예를 들면 진군의 고향인 영천군 허현(許縣)은 그 조부 진식이 죽었을 때 장례 참석차 각지에서 3만 명 이상이 몰려들었을 정도로 소위 청의 무리의 발상지였지만, 한말의 전란으로 완전히

司馬懿

황폐화되어 버렸다. 그 후 조조는 사람이 없어진 주변의 광대한 토지를 몰수하고 유민을 모집하여 여기에 대규모 둔전을 만들었다. 그리고 이 곳으로 후한의 헌제를 맞이하여 군정부의 근거지로 삼았는데, 여기에 응하여 온 둔전민은 원래의 주민만이 아니었고 또 국가권력의 엄한 통제하에 놓였으므로 이미 옛날과 같은 활발한 향론이 되살아날 수는 없었다.

이와 같이 기층에서 향론이 단절되거나 약화된 곳이 많다는 것을 진군 등이 몰랐을 리 없다. 오히려 그 사정을 알았기 때문에 '중정'이라는 관직을 마련하고 흘러 돌아다니거나 재야에 은둔하고 있는 인재를 발굴하여 등용을 꾀하고자 하였고, 또 그것이 바로 구품중정제도의 취지였다.

그러나 기층 향론의 축소는, 중정이 인물 평가를 할 때 아래로부터의 목소리에 귀기울이기보다는 상층의 목소리를 중시하는 결과를 낳았다. 게다가 상층 또는 '사' 계층에서는 한말의 청의운동 이래의 전통을 이어 인물평론

이 더욱 활발하게 이루어졌다. 이렇게 되자 '중정'은 진정한 의미에서의 중정(中正)이 되지 못하였고, 인물 평가의 기준은 권력자층의 평가를 따르는 방향으로 치우치지 않을 수 없었다. 그 편향은 249년, 위(魏) 조정의 실권을 잡은 사마의(司馬懿)에 의하여 군중정(郡中正) 위에 소수의 주대중정(州大中正)이 설치된 이후 더욱 심화되었다. 왜냐하면 주대중정은 군보다 훨씬 넓은 지역에 걸쳐 향품수여권을 장악하고, 게다가 주대중정 그 자체를 정부고관이 겸직하였기 때문이다.

이리하여 구품중정제도는 당초 "향론의 여운이 남아 있던" 여지를 점차 이탈하여 "명문가 출신인지 아닌지에 따라 품등을 정하는" 방향으로 치우쳐 갔다.

그 결과 서진(西晉)시대에 접어들면 이미 "상품(上品)에 한미한 가문 출신자[寒門] 없고, 하품(下品)에 세도가 집안[勢族] 없다"는 사태가 되어 버린다. 즉 구품중정제도는 원래 향론에 의거하여 현(賢)과 덕(德)을 기준으로 하여 개개 인물의 서열을 매겨 현자와 유덕자의 계층조직을 만들고자 한 것이었는데, 점차 기존의 권력자 측으로 치우쳐 개인이 아니라 가문의 서열을 만드는 방향, 즉 귀족계층을 고정시키는 방향으로 바뀌어 갔다.

귀족제 사회의 출현과 '청담'

이 제도는 이어 6조 제국으로 이어져, 특히 동진에서 남조에 걸쳐 전형적인 귀족제 사회의 제도적 기초 형성에 기여하였다. 예를 들면 낭야(琅邪)의 왕(王)씨, 진군(陳郡)의 사(謝)씨 등과 같이 향품에서 항상 2품을 받는 가문이 고정되고, 그들 가문은 '문지이품(門地二品)'이라 불리면서 이 집안 출신자는 입법·행정에 관련된 최고 요직(2품 관직과 3품 가운데 필두에 서는 관직)을 점한다. 그리고 또 초임관인 6품 내지 7품 관직에서 그 최고 관직으로 승진하는 출세 코스가 결정되고 그 코스에 해당하는 관직은 '청관(淸官)'으로 간주되어 문지이품 가문, 즉 귀족들에게 독점되었다. 예를 들면 6품관의 비서랑(秘書

琅琊 臨沂의 王氏 계보도

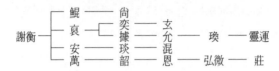

陳郡 陽夏의 謝氏 계보도

郎) · 저작랑(著作郎) 등의 관직은 출세를 약속받은 귀족 자제의 초임관이 되었다.

이와 같이 항상 청관을 차지하는 문지이품 가문과, '사' 계층에는 속하지만 문지이품으로는 인정받지 못한 가문 사이에 격차가 생기고, 또 '사' 계층과 단순한 서민으로밖에 인정받지 못하는 계층과의 구별도 명확히 의식되는 사회가 바로 귀족제 사회이다. 이 같은 체제는 위에서 서진에 걸친 즉 3세기 동안에 정착되어 갔으며, 4세기 동진 이후 강남에서 발전해 나가는데, 이 체제의 중요한 버팀대가 된 것이 바로 구품관인법 및 중정제도의 운용이다. 그리고 중정의 인물 평가가 기층 향론의 희박화에 의해 권력자 측의 목소리를 중시하는 방향으로 기울었다고는 하지만, 그것은 어디까지나 당시의 인물평론을 참고로 하는 것이었으므로 평론의 터전이 항상 존재했다는 점에 주의해야 한다. 기층의 향론에서 유리되어 나온 평론의 터전이란 위진정권 안에서 관직을 차지하는 '사' 계층 간에 행해지는 담론이고, 바야흐로 만들어져가는 귀족의 사교계 또는 살롱에서의 담론이다. 그 담론은 '청담(淸談)'이라고 불리며, 실태는 남조의 송(宋) 초에 편찬된 『세설신어(世說新語)』라고 하는 서적에 전해지고 있다. 거기에서 보면, 사람들의 인격과 교양 등에 대하여 엄격한 비평이 행해졌으며, 그러한 비평의 장은 귀족에게도 단순히 가문에 안주하는 것을 허용하지 않고 지식과 교양의 취득에 정진케 하는 효과를 가져왔다. '청담'의 공과에 관해서는 여러 가지로 논의가 이루어지고 있지만, 그것이 위진시대 귀족으로 하여금 중국문명의 담당자·유지자라는 자각을 촉구한 점은 인정되어야 할 것이다. 또한 그 활발한 인물비평은 한말의 '청의'에서 나온 전통에 유래한다는 것을 주의해야 할 것이다.

귀족사교계의 풍조

'사' 계층의 형성과 구품중정제도의 시행은 바로 무인영주(武人領主)의 계급 형성을 제도적으로 봉쇄하고 문인귀족에 의한 지배체제로의 길을 여는 것이었다. 사회의 방향을 이쪽으로 이끈 원동력은 순욱과 진군 등 지모를 갖춘 지식인들이었다. 그것은 한말의 전란기를 이겨내기 위하여 한편으로는 정욱(程昱)의 예에서 보았듯이 존망의 위기에 처한 향촌사회의 향론이 위기를 구할 지모있는 사를 지지했기 때문이고, 또 한편으로는 조조 측에서도 화북의 안정을 회복하기 위해 '덕행있는' 사보다도 '지모있는' 사의 협력을 필요로 했기 때문이다.

그러나 구품중정제도가 원칙적으로 향론을 모으는 통로이고, 많은 향촌사회가 전란으로 파괴되었다고는 하더라도 여전히 존속한 지방에서는 파괴에서 재건으로 향하는 소박한 향촌생활에 맞추어 그 때까지 인내하며 향촌생활을 지탱해 온 일민적인 유덕한 사에게 향론이 눈을 돌리는 것은 당연하다. 구품중정제를 통해 관계로 올라오는 사람들 가운데는 이러한 성격의 지식인이 많아지게 된다. 일찍이 한말의 당금(黨禁) 아래에서 은일적 방향으로 기울었던 지식인의 일반적 풍조가, 위에서 서진으로 이어지는 구품중정제도의 통로를 따라 관계 최상층까지 포함한 사회 전체로 퍼져 나가고 '소박(淸素)'과 '검소(淸儉)'가 기본적인 지식인의 덕목으로서 점차 정착되어 갔다.

은일은 세속과 권력에 대한 멸시, 개인의 심성에서 자기 반성과 고고함을

王弼

본질로 한다. 그것은 소위 '수신·제가·치국·평천하', 즉 자신의 지식·교양으로 국가사회를 교화하고 통치하는 것을 지식인의 책무라고 생각하는 정통 유교 이데올로기와는 꽤 거리가 있다. 그것은 오히려 내성적·철학적인 도가(道家) 이데올로기와 친근성을 가지고 있다. 그런데 청의운동 이래 활발해진 인물평론의 장은 인물의 평가를 중시하는 구품중정제도 아래에서 더욱 활성화되었지만, 그 곳에서의 평가 기준은 점차 이러한 은일적 풍조로 기울어짐과 동시에 담론에 철학적 대화가 늘어나게 되었다. 이러한 방향을 최초로 결정지은 것은 정시 연간(正始年間 : 240~248)에 하안(何晏)과 왕필(王弼)을 중심으로 이루어진 철학적인 청담이다.

아직 문제(재위 220~226)와 명제(明帝 : 재위 226~239)의 치세 아래에서는 조조시대의 풍조가 남아 있었다. 당시 조조와 그 휘하에 있던 '건안(建安) 7인'으로 불리는 시인 및 문제와 그 동생이자 대시인인 조식(曹植)에 의하여 서정시와 문학의 장르가 확립된 것은 매우 주목해야 하겠지만, 인물론에서 보면 아직 유능하고 착실한 인물이 높은 평판을 얻고 있었다. 그런데 명제의 사후, 그 양자인 조방(曹芳)이 겨우 여덟 살 나이로 새 황제가 되고 일족인 조상(曹爽)이 이를 보좌하자, 조조의 사위인 하안(何晏)을 중용하여 함께 정국을 담당했다.

하안은 학식이 풍부한 귀공자로, 노자에 관한 「도덕론(道德論)」이라는

蜀의 棧道 | 『삼국지연의』에 자주 등장하는 難所

논문을 쓰고 『논어집해(論語集解)』를 짓기도 했다. 그는 겨우 스무 살 난 천재적인 철학자이자 『주역주(周易注)』의 저자인 왕필을 높이 평가하고, 궁극적인 실재로서의 '도(道)'를 '무(無)'라고 생각하는 이 젊은 철학자와 고도의 철학적인 담론을 주고받았다. 그것은 종래의 유학 안에서 형이상학으로서의 '역(易)'학을 뽑아내고 노자·장자 등과 함께 궁극적인 '도'의 학문, '현학(玄學)'이라 불리는 형이상학의 장르를 여는 것이었다. 이 눈부신 '청담'은 일세를 풍미하고 후세에까지 '정시(正始)의 소리(音)'라 불리면서 청담의 모범이 되었고, 또 그것은 막 형성되고 있던 귀족사교계의 풍조에 큰 발자취를 남기게 되었다.

위진 교체와 죽림 7현

竹林七賢 | 동진시대의 벽돌로 만들어진 묘실에서 남북 양쪽 벽에 그려진 2폭의 벽돌그림이다. 남쪽벽(위의 그림)에는 왼쪽부터 혜강, 완적, 산도, 왕융이 그려져 있으며 북쪽벽(아래 그림)에는 오른쪽부터 향수, 유령, 완함과 영계기(榮啓期)가 그려져 있다. 영계기는 춘추시대의 현인으로 알려져 있다.

그러나 이 눈부신 '정시의 소리'는 249년 사마의(司馬懿)에 의한 쿠데타로 하루 아침에 형장의 이슬로 사라졌다. 조상과 하안은 주살되고, 왕필은 겨우 스물넷의 젊은 나이로 병사했다.

사마의는 순욱의 추천으로 조조정권에 가담하고 진군과도 매우 친한 지모 넘치는 지식인이었다. 그는 촉에서 관중으로 공격해 들어오려고 했던 유명한 제갈량(諸葛亮 : 孔明)이 오장원(五丈原)에서 죽음을 맞이할 때(234)까지 계속 그를 방어하여 큰 공을 세웠다. 238년에는 요동에서 독립해 있던 공손연(公孫淵)을 무너뜨리고 군대에 큰 영향력을 발휘하게 되었다.

239년 명제가 죽었을 때, 사마의는 조상과 함께 신제의 보좌역에 임명되었지만 실은 조상에게 경원시당하여 정시 연간에는 은인자중하고 있었다.

그러다가 249년 조상 등이 수도 낙양의 교외로 나간 사이, 중앙군을 움직여

晉武帝(司馬炎)

쿠데타를 감행했다. 사마의는 251년에 죽지만, 이 쿠데타 이후 중앙정계는 강대한 중앙군을 장악한 사마의의 아들 사마사(司馬師)와 사마소(司馬昭) 등의 사마씨에게 장악되고, 위의 황제 조방(曹芳)은 254년에 폐위되고 만다. 사마씨의 전횡에 반항한 지방군은 강대한 중앙군에게 각각 격파당하고, 조방을 이어 제위에 오른 조모(曹髦 : 254~260)는 무모한 저항을 시도하다 죽음을 맞았다. 결국 249년 쿠데타 이후의 시기는 사마씨가 위나라를 빼앗기 위하여 선양극을 준비하는 음모의 시기였다.

음침한 음모가 소용돌이치는 이 시기에 도피라도 하듯 은일적 풍조가 지식인들 사이에 크게 퍼져나간다. 그 전형적인 인물이 완적(阮籍)·혜강(嵆康) 등 7인의 유명한 '죽림 7현(竹林七賢)'이다. 그들은 거문고를 뜯고 술에 취하여 마음의 슬픔을 달래고 책을 읽고 '도'를 이야기하며 인간의 자연스러운 본성을 추구하였다. 추구 방법은 각각 개성적이었는데 그들의 자유로우면서도 진지한 삶의 방식은 이후 6조시대에 문화인의 전형이 되었다. 속세를 싫어한 도교적 수행자인 혜강(嵆康)은 실제로 사마소에게 사형당하였는데, 후에 도교를 믿는 사람들은 그가 승천해서 선인(仙人)이 되었다고 믿었다.

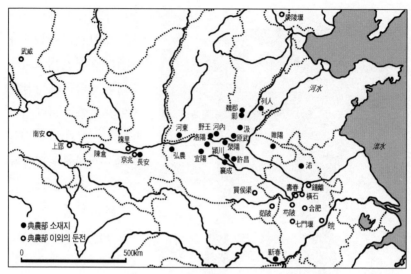

魏晉시대의 屯田 지역 | 정부 직할의 典農部屯田(民屯)이 中原에 집중하고, 吳외의 국경 가까이의 淮水유역에 軍屯田이 배치되어 있다. 민둔지역이 曹魏정권을 받쳐주었으며, 군둔지역이 나중에 司馬씨 정권의 기반이 되었다.

위와 진 사이의 선양 드라마는 265년에 이루어져 사마소의 아들 사마염(司馬炎)이 무제(武帝 : 재위 265~270년)가 되는데, 이후 서진시대에도 철학과 문학을 둘러싼 논의와 인물비평을 합친 청담은 계속해서 활발히 이루어졌다. 귀족화가 진행되는 속에서 이 청담의 정상에 선 것은 낭야 왕씨와 산서성 남부에 위치한 문희(聞喜) 배(裵)씨 등이었다. 죽림 7현 가운데 한 명인 왕융(王戎)의 종제에 해당하는 왕연(王衍) 등은 대신·재상에 올랐어도 청담에 열중하여 정무를 돌보지 않았고, 그로 인하여 후세에 청담이 서진을 멸망으로 이끌었다는 비난을 받기도 하였다.

위정자인 귀족이 반속세적인 '청담'을 하는 것은 원리적으로 말하면 분명 모순이다. 그렇지만 위진의 전형적인 귀족이 후한의 외척귀족 등과는 전혀 다르게 자기 모순적인 성격을 갖는다는 점, 그리고 그 같은 자기 모순적 성격은 한말에 당금(黨禁)에 의한 탄압 아래서 형성된 호족 출신 지식인의 연장이라는 점에 주의할 필요가 있을 것이다.

둔전과 호조식

병호와 둔전

위진의 국가를 움직인 지식인의 동향에 많은 지면을 할애하였다. 다음으로 위진이라는 국가를 형성하는 데 또 하나의 기둥이 된 군대에 대하여 그 경제적 기초인 토지와 관련시켜 설명해 보겠다.

조조는 앞서 언급했듯이 196년, 유민을 모집하여 허현에 대규모 둔전(屯田)을 열었다. 당시 조조의 군대는 조씨 일족과 그 관계자를 중심으로 통합된, 말하자면 조조 직속부대 외에 민간 호족이 결집한 많은 무력집단을 포함하고 있었다. 허현 주변의 둔전은 이들 군대의 보급을 위한 중심시설로서 큰 의미를 가지고 있었다. 그 후 원소를 격멸하고 업(鄴)을 새로운 근거지로 삼았을 때, 그 때까지 재지영주로서 조조에게 협력한 천승현(千乘縣)의 이전(李典)이 종족빈객 1만 3천 명 이상과 함께 이 곳으로 이주했다고 한다. 이전의 통솔하에 있던 군인들은 그 가족과 함께 업의 주변에 토지와 주택을 부여받아 둔전으로 삼고 필요할 때는 군대를 편성하여 출정한 것으로 보인다.

또 위시대에 수도 낙양 주변에는 대규모 둔전지역이 있었는데, 이는 위나라에서 진나라에 걸쳐 오나라와 오랫동안 대치하고 있었으므로 국경에 가까운 회수(淮水)의 흐름을 따라 광대한 둔전지역이 설정되어 국경수비군은 둔전을 경작하여 자급하며 전투에 종사하는 체제로 이루어져 있었다.

이와 같이 요소 요소에 광대한 둔전지대를 설정할 수 있었던 것은 전란으로 사람이 없어진 많은 토지를 몰수하여 국유지로 만들 수 있었기 때문이다. 정부는 이 곳에 유민을 정착시켜 농기구와 밭갈 소를 대여하고 그 대신 수확의 반 이상을 상납케 하는 소작방식을 취하였다. 병사가 아닌 일반 민중이 경작에 종사하는 이러한 둔전에서 나오는 수익이 국가재정, 특히 군사비를 지탱하는 큰 기초가 되었다. 그러나 회수유역의 군둔처럼 평시에는 군인 자신이 가족과 함께 경작하여 가능한 한 자급을 하는 경우도 많았다.

둔전 개간 그림 | 감숙성 魏晉墓磚畵

　249년 사마의가 수도에서 쿠데타를 일으켰을 때의 정황을 살펴보면, 낙양 주변의 광대한 민둔에도 수도방위군의 군둔이 섞여 있던 흔적이 있어 적어도 평상시에는 둔전지역에서 군대를 소집할 수 있었던 것은 아닌가 생각된다. 그리고 군인과 그 가족은 일반 민중의 호적과는 구별되어 자손대대로 오직 병역 의무를 지게 되었다. 이를 병호(兵戶)라고 부르며, 위진 이후 남조에서는 적어도 5세기 무렵까지 이 병호가 정규 군대의 근간이 되었다.

　이와 같이 위진의 국가형성에는 둔전과 이 둔전으로 부양되는 군대의 힘이 큰 지주가 되었는데, 정권의 확립과 함께 둔전과 같은 국가의 직할지 외에 일반 군현에까지 그 지배력이 미쳐 그 곳에서 징수하는 조세가 증가했다. 사마씨는 강력한 중앙군을 배경으로 하여 지방군의 반란을 억압하고 그들의 군대를 동원하여 263년에 촉, 나아가 280년에 강남의 오를 무너뜨리고 백년 만에 천하통일과 안정을 회복하였다. 이 때 진의 무제 사마염은 "실로 창과 방패를 거두어야 할" 때라고 하여 주군의 병사를 모두 귀농시켰다. 그리고 그와 관련하여 '호조식(戶調式)'이라고 하는 징세 및 토지 제도의 법령을 반포했다. 그 내용은 다음과 같다.

호조식

⑴ 정남(丁男 : 16~60세의 남자)을 호주로 하는 집은 매년 비단 3필과 면(綿) 3근을 '조(調)'로서 납부할 것.[19]

⑵ 남자에게는 70묘, 여자에게는 30묘를 점전(占田)시킨다.[20]

⑶ 정남에게는 50묘, 정녀(丁女)에게는 20묘, 차정남(次丁男)[21]에게는 그 반을 과전시킨다.[22]

⑷ 정(丁)·차정(次丁)을 위와 같이 연령에 의하여 구별하는 규정.

⑸ 궁벽하고 외진 지역에 사는 만이(蠻夷) 등에 대한 부과 규정.

⑹ 1품관에는 50경, 이하 5경씩 체감하여 9품관에게는 10경까지 점전시킨다.

⑺ 관품의 고하에 따라 친족 등을 어떤 범위까지 부과 면제할 것인가의 규정.

⑻ 관품의 고하에 따라 소유할 수 있는 의식객(衣食客 : 노예에 준하는 하복), 전객(佃客 : 소작인)의 수에 관한 규정. 1·2품은 전객 15호, 3품은 10호, 이하 조금씩 줄여 9품은 1호.

---

19) 당시의 稅 체계에서는 田租 외에 '調'라고 하는 농산품을 납입시켰다. 이 규정에서는 징수되었을 租의 수량이 빠져 있다.

20) 점전이란 田을 신고한다는 의미로 풀이할 수 있다. 즉 부부가 합쳐 田地 100묘라고 하는 것은 일반적인 자유농민에게 적정한 경작 면적이므로, 신고하고 소유해야 할 전지의 기준면적을 나타내어 자작농을 육성하려 했을 것이다.

21) 13~15세 및 61~65세.

22) 과전이란 田을 나눈다는 뜻. 둔전병과 둔전민 등 국유지를 경작하는 자를 대상으로 하는 규정으로 보인다. 즉 ⑵의 대상이 되는 일반 자유농민 이외에 국가에 직속하는 소작인이 있었다.

호조식표

官品	第1品	第2品	第3品	第4品	第5品	第6品	第7品	第8品	第9品
占　田	50頃	45頃	40頃	35頃	30頃	25頃	20頃	15頃	10頃
衣食客	3人	3인	3인	3인	3인	3인	2인	2인	1인
佃　客	15戶	15호	10호	7호	5호	3호	2호	1호	1호

* 위의 표는 관품이 있는 사람에 대한 규정이다.

진왕조의 통치이념

호조식에 대해서는 관련 사료가 극히 적기 때문에 법의 내용을 둘러싸고 여러 가지 해석이 시도되고 있는데, 여기에는 진왕조의 통치이념이 반영되어 있다고 보아야 한다.

앞의 여러 규정에서 우선 주목되는 것은 (3)의 과전 규정이다. 둔전 등의 계보를 잇는 국유지에서는 그 곳에 결박된 과전민의 경우 토지와 일하는 소 등의 생산수단을 소유하는 국가로부터 수확의 반 또는 그 이상을 지대로서 수탈당했음이 틀림없다. 그것은 바로 (8)에 보이는 전객이 귀족·관료를 비롯한 지방의 향촌에 널리 존재한 호족 아래에서 그 사유지의 경작을 담당한 소작인이었다는 것과 대응한다. 즉 과전민은 국가 직속의 소작인이고, 전객은 귀족과 민간호족의 소작인이었던 관계와 대응하는 것이다.

당시 관료로서의 귀족과 일반 민간호족 가운데에는 광대한 토지를 소유하고 다수의 전객을 거느린 자가 매우 많았는데, 그것이 귀족과 호족의 힘을 지탱하는 경제적 기반의 중심을 이루었다. 국가도 또한 그 같은 구조를 가지고 있었다고 보아야 한다.

그런데 위의 (6)의 규정에서는 최고 1품관은 그 소유지가 50경, (8)에 의하면 그에 속하는 전객의 수가 15호로 정해져 있다. 1품관은 대부분 제실 일족에게 부여되고, '문지이품'이라는 말[23]로 알 수 있듯이 최상층 귀족일지라도 2품관에 머문다는 점을 고려할 때, 위의 기준은 당시의 실정에서 보더라도 또 전후(前後)의 시대를 생각해 보아도 너무 적은 수량이라고 하지 않을 수

---

23) 단 이 용어가 정착되는 것은 남조 이후이다.

뽕따는 그림

없다. 그러나 굳이 그와 같이 정해진 법의 정신은, 관료 본연의 특권이 그 선에 머물러야 함을 가리키는 것임에 틀림없다.

필자는 앞서 한말 이래의 일반 지식인이 설령 호족이라 할지라도 청렴한 생활로 향론의 지지를 얻은 점, 그리고 구품중정제도는 향론의 구조를 관제로 흡수하는 것이었으므로 상층의 귀족 사이에서조차 '소박'을 기본적 덕목으로 하는 풍조가 널리 퍼졌다는 점을 기술했다. 호조식에 규정된 관료의 특권 기준이 현실과는 매우 동떨어져 있음에도, 굳이 그러한 법규정을 만든 정신도 역시 그러한 위진 귀족의 자기 규제적인 정신의 한 표현이라고 여겨진다.

이 자기 규제적 정신은 당고사건 이래 호족의 향촌지배가 사유지의 확대와 그 곳에 예속된 전객을 지배하는 것으로써만 이루어진 것이 아님을 말해 준다. 이는 개인적 지배를 중핵으로 하면서도, 그 계급적 지배를 자기 규제로 하고 주변의 자립 농민층과의 공동체적인 관계를 존중하여, 그로써 향론에서 '민의 망(望)'으로 추대받지 못하면 향촌 전체의 진실한 지도자가 될 수 없다는 오랜 경험과 자각 등에서 유래한 것이다. 즉 한말 이래 호족의 영주화

노선과 청의운동에서 황건의 난으로 이어지는 공동체 회구운동이라는 두 가지 힘이 부딪쳐 생겨난 새로운 향촌사회의 구조는, 자기 규제적인 호족을 중심으로 하여 계급적 지배관계와 공동체적 관계 등이 균형을 유지하면서 결합하는 형태여야 한다는 것으로 관념화된 것이다.

따라서 호조식에서 공동체관계를 만들기 위한 자립농민의 본연의 모습을 나타내는 (2)의 점전 규정과 계급지배의 원리에 의거하는 (3)의 과전 규정 등이 공존한 것이다. 그리고 구품관인법과 중정제도에 의거하여 지배계급이 된 관료는 (6)~(8)의 규정에 준하여 자기를 규제해야 한다는 것은, 국가의 지배형태가 앞서 기술한 새로운 향촌사회에서의 호족의 지배형태와 완전히 대응함을 나타낸다. 그러한 의미에서 구품중정제도와 호조식에 나타난 위진이라는 국가는 귀족제 사회의 국가적 표현이라고 해도 될 것이다.

서진의 멸망

280년 오나라를 무너뜨린 후 등장한 호조식은 위에서 기술했듯이 귀족제 국가 이념의 표현이라고 할 수 있지만, 현실은 이념대로 되지 않았다. 그것은 현실상의 귀족·호족이 그만큼 자기 규제를 못했고, 호조식 정신과는 반대로 오히려 사치하며, 소유지를 확대하고 예속민을 늘려가는 자가 많았기 때문이다. 그리고 한말의 혼란기 이래 남하하는 북방 이민족이 늘어남에 따라 노예로 매매되는 이민족도 많아졌다. 이윽고 4세기에 접어들면 그 같은 억압된 이민족의 반발이 폭발하여, 결국 서진왕조의 명맥은 끊어지고 5호16국시대로 돌입한다. 여기에 대해서는 뒤에서 기술하겠다.

서진왕조에 보다 직접적으로 중대한 화근이 된 것은 오나라 평정 직후 취해진 병사의 귀농조치와 그에 동반한 상비병의 극단적인 삭감이었다. 큰 군은 병사 100명, 작은 군은 50명으로 삭감한다고 하는 280년의 조칙이 실제로 얼마나 철저히 시행되었는가는 호조식의 실행과 마찬가지로 의심스럽지만, 어쨌든 상비군의 대삭감은 일단 혼란이 일어날 경우 수습을 할

青磁獸形尊 | 西晉

수 없는 원인을 제공하였다.

그러나 서진의 멸망을 더욱 촉진한 직접적 원인은, 중앙정계의 혼란과 난맥상이라고 할 수 있다. 오나라를 평정하고 천하통일을 이룬 무제는 형식적 평화에 만족하여 뒷수습을 방치해 버렸다. 오나라의 평정과 그 후 호북성의 형주(荊州) 통치에 진력을 다한 두예(杜預)를 제외하면, 조정의 귀족·고관들도 모두 형식적인 평화에 안주해 버렸다. 사치풍조가 심화되는 한편, 지식계급의 사조를 대표하는 '청담'은 철학적·고답적인 경향을 더하고, 표면적으로는 현실정치를 속된 것으로 간주하며 회피하는 풍조로 흘러갔다. 정계는

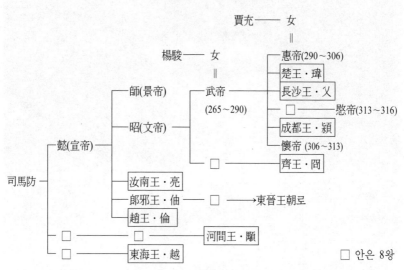

西晉帝室 계보도

그야말로 뿔뿔이 흩어져 정치에 무관심한 모임에 지나지 않았던 것이다. 착실하고 치밀한 정치가이자 『춘추경전집해(春秋經傳集解)』라는 좌전(左傳) 연구와 고대사 연구에 금자탑을 세운 과학적인 실증주의자 두예와 같은 학자는, 당시의 풍조에서 보면 오히려 괴짜[奇人]로 보일 정도였다.

이리하여 당시의 정계는 권력에 눈먼 일부 사람들에 의하여 장악되었다. 무제가 사망한 290년 전후에는 외척인 양씨가, 291년 이후에는 우둔한 혜제 (惠帝 : 재위 290~306)를 옹립한 황후 가(賈)씨 일당이 정권을 장악했다. 특히 가황후의 통치방식은 매우 폭압적이어서, 혜제의 이복동생인 초왕 위(瑋)를 부추겨 양씨를 무너뜨린 후 초왕을 죽이고 다시 황태자를 폐한 후 자기 양자를 세웠다.

가황후의 이러한 노골적이고 강압적인 방식은 폐태자에 대한 동정과 가씨 를 반대하는 분위기를 만연시켰다. 이러한 분위기를 이용하여 300년에 부하 의 조종을 받은 조왕(趙王) 윤(倫)이 가씨 일당을 주멸하였다. 조왕은 자신의 권위를 확립하기 위해 계속해서 명신들을 죽이고 혜제로부터 일시 제위를

빼앗았다. 그러나 이 폭동을 토벌하기 위하여 301년에는 허창(許昌)에 진을
치고 있던 제왕(齊王) 경(冏)을 비롯하여 업에 있던 성도왕(成都王) 영(穎),
하북성 정정현의 상산(常山)에 있던 장사왕(長沙王) 예(乂)가 수도 낙양을
향해 움직이기 시작하였고, 이로써 중앙정계의 혼란은 전국으로 퍼져나갔다.
다음에는 제왕(齊王)을 폐하기 위하여 장안에 있던 하간왕(河間王) 옹(顒)을
비롯한 여러 왕이 움직이기 시작하였다. 그러나 이들 여러 왕 사이에서는
뜻이 전혀 일치되지 않고 부하들에게 조종당하면서 각각의 이해를 추구하니,
싸움은 싸움을 낳고, 그러는 동안 서로 북방 이민족의 무력을 끌어들여
자기의 전투능력을 높이고자 시도하게 되었다.

수습이 안 되는 소위 이 '8왕의 난'은, 애초에 여러 왕과 한인의 지방세력으
로 이용되던 북방 이민족이 자신의 무력이 갖는 강인성을 자각하는 계기가
되었고, 결국 화북 전역을 이민족에게 위임하여 사마씨의 여러 왕이 멸망하는
결과를 초래하였다.

자기 분열을 시작한 서진왕조의 최후의 숨통을 끊은 것은 바로 처음 성도왕
영 밑에서 움직이던 흉노족(匈奴族) 추장 유연(劉淵)과 그 아들 유총(劉聰)의
군대였다. 혜제에 이어 황제에 오른 동생 회제(懷帝 : 재위 306~313)는 311년
낙양 함락과 함께 포로가 되어 유총의 도성인 산서성 남부의 평양(平陽)으로
끌려간다. 이 곳에서 회제는 313년에 살해당하는데, 사실상 311년의 낙양
함락으로 서진왕조는 무너지게 된다.

5.
개발영주제적 사회
3세기의 강남

손오정권 하의 강남사회

화북의 귀족과 강남

2~3세기의 화북에서 형성된 귀족지배체제는, 화북 각지의 호족이 강대해져 사회의 계층분화가 진행되어 가는 경향과, 한편으로는 이 경향을 저지하면서 공동체적 관계를 만들어 내고자 하는 두 가지 경향이 부딪히면서 생겨난 것이다.

그 가운데서 호족들은 무인(武人)영주로서의 지배계급을 형성하는 방향으로 나아가지 못하고, 공동체를 지향하는 향론 위에 서서 지식과 교양을 갖춘 문인적인 '사(士)'로서의 지배층을 형성하게 되고, 그 '사' 계층 위에 귀족사교계가 이루어졌다. 이들 '사'와 그 위에 선 문인귀족들은 한제국의 붕괴라는 대혼란을 이겨내고 중국문명을 새로이 전개해 나간 주체였다. 그러나 그들을 배출해 낸 기층의 향촌사회는 대혼란으로 입은 크나큰 상처를 회복하지 못했고, 호족의 강대화를 저지하는 자유농민의 공동체 지향력은 약화되어 갔다.

그럼에도 불구하고 서진의 귀족층은 이러한 기층사회의 문제를 직시하지 못하고, 외면적인 평화에 안주하여 기층사회로부터 유리되면서 사교계에서 '청담(淸談)'으로 시간을 낭비하고 있었다. 이것이 결과적으로 일부 권력자의 권력남용을 허용하고, 8왕의 난과 북방 이민족의 횡행을 불러 수습할 수 없는 대혼란 속에서 당대의 귀족사교계는 괴멸하였다.

귀족들 중에는 향촌사회로 돌아가 그 곳에서 열심히 살길을 모색하는 자도 있었으나 대다수는 강남으로 피난하여 강남의 일류 호족들과 함께 동진정부를 부흥시키면서 새로이 귀족사교계를 부활시키고 그들의 지배체제를 재건하였다. 그리하여 중국문명의 등불은 화북을 장악한 이민족에 의해 꺼진 것이 아니라 강남에서 빛을 발하게 되었다.

그러나 4세기 초 화북에서 강남으로 피난해 온 이들 귀족은 신천지로 이동한 애초에는 뿌리없는 풀과 같은 망명자에 지나지 않았다. 그럼에도 불구하고 그 곳에서 어떻게 불사조처럼 되살아날 수 있었던 것일까. 그것을 알기 위하여 그들이 피난해 오기 전, 즉 3세기부터 강남사회가 어떠한 상황이었던가를 살펴보도록 하겠다.

3세기의 강남에는 삼국의 하나인 오(吳)나라가 있었으므로 우선 오나라의 상황을 살펴보자.

오국의 성립

삼국 가운데 건업(建業 : 지금의 남경)을 수도로 한 오나라는 오군(吳郡) 부춘(富春 : 杭州市 西南)의 손(孫)씨에 의하여 세워졌기 때문에 이 정권을 손오(孫吳)정권이라고 부르기로 하자. 부춘이라고 하는 땅은 2세기 말경에는 아직 강남에서 한민족의 식민지로서 최전선에 위치하는 지역 가운데 하나였고, 제1장에서 기술한 강남의 원주민 산월(山越)의 습격을 받을 위험에 노출되어 있었다. 그 곳은 마치 서부극에 나오는 개척의 제1선 기지를 떠올리게 하는 곳으로, 손씨의 한 사람 손견(孫堅)은 젊었을 때부터 그 같은 변경지역의 유력자였을 것이다. 완력이 세고 전쟁에서 공을 세운 손견은 그 공적으로 후한정부에 발탁되어 어떤 현의 차관으로서 양자강 북쪽에 부임했다.

당시 회수(淮水)와 양자강 사이의 지방에는 환관정부의 압정 아래 신음하던 중원의 선진지대로부터 많은 빈민이 유입되었고, 그 가운데에는 무뢰한이 많았다. 마침 184년 황건의 난이 일어나자 손견은 이 무뢰배 젊은이들을 모아 1군을 조직하고 황건토벌군에 속하여 활약하기 시작하였다. 그는 군웅할거의 혼란 속에서 192년 전사하지만, 그 아들 손책(孫策) 역시 거친 임협자(任俠者) 집단을 이어받아 이를 자신의 중심세력으로 삼고 강남에 할거할

孫權

의도를 굳혔다.

당시 강남에서는 당시의 오(지금의 소주 일대)와 회계(會稽 : 지금의 절강성 紹興 일대)가 일찍부터 개발되어, 오나라에서는 주(朱)·장(張)·고(顧)·육(陸)씨 등의 대호족이 세력을 가지고 있었으며, 회계에도 우(虞)·위(魏)·공(孔)·하(賀)씨 등의 호족이 성장하고 있었다. 손책은 195년에 본격적인 강남 진출작전을 개시했다. 당시 그의 군대는 규율이 바르고 엄격해서 약탈하는 일이 전혀 없었고, "항복하는 자는 전력을 묻지 않는다. 종군희망자가 있으면 그 일가는 부역을 면제한다. 종군을 희망하지 않는 자에게는 강제하지 않는다" 등의 포고를 내어 손책 밑으로 강남사람들을 구름처럼 모았다고 한다. 손책은 또한 오와 회계의 유력 호족들을 자기 진영으로 끌어들이는 공작도 동시에 진행시켰다. 토착호족으로서도 강남 각지에 약소 권력이 할거하기보다는 강남 전체를 하나로 묶는 강력한 정권이 서기를 바라고 있었다. 제1장에서 기술했듯이 당시의 강남은 개발도상의 식민지였고 따라서 개발을 강력하게 추진하기 위해서는 강력한 정권을 필요로 했기 때문이다.

吳志 吳主權傳 殘卷 | 西晉, 투루판 현 출토

　이렇게 해서 드디어 양자강 북쪽에서 들어온 거친 임협집단의 군사력과 오와 회계의 재지호족 세력과의 협력에 의하여 손책을 우두머리로 하는 정권이 탄생하게 된다. 손책은 200년에 죽고 동생인 손권(孫權)이 이 정부를 주재하게 되는데, 오카와 후지오(大川富士夫)의 조사에 의하면 이 손오정권의 인적 구성은 강북계와 강남계가 거의 절반씩이었다고 한다. 이는 강남의 재지호족 세력만으로는 아직 자립적인 군사정권을 수립할 수 없었음을 보여줌과 동시에, 오와 회계 이외의 강남에서는 재지호족의 성장이 미숙했음을 말해준다.

강남의 지식인

　실제로 손오정권이 수도로 정한 건업, 즉 지금의 남경조차 그 때까지는 아직 이름이 전혀 알려지지 않은 지역이었다. 그리고 앞에서 보았듯이 화북에서는 각지에 호족이 성장하고 자립농민을 포함한 지식인들의 향론이 활발했

琅邪陽都의 諸葛氏 계보도

던 데 비해, 강남에서는 향론이 전반적으로 거의 활성화되지 않았고 선진지대인 오와 회계에서나 겨우 찾아볼 수 있을 정도에 지나지 않았다. 따라서 강남에서는 지식인층이 아직 극히 소수였다. 오의 호족인 고(顧)·육(陸)·장(張)씨 중에 교양을 갖춘 지식인이 배출되었으나, 그들도 손오정권 아래서는 무장으로 활약하는 일이 많았다. 화북에서는 이전(李典)의 예와 같이 무장이 지식인인 '사(士)' 계층 앞에 무릎을 꿇었으나, 강남에서는 교양인조차 오히려 무장의 길에 뜻을 두었던 것이다.

이 정권에는 이미 화북에서도 이름을 떨친 북방 출신의 명사가 정치고문으로서 2~3명 가담하고 있었다. 그들은 화북의 혼란을 피하여 이주해 온 지식인으로서, 장소(張昭)가 그 대표적인 존재이다. 그러나 남하해 오는 조조의 대군을 어떻게 대처할 것인지가 큰 문제로 부상했을 때 장소가 무기력한 항복론을 주장한 데 대하여, 조정의 의견을 주전론으로 통합하여 조조 군대를 적벽에서 괴멸시킴으로써(208) 오나라의 독립을 확보한 것은 주유(周瑜)와 노숙(魯肅) 등 강회(江淮)의 임협 출신자였다. 화북 명사의 발언권은 손오정권 안에서는 그다지 강하지 않았던 것이다. 단지 손씨를 섬기던 낭야군(琅邪郡) 양도(陽都 : 산동성 沂州北) 출신의 제갈근(諸葛瑾)은 촉의 유비를 보좌한 유명한 제갈량 즉 공명의 형으로, 이들 형제가 조조에 대항한 오·촉 동맹의 체결에 기여한 점을 주의해 두자.

오·촉에서의 주종관계

유비가 형주(荊州 : 호북성) 양양(襄陽) 부근으로 이주해 와 있던 제갈량을

蜀主劉備

劉備

소위 삼고의 예로 맞이하였을 때, 제갈량은 조조에 대항하기 위해서는 오와 동맹을 맺을 필요가 있으며 그 뒤에 형주에서 파·촉(巴蜀 : 사천성)을 취할 것을 이미 유비에게 진언한 바 있었다. 208년 남하하는 조조의 군대에 쫓겨 겨우 하구(夏口 : 무한시 부근)를 유지하게 된 유비는 마침 시상(柴桑 : 강서성 九江)에 진을 치고 있던 손권의 군영에 제갈량을 파견하여 무사히 오·촉 동맹을 체결할 수 있었다. 그 때 손권은 제갈근(諸葛瑾)에게 다음과 같이 말했다.

"자네는 공명과 형제다. 게다가 동생이 형을 따르는 것은 사람의 도리로서도 마땅하다. 어째서 공명을 우리 진영에 붙들어 두지 않는가."

"동생은 남을 위하여 자기 몸을 버리고 충성계약을 하여 주종의 분(分)을 정했기 때문에 사람의 도리로서 두 마음을 갖지 않습니다. 동생이 여기에 머물지 않는 것은 제가 그 쪽으로 가지 않는 것과 같습니다."

三顧堂 | 삼고초려로 유명한 곳

제갈근의 이 대답은 "신명(神明)을 관철하기에 족한" 것이라 하여 손권을 크게 감복시켰다고 사서에 전한다.

그런데 여기에서 "충성계약을 하였다"는 말의 원문은 "질(質)을 위임하여 분(分)을 정한다"이다. '질'이라 하는 것은 '치(雉)'와 통하는데, 옛날 춘추시대에 주군을 섬길 때 꿩을 바쳐 충성의 약속을 맺는 관례가 있었다. 이미 삼국시대에는 실제로 꿩을 사용하는 그런 의식을 치르지는 않았지만, '위질(委質)'이란 바로 그러한 충성계약을 의미한다. 그것으로 맺어진 주종관계는, 형제간의 육친관계와 '형에게는 공손한' 윤리보다 우선하며 그것을 '사람의 도'(원문은 義)로 여겼다. 위의 문답은 그러한 당시의 관념을 나타내고 있다.

실제로 제갈량은 주군 유비에게 평생 헌신적인 충성을 다 바쳤을 뿐만 아니라 유비의 아들 유선(劉禪)에게도 변함없이 충성을 다한 것으로도 유명하다. 그러한 충정은 제갈량이 위나라를 목표로 북벌군을 일으켰을 때, 유선에게

諸葛亮

헌상한 「출사표」에 잘 나타나 있다. 또 유비는 거병 당초부터 저 유명한 관우와 장비와 의형제 약속을 맺고 있었다. 임협자 간에 이루어지는 매우 인격적인 맺음이 있었던 것이다. 손권 부자 또한 거친 임협자를 모아 군단을 형성했다. 그래서 우두머리와 부하의 이러한 종적인 관계는 이윽고 오국을 통합하는 근간으로서의 주종관계로 승화되었던 것이다.

당시에는 개인과 개인 사이에 맺어지는 이러한 매우 인격적인 종적관계, 즉 주종관계가 사회에서 큰 역할을 하고 있었다. 이는 위에서 본 임협관계에서 온 것인데, 지식인 사이에서도 그와 비슷한 관계가 보편적으로 존재하였다. 즉 "사(士)는 자기를 알아주는 자를 위하여 죽는다"는 것이 그것인데, 제자는 자신의 인격을 인정해준 스승에 대하여, 아랫사람은 자신을 인정해준 윗사람에 대하여 헌신적으로 충성하였다. 이를 '문생(門生) · 고리(故吏)'의 관계라고 한다.

'고리'란 과거 부하였던 자라는 의미로, 현재는 이미 부하가 아닌데도 옛날의 윗사람에게 언제까지나 은의를 계속 느끼는 관계를 말한다. 이와 같은 문생 · 고리 관계는 이후 6조시대를 통하여 인간관계를 규제하게 된다. 실로 봉건적인 인간관계라고 해도 좋을 것이다.

따라서 이와 같은 봉건적인 종적 사회관계는, 물론 화북의 위진사회에서도 도처에서 찾아볼 수 있다. 그러나 문인을 우선시하는 귀족제 사회의 형성과 함께 한말의 전란기에 보인 임협적 주종관계는 자취를 감추고, 문생·고리적 주종관계가 두드러지게 된다. 일류 지식인인 제갈량의 경우는 유비를 둘러싼 임협적 주종관계와 삼고의 예를 할 만큼 인격을 인정받은 데 대한 은의(恩意)의 감정이 혼합된 상황이 느껴진다. 그러다 이윽고 유비가 죽고 그가 승상으로서 촉국을 유지하고 위나라 공격에 몰두할 때, 촉에서는 임협적 주종관계보다도 그의 문인으로서의 합리적 통치가 우선되어 간다.

그런데 오나라에서는 임협적 주종관계가 국가로서의 통합을 이루는 근간으로까지 되어 갔다. 그것은 결국 오나라(말하자면 양자강 하류지역)의 후진성[24]을 시사하는 것으로 보인다.

세병제(世兵制) – 장군들의 군단세습제도

당시 손오정권 아래의 화북에서는 표면상으로 드러나지 않는 특수한 제도가 존재했다. 그것은 '세병제'라고 불리는 것으로, 오나라 장군들은 부자형제 사이에 휘하의 군대를 세습하는 것이 제도로서 인정되어 있었다. 그것은 오나라 일대를 통해, 아니 그보다는 오히려 오나라가 정식으로 발족되기 이전인 손책시대부터 계속되고 있었다. 군대는 그것을 이끄는 장군의 사병(私兵)이라는 성격을 강하게 띠게 되고 또한 각각의 군단이 독립성을 더해 가게 된다. 즉 무력을 기초로 하는 오나라는 사병집단의 연합체라는 성격을 갖게 된 것이다. 그리고 이를 연합시키는 핵심은 앞서 기술한 손권과 여러 장군 사이의 주종관계였다.

강북의 거친 임협자들이 한 군단의 장군으로서 강남으로 진출한 후, 그들은 세습을 허락받은 군대를 양성하기 위하여 경제적인 기초를 필요로 하게 된다. 그래서 어떤 장군들에게는 처음에 '봉읍(奉邑)'이 주어지기도 했다.

---

24) 촉에 비하여 아직 후진적이었음을 말한다.

하나 또는 몇 개 현이 어떤 장군의 봉읍으로 주어지면, 그 장군은 그 현의 상급관리를 자유로이 임명할 수 있고 거기에서 나오는 조세를 자유롭게 사용할 수가 있었다. 따라서 장군은 사실상 봉읍 전체를 완전히 지배하는 영주라고 보아도 될 것이다.

그런데 222년 정식으로 오나라가 성립되면서 이 봉읍제는 폐지된다. 그렇지만 오나라 병사는 단순히 전투에만 종사하는 전사가 아니라 전투가 없을 때는 농경의 의무를 지게 되어 있었다. 즉, 장군이 이끄는 사병적인 세습군단은 각각 원칙적으로 둔전(屯田)하면서 자급에 힘쓰게 되어 있었다.

오나라가 봉읍을 폐지하고 모두 둔전으로 전환시킨 것은 전투가 끊이지 않았던 초창기를 지나면서, 군대의 작전행동에 여유가 생기고 병사를 농경에 종사시킬 수 있는 시간이 점차 늘어났기 때문이고, 모든 비용을 다 대주는 봉읍보다는 둔전이 더 효과적이라고 생각했기 때문일 것이다. 이리하여 처음 수도 건업 동쪽의 비릉(毗陵 : 강소성)은 봉읍이었으나, 이윽고 지금의 무석(無錫)에 이르기까지 광대한 토지에 둔전이 설치되고, 또 수도 주변의 단양(丹陽)·진릉(晉陵) 일대도 대규모의 둔전지대가 되었다. 단순히 수도 주변뿐만 아니라 강서성의 심양(尋陽)과, 위·촉에 대한 국경수비군의 주둔지를 비롯하여 군대가 있는 곳에서는 각지에 둔전이 개척되었다.

둔전군에 의한 강남개발

이와 같이 각지에서 둔전을 일굴 수 있었던 것은 당시 강남에는 아직 광대한 황무지, 미개간지가 도처에 존재하고 있었기 때문이다. 따라서 각지에 배치된 둔전군은 오히려 토지개발의 첨병이라고 할 수 있었다. 손오정권 하의 병사는 이처럼 개발을 위한 노동력이라는 성격을 강하게 갖는다. 말할 것도 없이 개발을 위해서는 많은 노동력이 필요했고, 노동력의 보급원을 구하지 않으면 안 된다. 그 보급원이 당시 아직 넓은 지역에 분포하고 있던 강남의 원주민인 산월(山越)이었다.

손오정권을 구성하는 장군들은 저항하는 산월을 자주 토벌했다. 이 토벌에 정복당하거나 항복한 산민들은 정벌한 장군과 부장들에게 분배되었다. 그 가운데 강한 자는 병사로서 둔전군에 속하게 하고, 약한 자는 군현의 호적에 집어넣었는데 병역은 면제해 주었지만, 논밭을 할당하여 강제적으로 농경노동에 종사시켰다. 따라서 일반 군현에도 이 같은 둔전민이 있었고, 또 둔전군을 이끄는 장군이 군현장관에 임명되는 경우도 많았다.

요컨대 개발도상에 있던 강남의 많은 지역에서는 장군들이 세습을 허락받은 사병적인 둔전군을 통솔하여 각각 미개발지에 군림하고, 그 무력과 재력을 기초로 엄한 군정지배를 행하고 있었다. 그와 같은 장군이 군현의 장관이라면, 원래 공적인 성질을 띠어야 할 군현지배도 사병적인 색채가 강한 둔전군을

灰陶邸宅 | 대호족의 저택, 한대

중핵으로 하여 관할하의 군현의 호적에 편입된 피정복민을 둔전지의 농경에
결박시키고, 이를 사사로이 부리는 사적인 군정지배로 기울었음에 틀림없다.
그것은 이들 군현에 아직 유력한 토착호족도 없고 또 자가경영농민 또한
광범위하게 성장하지 않았기 때문에 가능했던 것이다. 더욱이 그 곳에서
이루어지는 엄한 군정지배는 자립농민의 성장을 방해하였다.

개발영주적 지배체제의 형성

그러나 처음에 기술했듯이 오와 회계 등 일찍부터 개발이 진행된 곳에서는 이미 오의 고·육씨 등과 같은 대호족이 성장하고 있었다.

그들은 광대한 토지를 소유했고 거기에 예속된 다수의 전객(佃客)을 언제든 사병으로 동원할 수 있었으며,25) 그 곳에는 무기고와 같은 설비도 있었다. 이들 강남의 재지호족 가운데에는 오나라의 장군이 된 사람도 있다. 육손(陸遜) 등이 그러한 인물인데, 강북에서 내려온 개척둔전 장군과 마찬가지로 산월 토벌 같은 사람사냥 전쟁에는 매우 열심이었다. 그들 또한 개발을 추진하기 위하여 더욱 많은 노동력을 필요로 하고 있었던 것이다. 오와 회계 등의 이들 재지호족은 화북의 호족보다 훨씬 더 영주화가 진행되어 있었기 때문에 개발영주라고 불러도 좋을 정도였다. 그들은 강북에서 들어온 손씨 통솔하의 무장 등 개척둔전군과 협력하여 개발영주제라고 할 만한 지배체제를, 손오정권이라는 형태로 만들어 낸 것이다.

이와 같은 강남사회의 상황은 앞서 기술한 화북사회와는 꽤 달랐다. 선진화된 화북사회에서는 한편으로 호족의 힘이 커지면서도, 다른 한편으로 성숙한 자가경영농민이 광범위하게 존재하여 그들의 공동체를 희구하는 향론이 활성화되어 호족의 이러한 영주화에 저항하고, 이를 무인영주가 아닌 문인적 귀족으로 향하게 하고 있었다. 이에 대하여 강남에서는 자립농민이 전반적으로 미성숙하여, 한편으로는 오와 회계 등의 재지호족의 개발영주화를 허용하고, 다른 한편으로는 외부의 무장들에게 둔전군을 중핵으로 하는 개발영주적 지배를 가능케 하였다.

즉 강남은 개발도상에 있는 후진적인 사회였고, 그 때문에 개발둔전군에 의한 군정지배와, 오와 회계의 토착호족의 개발영주화라는 두 개의 기둥 위에 손오정권이라는 개발영주제적 체제가 형성된 것이다.

---

25) 사병은 평시에는 전객으로 되돌아갈 수 있었다.

손오정권의 붕괴

주종관계의 해체

위에서 보았듯이 손오정권은 개척둔전군과 더불어 오와 회계의 토착호족이라는 두 개의 버팀대를 바탕으로 성립되어 있었다. 게다가 그들은 사병적인 세습군단을 이끄는 상당한 독립성을 가진 장군들이었다. 이것을 하나로 통일시켜 손오정권을 만들어 낼 수 있었던 것은 손권과 여러 장군 간의 주종관계였다. 따라서 이 주종관계에 금이 가면 정권에 위기가 도래할 것이다. 주종관계는 손권의 만년에 일어난 제위 계승문제로부터 심각한 양상을 드러냈다.

241년 황태자 손등(孫登)이 병사하자 242년 손화(孫和)를 태자로 세웠다. 그런데 손권은 손화의 동생인 노왕(魯王) 손패(孫霸)를 총애하여 그를 태자 손화와 차별없이 대우하였기 때문에 노왕을 내세우려 하는 일파가 책동을 개시했다. 이리하여 노왕당과 태자를 지키려는 태자당 사이에 10년에 걸쳐 다툼이 계속되고, 이 문제로 인하여 "중외(中外)의 관료·장군·대신은 나라 전체를 완전히 두 개로 가르게" 되었다.

이러한 분열 상태는 250년 태자인 손화를 폐하고 노왕인 손패에게는 죽음을 내려 양쪽 모두에게 형벌을 내리는 형식으로 막을 내리고, 아홉 살 난 막내아들 손량(孫亮)이 새로이 태자가 되었다.

그 2년 후인 252년에 손권이 죽고 열한 살 난 손량이 제위를 이었을 때, 2년 전까지만 해도 두 파로 갈려 긴 전쟁을 치렀던 분열의 상처가 심각한 결과로 나타났다.

손권의 유조를 받아 어린 주군을 보좌하게 된 중신들 가운데 대장군인 제갈각(諸葛恪) 등은 옛날 태자당이고, 손준(孫峻) 등은 노왕당이었다. 그 때까지 손오정권이라는 통일체의 중심이었던 손권을 잃은 직후 어린 주군을 받들어 통일체의 중심을 재차 확립해야 할 중대한 시기였음에도 불구하고

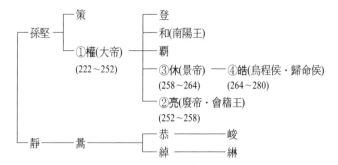

吳郡富春의 孫氏 계보도

중심에 서 있던 주요한 중신들은 두 파로 분열된 상처를 안은 채 의사소통이 결여된 상태였다. 또 원래 세습군단을 소유하며 상당한 독립능력을 갖고 있던 각지의 장군과 토착호족들은, 종래 주종관계의 중심이었던 손권을 잃은 후 중앙정부의 명령에 따를 것인지 말 것인지 매우 불안한 상황이 되었다.

어린 주군을 보좌하는 중신들 가운데, 손권으로부터 후사를 위임받은 제갈각은 유능한 전략가이기도 했으므로 화북의 위나라를 상대로 전쟁을 일으켜 일발의 대승리를 올림으로써 중앙정부의 권위를 높이고자 하였다. 그러나 권위 확립을 목적으로 서둘러 무리하게 일으킨 전쟁은 오히려 비참한 패배로 끝났다. 제갈각은 이 무리한 전쟁을 계속하려고 했으나, 그 반대파였던 손준은 전쟁반대의 분위기를 이용하여 제갈각을 죽였다(253). 그 후 256년까지는 손준이, 이어 256년부터 258년까지 손준의 사촌동생인 손림(孫綝)이 중앙정부의 실권을 장악하였다. 그러나 그들은 단지 초조해할 뿐 이미 권위를 확립할 어떤 유효한 방책도 발견하지 못한 채 그저 무턱대고 권력을 휘둘러 약자를 괴롭히는 능력밖에 없었다.

제3대 황제 손휴(孫休 : 재위 258~264)는 포악한 손림을 주살하고 제위에 올랐으나 오히려 정치에서 도피하여 독서와 학문에 심취했고, 그 아래에서 실제로 권력을 휘두른 것은 손준이나 손림과 다를 바 없는 자들이었다. 또한 이어 즉위한 손호(孫皓 : 재위 264~280)는 쓸데없는 토목공사를 일으켜 궁전을 짓고 신하를 함부로 참살하는 등 극히 광포한 천자였다.

이는 모두 영주나 마찬가지인 존재가 각지에 할거하며 분열할 수밖에 없던 객관적인 정세와 극히 불안정한 정국하에 놓여 있음을 보여준 것이고, 더욱이 권위의 확립을 요청받는 입장에 있던 당국자가 어떤 유효한 대책도 강구하지 못한 채 무리하게 권위 확립에만 급급하여 단지 권력의지만을 맹목적·자의적으로 발동시킨 모습이었다. 그러한 무리한 행태는 결국 주종관계의 해체를 촉진하고 손오정권의 중심인 인간관계를 전면적으로 붕괴시켜 오국이 멸망하는 중요 원인이 되었다.

둔전체제의 붕괴

손권의 죽음은 각지에서 세습적인 군단을 소유하며 존재하던 개발영주적인 여러 장군의 분립을 촉발하고, 중앙정부의 당국자는 그러한 흐름을 막기 위한 권위 확립을 서둘렀다. 그러나 중앙정부의 무리한 자세는 전쟁의 강행으로 쓸데없는 손해를 초래하고, 이를 보충하기 위해 무리하게 징발을 강행하여 무의미한 권력의지를 발동시킴으로써 관할지역에 대한 수탈을 강화하였다. 중앙정부의 무리한 징발과 수탈의 화살은 가장 명령이 미치기 쉬운 둔전지역으로 향한다. 이에 원래 손권시대로부터 엄한 군정지배하에 있었던 둔전병과 둔전민은 이 강화된 수탈로 더욱 참담한 상태에 빠졌다.

한편 강남이 손오정권 아래 통일되고 개발이 진행되면서 소운하도 정비되어 갔고 이에 따라 물자의 교환도 늘어갔다. 배의 항해에 편리한 양자강과 그와 연결된 소운하의 정비는 물자의 이동을 쉽게 한 것이다. 수도인 건업은 인구가 증가하고 소비도시의 양상을 띠어 갔다. 손권시대에 이미 새로운 화폐가 발행된 것도 이러한 물자 교환을 자극했음에 틀림없다.

이 같은 상황을 배경으로 하여 중앙정부의 수탈이 더욱 격심해진 둔전지역에서는 수탈당하고 남은 나머지 농산물로는 도저히 자급할 수가 없었으므로 보다 유리한 상업활동을 통해 생활을 영위하게 되었다. 둔전대장은 자신의

牛耕圖 | 위진시대, 감숙성 魏晉墓磚畵

지휘하에 있는 병과 민을 부려 관하의 생산물을 수송시키고, 상업행위에 노역 봉사시켰다. 병·민은 단지 농업에만 종사하는 것이 아니라 장사에까지 노역 봉사하게 되었으므로 그 부담은 점점 무거워져만 갔다.

그러나 한편으로 병·민은 상업에 종사하여 시장에 나가게 됨으로써 다른 지역에 관한 정보를 얻을 수가 있었다. 그들의 정보는 둔전지대의 병·민 사이로 퍼져 나가고, 이윽고 극심한 궁핍 상태에 놓인 이들 둔전민·둔전병은 압제하의 둔전지역에서 탈주하여 보다 부담이 가벼운 지역으로 유망하기 시작했다. 상업활동은 병·민을 농지에 결박하는 둔전체제를 어떤 식으로든 붕괴시켜 갔던 것이다.

오국의 전력 상실

그렇다면 둔전지역보다도 부담이 가벼운 지역(적어도 부담이 가벼울 것으로 기대된 지역)은 어떤 곳이었을까. 번잡한 수도 건업의 마을, 그 곳에서 발생하고 있던 유협(遊俠)의 근거지 등은 알맞은 도피처였겠지만, 수용력은 얼마 되지 않았다. 오나라 말기 특히 손호(孫皓)의 치세에 두드러지는 현상으로서, 환관을 비롯한 궁중 관계자 및 그들과 관계를 맺은 관리들이 특권을 이용하여 광대한 점유지를 설정하고 경작과 경영에 필요한 노동력을 모집한 것이었다. 이러한 개인적인 대토지소유자의 땅이야말로 둔전지역에서 유망하는 병·민이 갈 곳이었다.

게다가 환관들은 황제 직속의 임시징세관이 되어 자신의 점유지 이외의 일반 군현으로부터 가혹하게 징세를 하고 있었다. 그들은 둔전지역의 주민뿐 아니라 일반 서민까지도 심하게 착취함으로써, 자신들과 그와 관계 있는 사람들의 장원으로 그들을 내몰았다고 할 수 있다. 이것이야말로 둔전체제를 결정적으로 붕괴시킨 원인이었다.

중앙의 위령(威令)이 미치는 지역에서 진행된 둔전체제의 붕괴와 그 곳에 사는 병·민의 유동현상, 상업의 활발화와 그에 의한 일부 지배층의 사치풍조는 곧 다른 지역으로 파급되었다. 개척둔전군을 거느리고 밖으로부터, 위로부터 군림하던 장군들의 지배지역-그 중에는 중앙의 위령이 미치기 어려운 지역도 생겨났겠지만-에서도 분명히 같은 현상이 진행되었다. 이렇게 해서 둔전군은 그 기반의 붕괴와 함께 전력을 상실해 갔다.

앞에서 언급하였듯이 손오정권은 한편으로는 개척둔전군에 의한 군정지배와 다른 한편으로는 오와 회계 등의 토착호족에 의한 개발영주적 지배라는 두 개의 기둥 위에 세워진 체제였다. 그 가운데 하나의 기둥, 즉 개척둔전군을 지탱하는 둔전체제가 이러한 경과를 거쳐 붕괴되어 갈 때 이윽고 손오정권 그 자체가 전복되는 것은 당연했다. 게다가 폭군인 손호 아래에서 환관을 비롯하여 이에 연결된 일부 특권자들이 개인적 이익을 추구하는 모습을 보면, 둔전체제의 붕괴로 전력의 태반을 상실한 여러 장군이 국가를 위하여 일할 마음을 잃는 것도 당연했다.

이리하여 280년 서진(西晉)이 이러한 오나라의 내정을 틈타 대군을 파견했을 때, 서진군은 저항다운 저항 하나 받지 않고 수월하게 오나라를 무너뜨리고 강남을 정복할 수 있었던 것이다.

강남호족과 유민

오국멸망 후의 강남

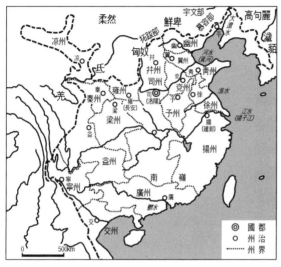

西晉 주요 지역 지도

280년 손오정권의 멸망은 그 정권의 하나의 지주였던 개척 둔전군에 의한 군정 지배를 완전히 종결시키고 그 말기에 행해진 일부 특권층(환관과 그와 연결된 관리들)의 가혹한 수탈을 제거했다. 그제서야 그 아래에서 극도로 학대받아 온 민중은 겨우 한 숨을 돌릴 수 있었다. 강남을 정복한 서진왕조는 몇몇 강남의 우수한 인재를 중앙으로 불러들였으나 그외에 이렇다 할 구체적인 정책을 강남에 시행하지 않았다. 말하자면 아무런 대책없이 방치한 셈이다. 이에 280년부터 3세기가 끝날 때까지 약 20년 간 강남사회는 자연 그대로 움직였다고 생각하면 되겠다.

자연스러운 움직임의 방향은 앞서 기술한 오 말기의 사회상황에서 기인한다. 그 곳에서는 둔전체제의 해체과정 속에서 둔전지역에 묶여 있던 농민의 유동현상이 점차 심해졌다. 한편으로는 그와 동시에 크고 작은 여러 특권층에 의한 대토지소유가 진행되었다. 손오정권의 소멸은 둔전 군정을 완전히 해체시켜 대부분 옛 둔전지역에 해방을 가져왔다. 또한 손오정권에 밀착해 있던 특권계급(특히 환관 등)이 소유한 광대한 토지도 몰수되었다. 이들

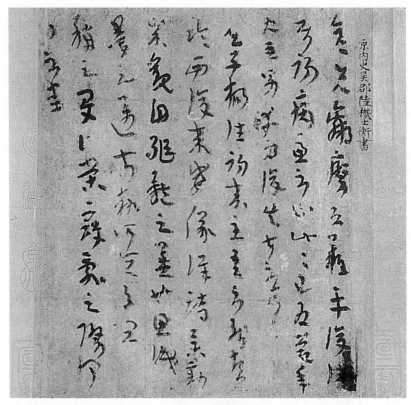

陸機 平復帖卷

토지에 속박되어 있던 예속농민은 해방되어 어떤 자는 그 토지에서 자작농으로 성장하기 시작하고, 어떤 자는 보다 안락한 생활을 찾아 다른 지방으로 흘러갔다.

　이리하여 자립농민이 점차 넓은 지역에 걸쳐 생겨나기 시작했을 것으로 보이지만, 그들의 기반은 여전히 미약하여 조그만 타격에도 유동하기 쉬웠고 또 저항력이 약했기 때문에 쉽게 대토지소유자에게 흡수되었을 것이다. 대토지소유는 환관 등 손오정권 그 자체에 존립 기반을 둔 자를 제외하면 서진 치하의 방임 상태에서 그대로 유지되는 경우가 많았기 때문이다.

지주의 생활

　실제로 육(陸)씨와 고(顧)씨 등의 오(吳 : 소주)의 호족, 그리고 하(賀)씨와
우(虞)씨 등의 회계의 호족은 손오정권을 지탱한 하나의 기둥임에 틀림없다.
하지만 그들의 기반은 각각 고향에서 자력으로 쌓아올린 대토지소유와 주변
농민에 대한 지배에 있었으므로, 그들의 사회적 세력은 손오정권이 멸망하였
어도 아무런 영향을 받지 않았다. 서진정부가 강남의 인재를 중앙으로 등용했
을 때, 그 인재란 이들 호족 안에서 자라고 있던 교양인·지식인임에 틀림없다.
육기(陸機)·육운(陸雲) 형제 등은 그 대표적 존재이다.

　그리고 이들 오래 된 명족(名族) 외에 오에서 서진에 걸친 3세기 후반에
비슷한 호족이 강남 각지에서 성장하고 있었다. 태호(太湖)의 서쪽 기슭에
있는 의흥군(義興郡) 양선(陽羨 : 강소성 宜興縣)의 주(周)씨나 남해안으로부
터 들어온 오흥군(吳興郡) 무강(절강성 武康縣)의 심(沈)씨 등이 그들로서,
4세기 초에는 "강동(강남) 호족 가운데 주씨·심씨보다 강한 자는 없다"(『진
서』周札傳)고 얘기될 만큼 강력한 세력을 구축하고 있었다. 오와 회계의
오랜 명족 외에 이 같은 강력한 호족이 각지에서 성장한 것은 손오정권
이래 본격화된 강남개발의 파도를 탄 것인데, 이를 가능케 한 적어도 하나의

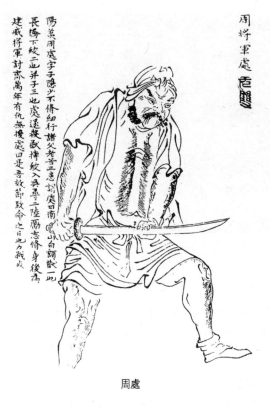

周處

조건은 유동하기 쉬운 허약한 기반을 가진 농민을 그들의 토지개발과 경작에 흡수하기 쉬웠던 데 있었다. 즉 손오정권의 소멸로 기초가 허약한 자립농민이 광범위하게 파생된 점, 그들이 적절한 보호 조치 없이 그대로 방치되어 있었다는 점이 강남호족의 지속적인 성장 발전에 양호한 환경을 제공했다.

호족 간의 격차

다만 이 장에서 주목해야 할 것은, 오와 회계의 명족들과 주씨·심씨 등 강남의 다른 지방에서 성장한 신흥 대호족 사이에는 사회적인 평가에서 차이가 생겨나고 있었다는 점이다. 오군의 고씨·육씨 등은 손오정권 시대부터 대신과 재상을 배출한 명문이고, 북방의 서진왕조도 그들을 강남인사의 상위계층으로 인정하고 있었다. 서진에 발탁된 육기(陸機) 형제와 고영(顧榮) 등은 과거의 적국인으로서, 또한 화북 선진지역의 귀족들 입장에서 보면 역시 촌놈으로서 격차와 멸시를 받아야 했지만, 그래도 그들은 지식과 교양을 갖춘 사인(士人)으로서 귀족사교계에 받아들여졌다. 그러나 같은 서진을 섬긴 양선의 주처(周處) 등은 무장으로밖에 대우받지 못했으며 귀족사교계의 일원으로 인정받지 못했다.

중앙에서의 평가의 차이는 평가받는 측의 의식도 규정한다. 오와 회계의 일류 명문집안 사이에는, 양선의 주씨와 무강의 심씨가 제아무리 강대해도 이들 신흥호족들이야 그저 힘만 센 촌뜨기 무사라고 멸시하는 의식이 잠재되어 있었고, 강남호족들도 고씨와 육씨가 강남 일류의 명문이라고 자평하고 있었다.

이 같은 내부적인 격차는 있었으나 곧 그들은 강남사회의 안정을 위해 일치협력하여 사태에 대처해야 할 시기가 찾아온다. 그것은 밖으로부터 유민들이 강남으로 흘러 들어오면서 유동하기 쉽고 허약한 기반을 가진 강남농민들이 그 충격으로 더욱 동요하기 시작하여 호족들의 안정된 대토지 경영이 위협받는 사태가 일어났기 때문이다.

그 최초의 충격은 303년 양자강 상류로부터 밀어닥친 섬서성·사천성의 정세와 관련이 있는 석빙(石冰)의 난이었다. 여기서 잠시 관심의 초점을 돌려보도록 하자.

성한왕국(成漢王國)의 성립과 유민

감숙성에서부터 섬서성에 걸쳐 강(羌)·저(氐)족 등의 이민족이 대거 흘러 들어와 가끔 문제를 일으켰음은 이미 제1장에서 서술하였다. 296년 저족의 추장 제만년(齊萬年)이 일으킨 반란을 진압하는 데 서진정부는 상당히 애를 먹어 297년에는 앞서 언급한 강남 출신의 무장 주처(周處)가 전사할 정도로 타격을 입었다. 난은 299년에야 겨우 평정되었으나, 이 소란에 더해서 여러 해 동안 기근이 계속되었기 때문에 이 지방 주민은 식량을 구하기 위해 무리를 지어 남쪽으로 향하였다. 이들 유민무리 가운데 하나를 호송한 자 가운데 약양(略陽 : 감숙성 泰安縣)의 저족 추장 이특(李特)이라는 사람이 있었다. 그는 유민들과 함께 한중(漢中)에 도달하자 서진정부의 지부에 아부하여 사천성의 비옥한 대평원에 유민을 정착시키도록 허가를 얻었다.

유민이 사천성에 대거 유입하게 되자 토착인들과 분쟁이 끊이지 않았다. 박해를 받은 유민들은 이특(李特)을 중심으로 단합하고, 이특 또한 사천의

青磁羊形尊 | 西晉

여러 세력이 분열되어 있음을 보고 여기에 자리를 잡을 의도를 굳혔다. 유민집단을 하나로 모은 이특은 301년에 성도(成都)를 공격할 정도로 강력해졌다. 그러나 그는 303년 서진의 사천지방 장관의 군사에게 패하여 죽었다. 그 후, 그의 아들 이웅(李雄)이 집단을 다시 모아 결국 성도를 점령했다. 그는 304년 성도왕(成都王)에 올라 독립을 선언하고 306년에는 제위에 올라 국호를 대성(大成)이라 하였다. 이는 같은 해인 304년 산서성 남부에 한왕을 칭한 흉노족의 독립과 함께 중국 내부에서 탄생한 가장 빠른 이민족국가였고, 후에 기술하는 5호16국의 하나이다.

이웅(재위 304~334)은 범장생(范長生)이라고 하는 현자를 숭배하여 그를

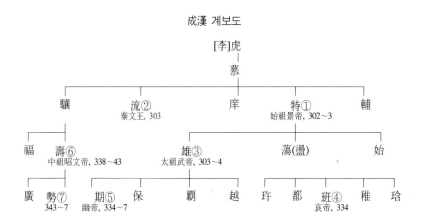

成漢 계보도

[李]虎
|
慕

驤　　　流②　　　庠　　　特①　　　輔
　　　　秦文王, 303　　　　　始祖景帝, 302~3

福　壽⑥　　　雄③　　　蕩(盪)　　　始
　中祖昭文帝, 338~43　太祖武帝, 303~4

廣　勢⑦　　期⑤　保　　　霸　越　　玗　都　班④　稚　玲
　343~7　幽帝, 334~7　　　　　　　　　　哀帝, 334

군주로 세우고 자신이 신하의 예로써 섬기고자 했으나 범장생이 굳이 사양하여 이웅이 제위에 올랐다고 전해진다. 그래서 이웅은 범장생을 승상으로서 존중했는데, 무릇 장생이라는 이름은 불사(不死)를 구하여 수행하는 도교와 관계가 있고, 이웅과 범장생이 통치한 성국(成國)의 상황이 오두미도의 장로(張魯)의 왕국과 비슷한 일종의 이상국으로 사서에 기록되어 있다.

장로는 이웅보다 약 100년 전에 조조에게 항복하여 한중을 떠났는데, 한중에서 촉에 걸쳐 저족 사이에 퍼진 오두미도 신앙은 그 후 1세기를 지나고서도 여전히 살아 남아 있었다. 그리고 그 정신이 이웅의 대성국에 반영되었다고 보아도 결코 이상하지 않을 것이다.

대성국은 그 후 이수(李壽 : 재위 338~343)가 이웅의 아들을 모두 죽이고 즉위했을 때 국호를 한(漢)으로 고쳤으므로 대성과 한을 아울러 성한(成漢)이라고 약칭한다. 성한은 347년 동진의 장군 환온(桓溫)에게 멸망당할 때까지 사천 분지의 별천지에 계속 존재하였다.

석빙(石冰)의 유민반란군과 강남호족

그러면 본래의 이야기로 되돌아가서, 사천성으로 들어온 이특과 이웅이 세력을 확대하기 시작했을 때 서진정부는 이들에 대처하기 위하여 호북지방에서 병사를 징집하여 사천성으로 향하게 하려 했다. 이 원정을 꺼려한 호북성의 인민은 이 명령에 반항했다. 때마침 호북성은 대풍작을 이루었고 이미 8왕의 난이 시작되어, 식량이 부족해진 유민은 풍작지대인 호북성을 향하여 속속 남하하기 시작했다. 호북성은 반항하는 민중과 그 곳으로 유입되는 유민들로 인해 불안과 동요가 더욱 심해졌다. 이 기회를 이용한 것이 '만(蠻)'족 출신의 장창(張昌)이라는 인물이다.

303년 장창은 "성인(聖人)이 나타나 민(民)의 주인이 될 것이다"는 등의 예언을 퍼뜨리고, 실제로 어느 인물을 성인천자로 꾸며 유민과 반항하는 인민을 선동했다. 불안과 동요 속에 불안해하던 민중은 그 밑으로 몰리고 군현의 관청을 습격하여 호북 일원은 대혼란에 빠져들었다. 장창은 이들 민중을 군대로 통합하여 호북성에서 호남성으로 침입하였다. 나아가 부하인 석빙을 통솔자로 삼아 안휘성에서 강소성으로, 양자강 하류지역으로 진출시켰다. 양자강 중류에서 하류에 걸쳐 존재하던, 극히 자그마한 자극만으로도 유동하기 쉬운 허약한 기반의 농민들은 장창·석빙의 유민반란군의 봉기로 일제히 움직이기 시작했다.

이 대혼란 속에서 마찬가지로 화북으로부터 망명해 온 귀족들이 강남의 신천지에 그들의 지배체제를 다시 재생시키고 있었다. 그 불사조와 같은 부활이 어떻게 실현되었는지를 다음에서 보도록 하자.

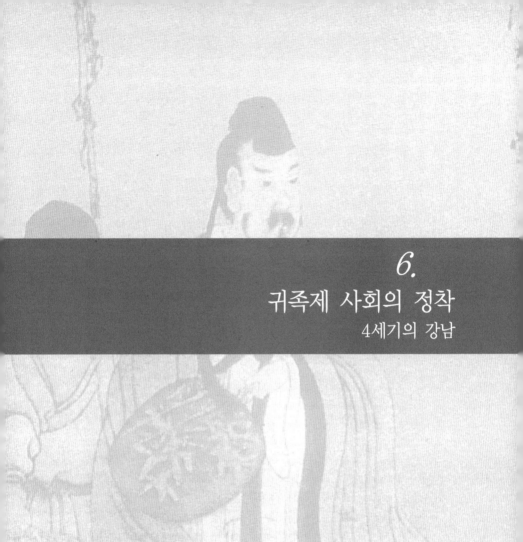

6.
귀족제 사회의 정착
4세기의 강남

강남호족과 사마예(司馬睿)정권

진민(陳敏)의 난과 강남호족의 움직임

석빙(石冰)의 유민반란군이 양자강 하류지역으로 흘러 들어와 강남에 유동현상이라는 큰 물결을 파급시킨 것은 강남호족들의 대토지경영에 커다란 위협을 불러왔다. 유민의 존재 그 자체는 대토지경영자에게 노동력을 제공하는 보급원이 되므로 결코 위협이 되지 않으며 오히려 바람직한 것이 될 수도 있다. 그러나 대량의 유민이 쇄도하는 것은 그들의 안정된 대토지경영을 혼란으로 몰아넣을 것임에 틀림없었다.

강남호족들은 양선(陽羨)의 대호족 주기(周玘) 등을 중심으로 오군(吳郡)의 명족 고비(顧秘)를 맹주로 추대하여 석빙 토벌에 나섰다. 이 호족연합군 가운데는 후에 『포박자(抱朴子)』라고 하는 연단술 등의 도교 문헌을 저술한 갈홍(葛洪)도 끼어 있었는데, 단양군(丹陽郡) 구용현(句容縣)의 소호족으로서 수백 명으로 구성된 군대를 이끌고 참가했다. 그들은 강북에 있던 서진왕조의 군대와 협력하여 304년 석빙의 난을 평정했다. 그리고 난이 일단 수습되자 곧 연합군을 해산하고 각각 고향으로 철수했다.

그러나 유동현상의 일대 물결은 석빙의 난을 평정해도 가라앉지 않았다. 화북의 중원은 8왕의 난이 확대되고 이민족의 할거가 두드러졌다. 이로 인해 난을 피하려는 유민이 속속 남하하기 시작하였다. 그리고 석빙의 난 토벌에 큰 공을 세운 진(晉)의 부장 진민(陳敏)은 중원의 대혼란을 보고 진정부에 반기를 들어 305년 강남에 할거할 의지를 천명하고 강남호족들에게 협력을 요청했다. 일찍이 서진조정에 부름을 받았으나 그 곳에서 받은 멸시와 중원의 혼란상을 보고 고향으로 돌아가던 오군의 명족 고영(顧榮)을 비롯한

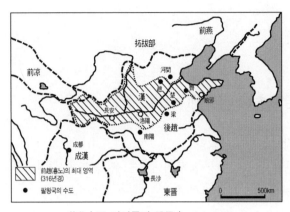

華北中原 이민족의 跳梁 | 4세기 전반

강남호족들은 처음에는 그 요청을 수락했다. 그들은 이 시점에서 강남에 파급되는 사회적 유동 현상을 멈추게 하고 강남을 안정된 상황으로 회복시키기 위하여 독립정권의 필요성을 느끼기 시작한 것이다.

그러나 수춘(壽春)에 있던 주복(周馥) 휘하의 진군을 비롯하여 강남의 여러 군대들은 고영 등 강남호족들이 역적인 진민에게 협력한다는 소문을 널리 퍼뜨렸다. 그들의 군대는 아직 강했다. 게다가 진민은 원래 서진의 하급관리 출신으로 정치적 능력도 없다는 점이 점차 알려졌다. 고영 등은 결국 진민을 버리고 서로 협력하여 그를 칠 것을 결정했다. 결국 고영의 지휘하에 양선의 대호족 주기(周玘) 등의 군대는 307년, 진민의 군대를 궤멸시켰다. 혼자서 북으로 도망한 진민은 그 해 3월 주복의 군대에게 살해되었다. 이 즈음 강남호족들 간의 협력은 최고조에 달해 있었다.

그 직후 307년 9월, 진의 왕족 가운데 한 사람인 낭야왕(琅琊王) 사마예(司馬睿)는 화북의 제1급 귀족인 낭야 왕씨에 속하는 왕도(王導)와 함께 극소수의 무리를 이끌고 건업(建鄴)에 진입하였다. 강남의 호족들과 사마예, 그리고 왕도와의 관계야말로 이후 강남의 역사를 관철하는 기본선의 하나를 결정한 것이었다. 그러므로 양자의 세력관계의 변화를 중심으로 동진정권의 성립과정을 상세히 알아보도록 하자.

東晉 司馬氏 계보도

```
                                        ③衍·成帝 ────── ⑥丕·哀帝
                            ②紹·明帝      (325~42)          (361~5)
                            (322~5)                   ⑦奕·廢帝
                                                          (365~71)
仙·琅邪王─ 覲 ─①睿·元帝                ④岳·康帝 ────── ⑤聃·穆帝
          (317~22)                  (342~4)           (344~61)
                            ⑧昱·簡文帝    ⑨曜·孝文帝 ──── ⑩德宗·安帝
                            (371~72)     (372~96)        (396~418)
                                                     ⑪德文·恭帝
                                                        (418~20)
```

진왕실 사마예의 등장

사마예는 무제의 숙부에 해당하는 낭야왕 주(仙)의 손자이다. 그는 8왕의 난이 일어났을 때 동해왕인 월(越)과 행동을 같이하였는데, 신변의 위험을 느끼고 왕도의 조언에 따라 304년에 수도 낙양을 탈출하여 봉지인 낭야(산동성)로 피했다. 그 후 동해왕 월이 305년에 서주(徐州) 방면(강소성 북부)에서 세력을 회복하자 또다시 그를 따라 307년 7월 서진의 회제(懷帝)를 옹립하고, 정무를 주재하는 동해왕으로부터 안동장군(安東將軍)·도독양주제군사(都督揚州諸軍事=양주 방면 군사령관) 직을 받았다. 그 직은 서진정부가 진민과 강남의 호족들에게 영향력을 행사하고 있던 주복에게 이미 내린 것인데, 주복이 동해왕의 명령을 따르지 않았기 때문에 그 대항조치로서 사마예에게 새롭게 내려 준 것이다.

왕도의 진언에 따라 사마예는

王導

왕도와 함께 건업으로 진입하
였으나 강남호족들은 처음에
그에게 전혀 접근하지 않았
다. 사실 그들의 입장에서 보
면, 양주 방면 군사령관으로
서 실제로 군대를 통솔하고
무시할 수 없는 힘을 가진 쪽
은 양자강 북측에 있는 주복이
었다. 따라서 소수의 무리만
을 거느린 사마예를 과연 강남
의 중추인 건업에 진입한 새로
운 군사령관으로 대우하여 협
력할 것인가, 그리고 지금까
지의 군사령관인 주복과 이
새로운 사령관과의 관계는 어

晉 元 帝 像

司馬睿(東晉元帝)

떠한가 등을 잠시 관찰할 필요가 있었다.

강남의 호족들은 앞서 보았듯이 격심하게 유동현상을 보이는 강남사회의
안정을 열망하고 있었다. 가능하면 그들만의 힘으로 협력해서 강남에 독립정
권을 수립할 것까지 생각하고 있었다. 그러나 진민의 난의 경험에 비추어,
수춘에 있는 주복의 군대 등에게 대항하기에는 군사력이 다소 불안하였던
점, 그리고 무엇보다도 역적이라는 오명을 뒤집어 쓰고 주변의 진군으로부터
협공당할 것을 염려하였다. 즉 그들에게 필요한 것은 역적으로 되지 않을
명분과 진조로부터 강남 일원의 질서유지를 위탁받는 방패막이였다.

이러한 점에서 볼 때, 사마예는 도독양주제군사로서 강남의 질서유지에
관한 명분을 가지고 있었고, 게다가 진왕실의 한 사람으로서 방패막이의
역할을 하기에 적합했다. 단 하나, 사마예 등이 강남호족들에게 경계의 눈초리

를 보내고 있는 주복과 혹여 타협하지 않을까 하는 것이 문제였다. 사마예·왕도 등이 주복과 타협할 의도가 전혀 없으며 오히려 강남호족의 원조를 기대하고 있음을 확인하고서야 드디어 그들은 사마예를 추대하고 강남의 질서를 안정시키기 위해 뛰어들었다.

사마예정권의 성립

308년부터 수년 간, 강남의 호족들은 사마예를 내세워 적극적으로 활약했다. 그 대표인 고영은 312년 죽을 때까지 군사(軍司)가 되어 모든 계획에 참여하고 중앙에서는 작전지휘에 임하였다. 강남호족들은 그의 지휘에 따라 310년에 대호족인 주기가 오흥군(吳興郡)의 소란을 평정하고, 311년 정월에는 일찍부터 그들에게 혹과 같은 존재였던 주복의 군대를 궤멸시켰다. 그 무렵까지 거의 빈손으로 건업에 진입했던 사마예·왕도 등은 고영을 비롯한 강남호족의 전력을 배경으로 겨우 그 기초를 굳힐 수 있었다.

그런데 자립한 흉노족 유총(劉聰)의 군대에게 311년 6월, 진의 수도 낙양이 점령되어 서진왕조가 사실상 괴멸하자, 서진정부의 대신이었던 순번(荀藩) 등이 당시 진의 왕족으로서 안전한 상태에 있던 유일한 인물인 사마예를 맹주로 내세워 만족에게 대항하자는 격문을 천하에 띄웠다. 이것으로 사마예의 권위는 전보다 훨씬 높아졌다. 이 격문에 따르지 않고 사마예의 명령에도 따르지 않았던 강서성 장관 화질(華軼)과의 전투에는, 강남호족이 이끄는 군대의 총사령관으로 왕도의 종형인 왕돈(王敦)을 임명하였다.

왕돈은 그 전 해 오흥의 소란 때 도저히 어떻게 해 볼 수 없는 상황에서 건업으로 도망쳤고, 이 소란은 양선(陽羨)의 호족 주기에 의해 평정되었다. 그러나 이렇게 활약했던 주기가 전년까지만 해도 전혀 무력했던 왕돈의 밑으로 들어가게 되어 버렸다. 이에 따라 점차 주기의 마음 속에 불만이 싹트기 시작했다. 공교롭게도 312년에는 강남호족을 통일하는 중심에 서 있던 고영이 죽었다. 게다가 순번 등의 격문을 통해 강남에 진의 왕족이 맹주로서 건재하고 있음을 알게 된 화북의 귀족·사인(士人)들이 계속해서 몰려 들어왔다.

사마예를 보좌하는 북쪽에서 내려온[北來] 귀족인 왕도는 313년에 서진의 승상(丞相)이라는 이름을 얻은 사마예의 막부 아래서 '106연(掾)'이라고 불릴 만큼 많은 인재를 보좌관으로 등용하였다. 그 중에는 사마예 등의 기초를 굳히기 위해 노력해 온 강남호족도 상당히 많았지만, 사마예를 둘러싼 막부의 요직은 대부분 북방인들이 차지하고 있었다. 308년 이래 사마예정권을 안정시키고 그 권위를 높이기 위한 기초만들기에 헌신해 온 남방인은 새로운 정부 안에서 그들이 노력한 대가를 기대한 만큼 손에 넣을 수 없었다.

그러는 동안 강남호족에 대한 왕도의 대처법은 극히 교묘했다. 앞에서 강남호족 가운데 지식인을 배출하는 오·회계의 명문과, 양선의 주씨와 무강(武康)의 심(沈)씨 등 시골뜨기 호족 사이에 사회적 평가에서 격차가 있었음을 지적한 바 있다. 왕도는 강남호족 사이에 잠재해 있는 이러한 미묘한 틈을 비집고 들어가 그 격차를 더욱 넓힘으로써 강남호족을 분열시키는 데 성공했다. 그것은 북방귀족들과 문화인이 속속 강남으로 모여듦에 따라, 화북 중원풍의 선진문화와 그 제도 및 이를 지탱하는 이념이 강남사회를 풍미해 가는 상황을 배경으로 추진되었다.

화북 향론주의의 위력

북방의 선진문화와 그 제도 및 이념 가운데 중심이 된 것은 구품중정제와 그것을 지탱한 사고방식이었다. 그것은 향론의 장에서 이루어지는 인물평가로만 정치적·사회적 계층을 구성한다는 사고방식이고, 그러한 이념에 의하여 만들어지는 체제야말로 선진적이고 문화적이라고 여기는 사고방식이다.

그 같은 선진적 이념의 힘이 얼마나 큰가는 제2차 세계대전 후부터 현재에 이르기까지 우리 주위에 범람하는 민주주의라는 기치를 떠올려 보면 충분히 이해할 수 있을 것이다. 구미사회보다도 뒤떨어져 있다는 열등감을 가진 국민들에게 구미식 민주주의와 그 체제가 선진적이고 문화적이며 민주주의적이라는 기치를 내걸었을 때 국민들은 거기에 분명히 경의를 표한다.

이와 마찬가지로 화북중원풍의 향론주의는 후진적인 강남사회 사람들에게는 그 앞에서 경의를 표할 수밖에 없는 지고한 가치로 비춰졌다. 그러나 분명히 화북보다 뒤떨어진 강남사회에는 각지에서 향론을 활성화할 만큼 두터운 지식층이 아직 형성되어 있지 않았고, 또한 지식층을 배출하는 기반이 되는 농민은 그 자립조차 불안할 만큼 기반이 약했다. 목표로 내건 향론주의는 실제로는 위로부터의 틀에 박힌 향론주의가 되어 버렸다. 아니, 화북에서조차 후한 말에는 그토록 아래로부터 활성화되었던 향론주의가, 한말 전란에 의해서 향촌이 파괴되었기 때문에 위(魏)에서 서진(西晉)에 걸쳐 이미 위로부터의 향론주의로 변질되고 있었음은 앞서 지적하였다.

그러나 그 향론주의 위에 성립한 서진 귀족들이 3세기에 선진문화의 꽃을 피운 후, 바야흐로 후진지역인 강남의 땅에 찾아와 향론주의를 고취할 때 강남사람들은 그 선진성에 현혹당하지 않을 수가 없었다.

왕도는 그와 같은 강남인의 약점을 교묘하게 이용했다. 강남호족 가운데에서 이미 지식인을 배출하고 있던 오와 회계의 명문을 북방에서 온 귀족·문화인과 함께 귀족사교계 안에 편입시키고, 사마예정권 안에서 고위직을 부여함과 동시에 강남의 '군중정(郡中正)'으로서 강남인사에 대한 향품(鄕品)수여권을 행사하게 했다. 지식과 교양을 근간으로 하는 향론주의가 방침으로 설정될 때, 그리고 그 기준에 의하여 정치적·사회적 계층이 만들어질 때, 시골뜨기 호족인 주씨와 심씨는 압도당할 수밖에 없었다.

강남호족의 분열

강남호족들은 교양있는 명문이건 거칠고 촌스러운 시골호족이건 간에 처음에는 강남을 안정시키기 위해 서로 협력하여 사마예를 추대했는데, 이제는 향론주의 원칙에 따라 그들 사이에 틈이 벌어졌다. 석빙의 난, 진민의

난, 나아가 310년의 오흥의 소란을 평정하고, 오직 사마예정권의 수립을 위해 동분서주했던 양선의 대호족 주기(周玘)는, 망명해 온 중원의 무리가 하는 일도 없으면서 높은 지위를 차지하고 남방인 위에 올라선 반면, 자신들 남인은 헛되이 죽을 지경으로 고생만 하고 그들이 고취하는 향론주의 테두리 밖으로 밀려나는 것을 똑똑히 보았다.

이러한 상황에 분개한 주기는 그 분함을 풀 길이 없어 병사하기 직전에 "나를 죽인 것은 중원에서 온 놈들이다. 너희들이 꼭 복수를 해다오"라는 유언을 아들에게 남기고 숨을 거두었다. 아들인 주협(周勰)은 314년, 아버지의 유언에 따라 북에서 온 귀족들에게 복수를 하기 위해 일어섰다. 같은 불만을 품은 강남의 '호협'들도 일제히 모여들어 여기에 참가했다.

하지만 강남의 명문과 이들 '호협'을 분열시키는 데 성공한 왕도는, '호협'인 대호족 주씨의 내부에도 ㅂ2분열의 여지가 있음을 통찰하고 있었다. 분을 못 참아 죽은 주기의 동생 주찰(周札)은 자신이 소유한 대토지의 경영에만 힘쓸 뿐, 조카인 주협의 복수전에는 참가하려 하지 않았다. 또한 주협의 종형인 주연(周筵)은 사마예정권을 섬기며 충실히 임무에 임하고 있었고 게다가 고향에서 존경받고 있는 인물이라는 점도 왕도는 알고 있었다.

'강남 최고의 호족'으로 인정받는 양선의 대호족 주씨가 만약 일족을 일으켜 단결하게 되면 대군으로도 이들을 평정하기가 쉽지 않았고, 또 314년 당시 사마예정권에는 실제 그만한 대군을 파견할 여유도 없었다. 그런데 주씨에게는 사실상 그만한 단결력도 없는데다 주협이 주씨 일족 가운데 과격한 행동가에 불과하다고 본 왕도는, 주연을 전적으로 신뢰하고 겨우 백 명밖에 안 되는 솜씨좋은 무사를 그에게 주어 동족인 주협의 반란을 무찔러 무난히 난을 진정시켜 버렸다. 동족 내부의 분열을 역이용함으로써 힘 하나 안 들이고 대호족을 진압하였던 것이다.

그 후 주찰은 왕돈에게 주멸당하고 대호족 주씨는 그 힘을 완전히 상실하였다. 또 하나의 대호족 오흥 무강의 심씨는 주씨가 괴멸된 마당에 자기 일가만으로는 어찌해 볼 도리가 없기에, 지배귀족층에 굴복할 수밖에 없었을 것이다. 대호족이면서도 겨우 하급무장이나 배출할 정도의 가문으로 전락하여 이후 1세기 반 동안 문인귀족의 지배 아래 굴할 수밖에 없었던 것이다.

귀족지배의 부활

314년 주협의 반란이 진정된 것은, 강남호족들이 화북에서 온 망명귀족에게 제압당한 최초의 증거라고 할 수 있을 것이다. 망명귀족들은 처음에는 강남에 거의 기반을 갖고 있지 않았다. 또한 말할 것도 없이 실력에서 강남호족 쪽이 훨씬 나았다. 그러나 강남호족들은 강남사회를 안정시키기 위해 가능하다면 자신들이 직접 독립정권을 수립할 의도가 없었던 것은 아니지만, 4세기 초 주위의 군사정세와 명분의 결여를 고려하여, 진의 왕족인 사마예를 추대하였다. 그리고 그 명분 아래서 사실상 정권을 장악하기 위해 308년 이래로 우선 사마예정권의 기초를 굳히는 데 적극 노력했다.

그러나 사마예의 참모 왕도는 강남호족들의 노력을 이용하여 진왕실의 전통적인 권위를 높이는 한편, 강남으로 속속 망명해 온 화북귀족들의 영향으로 화북풍의 선진문화와 향론주의 이념이 강남사회를 풍미하는 상황에 편승하여 강남호족 상호간의 분열과 특정 호족 일족 내부의 분열을 자극했다. 오와 회계의 일류 명문은 향론주의의 담당자로서 북쪽에서 내려온 귀족들의 테두리 안에 수용되어, 강남호족 가운데 그들만이 최초의 노력의 결실을 손에 넣을 수 있었다. 그들은 시골의 대호족 혹은 중소 호족들에 대하여 향품수여권을 갖는 억압자로까지 변모해 갔다.

요컨대 화북에서 망명해 온 귀족들은 진보적인 향론주의에 고취되어 강남의 일류명문과 시골호족·중소호족을 분리하고, 오와 회계의 명문을 자신들의 앞잡이로 삼으면서 이를 통하여 중소호족에 대한 지배를 진행시켜 나갔다. 여기에 반대한 시골의 대호족 주씨는, 앞서 보았듯이 일족 내에서 분열을 야기하여 와해되었다. 그 밖의 중소호족은 각각 흩어져 일류명문 내지는 북쪽에서 내려온 귀족에 굴복함으로써 사마예정권의 하급직 또는 무관직을 받아 이권의 일부를 배당받는 대신 지배자층에게 봉사했다.

　이리하여 강남사회는 문인귀족이 지배하는 명확한 계층사회로 나아가기 시작했다. 사회를 이러한 방향으로 나아가게 한 것은 선진적인 향론주의의 기치와, 그 풍조를 배경으로 하여 강남호족을 분열·지배하는 데 성공한 왕도 등의 정치력이었다.

　향론주의의 기치 앞에 강남사람들이 현혹되는 속에서 그 계략을 통렬히 파헤친 것이 바로 『포박자』의 저자 갈홍(葛洪)이다. 그는 강남의 소호족 집안 출신으로 303년 석빙의 난 평정에 나선 강남 호족연합군에 참가한 데서 알 수 있듯이 사회를 안정시키기 위해 정치에 참여할 뜻을 갖고 있었다. 그러나 북쪽에서 내려온 망명귀족들과 강남의 일류명문이 표방하는 향론주의의 테두리 밖으로 내쫓기고 말았다. 그로 인하여 그는 현실사회로 나아갈 길을 단념하고 불로장생(不老長生)을 구하는 선도(仙道)를 탐구하게 되었다. 317년에 저술한 『포박자』에서는 현실사회와, 특히 위로부터의 향론주의의 속임수에 대해 다음과 같이 격렬한 비판을 전개하고 있다.

　　향론을 쥐고 있는 자는 인물의 추천권을 상품화하여 사람으로부터 사례를 받거나 …… 혹은 시장을 독점하여 인민의 이익을 빼앗고, 혹은 남의 토지를 빼앗아 약자의 생활을 위협하고 혹은 정부의 여러 기관을 이리저리 드나들며 이권을 구하고 있다. (自敍)

　'향론을 쥐고 있는 자'를 '민주주의와 자유경쟁주의라는 미명을 표방하는 자'로 고치면, 오늘날에도 듣기 거북한 사람들이 적지 않을 것이다.

그러나 갈홍의 비판에도 불구하고 대세는 위로부터의 향론주의에 의거한 문인귀족 지배체제의 형성을 막지는 못했다. 그가 『포박자』를 저술한 317년은, 서진의 민제(愍帝)가 그 전 해에 장안에서 흉노의 유요(劉曜)에게 항복하고 서진왕조가 완전히 멸망한 뒤를 이어받아 사마예가 진왕에 오른 해이다. 그리고 다음 318년에는 제위에 올랐다. 화북이 이민족에게 제압된 후, 화북의 문인귀족지배의 체제와 그 곳에서 유지되어 온 중국문명의 전통이 강남의 신천지 위에 동진왕조로 옮겨진 것이다.

사마예·왕도 등을 중심으로 한 북쪽에서 내려온 망명귀족들은 거의 무력을 갖고 있지 못했음에도 불구하고 강남호족의 전력을 교묘히 이용하면서 진왕조(晉王朝)의 권위를 높이고, 결국에는 강남호족들을 분열·지배하고 그 위에 군림하는 데 성공하였다. 이를 가능케 한 것은 강남호족 측이 화북의 선진문화와 그에 따른 상징인 진왕조의 전통적 권위에 대해 열등감을 품고 있었던 점, 왕도 등이 그 약점을 찔러 정치력을 발휘한 점 때문이다. 강남호족들이 품었던 열등감은 결국 강남사회의 후진성 때문이다. 이는 곧 강남의 농민들이 넓은 범위에 걸쳐 아직 충분하게 성장하지 못했고, 그 곳에서 성장했어야 할 지식인층이 아직 얇았던 점에 근거한다. 그렇게 생각한다면 강남에 동진왕조가 수립되고, 화북적인 귀족지배체제가 재생한 이유를 이해하기 쉽지 않을까.

동진(東晉)의 귀족제 사회

화북유민의 무언의 압력

그러나 그와 같은 상층귀족들의 망명만을 생각해서는 안 된다. 이들 망명귀족들을 뒷받침한 무언의 압력으로서 화북에서 밀려 들어온 유민이 있었다는

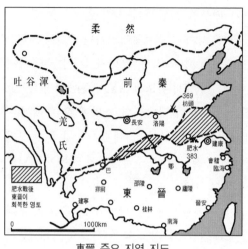
東晋 주요 지역 지도

점, 그것이 강남사람들에게 큰 압력이 되었음을 간과해서는 안 될 것이다.

8왕의 난에서부터 영가(永嘉)의 난에 이르기까지 화북은 이민족의 봉기로 대혼란이 끝없이 계속되고 전화는 도처로 퍼져나갔으므로, 사람들은 촌이나 읍 통째로 유력자의 통솔을 받으며 속속 피난에 나섰다. 사마예가 강남에서 진조의 권위를 계속 지키고 있었던 것이 고난에 빠진 화북의 한족을 불러들인 한 등대가 되었다.

그 같은 유민집단의 통솔자 가운데 조적(祖逖)이라는 인물이 있었다. 그는 원래 하북성 북부의 호족이었는데, 수도에서 활약하던 동안에 낙양이 대혼란에 빠지자 친당(親黨) 수백 가를 이끌고 남하하였다. 도중에 늙고 병든 자에게는 자신의 탈 것을 내주고 자신은 걸어갔으며, 약과 의복은 공동으로 사용하고, 위기에 빠지면 책략으로 이겨내었다. 그 때문에 남하하는 도중에 이 집단에 가담한 사람들의 추대를 받아 이 집단의 행동대장이 되었다. 이 집단에는 무뢰배들이 다수 가담해 있어, 왕도 등에게 영입되어 집단의 대부분이 지금의 진강(鎭江) 부근인 경구(京口)에 일단 정착했을때 그의 부하 가운데는 난폭한 자가 상당히 많았다고 한다.

경구는 일찍이 삼국시대 오나라 때 수도 건업의 동쪽에 개척된 광대한 둔전지대에 속하는데, 이후 북방에서 피난해 들어오는 유민집단의 정착지로 사용된다. 조적이 통솔하는 집단처럼 통제가 잘 된 유민집단은 그 자체의 전력만으로도 상당한 위력을 지니고 있었다. 사마예·왕도 등이 강남의 호족들을 억압해 가는 과정 속에서 속속 유입해 오는 이와 같은 유민집단이 무언의 압력이 되었음에 틀림없다. 왜냐하면 이와 같은 북인집단을 통제하기 위해서는 남인들만으로는 어렵고, 북인에 대한 전통적 권위를 갖고 진왕조를 잇는 사마예와 왕도 등의 북인귀족의 힘이 필요했기 때문이다.

조적은 유민을 경구 부근에 정착시킨 후, 그 가운데에서 거친 무사들을 이끌고 또다시 북상했다. 어지러워진 화북을 제패하고 있던 갈족인 석륵(石勒 : 後趙國)이 남진하는 것을 막기 위해서였다. 양자강 북쪽에서 하남성 동남부까지 진출한 조적은 회수 유역 각지에 방루(防壘)를 만들어 그 곳에서 자위에 나선 난민집단을 안도시키고, 그 일대에 위령(威令)을 내려 동진 북변을 지키던 가운데 321년에 병사했다. 그 뒤를 이어 동생인 조약(祖約)이 집단을 통솔했다.

유민집단을 통합하여 동진의 북변을 지키는 역할을 수행한 경우로는 또한 산동지방에서 남하한 치감(郗鑒)과 소준(蘇峻) 등 여러 집단이 있었다. 초창기의 동진왕조는 이 같은 유민집단의 통솔자를 장군 겸 북변의 지방장관으로 임명하여 그들이 품고 있던 중원 회복의 염원을 이용하면서, 그리고 그 힘을 배경으로 강남의 기반 강화에 노력하였다.

왕씨와 사마씨가 천하를 공유하다

화북으로부터의 영향은 양자강 중류의 호북성·호남성에서도 마찬가지였다. 그 곳에서는 서방의 저(氐)족 이(李)씨의 대성국(大成國)에게 제압당한 사천지방에서 유입해 온 유민까지 가담하여, 그로 인한 혼란은 하류의 강소·안휘의 두 지역보다 훨씬 심했다. 어찌되었든 하류지역은 동진정부가 가까이 있었고 강남호족들도 북쪽에서 내려온 귀족들에게 제압당했다고는 하더라도 동진왕조에 협력함으로써 강남의 델타지대를 안정시키고 있었다. 이에 비해 중류지방에는 하류지방처럼 안정세력이 아직 성장하지 못했을 뿐 아니라 동진정부의 권위도 하류지방만큼 직접적으로 미치지 못했기 때문이다.

그 곳에서는 앞서 언급한 '만(蠻)'족인 '장창(張昌)의 난' 이후, 불안정한 대량의 유민들로 인해 반란이 끊임없이 일어났다. 연이어 일어나는 이러한 반란을 실제로 평정한 인물은 진조가 파견한 지방관 밑에서 활약한 도간(陶侃)이다. 강서성 출신의 남방인으로서 계만(溪蠻)의 피를 이어받았다는 도간은 이 지방의 안정에 노력하면서 그 곳에서 은밀한 세력을 만들고 있었다. 따라서 동진정부가 양자강 중류지역에 힘을 뻗치려 할 때 이 도간의 세력을 수중에 넣는 일은 꼭 필요하였다. 그 일을 맡은 자가 왕도의 종형인 왕돈(王敦)이다.

왕돈은 313년에 강서성 장관인 화질(華軼)에 대한 작전에서 총사령관이 된 이후, 상류 호북·호남의 혼란을 진정시키기 위하여 전력을 다했다. 이를 위해 도간과 그 인척인 남인 주방(周訪)의 힘을 이용하였다. 수많은 우여곡절을 겪은 끝에 왕돈은 이들 남인의 힘을 이용하여 강서성에서 호북·호남, 나아가 광동성에까지 미치는 총지휘권을 장악하는 데 성공하였다. 당시 사람들은 "왕씨와 사마씨가 천하를 공유한다"고 하였다. 양자강 중류지역을 장악한 왕돈과 하류지역의 여러 세력을 억압한 왕도, 바로 이 두 왕씨의 정치력이 진조의 전통적 권위를 갖는 사마씨와 함께 천하를 취했다는 의미이다.

사마씨와 왕씨를 중심으로 한 동진의 귀족정권은 이처럼 남인의 여러 세력과 북방에서 흘러 들어온 여러 유민집단들 간의 세력균형을 고려하여 그 사이를 조정하면서 조정자로서 지배권을 수립해 나갔다. 따라서 이 미묘한 균형이 무너지거나 혹은 조정이 어려워지게 되면 지배권은 가끔 동요하곤 하였다.

왕도의 천재적 정치력

왕도는 그러한 세력의 균형을 조정하고 미묘한 통일을 만들어 내는 데 천재적인 사람이었다. 수도 건강의 남교(南郊)에서 열린 연회에서 북방에서 내려온 망명귀족들이 갑자기 건강의 산하가 잃어버린 화북의 수도 낙양과 다름을 보고 한탄하자, 왕도는 "우리 모두는 왕실을 위하여 힘을 모아 중원을 탈환해야 한다. 초(楚)의 포로가 되어 같이 만나서는 안 된다'"며 일침을 놓고 그들을 다잡았다. 왕도는 강남에 겨우 발판을 굳히기 시작한 초창기에 중원탈환이 절망적이라는 것을 잘 알고 있었다. 그러나 중원탈환을 표방함으로써 망명귀족을 비롯한 많은 유민들의 마음을 동진왕조에 묶어 놓았다.

왕도는 서진시대부터 이미 귀족사교계에서 청담의 최고권위자였다. 그는 강남으로 옮기고 난 후 어느 날 문득 중얼거렸다.

"옛날, 낙수 주변(낙양 가까이)에 있었을 때에는 '유(有)' 철학을 전개한 배위(裵頠)와 무신론자인 완첨(阮瞻) 등의 명사와 자주 철리(哲理)를 이야기 하였다."

어떤 사람이 그것을 듣고 말하길,

"오래 전부터 그 점에서는 모두 당신을 인정하고 있습니다. 이제 와서 새삼 그런 말을 꺼낼 필요도 없을 텐데……"

"물론 그럴 필요야 없다. 단지 옛날을 지금으로 돌려놨으면 하는 것이지."

왕도를 중심으로 재생된 귀족사교계는, 위진시대의 수도 낙양보다 더 활발한 철학논의와 인물비평의 장이 열려 있었다. 통렬한 비평을 주고받는 세계에서는 귀족이라고 해서 안이할 수 없었다.

"너는 어찌 조금도 진보하지 못했는가, 세속의 일에 마음이 더러워졌는가, 아니면 하늘이 주신 능력에 한계가 있는가?"

재치 넘치는 누이로부터 이렇게 당하고서야 당당한 귀족 남아로서 분기(奮起)할 수밖에 없었을 것이다. 동진시대에 문인귀족이 활력을 가질 수 있었던 한 원인은 이러한 상호비판의 장이 존재한 데 있을 것이다.

왕돈(王敦)·소준(蘇峻)의 난

고유의 세력기반이 약했던 북쪽에서 내려온 귀족이 지배자로서 우위를 유지해 가는 데는 여러 세력의 조정자 역할을 하는 왕도식 방법이 가장 적합했다. 그러나 바야흐로 동진 황제에 오른 사마예, 즉 원제(元帝 : 재위 317~322)로서는 당연히 보다 강력한 권력을 수립하고자 했다. 또 북쪽에서 내려온 귀족 가운데에서도 정부의 권위를 높이기 위해서는 왕도의 방법이 미온적이라고 생각하는 사람이 나타났다. 동진 제2대 황제 명제(明帝 : 재위 322~325)의 황후를 배출한 유(庾)씨 일족이 그 생각을 실천에 옮겼다. 그것에 의하여 미묘한 균형은 깨지고 동진의 지배권은 동요할 수밖에 없게 되었다.

우선 원제는 측근 유외(庾隗) 등을 신임하고 왕씨를 멀리하기 시작했다. 그로 인하여 322년, 왕돈은 황제 측근의 간신 유외의 죄상을 열거하며 군대를 양자강 하류로 진군시켜 결국 수도 건강을 제압했다. 원제는 괴로움과 번민 속에서 죽음을 맞이하고, 왕돈의 난은 명제 때인 324년에야 겨우 소준 등의 북변수비군을 끌어들임으로써 평정되었다.

이어 명제가 죽어 겨우 다섯 살 난 성제(成帝 : 재위 325~342)가 즉위하면서 정치를 도맡게 된 외척 유량(庾亮)은, 왕돈의 난을 평정하는 데 공을 세운 소준의 군단 세력을 꺾으려 했기 때문에 327년에 또다시 이들 군단의 반란이 일어났다. 북변을 수비하는 역할을 하고 있던 조약의 군대도 이 소준의 반란에 가담했다. 328년 수도 건강(建康)은 그들의 거칠고 사나운 군단의 말발굽 아래 무너졌다. 간신히 목숨만 건진 유량은 강서성 방면에 있던 온교(溫嶠)의 군대에 의지하였다. 그러나 소준의 제압 아래 놓인 수도에는 왕도 등이 성제와 함께 남아 있었다는 사실에 주목해야 한다.

유량과 온교는 왕돈이 죽은 후 호북에서 호남에 걸쳐 은밀하게 세력을 구축하고 있던 도간의 군단과 동맹하고, 북변수비에 임하고 있던 치감의 유민군단을 끌어들여 329년 겨우 수도를 탈환하고 반란을 평정할 수 있었다. 전란으로 황폐해진 수도를 다른 곳으로 옮기려는 논의가 비등했을 때, 건강에 머물 것을 주장하고 민심을 안정시킨 것은 왕도였다.

東晉 帝室 외척도

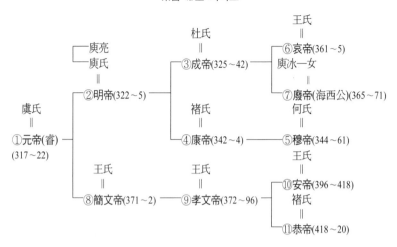

이상으로 기술했듯이 320년대의 혼란은 유우(流寓)정권인 동진정부의 권력을 일거에 높이고자 한 초조함에서 비롯된 것이었다. 330년대는 또다시 왕도의 방침으로 복귀한다. 그러나 애초에 정권을 지탱하던 군사력이 뿔뿔이 흩어졌던 점이 혼란을 한층 조장한 원인이었기 때문에, 여러 집단의 전력을 통합하여 귀족정권의 군사적 기초를 확립하는 것이 급선무였다. 이리하여 330년대는 군사력을 북부와 서부로 크게 통합한 시기이기도 했다.

북부와 서부

북부(北府)는 진북장군(鎭北將軍)·정북장군(征北將軍)·북중랑장(北中郎將) 등 군에서 부르는 명칭에서는 다소 차이가 있었으나 어쨌든 북방정면군(北方正面軍) 장관에게 속하는 군부의 약칭이다. 이 군단의 토대가 된 것은 앞서 언급한 치감(郗鑒)의 지휘를 받는 유민집단이었다. 이들은 당시 연주(兗州)라고 불린 산동성 남서부와 서주(徐州)라고 불린 강소성 북부의 유민 수만 명과 점차 남하해 온 집단으로서 치감에게 통합되어 있었는데, 왕돈에게도 큰 압력이 되었지만 소준의 난에서는 강남으로 건너와 건강의 동진정부를

彩繪騎馬吹角俑 | 北魏, 西安 출토

구하는 데 큰 역할을 하였다. 치감은 교양있는 지식인으로서 왕도 등과
협력하여 난의 뒷수습을 담당하였다.

그는 자신이 이끄는 대집단을 경구(京口)와 그 장강(長江) 건너편의 광릉(廣
陵 : 지금의 揚州) 일대에 정착시키고 건강정부를 지지하는 군사력으로 육성
하였다. 339년 왕도가 사망한 직후 그 또한 죽을 병에 걸렸는데 임종 직전에
다음과 같은 편지를 천자 앞으로 보냈다.

제가 인솔하고 있는 무리는 잡다하게 모여든 사람들로, 대개 북방인으로 구성되어 있습니다. 내몰려서 저와 함께 이주해 온 자이거나 저에게 새로이 몸을 의탁한 자들입니다. 그들은 고향을 그리워하고 모두 돌아가고 싶어합니다. 다만 제가 폐하의 어명을 받잡고 토지와 주택을 나누어 제공해 준 결과 점차 정착해 나가고 있습니다. 제가 위독하다는 말을 들으면 모두 불안해할 것이고, 만일 그들이 북방으로 돌아가기라도 하면 병력에 구멍이 뚫려 큰 소동이 일 것이니, 이들 무리가 믿고 따를 만한 인물을 저의 후임으로 임명해 주십시오.

정부는 이 유언을 상당히 충실하게 지켰다. 역대의 북부 군단장에는 이들 무리에게 인망을 얻었거나 혹은 얻기 쉬운 인물, 그리고 동시에 건강정부를 따르면서 귀족들의 세계에도 들어갈 수 있는 교양인이 임명되었다. 그리고 이들 무리의 새로운 거주지구에는 떠나온 고향의 지명을 본떠 서주·연주 등의 이름이 붙여졌고, 토지와 주택을 받은 자들은 대부분 병호(兵戶)로서 대대로 병역의무를 지는 직업군인이 되었다. 이리하여 북부 군단장은 새로운 서주(徐州)·연주(兗州)의 민정장관도 겸하면서 동시에 군단은 동진의 귀족 정권을 지탱하는 군사력으로서의 역할을 하게 된다.

한편 양자강 중류에서는 334년에 도간이 죽은 후, 그가 통합하고 있던 군단장의 후임으로 유량(庾亮)이 부임했다. 유량은 왕도와 정치방침을 달리 했지만 외척으로서 귀족세계의 중진임에는 틀림없었다. 그는 무창에 설치한 정서장군(征西將軍)의 막부에 다수의 뛰어난 귀족자제를 불러들였다. 왜냐하면 그 곳은 호북·호남을 중심으로 하는 광대한 지역의 민정기관도 겸하고 있었기 때문이다. 유량 이후 그의 동생 유익(庾翼)이 뒤를 이은 이 막부는 약칭 서부(西府)라고 한다. 서부는 소위 건강정부의 출장소로서 동진왕조를 지탱하는 일대 거점으로 성장함과 동시에 북부(北府)를 배경으로 한 건강정부에 대항할 수 있을 만한 실력을 축적하고 있었다.

이리하여 이후의 동진왕조는 북부와 서부의 균형 위에 기초를 두게 되고 동시에 그 대항관계 속에서 움직이게 된다.

유민집단의 정착

북부의 형성과정으로 알 수 있듯이, 동진왕조의 군사적 기초가 정비되어 가는 과정은 유민의 정착이라는 보다 일반적인 현상과 관계가 있다. 중원의 대혼란으로 마을 단위 혹은 개개인이 뿔뿔이 흩어져 간신히 강남으로 이동해 온 민중은 선주자와 별개로 독자적인 집락을 형성하는 것이 보통이었다. 구 서주(徐州)의 유민이 경구를 중심으로 정착하여 그대로 북부군단을 구성하는 주체가 되었음은 앞서 기술했는데, 그 일대가 일찍이 둔전지구가 붕괴된 후 남방의 토착선주자가 거의 없었기 때문에 가능한 일이었을 것이다. 새로운 유입자들은 언젠가 고향으로 돌아갈 날이 있을 것이라 기대하면서 임시거처인 새로운 촌락에 고향의 이름을 붙이는 경우가 많았다.

이리하여 양자강 유역에는 화북의 지명을 갖는 군·현이 많이 생겨났다. 이렇게 되자 정부는 각지에 산재하는 이주자들의 촌락을 행정적으로 파악하여, 일찍이 세워진 군·현을 정리하고 새로운 군·현의 지명을 유명무실한 것이 아니라 실제 그들이 살고 있는 땅의 호적으로 고쳐 기록하여 각각 조세를 징수하지 않으면 안 되었다.

이주자는 남방의 토착인과 호적을 달리하여 보호대상자로서 조세감면의 혜택을 받았다. 대신 북부(北府) 사람들의 예처럼 군역의무를 지는 자가 많았을 것이다. 그것은 북방인을 군사력의 기초로 삼는 조치임과 동시에 북방에서 온 귀족들의 경제력을 강화하는 효과도 있었을 것이다.

이렇게 해서 330년대부터 340년대에 걸쳐 동진의 귀족정권이 드디어 안정된 기반을 갖게 되었다. 345년, 겨우 두 살의 나이로 목제(穆帝 : 재위 345~361)가 즉위하자 원제의 막내아들인 회계왕(會稽王) 사마욱(司馬昱)이 어린 황제를 보좌하며 정사를 통솔하게 된다. 청담을 좋아한 회계왕 욱의 치하에서 건강의 귀족사교계는 드디어 청담의 꽃을 피웠다.

서부군단장 환온

한편 345년 유익이 죽은 후, 서부군단을 통솔하게 된 환온(桓溫)은 유능한 무장임과 동시에 청담의 재주도 상당한 교양인이었다. 그는 347년에 저족의 성한국(成漢國)을 무너뜨리고 사천성 전체를 동진의 판도로 넣는 데 성공했다. 이는 동진의 권위를 높이는 대사건이었지만, 동시에 환온의 위신을 크게 높이게 되어 건강정부는 그를 억누르기 시작했다.

당시 화북은 갈족 석(石)씨의 후조국(後趙國)이 붕괴하여 혼란상태에 있었고, 환온은 이 절호의 기회를 틈타서 화북원정을 조

王羲之

정에 건의했다. 그러나 건강정부는 이를 허락하지 않았을 뿐 아니라 환온의 경쟁상대인 은호(殷浩)를 중용하고, 북부군단의 힘을 중심으로 독자적인 북벌을 수행하였다. 유명한 서예가 왕희지(王羲之)는 회계왕과 은호에게 그 무모함을 경고하는 편지를 썼으나 받아들여지지 않았다. 결국 은호의 북벌은 대패로 막을 내리고, 일찍이 불만을 품고 있던 환온은 이 사건으로 그들을 탄핵하여 실각시켰다. 서부에 근거를 둔 환온의 위령(威令)은 이제 바야흐로 북부까지 움직이기에 이른다.

환온은 군사를 이끌고 354년 관중으로 진입했다. 전진(前秦)의 군대가 버티는 장안을 함락시키지는 못했지만 환온의 군대를 본 관중의 한인들은 "오늘 또다시 관군을 볼 수 있으리라고는 생각도 못했다"며 감읍(感泣)했다. 환온은 결국 관중 확보에 실패하고 후퇴했지만 356년에는 낙양을 탈환했다. 이 때 환온 자신은 서진시대의 어릉(御陵)을 수복하기만 하고 개선했다. 낙양에 잔류한 진군(晉軍)이 365년까지는 어쨌든 낙양을 확보했다.

이와 같은 군사적 대성공을 배경으로 환온은 건강정부의 실권을 장악했다. 그러나 369년 두번째 북벌이 전연(前燕)에 의해 패배로 끝나자, 위신 회복에 초조해 한 환온은 당시의 황제 사마혁(司馬奕 : 재위 365~371)을 폐위시키고, 이윽고 자신에게 양위하게 할 생각으로 회계왕 욱(昱)을 황제로 세웠다. 이미 환온에게 제압당해 완전히 무기력해진 이 간문제(簡文帝 : 재위 371~372)는 죽기 직전 환온에게 제위를 빼앗겨도 어쩔 수 없다고 생각하였으나, 귀족인 왕탄지(王坦之)와 사안(謝安)은 이를 저지하고 간문제의 아들 효무제(孝武帝 : 재위 372~396)를 세웠다.

그리고 환온이 373년에 사망함으로써 동진왕조는 겨우 찬탈위기를 넘겼다. 환온이 권세를 휘두른 360년대부터 70년대 초는 서부가 북부를 제압한 시대였다고 해도 될 것이다. 그리고 그 뒤 약 10년 간 정부를 주재한 것은 사안이었다.

왕도의 후계자 사안

사안(謝安)은 여러 번의 출사 요청을 거절하고 40세가 넘을 때까지 회계(會稽) 상우현(上虞縣)의 동산(東山)에서 유유자적한 생활을 보냈다. 그러다 360년에 처음 출사한 그는 이제 환온의 찬탈을 좌절시킨 중심인물로서 동진 정부의 동량이 되었다. 회계시기부터 그는 풍광명미한 그 일대에 별장과 장원을 가진 귀족들의 사교계에서 이미 큰 인물로서 촉망받고 있었다. 이 사교계에는 은자의 생활을 하는 허순(許詢), 시에 탁월한 재주를 가진 손작(孫

謝安

綽), 장자 철학에 정통한 냉철한 승려 지둔(支遁), 거기에 서예술을 완성시킨 인물로 너무도 유명한 왕희지 등 당시 제1급 문화인이라 할 수 있는 자들이 모두 모여 있었다.

그들은 시 솜씨를 겨루고 풍부한 자연의 풍물을 즐기며 기지넘치는 풍부한 대화를 주고받으면서 불전 해석까지 포함하는 철학논의의 꽃을 피웠다. 353년 삼짇날, 즉 최초의 사(巳)의 날, 왕희지의 제안으로 왕(王)씨와 사(謝)씨 일족의 문인귀족 등 문화인 42명이 회계 산음(山陰 : 절강성 소흥)의 서남

쪽 8킬로 정도 떨어진 명승지 난정(蘭亭)에 모여 춘풍하에 흐르는 물가 주변에서 술을 마시며 시를 지었다. 그 곳에서 지어진 27명의 시를 모아 왕희지가 서문을 써서 펴낸 「난정서(蘭亭序)」는 서예술의 절품으로서 유명하다. 사안도 그 난정의 모임에 참가한 한 사람이었다.

이와 같은 전형적인 문인귀족 사안의 정치방침은, 동진왕조의 초석을 만든 왕도의 방침을 계승하는 것이었다. 구체적으로는 북부와 서부의 군사력을 각각 충분히 발휘시키면서 그 사이에서 조정자 역할도 잘 수행해서 문인귀

蘭亭 | 浙江省 紹興 西方의 명승지

王羲之의 蘭亭序

족의 지배를 안정시켰다. 환온의 기반인 서부의 군단은 그의 사후 환씨 일족에게 통솔되었고, 북부는 조카인 사현(謝玄)을 비롯한 사씨 일족에게 통솔되어 함께 동진정권을 지탱하였던 것이다.

비수(淝水) 전투

당시 화북에서는 전진의 부견(苻堅)이 점차 여러 세력을 제압하여, 그

222

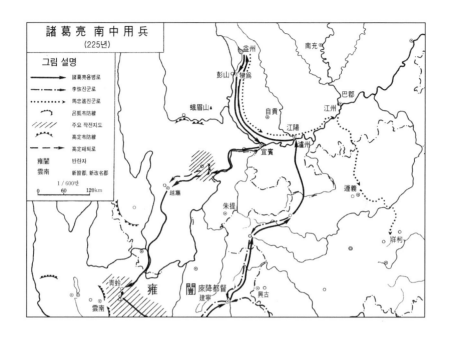

거대한 압력이 동진의 북변을 덮치고 있었다. 374년, 북부군단장에 취임한 사현은 휘하에 유뢰지(劉牢之)를 비롯한 용맹한 지휘관을 거느리고, 그들의 힘을 빌어 북부의 여러 부대를 강력하게 통제했다. 이들 북부의 군대들은 환온의 동생 환충(桓沖)이 지휘하는 호북성의 서부 여러 군과 호응하여 전진의 군대를 무찌르기도 했다.

383년 전진왕 부견은 스스로 보병 60만, 기병 27만에 이르는 대군을 이끌고 대거 남하하여 수춘(壽春)까지 공격해 왔다. 건강정부는 사안의 동생인 사석(謝石)을 총대장으로 삼고, 사현을 선봉 군단장으로 하여 이에 맞섰다. 진군은 수춘성으로 들어온 부견 아래로 대군이 완전히 집결하지 못한 상태에서 비수(淝水)를 건너 공격을 개시했다.

선봉에서 북부의 병사를 이끈 유뢰지의 활약은 눈부셨다. 부견의 선봉이 무너지고, 무너진 군대의 무질서한 퇴각은 이어서 후속부대를 혼란시켰으며 그 결과 전진의 대군은 잇따라 무너졌다. 부견은 빗나간 화살에 맞아 수행원마

저 잃고 회수 북쪽으로 도망쳤다. 여러 이민족과 한족으로 이루어진 전진의 군대는 이 패배를 계기로 분열하고 화북은 또다시 대혼란으로 빠져들었다.

사안은 원래 침착한 사람이었다. 그 유연한 태도는 부견의 대군이 접근한다는 소식으로 동요하는 수도의 분위기를 가라앉히는 데 효과적이었다. 그에 대한 일화 하나를 소개한다. 한창 손님과 장기를 두고 있는 참에 비수에서의 승전보가 도착했다. 사안은 그 보고를 한 번 흘끗 보고는 다시 장기를 두었다. 손님이 무슨 일이냐고 물었다.

"아랫것들이 적을 무찔렀다나 봐요."

별로 기쁜 내색도 없이 그가 천천히 대답했다. 장기가 끝나고 손님을 배웅한 후 안채로 돌아가던 길에 출입구에서 신발굽이 부러졌다. 그러나 사현 등의 대승리로 몰래 가슴이 두근거리던 사안은 신발굽이 부러진 것도 몰랐다고 한다.

동진(東晉)의 쇠망

귀족제의 균열

사안(謝安)이 여러 세력의 균형을 고려하고, 그 사이를 조정하면서 각각의 힘을 충분히 발휘시켜 이를 통해 부견의 중압을 뿌리친 것은 동진 귀족정치의 눈부신 성과를 보여준 것이었다. 비수의 대승리 후, 사현 산하의 유뢰지 등 북부군은 혼란에 빠진 전진의 군대를 쫓아 북진하고 황하 남부 일대를 탈환하고 있었다. 그러나 중앙에서는 효무제의 동생인 회계왕 사마도자(司馬道子)가 점차 권력을 장악하고 사안은 효무제로부터 멀어져 갔다. 385년 사안이 죽자, 사마도자의 정치운영은 조정자 역할을 통해 지배력을 유지한 귀족정치와는 상당히 양상을 달리하는 방향으로 기울어졌다.

사마도자는 측근의 아첨가들을 통하여 이름도 없는 미천한 사람들을 관리

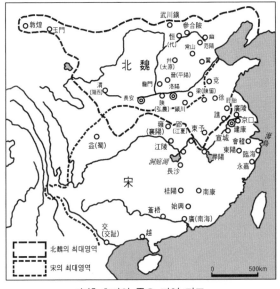

南朝 초기의 주요 지역 지도

로 등용하였고, 관직은 뇌물로 거래되었다. 궁중에는 비구니들이 출입하여 풍기가 문란해지기 시작했고, 배우(俳優)와 형사(刑事) 출신자들이 사마도자의 신임을 배경으로 관직을 팔아 넘기며 막대한 재산을 축적해 나갔다. 이는 구품중정제에 의거한 귀족제 원칙과 그를 통해 만들어진 신분사회의 질서와는 정면으로 대립하는 것이었다.

일찍이 원제(元帝)의 측근과 명제(明帝)·성제(成帝)의 외척 유(庾)씨 등이 중앙정부의 권위를 높이기 위하여 여러 세력 간의 균형을 충분히 고려하지 않았고 그 때문에 군대반란이 일어났으나, 그들은 귀족제 하에서 신분사회를 무너뜨린 것이 아니라 그것을 확립하고자 초조해 한 데 지나지 않았다. 군권을 모두 장악한 환온도 신분사회 위에서 자기의 지배권을 세우려고 하였다. 그러나 지금은 상황이 달라졌다. 바야흐로 신분사회 위에 성립한 귀족제 자체에 금이 가기 시작하였고, 이렇게 분열하기 시작한 귀족층은 중대한 위기에 직면하였다. 또 사현을 이어 북부의 장관이 된 귀족 왕공(王恭)과 환온 이래 서부에 대대로 세력을 뿌리내리고 있던 환현 등이 점차 건강정부와 대립하게 되었던 것이다.

문란해진 궁중에서 396년 효무제가 변사하고 뒤를 이은 안제(安帝)는 발육부진으로 정신도 육체도 정상이 아니었다. 사마도자와 그를 둘러싼 귀족 및 벼락 출세자들의 전권이 계속 이어졌다. 397년 왕공은 북부군을 이끌고 내정개혁을 강요하였다. 사마도자는 그 군사적인 압력 앞에서 왕공의 요구를 받아들여 신임하는 귀족 왕국보(王國寶)를 처단했고, 왕공은 일단 여기에서 싸움을 그만두었다.

그러나 왕공은 휘하의 북부군단에 대한 자신의 통솔력을 과신하고 있었다. 당시 북부군단은 비수의 대승리를 통해 내외에 그 위력을 떨친 이래 자신의 힘을 자각하기 시작하고 있었다. 그리고 실전에서 혁혁한 공을 세운 유뢰지가 강력한 북부군단을 사실상 장악하고 있었다. 즉 왕공은 단지 그 위에 서 있는 데 지나지 않았던 것이다.

분명 북부군단은 이 때까지 귀족정권의 용병 역할을 수행해 왔고, 유뢰지도 용병대장이라는 말로 불러도 상관없는 존재였다. 따라서 귀족인 왕공은 지금까지와 마찬가지로 그를 마음대로 부릴 수 있다고 생각했다. 그런데 응당 용병대장이어야 할 유뢰지는 건강정부를 둘러싼 귀족들 간의 항쟁에서 자신이 주도권을 쥐고 있음을 알고 있었다. 용병군단은 이미 그만한 힘을 축적하고 있었고 그 힘을 자각하고 있었던 것이다.

398년 왕공이 또다시 북부군단을 이끌고 수도로 공격해 왔을 때, 이미 사마도자의 아들인 사마원현(司馬元顯)과 내통하고 있던 유뢰지는 휘하의 북부병과 함께 군단장인 왕공을 배신하고 사마원현 측으로 돌아섰다. 왕공은 붙잡혀 비참하게 살해되었다.

유뢰지의 북부군은 이미 건강정부를 좌지우지하게 된 사마원현의 밑에 소속되고, 399년에 발발한 손은의 난을 진정시키기 위하여 고용되었다.

손은의 난

손은(孫恩)은 원래 산동성에서 절강성의 회계(소흥시)로 피난해 온 손태(孫泰)라고 하는 자의 아들로서, 손태는 원래 오두미도를 신봉하는 도교신자였다. 오두미도란 제3장에서 기술했듯이 원래 한중에서 사천성에 걸쳐 퍼져 있던 종교이다. 손태는 그 가르침에 덧붙여 신과의 접촉에 의한 일종의 술(術 : 巫術)을 부릴 수 있었던 듯하며, 사람들은 그를 신처럼 떠받들었다고 한다. 그는 건강정부와 북부·서부와의 대립으로 점차 소연해진 정세를 지켜보며 진조(晉朝)의 명맥이 이윽고 끝날 것이라 예견했다. 그리고 불안한 민중에게 새로운 행복을 내려준다고 설파하며 양자강 하류 삼각주 지대에 많은 신자를 포섭해 갔다.

그 활동으로 건강정부에게 미움을 산 손태는 살해되었으나, 신자들은 모두 '손태님은 등선(登仙)하신 것이다', 즉 영원히 사는 선인이 된 것이라고 믿고 있었다. 이는 그의 아들인 손은이 당시 욱주(郁州)라고 불린 바다 가운데 있는 섬26)으로 피해 있었기 때문에 그 곳에서 선인이 되어 살고 있다고 믿은 것이다. 신자들은 은밀히 그 곳으로 공물을 계속 보냈고 손은은 이를 이용하여 세력을 축적해 갔다.

마침 399년 건강정부는 양자강 하류 삼각주 일대의 소작인들에게 그들을 병사로 징발한다는 명령을 내렸다. 이 명령은 소주를 비롯한 태호 주변에서 회계에 걸쳐 강남에서 가장 발전된 이 지역의 민중들을 들끓게 했다. 손은은 이 기회를 포착하여 회계로 상륙하고 불안한 민중을 동원하여 지방관청을 습격했다. 손은에게 선동된 광신자들의 반란이 시작된 것이다.

손은은 스스로 '장생인(長生人 : 영원히 죽지 않는 사람)'이라고 칭했다. 결전을 각오한 손은은 신자들이 데리고 있는 갓난아이들이 방해가 된다며 물 속으로 던지게 했다. 그들에게는 입수하여 영생자가 된다고 하는 '수선신앙(水仙信仰)'이 있었다. 광신한 어머니들은 "축하한다. 너희들은 먼저 천국으로 가는 것이다. 나도 너를 뒤따라 가겠다"고 하면서 아이들을 물 속으로 던져넣었다. 사람들은 손은의 가르침에 따르면 영원한 행복을 얻을 수 있다고 믿었던 것이다.

---

26) 강소성 북부의 連雲市 남쪽에 있었던 섬으로, 현재는 대륙과 연결되어 雲臺山이라고 한다.

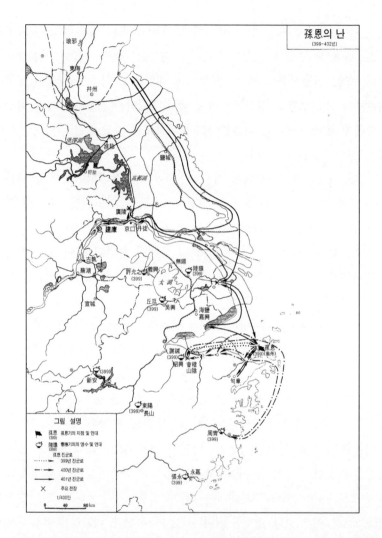

孫恩의 난
(399~402년)

琅邪

彭陽
幷州

洪澤湖
淮陰
盰眙
鹽城
高郵湖

廣陵
建康 京口丹徒

古熟
蕪湖
許允之義興
(399)
無錫
陸環
(399)
太湖
宣城
丘庄
(399)
吳興
海鹽
嘉興

新安
(399)
謝鍼
(399)
紹興 會稽
山陰
句章
孫恩
(399)(嘉州)

東陽
(399)長山

周冑
(399)

張永
(399)
永嘉

그림 설명

孫恩
(399) 孫恩기의 지점 및 연대
陸環
(399) 響應기의 영수 및 연대
孫恩 진군로
399년 진군로
400년 진군로
401년 진군로
× 주요 전장
1/400만
0 40 80 km

　손은은 때에 따라 집단적으로 종교적인 광란의 축제를 열었다. 광란의
축제를 통한 종교적 열광은 급속히 민중 사이로 퍼져 갔다. 특히 예로부터
남방에 토착해 있던 사람들은 북방에서 망명해 온 귀족들이 좌지우지하는
동진정권의 존재 방식에 대해 불만을 느끼고 있었다. 일반 민중뿐 아니라
남방토착의 호족 중에서도 이들을 지원하는 자가 상당수 있었던 것이다.

靈泉寺

이리하여 그들의 세력은 절강성에서 강소성에 이르고 수도 건강까지도 위협할 정도가 되었다.

　건강정부는 유뢰지가 이끄는 북부군단에게 토벌 명령을 내렸다. 후에 동진왕조를 대체하여 송왕조를 세우게 되는 유유(劉裕)도 한 무리를 이끌고 이 토벌에 가담했다. 그의 부대는 북부군단 중에서도 가장 용감했고 특히 401년 손은의 수군이 양자강을 거슬러 올라와 경구를 급습하였을 때, 유유는 곧 군을 되돌려 손은군을 공격함으로써 수도와 경구를 위기에서 구해 냈다. 그 후 손은의 군을 철저히 추격하여 해상으로 쫓아낸 것도 또한 유유의 공적이었다. 당연히 북부군단 가운데서 그의 지위는 향상되어 장군의 직함을 갖는 유력한 부장이 되었다. 게다가 그의 부대는 군대규율이 가장 엄정하여 신망을 모으고 있었다.

노순의 난

402년 쫓기던 손은은 결국 바다에 몸을 던져 죽었다. 그러나 잔당 수천 명은 손은의 여동생의 남편인 노순(盧循)을 교주로 삼아 교단활동과 진조에 대한 적대행위를 계속하였다. 그들은 복건성에서 광동성으로 바다를 따라 남하하여 교세를 펴고 광동 일대를 근거지로 하여 세력을 축적한 후, 410년 수군을 이용하여 강서성과 호남성 두 방면 쪽에서 대거 건강으로 공격해 들어갔다. 당시 유유가 이끄는 북부군이 산동성의 선비족 모용씨의 남연국(南燕國)을 토벌하기 위해 수도를 비운 틈을 노린 것이었다.

남연을 무너뜨리고 서둘러 돌아온 유유는 건강 바로 근처까지 다가온 노순의 수군을 격파하고 수도를 위기에서 구하였다. 수도를 뒤흔든 노순의 난은 이 패배를 계기로 하여 급속히 수습의 길로 들어섰다. 추격에 나선 유유의 군대는 그 근거지인 광동을 제압하고, 노순은 북베트남의 하노이까지 도망쳐 411년에 죽었다. 이리하여 두 번이나 수도를 위협하고 10년 이상에 걸쳐 강소성에서 광동성에 걸친 해안지역에 세력을 떨친 도교계의 반란도 종말을 고했다.

이 반란은 특히 해안지역을 근거지로 하였고 이들의 수군과 조선술이 뛰어났다는 점에서 특이한 성격을 가지고 있다. 반란은 처음에 강남 삼각주 지역에서 남방의 토착 한민족의 불만과 불안을 배경으로 크게 퍼져 나갔지만, 남방의 토착 이민족과 수상 생활자도 지지자층으로서 큰 역할을 하였음에 틀림 없다. 교세가 확산된 복건성 등에는 당시 아직 개발이 거의 이루어지지 않은 지역이 많았다. 또한 노순 등이 대유령(大庾嶺)을 넘어 강서와 호남으로 향할 때, 물길을 따라 내려가는 배가 산 속에서 눈깜짝할 사이에 만들어진 것은 그 주변의 계만(溪蠻)이 협력했기 때문이다.

때는 바야흐로 시인 도연명의 『도화원기(桃花源記)』가 쓰여지기 전야이다. 잃어버린 공동체 생활의 회복이라는 이민족의 희망이 손은과 노순 등의 오두미도계의 가르침과 결부되었다고 생각하는 것도 무리는 아닐 것이다.

230

일찍이 한중에서 사천성으로 퍼진 오두미도의 신자 중에 이 지역의 저족 등 이민족이 많았던 점이 이와 마찬가지다.

환현의 초국과 유유의 쿠데타

401년 손은의 수군이 양자강을 거슬러 올라가 경구를 급습하고 수도 건강에 박두하고 있다는 소식을 접한 서부 군단장 환현(桓玄)은, 수도 구원이 라는 명목 아래 군단을 이끌고 양자강 동쪽으로 내려갈 태세를 보였다. 손은은 유유(劉裕)에게 격퇴당하고 환현의 군단은 실제로 수도로 진군하지는 않았지만, 일찍부터 환현과 대립하고 있던 건강정부의 사마원현은 이 같은 환현의 자세를 보고 유뢰지의 북부군을 선봉부대로 삼아 환현 토벌에 나섰다. 이것은 환현의 서부군단을 동쪽으로 내려오게 하는 계기가 되었다.

사마원현(司馬元顯) 타도를 기치로 하여 수도에 박두한 환현의 서부군을 맞이한 북부군의 유뢰지는 싸우지 않았다. 사마원현을 배신하고 환현 쪽에 선 것이다. 그의 배신은 왕공 때의 일과 합쳐 두번째이다. 북부군의 힘을 믿고 있던 유뢰지는 환현과 타협해도 충분히 자립할 수 있다고 생각하였다. 북부군에게 배신당한 사마원현은 완전히 무력해져 버렸고, 수도를 제압한 환현은 사마원현을 죽이고 정부의 실권을 장악했다.

서부군단을 배경으로 한 환현은 단순한 귀족과는 달리 강력한 조치를 취하였다. 유뢰지를 강제로 북부에서 떼어내어 그를 북부의 우두머리 자리에 서 밀어냈다. 유유는 환현에 대한 반항을 계획했으나 이미 때는 늦었다.

유뢰지의 실각 후 환현은 북부군에 대한 탄압을 개시하였다. 예로부터 북부에서 활약한 많은 장군들이 살해되었다. 유유 등은 당시 아직 중견장교로 서 탄압을 모면하기는 했으나 환씨 일족을 장으로 하는 군단에 편입되었다. 환현은 자신의 일족을 배치하여 북부의 여러 부대를 제압하는 데 성공한 것이다.

403년 12월 환현은 드디어 동진의 안제(安帝)로부터 선양 형식을 취하여 제위에 오르고 나라를 초(楚)라고 칭하였다. 이 때 동진은 사실상 멸망한다. 그러나 겨우 3개월 후 404년 2월 유유를 비롯한 옛 북부병(北府兵)의 쿠데타가 일어났다. 3월, 환현은 수도를 버린 채 서쪽으로 도망가고 5월에는 추격군에게 살해되었다. 초국은 반년 만에 무너져 버리고 유유는 또다시 안제를 추대하여 동진왕조를 부활시켰다.

시대적 전환점

이리하여 명목상으로 보면 동진왕조는 420년에 유유가 선양을 받아 송국(宋國) 황제에 오르기까지 20여 년 간 명맥을 유지한다. 그러나 그 동안의 동진왕조란 이미 유유에게는 방패막이에 불과한 것이었고, 실권은 완전히 그의 손에 장악되어 있었다. 따라서 동진은 환현의 찬탈과 함께 사실상 멸망했다고 보아야 한다. 동진이 사실상 멸망을 맞는 4세기에서 5세기로 넘어가는 이 시기는, 강남사회가 하나의 시대에서 새로운 시대로 전환하는 시기와 일치하였다.

즉 사마도자를 둘러싸고 미천한 신분의 사람들이 등장하고 많은 민중의 불만과 불안이 손은·노순의 난으로 발발하였으며 또 그간에 유뢰지와 유유 등 군인의 힘이 전면에 크게 부상하는 등 4세기에 일어난 모든 현상은, 그 때까지 귀족들의 지배하에 억눌려 온 사람들의 힘이 밑으로부터 크게 비등해진 사실을 나타내고 있는 것이다.

본 장의 첫머리에서 기술하였듯이 강남은 원래 후진지역으로, 한민족에게는 개발해야 할 식민지였다. 3세기에서 4세기에 걸쳐 속속 강남으로 흘러들어온 한민족은 원주민과 섞이고 그들을 동화시키면서 강남을 개발해 나갔다. 그러나 후진적인 사회에서의 농민의 기초는 아직 허약했다. 3세기에는 그 같은 조건 위에 개발영주제라고 할 손오정권의 지배체제가 성립하였다. 4세기에도 여전히 기초가 박약했던 이 농민층 위에 화북에서 망명해 온 선진적인 귀족계급은 귀족지배체제를 성립시켰던 것이다.

그러나 의외로 그러한 바탕에서 농민들의 기초는 서서히 단단해져 갔다. 화북의 선진지대에서 도입된 발전된 농경기술은 농경에 적합한 온난한 기온 풍토와 맞물려 강남사회의 생산력을 고양시켰다. 4세기 말에 아래로부터 힘이 비등해진 것의 효과가 점차 나타난 것이다. 이러한 생산력의 고조와 그것을 배경으로 한 밑으로부터의 힘의 강화는 다음 5~6세기에 더욱 더 진전되어 간다.

이러한 상황 변화에 대응하여 귀족지배는 변용을 꾀할 수밖에 없었고, 변용을 강요하는 가장 강력한 힘은 우선 군대의 힘으로서 나타났다. 즉 북부군을 이끄는 유유의 대두, 그에 의한 송제국의 건설은 이미 4세기와 같은 귀족지배체제에 대한 변혁을 의미했다. 장을 옮겨 그와 같은 변용 과정을 살펴보도록 하자.

7.
귀족제 사회의 변용
5~6세기 전반의 강남

송(宋)·제(齊) 군사정권과 귀족

송국의 성립

유유(劉裕)는 363년 봄, 북부군단의 소재지인 경구(京口)에서 태어났다. 아버지는 관청의 하급 서기관으로, 일가는 하루 벌어 하루 먹고 사는 가난한 생활에 쪼들리고 있었다. 간신히 유유를 낳은 어머니는 불행히도 난산으로 목숨을 잃었다. 공복으로 우는 아이들을 앞에 두고, 유모를 쓸 돈조차 없던 아버지는 생각다 못해 몇 번씩 아이를 죽이려고 했다. 마침 그 무렵 막 두번째 아이를 낳은 의붓누이가 이를 보고 아이에게 젖을 물려 주었다. 식구를 줄이기 위하여 자칫 목숨을 잃을 뻔한 유유, 이처럼 가난한 집안에서 태어난 자가 장래 황제에까지 오르리라고는 누구도 상상조차 할 수 없었다.

유유의 선조는 서진 말 전란을 피하여 고향인 팽성현(彭城縣 : 江蘇省 銅山縣)에서 양자강 남안의 경구로 옮겨온 무리 속에 섞여 있었다. 그들은 앞에서 기술한 치감이 이끄는 집단에 속해 있었다고 생각해도 될 것이다. 이들 이민집단이 강력한 북부군단으로 성장해 간 과정에 대해서는 이미 기술한 바 있다. 이 군단이 비수 전투에서 대승을 거두었을 때, 유유는 이미 스무 살을 넘기고 있었다. 그 때까지 손바닥만한 논을 경작하고 짚신행상을 하면서 가계를 돕고 있던 유유는 이 용감한 군단에 들어가 무인으로서 살아갈 길을 택했다. 빈민의 아들 유유가 그 담대함과 용맹으로 두각을 나타내기 시작한 것은 이 군단에서였고, 이 군단의 발전을 기초로 한 것이었다.

399년에 발발한 손은의 난은 유유가 명성을 떨치는 첫번째 기회가 되었다. 한 부대를 이끈 그는 난을 평정하기 위하여 종횡무진 활약하였고, 더욱이 그의 부대는 난폭자가 많은 북부군 가운데 가장 군율이 정연하였다. 민중반란

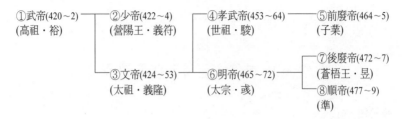

宋朝(劉氏) 계보도

①武帝(420~2) ──── ②少帝(422~4) ──── ④孝武帝(453~64) ──── ⑤前廢帝(464~5)
(高祖·裕)   (營陽王·義符)   (世祖·駿)   (子業)

                   ③文帝(424~53) ──── ⑥明帝(465~72) ──── ⑦後廢帝(472~7)
                   (太祖·義隆)   (太宗·彧)   (蒼梧王·昱)
                                                          ⑧順帝(477~9)
                                                          (準)

이 이 빈민 출신자의 평판을 높이는 작용을 한 것이다. 그런데 402년 사태가
돌변하여 수도를 제압한 환현이 북부군 탄압에 나섰고 이에 반항한 북부
군단장인 유뢰지도 죽음을 맞았다.

그러나 그것이 예로부터 경구와 광릉(廣陵)에 뿌리내리고 살고 있던 북부군
인들의 단결을 그렇게 쉽게 무너뜨릴 수는 없었다. 유유는 지그시 인내하며
때가 오기를 기다리고 있었다. 403년 12월 환현은 동진왕조를 빼앗고 초국을
세웠다. 그것은 북부의 군인을 통합시켜 반기를 들 절호의 구실을 가져다주었
다. "찬탈자 환현을 쳐부수자! 유뢰지의 원수를 무찌르자!" 경구와 광릉,
나아가 수도와 역양(歷陽 : 安徽省 和縣)에 있던 원래의 북부 관계자는 이를
표어로 하여 신중하게 연락을 취하고 쿠데타를 계획했다.

404년 2월 경구와 광릉에서의 쿠데타는 성공하였다. 환현이 파견한 군사령
관은 살해되었고 옛 북부병은 유유 등의 손에 들어갔다. 그들은 곧 수도
건강으로 진격했고 환현은 토벌군에게 죽임을 당하였다. 유유는 이제 영광스
런 북부군단의 총사령관이 되었다. 그는 동진왕조를 재흥시키고 그 핏줄을
황제로 추대했다. 누구도 부정할 수 없는 이 공적은, 원래 신분이 낮은 유유
등 북부의 좌관(佐官) 계층 무장들과 서기관들이 계획한 쿠데타에 의한 것이었
다. 동진왕조가 창건될 때는 귀족인 왕도가 가장 큰 역할을 하였지만 이제
사태는 완전히 달라져 있었다. 4세기가 지나고 5세기에 접어듦과 동시에
주도권은 군부의 손으로 넘어간 것이다.

유유 등과 함께 쿠데타를 일으킨 동료 중에 유의(劉毅)라고 하는 호걸이

劉裕(송무제)

있었다. 그는 유유에게 계속 경쟁의식을 품고 있었다. 약간의 학문적 교양도 갖추고 있던 유의는 귀족들과도 내통하고 있었다. 이 두 사람은 도박에서도 실력을 다투었다. 정(丁)이 나올지 반(半)이 나올지 유의의 눈은 혈안이 되어 있었지만, 주사위의 눈은 항상 유유의 손을 들어주었다. 이 이야기가 상징적으로 보여주듯이 유유는 421년, 원래 서부를 지배하고 있던 경쟁자 유의를 토멸하였다. 이제 국내에서 유유에게 대항할 군사 지도자는 아무도 없었다.

유유는 또 북쪽으로는 남연국을 무너뜨리고(409), 나아가 멀리 장안까지 원정하여 한때 그 탈환에 성공하였다(417). 무력을 기초로 하고, 최강의 권력을 손에 쥔 유유에게 남은 것은 이제 황제의 칭호뿐이었다. 비밀리에 선양의 각본(제4장 참조)이 짜여지고 420년 드디어 일개 빈민 출신 무장의 머리 위에 황제의 관이 찬란하게 빛났다. 동진왕조의 멸망과 송왕조의 성립, 이 새로운 군사정권의 탄생은 귀족사회에도 미묘한 영향을 미치게 된다.

귀족의 군권 상실

그 영향은 우선 정치적 측면에서 군인의 주도권 장악과 귀족의 수동적 입장으로 전환하는 계기가 되었다. 4세기에 군대는 귀족정권의 용병에 지나지 않았으나 5세기에는 정권을 장악하는 데까지 발전했다. 그 경과는 일개

洛神賦圖卷 일부 | 顧愷之가 그린 것이라 전해진다.

빈민인 유유가 제왕의 자리에까지 오른 데서 구체적으로 알 수 있다. 유유는
제위에 오른 후 겨우 2년 만에 병사했으나 죽기 직전에 다음과 같은 2개
조항을 포함한 유서를 남겼다.

一. 경구(京口)는 군사상의 요지이고 또한 옛 수도인 건강에 가깝다. 고로
    황제 내지 근친 이외의 자를 그 장관에 임명해서는 안 된다.
一. 형주(荊州)는 양자강 중류지대의 요충지이다. 황자를 순차적으로 그
    장관에 임명하라.

유서는 송대 전 시기에 걸쳐 상당히 엄격하게 지켜져 유력한 군부는 황족이
장악했다. 이 원칙은 479년에 송을 대체한 남제(南齊) 왕조에서도 대개 유지되
었다. 무력은 일찍이 황제와 무인으로서 성공한 자에게 위임되어 귀족은
무력을 직접 지배할 수 없게 되었다. 이것은 4세기까지와 다른 양상이다.
이러한 의미에서 5세기의 송·제(宋齊) 정권은 군사정권이라고 할 수 있을

것이다.

그렇다고는 해도 귀족이 군부로부터 완전히 배제된 것은 물론 아니다. 중앙정부의 요직은 여전히 귀족이 장악하고 있었고, 마찬가지로 지방군부에서도 참모에 해당하는 자의참군(諮議參軍) 등의 자리는 귀족자제가 처음 임관하는 자리로서 이후에도 오랫동안 귀족이 차지하였다. 그러나 그 곳의 분위기는 동진시대와는 상당히 달라져 갈 수밖에 없었다. 군부의 장관이 교양있는 귀족에서 별로 교양을 갖추지 못한 무인 황족으로 바뀌고, 참군들 중에도 미천한 신분 출신으로 온갖 역경을 겪으며 출세한 무인의 수가 점차 늘어났기 때문이다.

동진 말기, 형주의 서부 장관에 은중감(殷仲堪)이라는 귀족이 임명되어 그 밑에 화성(畵聖)으로 유명한 고개지(顧愷之)가 참군으로 소속되어 있을 무렵, 그 군부의 분위기를 보여주는 일화 하나가 전해지고 있다. 그 곳에 앞 장에서 기술한 환현이 방문했을 때의 이야기이다. 대담을 마치고 쉬는 시간에 다 같이 '요어(了語)' 게임을 시작하였다. 이 게임은 '끝내다[了]'라는 의미를 시구로 나타냄과 동시에 구의 마지막을 '了'의 운에 맞추어 시를 짓는 놀이이다. 사람들이 돌아가면서 시구를 짓기 시작했다.

고개지 : 불이 들을 다 태워 민둥이 되었다(火燒平原無遺燎).
환현 : 백포로 관을 싸고 장례식의 깃발을 세운다(白布纏棺竪旒旐).
은중감 : 물고기를 깊은 못에 던져 넣어 비조를 놓치다(投魚深淵放飛鳥).

다음으로 또 '위어(危語)'를 했다.

환 : 창끝으로 쌀을 씻고 칼끝으로 밥을 짓다(矛頭淅米劍頭炊).
은 : 백세의 할아버지가 마른 가지를 붙들다(百歲老翁攀枯枝).
고 : 우물의 도르레에 아기를 눕히다(井上轆轤臥嬰兒).

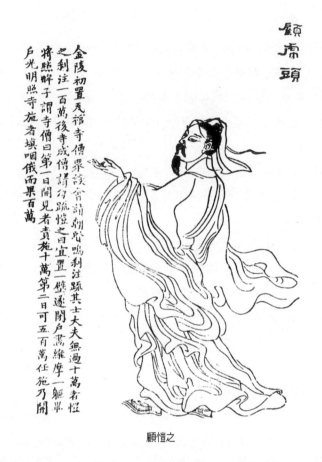

金陵初置瓦棺寺僧眾設會請朝賢鳴刹注䟽其士大夫無過十萬者愷之刹注一百萬後寺成僧謂刹愷之曰宜置一䗍逐閉戶光明照寺施者填咽俄而果百萬戶將鍖醉子謂寺僧曰第一日開見者責施十萬第二日可五百萬任施乃開

顧愷之

이 자리에 있던 은중감 막하의 어느 참군이 말했다.

  장님이 눈먼 말을 타고 밤늦게 깊은 연못에 이르렀다
  (盲人騎瞎馬, 夜半臨深池).

은중감이 말했다. "챗! 심장을 가시로 쑤셔 대는군."
중감은 애꾸눈이었기 때문이다.
여흥 자리에서 남의 불구를 빗대어 말하는 것은 좋은 취미가 아니지만,

심하게 빈정거림을 당한 장관은 "쳇!" 하고 혀를 차면서도 그저 여흥으로 끝을 맺었다. 이처럼 당시 군부에는 아직 여유로운 분위기가 감돌고 있었고, 교양 귀족들의 청담에서도 활발한 인물비평이 행해지고 있었다. 그러나 그로부터 약 30년이 지난 후 같은 형주의 군부는 분위기가 상당히 바뀌어 있었다.

432년 형주의 장관이 된 황족 유의경(劉義慶)은 군부에 교양있는 문인들을 모았다. 그 중에는 삼국의 오(吳) 이래로 소주의 명문으로서 동진시대에도 귀족의 지위를 계속 차지해 온 육(陸)씨의 한 사람인 육전(陸展)이라는 자가 있었고, 또 당시 가장 유명한 시인이자 제1급 귀족 사령운(謝靈運)의 친구인 하장유(何長瑜)라는 인물도 있었다. 육전은 황족 장관에게 꽤 아부를 했던 것 같다. 하장유가 시를 지어 이를 비꼬았다.

육전은 흰머리를 물들여,
시녀의 환심을 살 작정이네,
흑발은 오래 가지 않는 것,
반짝반짝 또 빛나기 시작하네.

군부의 젊은이들 사이에 이러한 인물비평의 시가 퍼져 나갔다. 장관인 유의경은 격노하여 하장유를 유형(流刑)에 처했다. 자유로운 인물비평의 장은 송대에 들어 점점 사라져 갔다. 그리고 귀족들은 동진시대까지 보인 그러한 발랄한 생기를 잃어가는 듯 보였다. 그것은 귀족이 군권을 장악할 수 없게 되고, 군의 힘이 귀족을 크게 압박하게 된 데서 온 것이리라.

원가의 치(元嘉之治)

그러나 귀족지배체제는 3세기 이래의 긴 역사를 가지고 있었다. 그들에게 는 정치체제를 포함하여 자신들이야말로 문화 전반을 담당한다는 높은 자긍심이 있었다. 그들은 광대한 장원을 소유하고 많은 숭배자들을 가지고 있었기 때문에 사회적 세력은 아직 강인했다. 귀족인 사혼(謝混)은 유유의 독점적 지배에 저항하여 살해되었으나 사혼이 소유한 방대한 장원은 몰수되기는커녕, 진에서 송으로의 왕조교체기에도 끄떡 없었다.

한편 무제(武帝) 유유가 죽고 2년 후 제위에 오른 것은 유의륭(劉義隆)으로 문제(文帝 : 재위 424~453)라고 불린다. 연호를 원가(元嘉)로 하는 그의 치세 30년 간은 국내가 잘 다스려지고, 인민은 각각 자신들의 직업에 열중할 수가 있었다.

문제는 그 이름이 나타내듯이 문(文)을 존중했다. 정치는 명문인 왕홍(王弘)·왕화(王華)·왕담수(王曇首)·은경인(殷景仁) 등에 의하여 운영되어 귀족들의 특권을 유지하는 체제가 점점 정비되었고, 사(士)와 평민 신분 사이의 엄중한 구별은 황제의 힘으로도 바꿀 수 없었다. 문제가 총애하는 자 가운데 서기(書記)가 있었다. 문제가 그에게 말하였다.

"사(士)의 신분에 들어가고 싶으면, 귀족인 왕구(王球)에게 가서 부탁하거라. 그가 너의 청을 받아준다면 확실할 게야. 그에게 가거든 내가 말했다고 하고 자리에 앉으면 된다."

그는 왕구를 방문하여 그대로 하려고 했다. 그러나 왕구는 부채를 부치며 이렇게 말했다.

"이봐, 자네. 그것은 아니 되네."

그가 돌아와서 문제에게 보고하였다. 황제가 말했다.

"그럼 나도 어쩔 수 없네."

사와 평민의 구별은 권력과는 차원이 다른 관습법의 영역에 있었다. 문제는 그것을 용인하였고 그것은 실로 문인귀족의 전성시대처럼 보인다. 세상은 이를 두고 '원가의 치'라고 하며 칭찬한다.

그러나 433년 문제 치세 10년째에 일대를 풍미한 시인으로서 명성을 떨친 사령운(謝靈運)이 반역의 죄목을 쓰고 광동의 번화가에서 사형에 처해졌다. 실제로 그가 체포되고 나서 사형에 처해지기까지의 동안에 지었다는 시를 보면, 당시의 송왕조를 폭정으로 악명 높은 진(秦)과 비교하고, 문제를 왕망(王莽)과 같은 찬탈자로 비유하며 앞선 왕조인 진에 대한 충의를 높이 부르짖고 있다. 사서(史書)에 전해지는 그의 행동은 기발하기 짝이 없고 지나치게 비상식적이다. 실로 상실되어 가는 기사도의 이미지를 추구한 돈키호테의 모습과 닮았던 것이다. 그것은 소위 '원가의 치' 뒷면으로, 진조시대의 귀족도(貴族道)가 추락해 가는 것을 시사하는 듯하다.

사령운이 형장의 이슬로 사라지고 얼마 되지 않아, 위진시대의 귀족사교계의 분위기를 생생하게 전하는 『세설신어(世說新語)』라는 서적이 등장하였다. 이 책에서 사령운은 참다운 귀족으로 살아간 최후의 인물로 묘사되고 있다. '원가의 치'는 분명 귀족정치에 최후의 영광을 부여한 시기였다. 그러나 동시에 다가오는 쇠운을 느끼면서 예전의 좋은 시대를 귀족문인에게 떠올리게 하는 시기이기도 했을 것이다. 그러한 회고의 시기에 왕왕 그 때까지의 시대를 부각시키는 책이 등장한 것이다.

한문무인(寒門武人)의 대두

다가오는 쇠운을 귀족에게 느끼게 한 것은, 그 첫째는 설사 문제라 할지라도 거대한 군부의 실권을 다시는 귀족의 손으로 넘겨주지 않았다는 점이고, 두번째는 실권을 잡은 황족에게 줄을 댐으로써 지금까지 한문(寒門)이라고 부르며 업신여겨 온 미천한 무리들의 지위가 높아진 것이다. 귀족들이 사의 신분과 평민의 신분 사이에 관습법으로서 엄중한 구별을 고집한 것은 이들 한문의 대두를 억제하고 자신들의 영역을 침해받지 않으려 했기 때문이다.

이들 한문 출신자는 여러 방면에서 활약하며 두각을 나타냈는데, 역시 처음으로 눈에 띄는 것은 군인이다. 그것은 송조를 세운 유유라는 인물로 상징되는데, 이 군사정권과 연결되어 평민 출신자가 군인으로서 대두하는 것은 자연스러운 과정이었다.

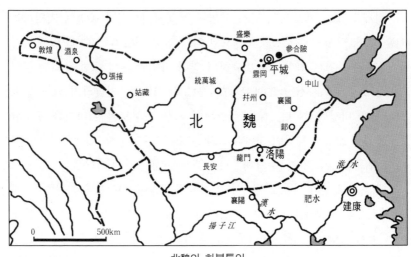

北魏의 화북통일

또 이미 4세기 말부터 중원으로 진출하고 있던 북위(北魏)에서는 문제의 즉위와 해를 같이하여 태무제(太武帝)가 황제에 올라, 적극적으로 5호(五胡)의 여러 국가를 복종시키고 439년의 북량국(北凉國) 정복을 마지막으로 화북통일을 완성했다. 북위의 압력과 정면으로 대결하지 않으면 안 되는 정세 또한 송조에서 군인의 힘을 강화시키는 방향으로 작용하였다.

450년, 문제는 귀족들의 찬성을 얻어 북위토벌 계획을 세웠다. 이 계획에 대해 무인인 심경지(沈慶之)는 완강하게 반대했다. 심씨는 앞 장에서 언급한 오흥 무강의 대호족으로서, 4세기 초부터 유명한 가문이었으나 시골호족으로서 북쪽에서 내려온 귀족들에게 억압당하고 있었다. 심경지는 책에는 손도 댄 적이 없고 글자도 못 읽는, 그야말로 골수 무인이었다. 무장으로서 어전회의에 참석한 그는 그 자리에 있는 귀족들을 매도하면서 문제에게 직언했다.

나라를 다스리는 것은, 예컨대 집을 다스리는 것과 같은 것입니다. 밭일은 머슴에게 맡기고, 베 짜는 일은 하녀에게 시키는 법. 폐하는 지금 적국을 치려고 하면서 백면 서생들과 일을 의논하고 있으니 어떻게 성공할 수 있겠습니까.

문제가 껄껄 웃었다.

창백한 지식층인 공경들과 책은 접해본 적도 없는 무인과의 대결. 그것을 재미있게 바라보는 것은 무인의 피를 이어받았으되 문인을 좋아하는 황제이다. 이 어전회의 모습은 상징적이다. 그것은 군사(軍事)를 떠나 1세대를 경과한 당시 귀족의 백면 서생화와, 군을 배경으로 자신감에 충만한 무인의 의기, 그 사이에서 흔들릴 가능성을 가진 송조 황제의 입장, 이 세 가지를 선명하게 떠올리게 하기 때문이다. 이는 4세기에는 결코 찾아볼 수 없는 모습이다.

북벌은 심경지가 말한 대로 참담한 패배로 끝나고, 북위의 태무제는 수도 건강의 대안(對岸)까지 진출하였다. 다행히 북위 군대가 철수하여 강남은 무사했으나, 강북은 쑥대밭이 되는 피해를 입고 송조는 이후 쇠퇴의 길을 걷게 되었다.

송제(宋齊) 교체

문제가 무인 심경지의 반대에도 불구하고 창백한 지식층의 북벌론을 채용한 것으로 알 수 있듯이 문제 일대는 어쨌든 문치로 기운 시대였다. 그러나 유씨 집안에 잠재한 무인의 피 혹은 무인이 가지는 억제하기 어려운 권력욕의 불길은 5세기 후반에 들어가 연쇄적으로 폭발했다.

453년 문제는 황태자에게 암살되었다. 친위군을 장악한 황태자는 마음에 들지 않는 황족이나 그 밖의 사람들을 계속 희생의 제물로 바쳤다. 그러다가 강주(江州 : 江西省 九江縣)의 군단장으로 있던 황자 유준(劉駿)이 제일 먼저 병력을 이끌고 수도로 달려가 황태자의 친위군을 혁파하고 이 폭거를 분쇄했다. 폭력에는 폭력으로 앙갚음한 것이다. 효무제(孝武帝)가 된 유준(재위

453~464)은 황태자와 그의 네 아들 및 그와 한편이 된 형과 그 아들 세 명을 죽여 머리와 몸통을 따로따로 옥문에 내걸더니 다시 양자강에 던지게 하였다.

아들이 아버지를 죽이고 동생이 형의 일족을 모두 죽인 것이다. 황족 간에 시기심과 의심이 퍼지고, 의심은 의심을 낳아 반란으로 이어졌다. 반란의 두려움은 황제를 더욱 불안케 하여 쓸모없는 피를 계속 흘렸다. 한 차례 시기와 의심에 빠진 효무제는 황족의 반란을 탄압하는 것은 물론이고 의심스러운 형제와 친척을 계속해서 죽음으로 내몰았다.

피에 사로잡힌 권력자는 효무제만이 아니다. 뒤를 이은 전폐제(前廢帝 : 재위 464~465)도 그랬지만, 그를 죽이고 황제에 오른 명제(明帝 : 재위 465~472)는 죽은 형 효무제의 아들을 열여섯이나 죽였다. 효무제에게는 아직 열두 아들이 남아 있었으나 이들은 그 다음의 후폐제(後廢帝 : 재위 472~477)에게 모두 죽임을 당하였다. 순제(順帝 : 재위 477~479)를 비롯하여 살아남은 유씨 일족은 송왕조를 대체한 소도성(蕭道成), 즉 남제 왕조의 창건자 고제(高帝)에 의하여 완전히 사라져 갔다.

아아, 이제 두 번 다시 왕가에는 태어나고 싶지 않다.

송의 한 왕자가 내뱉은 이 비통한 외침은 권력의 가문에 태어난 자의 슬픔을 대변한다.

송조의 멸망은 우선 이러한 황족 내부의 피로 물든 참극에 기인한다. 그 사이에 뻗어 올라오고 있는 한미한 가문 출신 무장의 힘이 증대하는 것은 당연했다. 심경지는 효무제 때 이미 확고한 지위를 차지하고, 전폐제 때는 최고의 관위에 올라 정치에도 큰 발언권을 갖고 있었으나 의심을 받아 죽임을 당하였다. 동족을 신용할 수 없게 된 황제가 다른 성씨의 무장을 신임하고 그로 인해 다른 성씨의 무장이 이윽고 실권을 장악하는 것은 당연한

南齊朝(蕭氏) 계보도

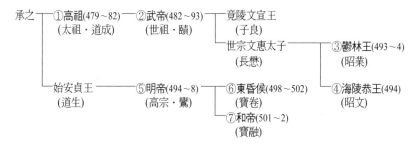

추세였다. 명제에게 신임을 받은 소도성이 드디어 그 열매를 손에 넣었다.

유씨 일족을 모조리 죽여 버린 소도성은 자기 아들인 소색(蕭賾), 즉 제왕조의 무제(齊武帝)에게 유씨 일족의 전철을 밟는 일이 없도록 경고하였다. 이 주의는 무제에게만은 효력을 발휘하였다. 그러나 소도성의 조카인 소란(蕭鸞)이 명제(明帝)가 되었을 때, 피의 참극은 유씨에 못지 않을 정도로 또다시 일어난다. 소도성의 자손은 계속해서 끌려갔다. 아기는 물론 유모도 함께 끌려갔다. 불교신자였던 명제는 향을 피우면서 눈물을 흘렸다. 이미 독약 조제의 명령이 떨어지고 관이 수십 개씩 준비되었다. 밤이 으슥해지고 관뚜껑이 계속해서 닫혀 나갔다. 명제가 향을 피우면서 눈물을 흘린 날은 반드시 그 날 밤 누군가 죽어나갔다.

5세기 후반을 피로 물들인 이 왕실의 참극은 중국역사에서도 좀 비정상적이다. 권력자는 많든 적든 권력을 빼앗기지 않을까 하는 공포심을 품기 마련이다. 빼앗길 염려가 있는 인물을 시기하고 의심도 한다. 원래 시기와 의심이란 자기 권력의 불안정에 비례하여 증대하는 것이다. 송·제 군사정권에서 유력한 군단을 장악한 것은 대부분 황족이었다. 그 안에서 황제는 다른 황족보다 비교적 큰 무력을 장악한 존재에 불과하였다. 틈만 나면 형제라 하더라도 지방의 군단을 이끌고 공격해 올 수 있고, 수도에 살고 있는 황족도 서로 내통할 수 있다. 따라서 여러 무력집단이 할거하는 봉건시대에는 이 같은 권력을 향한 헛된 집념과 시기와 의심이 섞인 비극이 일어나기 쉬운 것이다. 5세기 후반은 소위 중국의 맥베스 시대였다.

권력자를 그처럼 불안정한 상황으로 몰고 간 배경에는 시대의 큰 흐름이 있었다. 미천한 신분을 박차고 올라오려는 사람들의 힘이 사회의 도처에 들끓고 있었기 때문이다. 중앙정부의 측근에는 물론 지방군부에서도 그와 같은 밑으로부터의 힘이 강력하게 작용하기 시작하였다. 지방의 군부에 벼슬하던 사람들은 그 장관을 부추겨 중앙으로 진출하게 하고 황제로까지 치켜세움으로써 자신들이 더욱 출세할 기회를 노리기 때문이다. 앞서 계속 언급한 한문(寒門) 출신 군인들도 이러한 경우였다. 그 밖에 당시의 말로 '은행(恩倖)', 즉 권력자에게 아부하여 신임을 얻은 무리가 있었다. 이와 같은 사람들의 출현도 5세기 후반의 큰 특징이었다.

은행(恩倖)과 상인

은행은 이미 송의 문제 치세인 5세기 전반에도 그 모습을 보였으나, 두드러지게 된 것은 역시 5세기 후반 효무제 때부터였다. 그 대표적인 예로 대법흥(戴法興)이라고 하는 자를 들 수 있다. 그는 원래 저마를 파는 상인의 아들로 자신도 젊었을 때 회계산음(會稽山陰 : 소흥)의 시장에서 칡뿌리를 파는 장사를 하였으나 학문을 좋아하여 그 능력에 의해 아직 황제에 오르기 전의 효무제, 즉 유준의 군부에서 벼슬을 하고 있었다. 그리고 유준이 건강으로 들어가 황제에 오르자 그의 비서가 되어 점차 세력을 키워 나갔다.

이처럼 미천한 출신의 비서들은 동족을 믿지 못하게 된 고독한 황제를 위하여 열심히 잔심부름을 하고 기분을 맞추며 주인의 마음을 기쁘게 하였다. 물론 그들에게도 권력을 방패 삼아 이익을 차지하고자 하는 계산이 있었다.

권력욕에 사로잡힌 황제는 많은 귀족들이 모인 내각에 권력을 위임하고 싶어하지 않았다. 그렇다고 해서 그 많은 정무를 혼자 처리할 수는 없는 일이었다. 위엄을 부리는 귀족들처럼 자기에게 대항할 염려도 없고 마음대로 부릴 수 있는 자를 필요로 했고 그것은 아첨꾼만한 것이 없었다. 따라서

비내리는 크리크

황제는 그들을 신임하고 국가의 대사까지도 맡기게 된다. 호랑이의 위신을 빌린 여우처럼 이들 아첨꾼들은 천하를 불안하게 만들었다. 이와 같은 은행의 활약기는, 바로 5세기 후반 왕들 간에 살육이 난무한 시대에 시작되었다.

이리하여 중앙정계는 뒤에 후원자를 등에 업은 낮은 신분의 은행과 귀족 간의 싸움터로 변해 갔다. 그러나 은행의 세력과 역할이 커진 것은 단순히 황제의 후원 때문만은 아니다. 그에 덧붙여 권력을 등에 업는 것이 실로 큰 이익을 낳는 사회정세가 가로놓여 있었기 때문이다. 즉 당시의 정세는 상업활동이 상당히 번창하였고 화폐소유자가 득을 얻고 있었다. 사실 은행 그 자신이 상인 출신인 경우도 상당히 많았다.

5세기 중엽에는 어용상인이 궁중과 정부기관에 이미 빈번히 출입하고 있었다. 당시 민간에서 유행한 달콤한 연가와 상인을 소재로 한 가요가 궁중에까지 흘러 들어와 유행한 것도 이 무렵부터이다.

인편이 있으면 연락주세요
격해지는 마음은 더할 뿐
우물에 가라앉은 두레박과 같은
날개 잘린 참새 흉내는 싫어요.

당시에 유행한 노래 가운데 하나로, 떠나간 상인을 그리워하는 여인의

棲霞山의 千佛岩 | 南齊시대에 開窟되었다.

연가이다.

수도 건강의 남쪽 입구에는 진회(秦淮)라고 하는 운하가 있어 양자강과 동방 삼각주 지대에 통해 있었다. 그 곳은 오가는 상인선의 발착으로 매우 번잡했는데, 후세에는 홍등가로 번영하여 유명해졌다. 6세기의 『옥대신영(玉臺新詠)』에 보이는 위의 연가는 이미 이 무렵부터 유곽이 있었음을 시사하는 것으로 보인다.

이러한 상인들은 실권을 장악한 은행에게 자주 뇌물을 건네주었다. 은행이 재단할 수 있는 관직이 이들 상인에게 주어지고, 또 상업상의 특권을 허가하는 허가장도 부여되었다. 대신에 은행도 계속 뇌물을 거두어들였다. 은행들은 황제의 명령을 받고 직접 양자강 하류의 삼각주 지대로 파견되어 체납세금과 임시과세를 징수하였다. 이러한 직책을 당시 말로 '대사(臺使)'라고 한다. 소주를 중심으로 하는 삼각주 지방은 가장 생산력이 풍부한 곳이었다. 그들은 대사가 되어 파견되면 이 기회를 놓치지 않고 사리사욕을 채웠다. 징세권을 마음껏 이용하여 뇌물을 받고, 뇌물이 현금이 아닐 경우는 지방관과 결탁하여 곧 팔아 치우거나 혹은 다른 지방으로 옮겨 돈으로 바꾸었다. 대사의 이러한 악랄한 징수는 민중을 피폐화시켰고, 그것은 특히 남제시대에 큰 사회문제의 하나로 대두되었다.

막대한 재산을 축적하게 된 은행은 황족의 저택을 능가하는 큰 집에 살면서 저택 안에는 끝없이 이어지는 운하를 만들고 기녀를 태워 뱃놀이를 하였다. 그들의 소지품이나 옷이 새로 만들어질 때마다 그것은 새로운 유행을 만들어 냈다. 그 호사스런 생활상은 그 옛날 3세기 낙양에서 이름을 떨친 부유한 귀족 석숭(石崇)과 왕개(王愷)의 사치 따위는 발 끝에도 미치지 못할 정도였다.

그들은 바야흐로 가난한 귀족보다 경제력에서 앞서가고 있었다. 그것은 당시 진행중에 있던 경제성장의 파도를 탔기 때문이고, 역으로 금전에 욕심이 없다고 가장하고 싶어하는 긍지높은 귀족은 아무래도 그 파도를 늦게 타는 경향이 있었기 때문이다.

화폐경제의 진전

위에서 기술한 여러 현상들은 강남의 생산력이 고양되고 물자교환 및 화폐유통이 증가했기 때문이다. 상인이 활약하기 시작한 것이나 상인층을 배경으로 하여 은행이 정계로 올라가는 것 모두가 화폐경제의 진전이라는 추세가 있었기 때문이다.

실제로 통화문제는 5세기 전반부터 송왕조의 정부에서 심각하게 논의되어 왔다. 정부와 민간 모두 화폐가 부족했고, 어떻게든 해결을 해야 했기 때문이다. 화폐부족 현상은 물자의 교류가 활발해져 화폐의 필요성이 증대되었으며, 그로 인해 사회에 유통되는 화폐의 양보다도 더 많은 화폐가 필요해졌기 때문이다.

송왕조의 정부는 가장 신속한 방법, 즉 화폐의 질을 점점 악화시켜 법정가치는 그대로 두면서 수량만 증가시키는 방법을 취하였다. 그런데 이런 조치는 결국 민간에서 마음대로 화폐를 주조해도 좋게끔 만들었다. 그렇게 되자 당연히 "악화가 양화를 구축한다"는 그레샴의 법칙이 작동하였다. 양화는 은폐되든가 깎여 점점 질이 나빠지게 되었다. 화폐의 안쪽이 깎여나가면서 거위 눈알만한 구멍이 뚫린 화폐가 점차 등장했다. 이러한 화폐는 '아안전(鵝眼錢)'이라 불린다. 이렇게 되자 화폐제도는 대혼란에 빠져들고, 물가는 급등하여 465년에는 상거래조차 불가능하게 되어 버렸다.

송왕조 정부로서도 이를 방치해 둘 수 없었으므로 화폐제도 정리에 착수하여 이전의 양질의 화폐만 유효하다는 법령을 내렸다. 세금 납입시에는 양질의 화폐만 받았다.

곧 숨겨져 있던 양화가 다시 움직이기 시작하고 그 가치기준이 회복되어 혼란은 가라앉았다. 그러나 정부는 부족한 화폐를 새로이 발행하여 화폐부족을 완화시키려고 하지는 않았다. 남제정부는 오히려 가혹하게 화폐를 걷어들였다. 국가재정의 약 40%를 화폐로 채울 정도가 되었다. 465년까지의 방만한 재정정책과는 정반대인 이 긴축정책은 생산자인 농민에게 큰 타격을 주었다. 484년, 남제 무제의 황자 경릉왕(竟陵王) 소자량(蕭子良)은 이 폐해를 다음과 같이 정부에게 경고하였다.

최근 화폐는 귀해지고 물가는 하락하여, 지금 물가는 이전에 비해 대부분 반값으로 떨어졌다. 농민은 고생고생하며 생산에 주력해도 현금 수입은 적다. 그나마 손에 쥔 화폐는 깎여나간 질나쁜 화폐뿐이다. 그럼에도 정부는 정기적으로 세금을 거둘 때 양질의 화폐로 내도록 강요하고 있다. 악질의 화폐는 받지 않고 규정대로 양질의 화폐로만 납입하라고 하는 것이다. 그렇지만 현재 민간에는 좋은 화폐가 점점 줄어들고 있다. 결국 농민은 이리뛰고 저리뛰며 자기들이 갖고 있는 나쁜 화폐 두 닢을 좋은 화폐 한 닢으로 바꾸어 세금을 낼 수밖에 없다. 가난한 농민들이 갖고 있는 나쁜 화폐는 액면가가 같더라도 값은 반이므로 그들이 받는 고통은 더욱더 심해진다. 반대로 양질의 화폐를 가진 부자는 점점 더 큰 부자가 되어 간다.

정부에 흡수된 양질의 화폐는 물론 재정지출로 사용된다. 정부의 가까이에 있는 자, 즉 황족·관료·은행·어용상인 등은 양질의 화폐 소유자이자 사용자가 되어 더 많은 돈을 벌어들인다. 이에 반해서 정부에서 멀어지면 멀어지는 만큼 악질의 화폐 때문에 손해를 본다.

마치 금융긴축 때 중소기업은 은행에서 좀처럼 돈을 빌릴 수 없는 반면 대기업은 큰돈을 융자받는 경우와 같은 것으로, 오늘날 신용의 이중구조와 유사한 현상이 5세기 강남에서는 화폐의 이중구조로서 나타난 것이다.

이 같은 경제구조 속에서 상거래를 통한 이윤추구가 진행될 때, 정부 가까이에 있는 유리한 계층 가운데에서도 귀족처럼 자존심이 강한 자가 미천한 출신의 눈치 빠른 무장과 은행에게 경제적으로 제압당하는 것은 당연한 추세였다. 세상은 이제 바야흐로 오랜 신분의식으로부터 이해타산에 의한 개인의 이기주의로 기울기 시작하고, 하극상 시대로 향하기 시작했다.

5세기의 총결산

그 같은 5세기 후반이 막을 내리기 직전인 498년 제위에 오른 남제의 동혼후(東昏侯) 소보권(蕭寶卷)은 살육을 일삼은 왕임과 동시에 이 시대의 또 하나의 특징적인 황제의 유형, 즉 정상궤도에서 벗어난 청년 천자의 성격을 전형적으로 드러내었다.

그는 마음 가는 대로 충동적으로 행동하고, 타인과 사회를 전혀 고려하지 않고 오직 젊은 자신의 욕망을 채우는 데 충실하였다. 공포와 시기와 의심의 포로가 되어 살육을 일삼는 왕과 계속하여 순간의 쾌락을 추구하는 정상궤도를 벗어난 왕이라는 이 두 유형은 실은 같은 뿌리에서 나온 것이다. 불안정한 권력과 그 위에 선 자의 불안정한 정신 상황이 그것이다. 신분사회인 봉건시대에 하극상의 기운이 꿈틀거리기 시작할 때, 권력의 자리에 있는 제후와 무인 가운데에서 우리는 가끔 유사한 유형의 인간을 볼 수 있을 것이다.

그러나 하극상의 기운 속에서 지금까지 귀족이 독점해 온 문화가 보다 하층으로 퍼져 나가기 시작하고, 그전까지는 무인집안이라고 경멸당하던 계층에서 교양을 갖춘 사람들이 나오기 시작했다. 일찍이 대각(臺閣 : 尚書 등 중요한 관직)에 포진한 귀족들을 "백면서생놈들!"이라고 꾸짖은 심경지는 읽지도 쓰지도 못하는 무인이었다. 이 심씨 일족은 4세기부터 5세기 중엽까지 무인집안으로 이름을 날렸다. 그런데 5세기 후반에 가까워지자 이 일족에서 심연지(沈演之)와 심약(沈約)과 같은 문인이 나왔으며 특히 심약은 5세기 후반에서 6세기 초에 걸친 당대 최고의 문호였다.

이와 같은 경향은 원래 무가였던 소(蕭)씨, 즉 남제의 황족에게서도 보인다. 그들은 앞선 왕조인 송황실과 마찬가지로 살육왕과 상궤를 벗어난 왕들을 배출하면서도, 한편으로는 그 가운데에서 개명군주들도 배출하였다. 앞서 인용했듯이, 당시 경제의 위험한 움직임을 경고한 경릉왕 소자량이 그 전형적인 예이다.

왕 자신이 불교에도 깊은 이해를 가진 교양인이었고, 동시에 그는 남경의 서쪽 근교에 위치한 계롱산(鷄籠山)의 서저(西邸)라는 저택에 당대 일류의 교양인들을 모아들여 문화사업과 사회사업 등을 벌였다. 이 집단 중에는 귀족과 함께 위에서 기술한 심약 등 새로운 유형의 문인들이 포함되어 있었다. 그리고 가장 주목해야 할 점은 황실의 먼 친척인 소연(蕭衍)이 이 일류의 교양인 그룹에 들어가 있었다는 점이다.

소연은 6세기 전반의 거의 50여 년 동안 남조의 황금시대로 불리는 시대를 연 바로 양무제(梁武帝)이다. 경릉왕의 막하에 있던 집단과 그 곳에서 생겨나기 시작한 개명적인 분위기는 6세기가 되어 양무제 아래서 크게 꽃을 피우게 된다.

남조의 황금시대

양의 건국

서기 500년 막 6세기가 시작된 때, 옹주(雍州 : 호북성 襄陽)의 군단장으로 있던 소연은 수도 건강에서 극도의 폭정을 일삼던 남제의 황제 동혼후(東昏侯)를 타도하는 군사를 일으켰다. 모인 군의 세력은 대략 무장병력 3만 명, 기마 5천 두, 배 3천 척이었다. 이 병력으로는 수도를 공격하기에 상당히 불안했다. 그런데 인근의 유력한 형주(荊州) 군부에 동혼후의 동생 소보융(蕭寶融)이 있었는데, 그는 겨우 13세의 나이로 군단

梁武帝

장의 지위에 있었고 실무는 소영주(蕭穎胄)라는 자가 장악하고 있었다. 그러므로 소영주와 교섭을 벌여 어린 소보융을 꼭두각시로 삼고 형주 군부와 연합하는 것보다 더 나은 방법은 없었다. 결국 이 계획은 성공했다.

501년 2월, 소연은 양양을 출발해서 형주 군단과 함께 양자강으로 내려갔다. 동혼후는 물론 저항했으나 그 해 말 신하에게 죽임을 당하고 수도는 마침내 함락되었다. 소연은 동혼후의 측근을 숙청하고 다음 해 502년 4월, 꼭두각시 노릇을 해온 그 동생을 폐하고 스스로 황제에 올랐다. 양무제의 50년에 가까운 치세는 이렇게 시작되었다. 무제의 정권은 형식상으로는

靈谷寺의 無梁殿 | 양 무제가 건립한 70여 개의 사원 중 하나. 기둥이 하나도 없는 것으로 유명하다.

5세기와 마찬가지로 군단의 힘을 기초로 하여 성립한 군사정권이다. 그러나 5세기 때의 순수한 군사정권과는 성향을 달리하는 양상이 보인다. 즉 5세기에는 정권이 교체될 때마다 대량살육이 되풀이되었지만 이번에는 처음부터 이것을 의식적으로 회피하였다. 개명으로 향하는 움직임 덕분에 사람들은 근심을 거둘 수 있었다.

무제는 일찍이 남제의 경릉왕 소자량의 막하에 있을 때부터 이 개명적인 주군과 교양인 집단으로부터 깊은 영향을 받았다. 무제 자신은 이 집단 속에서 이미 완전한 교양인이 되어 있었다. 그는 학문과 예술에 대해 충분한 이해를 갖고 있었을 뿐만 아니라 스스로 학문을 강의하고 예술성을 갖춘 다재다능한 사람이었다. 동시에 당시의 정치·사회·경제의 여러 문제에 대해서도 역시 소자량 아래에서 일가견을 갖고 있었다. 바야흐로 39세의 한창 물이 오른 장년기에 황제에 오른 소연은 그 포부를 실현하여 이상적인

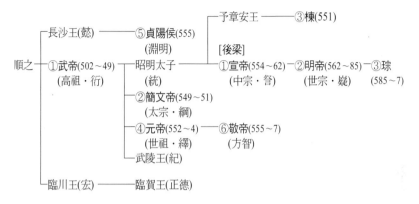

梁朝(蕭氏) 계보도

국가사회를 만들려고 했다.

우선 첫 번째로 오랫동안 친분을 유지한 집단 가운데에 범운(范雲)과
심약(沈約)을 초빙하여 이 두 사람을 중심으로 정부를 조직하였다. 범운과
심약은 당시 일류의 교양인이었으나, 가문으로 볼 때는 일류 귀족은 아니다.
앞 절에서 보았듯이 5세기 후반의 정계에서는 은행들이 큰 해독을 끼쳤기
때문에 이를 개혁하기 위해서라도 또다시 상인적인 은행에게 권력을 맡겨서
는 안 되었다. 동시에 귀족 측도 크게 믿을 수 없었다. 5세기를 통하여 귀족은
백면서생이 되어 버렸고, 이들 창백한 지식층은 진취적인 기풍을 상실하고
안일한 생활에 젖어 정무를 운용할 능력을 가진 자가 드물었다. 무제가
신뢰할 수 있는 사람은 자신과 마찬가지로 5세기 후반에 무장가문과 하급귀족
가문에서 배출된 견실한 교양인이었다. 범운과 심약을 중심으로 하는 무제의
신정부는 이와 같은 층을 기축으로 하여 유능한 인재를 모든 계층에서 결집하
고 그들에 의하여 안정된 정권을 만들고자 하였다. 그러한 방침은 적어도
그 치세의 중엽까지는 일관되었다.

아울러 예제·법제를 정비하여 5세기 동안 흐트러진 귀족사회의 신분질서
를 국가의 손으로 통제하고, 지방군단의 재원도 가능한 한 국가의 지배하에

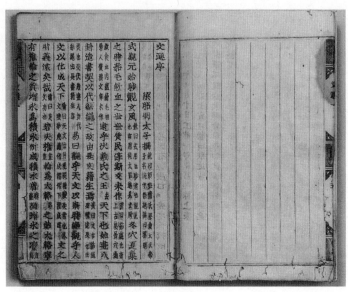

『문선』

두어 점차 통일국가의 형태로 만들고자 노력했다. 그리고 이 국가형성의 기조를 이루는 것은 무(武)에 대신한 문치국가(文治國家)였다.

만개하는 강남문화

무제는 즉위 4년째에 수도에 국립대학을 세우고, 오경(五經)에 각각 박사(博士)의 관직을 두고 학교를 만들어 학생을 가르치게 했다. 오경을 가르치는 학교를 오관(五館)이라고 한다. 국립대학은 송·제 시대에도 만들어진 적이 있으나 모두 오래 지속되지는 못했고 또 귀족자제에게만 입학이 허가되었다. 그런데 무제는 귀족이 입학하는 국자학(國子學) 외에, 오관 쪽은 널리 일반의 수재에게도 개방하고 정원에 제한을 두지 않았다. 또 많은 학생에게 장학금을 지급하고 국가시험에 합격한 자는 곧바로 관리로 채용하였다. 이 시책으로 학문과 교양이 보다 넓은 계층으로까지 전파될 수 있었고, 마침내 이 시책은 수대(隋代)에 시작되는 과거제를 촉진하는 것이었다.

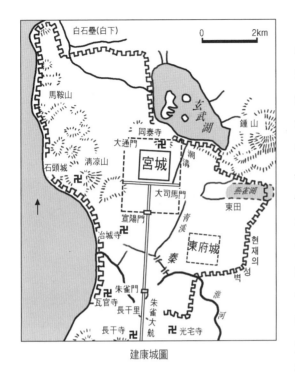

白石壘(白下)

0   2km

馬鞍山

玄武湖

鍾山

同泰寺

大通門

潮溝

清凉山

石頭城

宮城

大司馬門

燕雀湖

東田

宣陽門

青溪

현재의

治城寺

東府城

성벽

朱雀門

秦

淮河

瓦官寺

長干里

朱雀大航

長干寺

光宅寺

建康城圖

이와 같은 학술장려책으로 학문이 발달한 것은 말할 필요도 없다. 더욱이 무제 자신이 대단한 학자이면서 유학·형이상학·불교학에 깊은 조예를 갖고 많은 저술한 것 또한 학문의 발전을 자극했다. 당시의 일반 학풍은 이와 같은 넓은 교양을 갖추고 무엇보다도 우수한 시문을 창작하는 능력을 존중하였다. 소명태자(昭明太子)로 잘 알려진 황태자 소통(蕭統)을 중심으로 하여 편집된 『문선(文選)』은 당시까지의 뛰어난 시문을 모은 시문집이다.

소명태자 사후 새로이 태자가 된 소강(蕭綱)의 궁정에서는 서리(徐摛) 등의 문사가 뛰어난 기교로 앞다투어 화려한 시문을 창작하고 있었다. 그때 이용된 문체는 '궁체(宮體)'라고 불리는데, 이는 저 남제의 경릉왕 소자량 아래 모인 문인들이 만들어 낸 문체27)를 더욱 빛나고 아름답게 발전시킨 것이었다. 그리고 위진(魏晉) 이래의 문학론을 집대성한 유협(劉勰)의 『문심조룡(文心雕龍)』과 고래의 시를 비평한 종영(鍾嶸)의 『시품(詩品)』 등은 문학이론·문학비평 장르에서 큰 수확을 거둔 예라고 하겠다.

---

27) 영명 연간(永明年間 : 483~493)의 문체라고 하는 의미에서 '영명체(永明體)'라고 불린다.

동태사 | 양무제가 자신의 몸을 이 사찰에 기증한 것으로 유명하다. 본래의 사찰의 대부분은 지금은 시정부(시청)으로 바뀌어 있으며, 그 서쪽의 일부분만이 남아 있다.

또 종교 분야에서도 발전이 두드러져 도교에서 도홍경(陶弘景) 등의 거장이 배출되었고, 무엇보다도 불교가 전례없는 번성기를 맞이하였다. 수도 건강과 그 주변에는 오(吳)시대부터 이미 불교사원이 세워지기 시작했고 동진 이후에는 귀족들이 자기 소유의 절을 계속 지은 결과, 양 초기에는 사원 수가 5백에 달했다. 열렬한 불교신자가 된 양무제 시대에는 2백에 이르는 장대하고 화려한 불사가 건립되었다고 한다.

당나라 시인 두목(杜牧)의 유명한 「강남의 봄」이라는 시는 당시의 건강을 회상하며 읊은 노래이다.

천리길에 꾀꼬리 울면서 푸르고 붉은 색이 어우러졌는데
물가의 도시, 산중의 촌락마다 술집 깃발이 펄럭이네.
남조시대에 세워진 사백팔십 군데 사찰은

수많은 높은 건물들이 안개와 빗속으로 흐릿하게 보이네.[28]

그 중에서도 9층 불탑, 3층 고각이 솟은 반야대(般若臺), 여섯 개의 대전과 가지각색의 건물이 점점이 늘어선 동태사(同泰寺)의 당탑가람(堂塔伽藍)은 호화찬란한 것이었다. 무제는 자신이 건립한 이 절에 '삼보(三寶)의 노(奴)'로서 종종 사신(捨身)을 했다. 황제옷을 벗는 대신 법복을 걸치고 재물은 물론 자신의 몸도 동태사에 보시하여 절에서 수업과 잡역 봉사에 종사한 것이다. 사원의 노예가 된 황제를 속신시키기 위해 정부는 몸값을 절에 지불하고 황제를 되사야 했기 때문에, 무제가 사신할 때마다 정부는 1억 전이나 되는 돈을 지불했다. 따라서 당탑가람의 장려함이 극에 달한 것은 당연했다. 이처럼 처음에는 정치에 열의를 가지고 있던 무제도 530년 무렵 70세가 가까워지자 자아를 잊고 결국 불교에 몰입하였다. 537년 수도의 남교(南郊) 장간사(長干寺)에서 대법회를 열고 대규모로 이 절을 조영한 것도 무제가 불교에 몰입하였던 하나의 사례일 것이다.

이것은 막대한 비용의 지출을 동반했을 뿐 아니라 조영에 징발된 민중에게도 큰 부담을 주었다. 그러나 이렇게 해서 만들어진 불전에는 저 동진의 고개지와 어깨를 나란히 하며 이름을 떨친 화가 장승요(張僧繇) 등에 의해서 거대한 벽화가 그려졌다. 높이 50미터에 달하는 와관사(瓦官寺)의 고층 건축, 남제 이후에 저술되어 지금까지 남아 있는 당시의 화론 등 이 무렵에 건축·회화 장르에서도 수준높은 작품이 탄생하였다.

이리하여 강남의 문화는 찬연히 꽃을 피웠다. 이는 문화적으로는 분명 황금시대의 개화였다. 북조 치하의 중국인들은 이 양왕조의 문화에서 중국의 전통을 찾아내고 깊이 동경하였다. 그러나 자세히 들여다보면 거기에는 난숙하면서도 형식화된 징후 또한 느껴지기 시작한 것을 알 수 있다.

---

28) 「江南春」, "千里鶯啼綠映紅 水郭山村酒旗風 南朝四百八十寺 多少樓臺烟雨中"(임창순, 『당시정해』, 소나무, 1999, 188쪽에서 옮김).

대담한 경제정책

문화가 성숙하는 이유는 역시 그 기저에 일정한 정도의 사회안정과 그에 동반된 번영이 있기 때문이다. 무제는 토지를 잃고 고향을 떠난 농민에게는 관유지를 주거나 조세를 감면하거나 농사보호의 칙령을 내리거나 해서 그 보호를 꾀하였다. 그리고 즉위 초에 양질의 새로운 법정화폐를 상당히 강력하게 발행했다. 사실 이 통화정책이 당시의 경제발전과 사회번영에 상당히 효과적인 작용을 하였다.

앞 절에서 우리는 5세기, 특히 그 후반에 화폐경제의 진전이 크게 두드러졌음을 보았다.

송대에 방만한 통화정책 때문에 양질의 화폐가 격감되었음에도 불구하고 송대 말기에서 남제시대에 걸쳐 엄격한 긴축정책을 실시한 결과, 경릉왕 소자량이 지적했듯이 양질의 화폐를 가진 자는 점점 더 부자가 되고 악질의 화폐밖에 쥐지 못한 농민은 점점 가난해져 갔다.

양무제는 소자량의 막하에 있을 때, 이 같은 지적을 듣고 사태의 심각성을 깊이 인식했다. 그래서 즉위 초에 새로운 양질의 화폐를 발행하여 농민의 괴로움을 줄이고 사회의 화폐부족을 완화시키면서 동시에 새로운 화폐로 통일을 이루려고 했다.

이 정책이 양대의 경제성장에 좋은 자극이 되었음에 틀림없다. 그리하여 상거래가 활발하게 이루어지고, 양자강에는 2만 곡(斛)짜리 배라고 할 만한 대형 화물선이 물자를 수송하며 왕래하고 있었다.

그런데 상품의 양이 증가함에 따라 화폐의 수요는 더욱더 증가하는 법이다. 그러나 화폐의 원료인 동이 부족했기 때문에 그 수요에 비해 공급은 턱없이 부족하게 되었다. 523년 무제는 통화를 동전에서 철전(鐵錢)으로 전면적으로 전환한다는 지극히 파격적인 정책을 내놓았다. 관리에 대한 봉급은 모두 이 화폐로 지불하기로 하였다. 이것은 관리의 생활이 백 퍼센트 화폐경제 위에 성립한다는 것을 전제로 한 것이다.

양주의 옛운하

철전은 초기에는 사회에서 보조화폐로서 긍정적으로 작용했을지 모른다. 그러나 철전이란 민간에서도 얼마든지 위조할 수가 있었기 때문에 530년대가 되자 철전의 가치는 급속히 하락하기 시작했다. 결국 철전 정책은 완전히 실패했다. 이 때는 무제도 어쩔 도리가 없었고 그저 되어가는 형편에 맡길 수밖에 없었다.

5세기부터 6세기에 걸쳐 진전된 강남의 교환경제에는 화폐량의 부족이라는 악조건이 붙어 있었다. 그 때문에 앞서 지적한 대로 5세기 동안 정부는 악질 화폐를 발행하고 수량을 증가시켰으나 그것이 실패하자 긴축정책을 취하였던 것이다. 그 결과 양질의 화폐를 쥔 부자들은 더욱 부자가 되었고, 악질의 화폐밖에 손에 넣을 수 없는 하층의 빈민은 더욱 궁핍해져 갔다.

그러나 6세기가 되자 양무제는 적절한 조치를 취하여 이 사태를 완화시켰다. 그러나 그것도 일시적인 완화책일 뿐 근본적인 문제해결은 되지 못하였다. 그러한 완화 상태 속에서 양의 문화가 개화하였다.

그러나 상층계급이 만개한 문화에 취해 있을 동안 빈부의 격차는 더욱더 심해지고 있었다. 철전정책의 실패는 이 경향에 박차를 가했다. 농민의 유망은 더욱 심해지고 실업자가 점차 늘어났다. 이미 어찌할 도리가 없어진 무제는 점점 불교신앙에 빠져들어 도피했다고 볼 수도 있을 것이다.

유망농민과 군대 조직

유망하는 농민은 도시로 흘러들거나 혹은 상인들이 거둬들이는 이익의 자투리라도 얻기 위하여 상인조직의 말단으로 모여들었다. 실업자들이 모여드는 곳은 깡패의 온상이 되고, 깡패조직이 속속 생겨났다. 동시에 실업자들은 군대의 병사모집에 응하여 군부가 지급하는 급여로 살길을 찾는 자가 매우 많아졌다. 이는 당시 각지의 군부가 마음대로 병사를 모집하고 있었기 때문에 가능하였다. 이러한 군부의 병사모집에는 깡패들도 원래의 조직을 그대로 유지한 채 응하였다. 각지의 군대는 이윽고 수백 명으로 이루어진 일종의 깡패집단으로 되어 갔다. 이 같은 세태를 목격한 하지원(何之元)이라고 하는 역사가는 후에 당시를 다음과 같이 회고하였다.

> 양나라의 인민은 대부분 병사가 되어 농업을 버리고 병사로 생활하고 있었다. 그들은 장관의 부하가 되어 악행을 저지르며 죄없는 민중을 잡아들이고 선량한 사람들을 압박했다. 그로 인하여 인민은 유망하였고 도적은 더욱 횡행했다. 이런 상태가 몇 년이나 계속되었고 국가는 심한 위기에 처해 있었다.

그저 깡패와 도적집단이 무수히 발생하는 데 그치지 않고 나아가 양나라 군대 그 자체가 깡패나 마찬가지인 집단을 모아놓은 존재가 되었다고 할 때, 군사령관의 명령하달이 철저히 수행될 리 없었다. 군을 구성하는 각 군단의 실력자는 제각각 자기 마음대로 움직일 가능성을 가지고 있었다. 유망농민은 군대로 흘러 들어가고 군대의 폭행은 농민의 유망을 더욱더 촉진하는 악순환이 되풀이되고 있었다.

파국으로 치닫는 소비열풍과 귀족

이런 상황에도 여전히 무신경했던 황족과 고급 장관들의 상층부는 귀족과 함께 사치에 빠져 무아지경의 날을 보내고 있었다. "일순간의 환락을 위하여 태산같은 재산을 소비한다. 이것이 세상의 풍조가 되고 게다가 날이 갈수록 심해지고 있다"고 당시의 한 식자는 지적하였다. 앞서 기술했듯이 5세기 은행의 호사스러운 생활은 당시 사람들을 경악하게 했다. 그러나 그 같은 사치는 보다 넓은 계층으로 퍼져 나갔다.

소위 상류사회에는 소비열풍이 불고 있었다. 속속 들어서는 사원이나 이 사원에 대한 거액의 회사도 또한 이 무렵 소비열풍의 일종이었다. 무제 스스로 '삼보의 노'가 되어 사원에 몸을 던졌고, 정부는 노예가 된 이 황제를 속신시키기 위해 억만전을 사원에 지불해야 했다. 이것이야 본래 무제의 신앙문제라고 하겠지만, 사회적·경제적 관점에서 보면 이 또한 소비열기를 부채질하는 것이었다.

귀족의 약체화와 파국으로 가는 길

소비열풍은 귀족의 경제력을 약화시켰다. 그 이유는 그들의 경제력은 이러한 소비풍조를 지탱할 만큼 견실한 기반을 이미 상실하고 있었기 때문이다. 5세기 후반 이래 교환경제의 진전은 이미 귀족의 경제적 지반을 점차 무너뜨리고 있었다. 그런데 자만심 높은 귀족에게는 상행위를 경멸하는 경향이 있었다. 그래서 귀족은 현물수입을 화폐로 바꾸기 위하여 번거롭게 상인의 손을 빌릴 수밖에 없었다. 상인들은 그런 번거로움을 받아들이는

제왕출어도

대신 귀족의 특권을 사용하여 상행위에 큰 이익을 얻었다. 예를 들면 귀족의 명의를 빌려 상품을 운반하면 운하의 요소요소에 설치된 검사소의 통과세와 공설시장의 이용세를 면제받을 수 있었다. 이리하여 귀족들의 생활에 화폐가 필요하게 되면 될수록 그들은 상인에게 의존하게 되고, 상인은 그러는 사이에 더 많은 돈을 벌 수 있었다. 실무를 모르는 귀족은 아무래도 속임을 당하기 마련이고 수익이 점점 더 줄어들었다.

양나라 말기 무렵에 사교(謝僑)라고 하는 사람은 원래 제일류의 고귀한 가문 사람이었으나, 어느 날 쌀이 떨어졌다. 그의 아들이 말했다.

"아버지, 『한서(漢書)』를 저당 잡히고 돈을 빌립시다."

사교가 대답했다.

"설사 굶어죽는다 해도 책을 밥값으로 쓰겠느냐."

이 정도로 궁지에 몰린 귀족도 생겨난 것이다.

화폐경제의 진전과 소비열풍 속에서 귀족의 경제력은 약화되었다. 동시에 그러한 경제의 움직임 속에서 농민은 점점 유망하고, 실업자 또한 증대하여 사회불안 양상이 짙어져 가고 있었다. 게다가 양제국의 군대는 실업자 집단이 모인 오합지졸이 되어 내부 분열의 위험을 안고 있었다.

　이제 수레는 가공할 파국으로 치닫는 경사길을 구르기 시작했다. 그럼에도 수레 안에 탄 사람은 여전히 빛나는 양대 문화에 심취해 있었다. 그 때 일어난 것이 후경(侯景)의 반란이었다. 이 난을 계기로 하여 황금시대는 일변하여 나락으로 굴러떨어지게 된다.

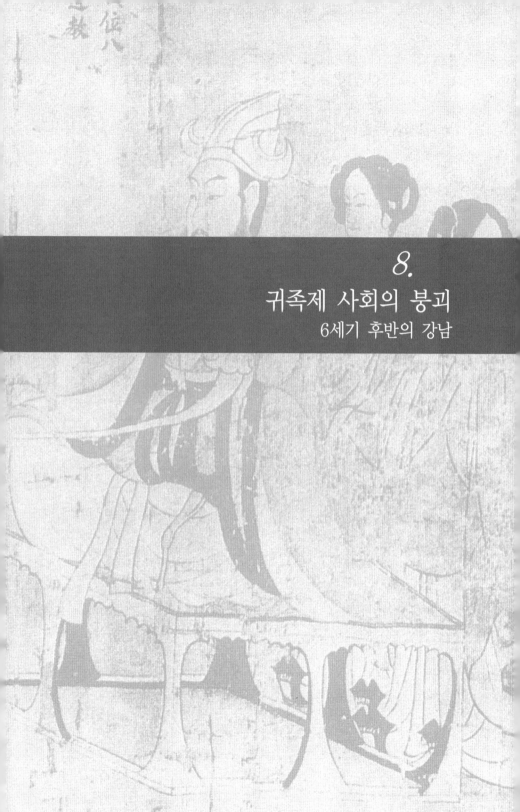

8.
귀족제 사회의 붕괴
6세기 후반의 강남

후경(侯景)의 난

북조의 항장(降將) 후경

547년 북조의 장군 후경이 양제국에 항복 귀순해 왔다. 북방에서는 534년 북위제국이 동서로 분열하여 업(鄴)을 수도로 하는 동위(東魏)와 장안을 수도로 하는 서위(西魏)로 갈렸다. 후경은 산서성 북쪽에서 태어난 자로 원래는 장성의 방위부대에 속한 병사였다. 북위 말기의 대혼란 속에서 무공으로 출세한 그는 드디어 동위의 사실상의 지배자인 고환(高歡) 밑에서 하남 일대의 병권을 위임받아 10만 병사를 이끄는 대장의 자리에까지 올랐다. 그러나 547년 초 고환이 죽고 새로운 통치자가 된 그 아들 고징(高澄)은 군주권을 확립하기 위하여 공신들에 대한 억압과 통제를 강화하여 동위의 공신인 후경은 매우 미묘한 입장에 처하게 되었다. 중앙으로부터 미움을 사고 있음을 안 후경은 동위를 떠나 자신의 세력하에 있는 13주를 이끌고 양으로 귀순할 것을 요청하였다.

이에 대해 양은 이미 10년 전부터 동위와 평화조약을 맺고 사절을 교환하고 있었지만, 싸우지 않고도 황하 이남의 땅을 세력하에 넣을 수 있다는 것은 그야말로 호박이 덩굴째 굴러 들어오는 셈이었다. 무제는 후경의 청을 받아들여 그를 하남왕(河南王)으로 봉하고 이 땅을 양의 일부로 삼는 형식을 취하였다. 동위는 곧 후경토벌군을 보냈다. 양도 무제의 조카인 소연명(蕭淵明)을 사령관으로 삼아 후경지원군을 파견했다. 그러나 전세는 압도적으로 동위의 우세였다. 통제력을 잃은 양의 군대는 도처에서 무너지고 소연명은 포로가 되어 버렸다. 후경도 휘하의 군사들을 잃고 겨우 패잔병 8백여 명을 모아 수춘(안휘성)까지 도망했다. 양으로서는 후경이 가져온 달콤함이 1년도 채

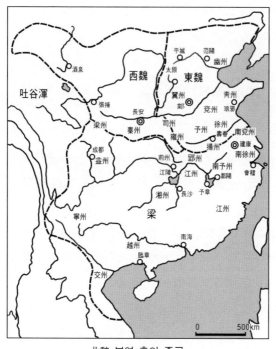

北魏 분열 후의 중국

안 되는 사이에 완전히 그림의 떡으로 변해 버린 셈이다.

해가 바뀌어 548년, 북으로 연행된 소연명이 숙부인 무제에게 사절을 보내왔다. 동위는 양과 화평을 원하고 있다는 내용이었다. 실은 동위가 소연명에게 그러한 사절을 보내게 한 것이었다. 양에서는 논의 끝에 6월에 평화사절을 동위로 파견했다. 겨우 8백여 명의 부하를 거느리고 있던 후경으로서는 매우 불안하기 짝이 없는 일이었다. "동위를 배신하고 양에 의탁하였는데, 그 양이 나의 적인 동위와 우호관계를 맺게 되면 나는 어찌 되는가. 소연명이 보낸 사절이 양에 왔다면, 동위 쪽에서 나의 목숨과 맞바꾸어 소연명을 귀국시키겠다는 제안을 했을지도 모른다. 양이 동위에게 사절을 보냈다는 것은 더욱 이상하다. 이제 가만히 있을 때가 아니다"는 것이 후경의 심정이었다.

수도 건강의 함락

후경은 비밀리에 전투 준비를 갖추었다. 양무제에게 불만을 품고 있던 조카인 임하왕(臨賀王) 소정덕(蕭正德)과도 교섭을 했다.

548년 8월 드디어 후경은 황제 측근의 간신 제거를 내걸고 수춘에서

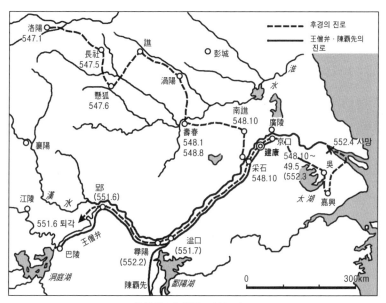

洛陽
547.1

長社
547.5

誰

彭城

渦陽

懸狐
547.6

南誰
548.10

淮
水

廣陵

襄陽

壽春
548.1
548.8

京口

552.4 사망

建康 548.10~
采石 49.5
548.10 (552.3)

吳

江陵

漢 水

郢
(551.6)

太湖

嘉興

551.6 퇴각

王僧弁

巴陵

尋陽
(552.2)

湓口
(551.7)

洞庭湖

陳覇先

鄱陽湖

0   300km

---- 후경의 진로

── 王僧弁·陳覇先의
     진로

侯景의 난 주요 지역 지도

군사를 일으켰다. "군대는 빠른 것을 숭상한다(속전속결)"는 말처럼 9월, 그는 겨우 천 명 정도의 군사를 이끌고 수춘을 출발하여 곧장 수도 건강으로 진격했다.

양조 조정에서는 처음에는 이들 반란군을 얕잡아 보고 있었다. 그러나 임하왕의 인도로 간단히 양자강을 건넌 후경의 군대가 10월 수도로 공격해 들어오자 수도방위대는 당황하며 수비에 임했으나, 기세를 올린 후경군에게 쫓겨 궁성으로 도망쳐 들어왔다. 그 후 궁성을 제외한 건강은 후경군에게 제압당하였고, 그로부터 다음 해 3월까지 5개월 가까이 처절한 궁성공방전이 계속되었다.

궁성 안에 틀어박힌 시민 10만과 병사 2만은 장군 양간(羊侃)의 지휘하에 싸웠다. 궁성공략에 시간이 걸리겠다고 생각한 후경은 노예해방령을 내림과 동시에 건강 시내의 약탈을 허락하고 은상(恩賞)을 뿌려 사람들을 모았다. 무수히 많은 사람들이 이 은상에 혹해 후경군의 행동에 참가하였다. 앞서

진회하

기술했듯이 당시의 도시에는 실업자가 매우 많았기 때문이다. 그들은 평소에
빈부의 심한 격차 속에서 부자들에 대한 증오심을 계속 키워가고 있던 참이었
다. 후경군의 수도 침입은 그들의 불만에 불을 붙여, 후경군의 병사와 함께
환호성을 지르며 귀족과 부자의 저택을 습격했다.

번화가였던 진회하(秦淮河) 일대를 비롯하여 건강 시내와 그 주변은 파괴와
약탈, 폭행의 거리로 변해 버렸다. 마치 폭력적인 사회혁명과 유사한 양상을
드러낸 것이다. 겨우 1000명 정도의 병사를 이끌고 양자강을 건너 수도로
진격해 온 후경군은 이제 10만에 가까운 대군으로 불어나 있었다.

궁성 안은 식량부족 현상이 점점 심각해졌다. 사람들 몸에는 부종이 생기고
영양실조로 쓰러지는 사람들이 늘어 갔다. 사체가 길을 메우고, 묻을 수도
없었기 때문에 "시체 썩은 물이 개천에 가득한" 그야말로 비참한 상황이었다.

549년 3월 궁성은 결국 함락되었다. 이미 86세의 고령이었던 무제는 후경에
게 식은 땀을 나게 할 만한 위엄은 아직 간직하고 있었지만 유폐된 채 그
해 5월에 분사했다. 황태자인 소강(蕭綱)이 제위를 이었다. 간문제(簡文帝)라
고 불리는 그는 2년 후 후경에게 살해당하게 된다.

통일의 붕괴

북쪽에서 도망쳐 온 패장 후경이 1천 명 정도의 병사를 이끌고 남조 가운데

南京 梁 蕭景墓의 石獸

에서도 가장 번영을 구가하던 양제국의 수도를 기습 공격하여 4개월 동안의 포위전 끝에 이를 굴복시켰다는 것은 경이적인 성공이었다. 그것이 성공한 첫번째 이유는, 그가 수도 및 그 주변의 실업자들을 선동할 수 있었던 데 있다. 그러나 물론 이유는 그것만이 아니다.

두번째 이유는 양제국의 군대 그 자체가 내부 분열에 처해 있었기 때문이다. 실제로 5개월 가까이 궁성공방전이 전개되는 동안 수도를 구원하기 위해 속속 달려온 각지의 양국 군대의 수는 수십만에 이르렀지만, 그들은 수도를 멀찍이서 포위만 할 뿐, 숫적으로 훨씬 약세인 적을 공격하지는 않았다. 산발적으로 소부대씩 흩어져서 공격할 뿐, 체계적인 행동은 전혀 이루어지지 않았다. 구원군 사령관은 궁성함락을 방관하고 있었다. 그리고 궁성을 점령한 후경이 조칙이라고 칭하며 "각지의 군단은 각자 임지로 복귀하라"는 명령을 내렸을 때 그들은 다행이라 여기며 철수해 버렸다. 간문제가 "이미 충성스런 군대는 없다"고 한탄한 것은 당연하였다.

양제국의 군대는 통제가 완전히 무너진 오합지졸에 지나지 않았다. 수도의 함락과 무제의 죽음은 양제국의 중심을 괴멸시켰다. 중심을 잃은 양의 군대는 이후 완전히 분열되었다. 각 부대의 실력자가 각각의 이해관계에 따라서 제각각 움직이기 시작하고 사회는 대혼란으로 빠져 들어갔다.

세번째 이유는, 긴급사태에 대처하고 사람들을 지휘해야 할 입장에 놓인 관리와 귀족 등이 놀라울 정도로 유약해져 있었다는 점이다. 양대에는 귀족자제와 고급관리들이 완전히 여성화되어 있었다. 옷에 향수를 뿌리고 분과 연지를 바르고 하이힐 비슷한 신발을 신고 다녔다. 거리에 나갈 때는 수레를 타고 집에 있을 때는 시종에게 몸을 맡기고 아무일도 하지 않는 것이 보통이었다. 그러니 말타기 같은 것은 생각조차 못했다. 심지어 수도 건강의 어떤 최고 책임자는 말이 "히힝!" 하며 발길질을 하는 것을 보고 무서워 벌벌 떨며 이렇게 말했다고 한다.

"저건 호랑이다. 왜 말이라고 부르는 것인가!"

후경이 수도를 공략해 들어왔을 때 수도 남교의 주작문(朱雀門)을 지키고 있던 유명한 문사 유신(庾信)이 철면(鐵面)을 쓴 적병을 보고 놀라 쏜살같이 도망친 것도 당시 풍조를 생각하면 당연하였다.

이상으로 후경이 의외의 성공을 거둔 이유를 세 가지 정도 들어보았는데, 어느 것을 보든 양대 사회의 밑바닥에서 진행되고 있던 여러 모순과 약점이 후경의 일격으로 백일하에 드러났음을 알 수 있다.

실제로 후경의 난이 548년에 발발한 이후 그 때까지의 황금시대와는 전혀 양상을 달리하는 비참한 대혼란이 끝없이 계속된다. 후경은 552년에 살해당하고 557년에는 벼락출세한 시골무사 진패선(陳覇先)이 진왕조(陳王朝)를 세우지만 그 때까지도 사회의 혼란은 여전히 수습되지 않았다. 그러다가 강남 일원에 평화가 찾아온 것은 후경의 난이 발발하고 20여 년이 지난 560년대 중엽이었다. 그 때에 이르러서야 진왕조는 강서성 동부에서 절강성

소경 묘 석주

남부 및 복건성에 걸친 넓은 지역에서 서로 연계하며 각각 독립해 있던 주적(周迪)·유이(留異)·진보응(陳寶應)을 우두머리로 하는 세 개의 무뢰 집단을 겨우 무너뜨릴 수 있었다.

그러면 6세기 전반 50년간의 황금시대와는 완전히 대조적인 이 20년에 가까운 대혼란기에 사회에는 도대체 어떤 현상이 일어났을까. 우선 이 시대에 귀족계급은 완전히 몰락해 버렸다.

귀족의 몰락

귀족의 참상

유약해진 귀족이 전쟁의 대혼란 속에서 얼마나 허약한 존재였던가는 쉽게 상상할 수 있을 것이다. 후경의 수도 침입과 함께 계속된 반년에 가까운 공방전과 약탈·폭행은 번영의 최전성기를 구가하던 건강의 도회지역과 그 주변을 철저히 황폐화시켰다. 551년 무창(武昌) 전투에서 후경군에게 붙잡힌 안지추(顔之推)는 건강으로 끌려와 그 참상을 목격했다. 그는 장가(長歌)에서 이렇게 읊었다.

포로가 되어 옛 땅 건강에 돌아와 보니, 이 곳은 오랑캐놈에 짓밟혀 있다. 선조의 사당을 보니 폐허가 된 수도를 마음 아파하는 옛 서리(黍離)의 시가 떠오르고, 황폐한 마을을 보니 무너진 은나라의 수도를 영탄하는 맥추(麥秋)의 노래가 생각나 서럽다. 군대의 북은 엎어져 사용하는 이 없고, 일찍이 위대한 공훈을 기념하여 만들어진 종도 부서져 땅에 떨어진 채로 있다. 들판은 온통 바싹 말라 시들고, 인골은 널부러져 있고, 마을은 인적이 끊겨 퇴락하고, 밥짓는 연기도 보이지 않네. 옛날 백가(百家)의 명족들, 지금은 친족 모두 어디로 갔는지 흔적도 없다. 어딘가에서 살며시 왕소군(王昭君)의 비애를 연주하는 소리가 들리고, 수치를 당한 귀부인의 한스러운 거문고 소리가 들린다. 일찍이 우리 조부들이 살았던 장간(長干)의 거리를 지나니 우울한 마음 풀 길 없고, 선조 대대의 묘지백하(墓地白下)를 참배하니 떠나기 어려운 마음에 사로잡힌다……

황폐한 건강은 이미 생기를 잃어 버렸다. 겨우 살아남은 사람들은 극도의 생활고에 빠져 있었다. 『옥대신영(玉臺新詠)』의 편자로 유명한 문인 서릉(徐陵)은 당시 동위에 사절로서 파견되었다가 귀국하지 못하고 있었는데, 그 동생 서효극(徐孝克)은 자신의 처를 후경의 부장에게 시집보내고 자신은 승려가 되어 집집을 돌아다니며 걸식하면서 겨우 생명을 연명할 수 있었을 정도다.

서위의 강릉 공략

당시의 지방군단 가운데에서도 양자강 상류의 강릉(江陵)에 있던 소역(蕭繹)의 군단은 가장 큰 세력을 이루고 있었다. 소역은 간문제의 동생으로, 수도가 후경에게 좌지우지되자 양왕조를 그리워하는 사람들은 모두 그에게 기대를 걸었고, 양의 관리였던 자들이 속속 강릉으로 모여들었다.

소역은 부하인 왕승변(王僧弁)을 대장으로 하여 후경 토벌군을 조직했다. 그리고 마침 광동 방면에서 북상해 온 진패선의 군과 연합하여 552년 보기좋게 후경을 무너뜨리는 데 성공하였다. 소역은 후경에게 살해된 간문제의

青瓷蓮花尊 | 南朝

뒤를 이어 강릉에서 제위에 올랐다. 그가 원제(元帝)이다. 이렇게 되자 양의 백관이 점점 더 강릉으로 모여들었다.

그런데 그 때 호북성 양양의 군단장으로 있던 소찰(蕭詧)이 숙부인 원제와 사이가 나빠 숙부에게 대항하기 위하여 북조의 서위와 손을 잡았다. 양이 대혼란에 빠진 것을 보고 남방으로 진출할 기회를 노리던 서위로서는 소찰이 자기 편에 붙은 것은 그야말로 절호의 기회였다. 554년 서위의 대군은 이 호기를 이용하여 대거 강릉을 향하여 공략해 들어갔다.

왕승변이 이끄는 강릉군단의 주력은 후경을 토벌하기 위하여 건강으로 진격한 채 아직 돌아오지 못하고 있었다. 강릉은 잠시도 버티지 못하고 포위 점령되었다. 원제는 살해당하고 여기에 모인 양의 백관은 일반 서민과 함께 쫓기다 포로로 사로잡혀 서위의 근거지인 섬서성으로 납치되었다. 그 수는 10만 이상에 달했고, 도망친 자는 겨우 2백 가 정도에 지나지 않았다고 한다. 앞서 이름을 언급한 바 있는 안지추도 그 가운데 한 사람이었다. 이 사건은 건강의 황폐화에 이어 남조귀족의 중추를 파괴시킨 두번째 대사건이었다.

그 이유는 귀족들이 대혼란기에 자립할 만한 경제적·사회적 기반을 지방에 갖고 있지 못했기 때문이다. 그들은 장원에 대한 지배력을 이미 상실하고 있었고 정치력도 없었다. 학문·교양조차 별 볼일 없게 되었다. "이들 귀족자제는 뿌리 없는 풀처럼 전쟁 속에서 우왕좌왕하며 개골창에서 객사하게 되었다"고 한 것은 안지추가 후에 반성하며 통렬히 비판한 말이다.

잔존귀족의 지위와 역할

그렇다고 해서 동진 이래의 명문 낭야(琅邪) 왕씨와 진군(陳郡) 사(謝)씨 등이 모두 혼란기에 사라져 버린 것은 아니다. 살아남은 일부 귀족들은 진왕조를 섬기며 역시 고위의 고관 자리를 꿰차고 있었다. 그러나 그들의 행동을 상세히 들여다 보면, 진조의 정책결정에 거의 영향력을 끼친 흔적이 없다. 즉 정치력은 이미 귀족의 손을 떠나 있었고, 실제로 정치를 움직이고 있던 것은 훨씬 아래 계층이었다. 다음 절에서 기술할 것처럼 진왕조를 구성한 사람들 자체가 시골출신의 무사 무리였던 것이다.

시골출신 무사들이 살아남은 소수 귀족을 고위직에 둔 것은, 자신들의 정부를 거실장식품처럼 문화적으로 치장한 데 지나지 않은 것이었다. 황량한 전란 뒤 가버린 황금시대의 세련된 문화의 향기를 전하는 귀족은 역시 희소가치를 지니고 있었고, 그러한 고상한 것들과는 동떨어져 있던 시골출신 무사에게 그것은 경멸해마지 않을 나약함임과 동시에 역시 마음 끌리는 미적 가치의 상징이었다.

어쨌든 거실장식품으로서이기는 하지만 높은 지위를 얻은 소수의 귀족은 그래도 다행이지만 그런 곳에조차 오를 수 없었던 귀족은 매우 비참했다. 강남귀족의 전형이었던 사안(謝安)의 9대째에 해당하는 적계 자손 사정(謝貞)은 죽기 직전에 먼 친척의 아들에게 다음과 같은 유언을 남겼다.

나는 소년 시절에 아버지를 여의고 열넷에 외가쪽 친척의 손에 자라났다.

열여섯에 후경의 난으로 시작된 대혼란을 만나 멀리 북방나라에 납치된 채 20여 년을 보냈다. 그 참담한 세상사를 하늘에 호소하고, 몸둘 곳 없음을 생각하고 한결같이 느끼는 바가 있었다. 고향에 돌아와 어머니를 모시고 선영을 지킬 수 있다면 그것으로 내 본분은 충분했다. 그런데 뜻밖에도 조정에서는 이 빈약한 나에게 훌륭한 관위를 내려주셨지만(이는 겸손의 말이다) 죽어도 그 은혜에 보답할 수 없다. 이제 다시 어머니를 여읜 슬픔 속에서 죽음이 눈앞에 다가와 있다. 조용히 흙으로 돌아가는데 특별히 여러 가지로 번민할 것도 없다. 숨을 거둔 후 곧 사체를 들판에 버리고 불가(佛家)에서 말하는 시타림(尸陀林 : 風葬)의 방법을 쓰면 실로 고맙겠지만, 그저 너무 특이한 방법이 아닐까 염려된다. 그러니 얇은 판자로 몸만 들어갈 정도의 관을 짜고, 백목으로 만든 수레에 실어 거적으로 싸서 산에 구덩이를 파서 묻어다오. 또 나는 형제도 적고 다른 자손도 없다. 내 아들 사정(謝靖)이 아직 어리고 세상 일에 미숙하니 단 3개월만 분향대(燒香臺)를 두고 향수를 바쳐 형제의 정을 다해 주면 좋겠다. 그것이 끝나면 그런 것들은 곧 치워 버리고 쓸데없는 일은 하지 말라.

동진 이래의 귀족사회에서 그토록 눈부신 존재였던 사씨 가문은 585년 사정이 고독과 빈곤 속에서 쓸쓸히 죽은 후 정사(正史)에서 완전히 모습을 감추게 된다. 위에서 든 유언은 실로 남조귀족의 몰락을 상징하는 문장이라 할 수 있다.

그렇다면 몰락해 가는 귀족 대신 어떤 사람들이 들어섰을까. 그 대표적인 존재 가운데 하나가 진왕조를 세운 진패선과 그와 비슷한 시골출신의 무사들이었다.

진(陳)왕조의 흥망

진패선의 대두

진패선(陳霸先 : 503~559)은 태호(太湖)의 남쪽, 오흥군(吳興郡) 장성현

陳武帝

陳霸先

(長城縣 : 현재의 浙江省 長興)의 미천한 집안에서 태어났다. 처음에는 마을사무소에서 근무하다 이후 도읍으로 나가 관청의 기름 창고지기가 되었고 이어 소영(蕭映)이라는 후작을 섬기면서 그의 명령을 전하러 다니는 심부름꾼이 되었다. 젊어서 이런 직업을 전전했다는 사실은 귀족의 입장에서 보면 매우 천한 신분에 속한 사람임을 나타낸다.

그는 열심히 일하여 점차 소영의 인정을 받았다. 소영이 오흥군의 장관에서 광주(광동)의 군단장 겸 주장관으로 지위가 올라감에 따라 그 밑에 있는 진패선도 지위가 올라, 광주에서는 소영의 중직병참군(中直兵參軍)이라는 자리에 올랐다. 군단장의 측근 참모 겸 부대장에 해당하는 직책으로서 그는 명령을 받아 1000명 정도의 병사를 모집하고 그 대장이 되어 광주와 북베트남에서 계속 군공을 세웠다.

점차 그가 지휘하는 병사의 수가 늘어나 결국에는 고요현(高要縣 : 광동성 德慶의 동쪽)의 장관을 겸하게 되었다. 549년이 되자 소영을 암살하고 군단장 자리를 빼앗은 원경중(元景仲)을 공격하여 그를 자살케 한 후, 그는 새로이 소발(蕭勃)을 군단장으로 세울 정도로 실력을 갖추게 되었다. 이미 광주에서 군단장은 무력한 존재이고 대신 그 부하인 진패선이 실권을 장악한 것이다.

중앙에서는 549년이라고 하면 후경이 수도 제압에 성공한 해이다. 앞에서 보았듯이 수도 구원차 달려온 양제국의 군대는 통제가 불가능한 오합지졸에 지나지 않았다. 군사령관의 명령은 하부에까지 철저히 하달되지 못했고, 각 부대를 이끄는 실력자가 각각의 이해에 따라 제각각 움직이는 상황이었다. 후경이 소수의 병사로 양제국을 와해시킬 수 있었던 하나의 큰 원인이 거기에 있었음은 이미 살펴본 대로이다.

제국군대의 내부는 이처럼 분해되고 있었고, 이는 중앙에서 멀리 떨어진 광주에서도 마찬가지였다. 군사령관인 원경중과 소발은 이미 그 부하인 진패선의 세력에 제압당해 있었던 것이다.

광주군부의 실권을 장악한 진패선은 이어 광동의 북방 태유령(太庾嶺) 산맥의 남쪽 기슭에 위치한 시흥(始興) 지방의 혼란을 평정하고 그 지방 토호들의 마음을 사로잡으며 그 곳으로 흘러 들어와 있던 무뢰배들을 자신의 군대로 흡수하는 데 성공했다. 550년 수도 건강을 제압한 후경을 토벌하기 위하여 시흥을 출발했을 때, 진패선 군대의 중핵을 이룬 사람들은 이들 시흥의 토호들과 무뢰배였다.

진패선의 군대는 강서성 태유현(江西省 太庾縣) 부근까지 진출했으나 그 주변에는 여러 세력이 흩어져 있었기 때문에 그들이 가는 길에 방해가 되었다. 양제국의 통일이 무너진 후에는 진패선과 같은 성격을 가진 세력이 각지에 생겨나 각각의 이해에 따라서 행동하고 있었기 때문이다. 552년 진패선은 이들 세력을 타도하고 공강(贛江) 연안의 남창(南昌)으로 내려가 파양호(鄱陽 湖)가 양자강과 이어지는 구강(九江)으로 나왔다.

마침 당시 가장 유력한 군단을 이끌고 있던 강릉의 소역(蕭繹)은 그 부장인 왕승변(王僧弁)을 지휘관으로 삼아 후경 토벌군을 양자강변으로 내려보냈다. 진패선은 구강에서 이 왕승변의 군대와 동맹을 맺고 서로 힘을 모아 552년중에 후경을 토멸하고 건강을 탈환했다. 그 해 소역은 강릉에서 제위에 올랐다. 그를 원제라 부르는데, 왕승변이 이끄는 군대의 주력이 건강에 머무르고

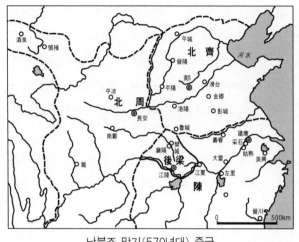

남북조 말기(570년대) 중국

있을 동안 554년 서위의 대군이 강릉으로 공격해 들어와 원제가 덧없이 최후를 마치고 그 때 강릉에 모여 있던 양의 귀족들이 대부분 북방으로 납치되어 갔음은 앞서 기술한 바 있다.

진조의 성립

552년 건강을 탈환한 이래 진패선 등은 왕승변의 군대와 함께 건강에 주둔하고 있었다. 왕승변은 원제에게 직속하는 부장이었고 또 그 군단은 원제 휘하의 주력을 이루는 강력한 군단이었으므로, 아무래도 건강에서의 주역은 왕승변이었고 따라서 진패선은 보좌역의 입장에 머물 수밖에 없었다. 그러나 554년의 강릉함락으로 원제가 서위 군대에게 살해당하자 그 후 제위계승 문제를 둘러싸고 건강에서는 복잡한 문제가 발생하였다. 그것은 북조세력이 강남으로 크게 덮쳐 왔기 때문이다.

후경의 난으로 시작된 강남의 대혼란은 북조의 여러 세력이 남쪽으로 힘을 뻗칠 수 있는 절호의 기회를 가져다주었다. 554년 서위의 대군이 강릉을 함락한 사실은 그 전형적인 예이다. 이후 서위[29] 세력은 양자강 중류에서 그 북안에까지 달하였다. 원제의 조카인 소찰이 서위와 손을 잡은 것은 앞에서 설명하였으나 서위는 강릉을 함락시킨 후 소찰을 양국의 후계자로

---

29) 557년에는 우문(宇文)씨의 북주왕국(北周王國)으로 바뀐다.

加彩俑 | 北齊. 北方胡族의 풍속을 나타내고 있다. 1971년 河南省 安陽 출토

삼고 여기에 괴뢰정권을 세웠다. 이를 세상은 후량국(後梁國)이라고 부르는데, 587년 수문제(隋文帝)에게 멸망당할 때까지 약 30년간 명맥을 유지하지만 실제로는 서위·북주의 군대가 강릉을 억압하였고 나라는 완전히 꼭두각시에 지나지 않았다. 이러한 사정은 양자강 하류지방에서도 마찬가지여서, 북제의 압력이 크게 덮쳐 온 것이다.

강릉이 함락되고 원제가 살해당하자 왕승변은 진패선과 함께 원제의 아홉 번째 아들 소방지(蕭方智)를 왕으로 세우기로 하여, 555년 겨우 열세 살 난 소방지가 건강에서 즉위했다. 이를 경제(敬帝)라고 한다. 그런데 마침 그 때 북제가 포로로 데려간 양왕실의 한 사람인 소연명을 양국 황제로 맞이하라며 군대의 힘을 빌어 왕승변에게 압력을 넣었다. 소연명은 앞서

陳文帝(陳蒨) | 『帝王圖』

기술했듯이 양무제의 조카로서, 처음 후경이 동위를 배신하고 양으로 내려왔을 때 무제가 후경을 지원하여 동위를 치기 위해 파견한 양의 북벌군 총사령관이었다. 그러나 북벌이 실패하여 동위에 붙들렸다가, 550년 북제가 동위를 대신해서 들어서면서 북제에 잔류해 있었던 것이다.

왕승변은 그 요구를 거절했다. 그러자 북제군은 소연명을 데리고 남하하여 왕승변 휘하의 군대를 격파하고 양자강 북안 강변에 도달하였다. 결국 왕승변은 압력에 굴복하고 소연명을 양국의 황제로 맞아들이기로 했다. 단 소연명을 호위하여 양자강 남쪽으로 건너는 병사는 천 명으로 제한하고, 그 이외의 북제군은 모두 강북에 머물 것, 지금 막 제위에 오른 경제(敬帝=소방지)는 새로운 황제(소연명)의 황태자로 삼을 것을 조건으로 내세웠다.

그러나 수도 건강의 동쪽 경구에 주둔해 있던 진패선은 왕승변의 이 연약한 외교에 반대했다. 때마침 북제군이 대거 남하한다는 정보를 접하고 방위조치를 지시받은 진패선은 휘하의 군대와 함께 건강으로 향하여 야습을 감행, 왕승변을 죽였다. 그는 강경노선으로 돌아서서 소연명을 폐위시키고 다시 소방지(경제)를 세운 후 그 아래서 전군을 통일하고 총지휘권을 장악하였다.

이러한 진패선의 조치는 당연히 북제군에게 적대감을 불러일으켰다. 또 왕승변과 관계가 깊었던 여러 장군들이 속속 이반하거나 북제군과 연계하였으며 혹은 태호의 남쪽 혹은 건강의 상류에서 진패선에게 반기를 들었다. 당시 진패선의 통제가 미치는 곳은 건강을 중심으로 하는 극히 한정된 지역에 지나지 않는 상황이었다.

이런 곤란한 상황 속에서 진패선과 그 부장들은 실로 일당백의 활약을 펼쳤다. 몇 번이고 침입해 온 북제군을 격퇴시키고, 양자강 하류 삼각주의 반란을 진압하는 데 성공하였다. 557년 진패선은 드디어 경제로부터 선양을 받아 제위에 오르고 국호를 진(陳)이라고 칭했다. 그가 소위 진무제(陳武帝)이다.

새로운 실력자들

진무제는 재위한 지 겨우 2년 만인 559년에 죽고 그 뒤를 이어 무제와 함께 진국 창건의 가시밭길을 함께 헤쳐온 형의 아들 진천(陳蒨)이 황제에 올랐다. 이를 문제(文帝 : 559~566)라고 하는데, 그의 치세 동안 강남에는 안정된 기운이 생겨났다.

그 무렵 강남에 무수히 난립해 있던 군사 지도자 가운데 호남성에는 원래

양원제의 측근이었던 왕림(王琳)이란 자가 유력한 군벌이 되어 있었다. 왕림은 양왕실 가운데 살아남은 소장(蕭莊)을 세워, 양을 빼앗은 진군과 대치하고 있었는데 이 군대에는 도적떼가 많이 있었다. 이러한 사실은 양대 사회의 모순 속에서 생겨난 깡패와 도적집단이 이 무렵 군대의 대부분을 차지하고 있었음을 나타낸다. 앞 장에서 인용한 역사가 하지원(何之元)은 이 왕림의 막하에 있던 지식인이었다.

왕림은 진의 군세에 대처하기 위하여 북제에 지원을 요청하는 사절로서 하지원을 북제에 파견하였다. 그러나 다음 560년에 왕림은 진군과 싸워 대패하고, 소장과 함께 북제로 망명해 왔다. 이미 육십 고개를 넘은 하지원은 이로부터 10년 남짓 북제에 망명해 있으면서, 그렇게도 눈부셨던 양의 황금시대가 왜 이토록 엄청난 혼란에 빠질 수밖에 없었던가를 깊이 반성하면서 양대의 역사인 『양전(梁典)』을 쓰기 시작했다. 그의 저작은 현재 극히 일부분만 남아 있는데, 앞서 인용한 문장은 그 가운데 하나이다.

하지원이 지적했듯이 실제로 양대 말기부터 이미 '국가가 극한 위기에 처해 있었다'는 것은 강남 각지에 무수히 발생한 깡패와 도적집단, 산골짜기의 이름도 없는 토호가 이끄는 집단이 군대의 주된 구성요소가 되어 그들이 자신의 이해에 따라 제각각 움직이기 시작했기 때문이다. 양제국의 붕괴 후 계속된 끝없는 혼란기는 이들 집단을 이끈 신분이 낮은 사람들이 새로운 실력자가 되는 하극상의 시대였다. 진패선을 비롯하여 진조의 건설을 뒷받침한 여러 장군도 그 같은 부류의 사람들이었고, 이에 대항한 호남성의 왕림, 강서성 동부의 주적(周迪), 절강성 남부의 유이(留異), 복건성의 진보응(陳寶應)도 모두 같은 부류의 사람들이었다.

게다가 진패선의 군단을 지탱한 사람들은 수도에서 멀리 떨어진 광동성 시흥지방의 토호들과 그 곳으로 흘러 들어온 깡패무리가 중심이었다는 점에 주목할 필요가 있을 것이다. 시흥지방이라 하면 먼 시골벽지이고, 위에서 언급한 주적 등이 할거한 강서성 동부, 절강성 남부, 복건성 등도 강남에서는 후진지역임에 틀림없다. 그것은 양말 진초의 20년에 이르는 대혼란기 동안 선진지대인 양자강 유역의 화폐경제권이 막대한 피해를 입었기 때문에 그곳을 근거로 한 왕후귀족들이 실력을 상실한 반면, 벽지세력의 힘이 상대적으로 높아졌다는 사실을 알려준다.

주적을 비롯한 벽지의 여러 세력도 오랜 혼란기를 지난 후 겨우 자신의 기반을 재건하고자 노력하기 시작했다. 서로 투쟁을 일삼기보다는 안정을 지향하는 기운이 생겨난 것이다. 게다가 양자강 북안까지 밀려온 북조의 2대 세력인 북제(北齊)와 북주(北周) 양국이 서로 견제하며 남쪽으로 진격할 여력을 갖지 못했다는 사실도 강남으로서는 다행이었다.

이와 같은 상황에서 양자강 하류 삼각주를 제압하고 호남의 왕림을 격멸한 진조는 강남 각지의 실력자들을 점차 통합하고, 주적·유이를 분쇄하였으며 564년 복건성의 진보응을 격멸했다. 이로써 진조는 점차 강남 일원에 통일과 안정을 가져오는 데 성공했다.

남조문화의 잔영

위에서 보았듯이 진나라는 광동성 북부를 기반으로 하여 진출한 실력자를 중심으로 하면서 각지의 실력자를 합쳐서 탄생한, 시골출신 무사들의 집합체였다고 할 수 있다. 행정 운영에는 서릉(徐陵)과 같은 양대 이래의 지식인도 참가했으나, 일찍이 한인(寒人)이라 불리며 경멸당하던 신분이 낮은 무리도 이제는 세력을 떨치게 되었다. 그들은 중서사인(中書舍人)이라고 하는 낮은 관직을 차지하면서 조칙의 기초를 작성, 즉 당시의 법률을 입안하고 국정의 근본을 장악했다. 서릉 등이 차지한 상서성(尚書省), 즉 당시의 내각은 점차 중서사인들의 입안대로 움직이는 단순한 집행기관으로 되어 갔다.

이처럼 당시에는 서릉과 같은 중견 지식인 계층조차 사인성(舍人省)을 차지한 한미한 출신자들에게 제압당해 있었고 게다가 한 줌밖에 안 되는 살아남은 귀족은 문화의 꽃내음을 풍기는 장식품 같은 역할을 하는 데 지나지

飛鳥人物陶罐 | 東吳

않았다. 양 말기부터 진 초에 걸친 6세기 중엽 10여 년 간의 대혼란은 강남의 사회구성을 이렇게 크게 바꿔 놓았던 것이다.

　이러한 대혼란은 북방세력이 양자강 북안까지 밀고 내려온 점과 더불어 강남의 상업활동을 크게 후퇴시켰다. 그러나 진조 치하에서 마련된 잠시 동안의 평화기를 통해 강남 삼각주지대는 생산력과 상업활동이 점차 회복되었다. 570년대 선제(宣帝 : 재위 569~582) 시대 때는 북제를 공격하여 한때 양자강의 북쪽, 회수의 남쪽을 되찾기까지 하였다. 그러나 그것도 잠시였다. 577년 북주가 북제를 무너뜨려 화북을 통일하고, 581년에 수가 이에 대신하여 양자강 북안에서 크게 세력을 떨치면서 진국은 풍전등화와 같은 처지에 놓여 있음이 확연해졌다. 순간적 쾌락을 좇는 후주(後主) 진숙보(陳叔寶)의 궁정문화는 이러한 불안 위에서 피어난 남조문화의 최후의 잔영이었다.

582년에 즉위한 진의 후주는 이윽고 궁중에 임춘각(臨春閣)·결기각(結綺閣)·망선각(望仙閣)이라고 하는 세 개의 장려한 궁전을 건축하였다. 높이가 수장이나 되고 모두 수십 칸의 넓이를 가지고, 창과 난간과 손잡이 등을 비롯한 모든 재료에는 선단(旋檀)이란 향나무를 흥청망청 써대고 금은주옥과 비취를 대량으로 써서 장식을 했다. 그 향기는 미풍을 타고 1킬로미터 이상에 미쳤고, 그들 궁전은 아침해를 받아 찬연히 빛났다고 한다. 어전을 잇는 구름다리가 맑은 샘물과 진기한 꽃이 피어난 정원을 둘러싸며 끝없이 이어지고, 후주는 임춘각에 거하면서 총애하는 장귀비(張貴妃)의 결기각, 혹은 공(孔)귀빈·공(龔)귀빈이 머무는 망선각을 오갔다.

밤낮으로 열리는 주연에는 이들 총비는 물론 대신 강총(江總)을 비롯한 문사들이 초빙되어 시를 주고받으며 재능을 겨루었다. 그 가운데 가장 아름다운 시에는 곡을 붙여 이윽고 아름다운 시녀들의 합창으로 주연의 흥을 돋우었다.「옥수후정화(玉樹後庭花)」는 이 당시 등장한 곡 가운데 하나로서, 장귀비의 용모와 안색을 찬미하는 내용의 곡이었다.

후주는 이와 같이 주연에 빠져 정무는 내팽개쳤다. 백관이 보고하여 결정을 청할 경우에는 환관의 손을 거칠 수밖에 없었는데, 후주는 장귀비를 무릎에 앉히고 환관에게서 그 전언을 들었다고 한다. 기강은 점차 문란해지고, 정치는 아첨꾼들의 손에 놀아났으며, 뇌물이 성행하여 진국은 이미 수습 불가능한 상황으로 빠져들고 있었다.

남조의 멸망

그 무렵 양자강 중류 북안에서 서위 이래 북조의 괴뢰정권으로 존속해오던 후량의 소종(蕭琮)은 587년에 수나라 수도 장안으로 불려갔다가 그대로 유치되고 후량은 결국 수에 병합되었다. 이에 양자강 북안은 완전히 수제국의 지배하에 들어갔고, 아래로는 진의 수도 건강의 건너편은 물론 위로는 사천성까지 수의 대군은 진국을 토벌하기 위한 포진을 완료했다. 토벌군 총사령관에는 훗날 소위 수양제, 당시는 아직 진왕의 지위에 있던 양광(楊廣)이 임명되었다. 수가 침입자세를 이처럼 명확히 드러내고 있었고 진나라의 식자들이 그 대처조치를 진언하고 있었음에도 불구하고, 후주와 그 측근은 이미 적절한 대책을 취할 수 없는 퇴폐 상태에 빠져 있었다.

589년 정월 초하루를 기하여 수군(隋軍)은 일제히 도강작전을 개시했다. 통제가 무너진 진군은 순식간에 패배하고, 겨우 20일 만에 궁성이 함락되었다. 후주는 귀빈들과 함께 궁중 우물에 숨어 있다가 붙잡혔다. 정월 22일 총사령관인 진왕 양광은 건강에 입성하여 진의 옛 왕궁을 사령부로 삼고, 압도적인 군사력을 배경으로 강남 각지의 옛 진군들을 항복시키고 분쇄해 나갔다. 그 해 3월, 진왕 양광은 후주를 비롯하여 과거 진국의 왕공백관을 포로로 삼아 건강을 출발, 수도 장안에 개선하였다. 남조의 최후를 장식하며 피어난 가냘픈 강남의 양귀비꽃은 이렇게 꺾여 북방으로 끌려가게 된 것이다.

6세기 중엽 수십 년의 대혼란기를 거치고 겨우 나라를 세운 진조(陳朝)가 이미 옛날 남조의 여러 국가, 특히 전성기의 양왕조 만한 국력을 가질 수 없었음은 당연하다. 그래도 진조가 이토록 쉽게 수제국에게 무너진 것은 강남의 여러 사회 세력을 충분히 결집하지 못했기 때문이다. 아니, 오히려 결집시키기 어려운 정세였다는 편이 나을 것이다. 그것은 무엇을 말하는가.

앞서 보았듯이 6세기 중엽의 대혼란은 화폐경제의 진전을 하나의 큰 원인으로 하는 거대한 하극상 현상이었다. 귀족은 이것으로 대부분 세력을 상실하고, 혼란 속에서 어떻게든 살아남은 귀족도 진조에서는 거실장식품과 같은 존재 이유밖에 갖지 못하였다. 서릉(徐陵)이나 강총(江總)과 같은 중견 지식인층도 혼란기 동안에 그 층이 엷어져 있었다. 새로운 사회의 실력자는 각지의 깡패·도적 등을 끌어모은 벼락 출세자와, 깊은 오지의 토호들이었다.

대운하의 揚州 입구

진조에서는 6조(六朝) 초기 3세기의 강남에 들어섰던 삼국의 오나라와 마찬가지로, 지배하에 있는 부대가 아버지로부터 아들에게, 형으로부터 동생에게 세습되는 예가 보인다. 따라서 실력자들의 자립적인 소집단이 난립하는 상황이 일반적이었다.

진조는 그 같은 분산 상태를 일단 통합하는 데는 성공했다. 그러나 그들 여러 사회집단을 진정으로 장악할 수 있었는지가 문제이다. 과거의 오시대와 같이 인격적인 주종관계가 사람들의 의식을 강하게 규제하는 시대는 이미 먼 옛날 일이었다. 화폐경제의 점진적인 발전으로 사람들은 이해관계에 따라 움직이는 데 적응해 있었다. 진조 치하에서 급속히 부활한 강남 삼각주 지대의 상업활동 또한 그러한 풍조를 촉진하였다. 제각기 흩어져 움직이기 시작한 사회를 다시 통합한다는 것은 그리 쉬운 일이 아니었다.

진조는 크게 보면 결국 통합에는 성공하지 못했다고 할 수 있다. 제국을

이렇게 통합하는 데 미숙했던 것은 진조가 취약할 수밖에 없었던 최대의
원인이 되었을 것이다.

강남의 부와 문화

양자강 남쪽으로 쫓겨난 진(陳)나라 아래서 형성된 강남의 부와 문화도
대동란 이전의 양조 융성기에 비하면 훨씬 빈약해져 있었다. 그럼에도 강남문
화의 전통과 빈약한 부를 배경으로 가냘프게 피어난 진의 궁정문화는 북방의
정복자인 후일의 수양제를 매혹시키기에 충분했다. 알다시피 그는 제위에
오른 후 낙양에서 양주(揚州), 나아가 항주(杭州)까지 통하는 대운하를 열고,
양주에 별궁을 만들어 그 곳에서 최후를 마쳤다. 악명높은 수양제는 강남의
붉은 양귀비꽃에 홀린 남자였던 것이다.

대운하의 개착이라는 대사업은 흔히 얘기되듯이 결코 수양제가 유흥만을
위해 만든 것은 아닐 것이다. 그는 그렇게 어리석지만은 않았다. 대운하가
이후의 중국에서 국가경제에 중대한 역할을 한 점, 그것이 강남의 부를
흡수하는 거대한 펌프가 되었음은 다음에서 다시 다루겠다. 그런데 펌프
역할은 당대(唐代)에 들어선 후에 그 효과를 올린 것은 아니었다. 오히려
처음부터 펌프 효과를 계획하고 만들어졌다고 생각해야 한다. 양제를 매료시
킨 것은 단순히 붉은 양귀비꽃과 같은 강남문화만이 아니라, 그 부에 있었던
것이다.

이미 제5장에서부터 기술하였듯이 3세기 이래 강남의 개발과 그 사회발전
의 진전은 눈부신 것이었다. 그것은 화폐경제의 융성을 가져왔고 보통 생각하
는 것보다 훨씬 고도의 경제수준에 달한 양조의 전성기를 정점으로 하여,
그 곳에서는 이미 봉건적인 중세사회를 붕괴시키는 현상까지도 보이고 있었
다. 그리고 만약 북방으로부터 무력의 압박 없이 강남만으로 순수하게 역사가
움직였다고 한다면, 수 · 당 3백 년의 시간을 필요로 하지 않고도 10세기
단계에나 보이는 중세의 붕괴 모습이 일찌감치 진행되었을 가능성조차 갖고

있었다고 생각된다.

그러나 실제로는 거대한 수·당 제국의 무게가 강남에 실리게 되었다. 강남의 잉여생산은 항상 대운하라는 파이프를 통하여 흡수되어 버리고 강남 자체의 발전은 저해되었다. 그렇다고 하더라도 덮쳐 오는 무게를 견뎌 내면서 당 중엽부터 또다시 발전할 수 있었던 저력은 4세기 이래의 강남개발에 기인한 것임을 결코 잊어서는 안 될 것이다.

이제, 이처럼 독자적인 발전을 경과해 온 강남에 거대한 힘을 갖고 덮쳐 온 북조의 여러 국가들에 눈을 돌릴 필요가 있을 것이다. 이들 북조의 역사는 4세기 5호16국의 대혼란기부터 고난의 길을 걷기 시작하여, 남조에서 꽃피운 중국문명을 흡수하면서 소위 호족풍·한족풍 문명을 서서히 형성해 나간 역사였다. 그리고 그 속에서 탄생한 수제국이 이윽고 당으로 이어져 다음 시대의 주역이 된다. 저 거대한 수·당 제국으로 발전하는 원동력은 어떻게 형성된 것일까. 그것이 이제부터 살펴볼 과제가 될 것이다. 그럼 우선 4세기 이민족 국가들의 형성과정부터 살펴보도록 하자.

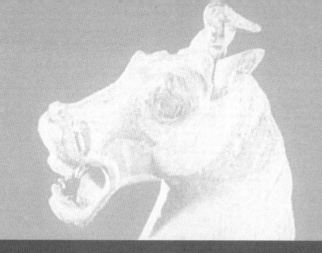

9.
이민족 국가의 형성
4세기의 화북

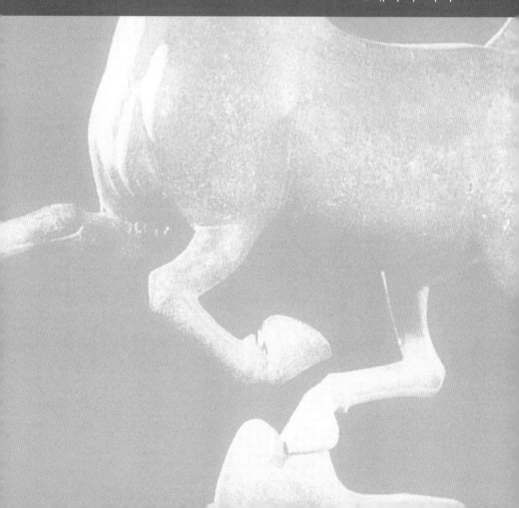

흉노계 국가들

흉노족의 자립과 그 원인

앞에서 원래 고비사막 이북(漠北) 초원지대에서 세력을 떨치던 흉노족 일부가 장성 남쪽으로 이주하고, 나아가 산서성 각지로 남하한 경과를 살펴보았다. 이른바 이 남흉노는 처음에는 지배부족인 도각종(屠各種)의 연제(攣鞮)씨에서 나온 선우(單于)를 수장으로 삼아 후한제국의 지배로부터 반독립한 부족연합체를 형성하고 있었는데, 선우의 권위는 점차 실추되어 부족연합은 내부에서부터 붕괴되어 갔다. 후한 말 혼란기에 어부라(於扶羅) 선우가 산서성 남부의 평양(平陽)에 머문 것도 실은 흉노의 중핵을 이루는 여러 부족이 선우가 거해야 할 본거지인 산서성 이석(離石)에서 그를 받아들이지 않았기 때문에 어쩔 수 없이 취한 조치였다.

이윽고 산서성을 제압한 조조(曹操)는 내부로부터 붕괴한 흉노의 여러 부락을 지역마다 좌·우·남·북·중의 5부(五部)로 분할 통치하였다. 각 부는 각각 수천에서 1만에 이르는 '락(落)'으로 구성되고, 그 중에서 '수(帥 : 晉代에는 都尉라고 개칭된다)'를 뽑아 통솔케 했다. 그렇다고 해서 흉노인의 자치를 인정한 것은 아니었다.

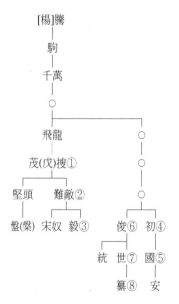

前仇池 계보도
(三崎良章, 『五胡十六國-中國史上の民族大移動』, 東方書店, 2002의 표에서 인용)

五台山 佛光寺 | 北魏 효문제 때 창건, 회창폐불 때 파괴되었다가 857년에 재건

'수'의 곁에는 한인인 '사마(司馬)'가 감시자로 설치되었으며, 산서성 장관격
인 병주자사(幷州刺史)가 '사흉노중랑장(使匈奴中郞將)'직을 겸하여 5부 전체
를 감독하는 구조로 되어 있었다. 위(魏)에서 서진(西晉)에 걸친 3세기에
흉노 여러 부락은 이러한 5부 분할지배체제 아래 놓여 있었다.

　이 때는 약해질 대로 약해진 선우의 권위가 마침내 완전히 유명무실해진
때였다. 흉노족의 부족연합체와 함께 그 속에 보장되어 있던 흉노인 고유의
부락생활은 한인(漢人)의 지배력이 증대되면서 급속히 해체되기 시작하였다.
일찍이 부락의 결합 속에서 신분상 자유를 누리고 있던 흉노인은 한인과의
경제적 관계가 긴밀해짐에 따라 노예나 소작인으로 전락하는 자가 많아졌다.

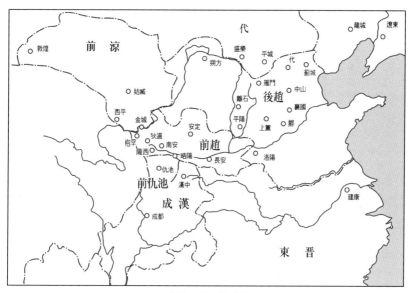

五胡十六國時代 前期

그 전형적인 예를 '흉노의 별종'이라고 인식되고 있는 갈족(羯族)의 석륵(石勒)에서 찾아볼 수 있다.

석륵은 산서성의 갈실(羯室) 출신으로, 그 지방 갈족 부락장의 아들로 태어나 실제로 청년 시절부터 아버지를 대신하여 부락장 역할을 맡은 경우가 많았고, 사람들에게 신뢰를 받는 인물이었다고 한다. 그러나 그러한 부락장의 집조차 경제생활은 결코 풍족하지 못하였다. 그는 14세 때 동향의 한인과 함께 낙양으로 장사를 하러 갔다고 한다. 그것은 한인과의 경제관계가 깊어진 증거인데, 그는 이들 한인으로부터 모멸에 찬 눈길을 받았다. 단 그 중에서 곽경(郭敬)과 영구(寧驅)라는 한인만은 평생 동안 물질적 원조를 아끼지 않았으므로 석륵도 그들의 토지를 경작해서 은의에 보답했다고 한다. 은의관계라 하더라도 이러한 경제적인 보호·봉사 관계는 결국 소작을 고정화시키게 됨은 말할 필요도 없다.

이윽고 302~303년 무렵 산서성에 기근이 들었다. 석륵은 동류 호인(胡人)

BC 318   韓·魏·趙 등이 흉노를 끌어들여 秦을 공격

280년경   흉노의 활약 시작

215   秦의 蒙恬匈奴 토벌, 장성 수축 시작

209~174   冒頓單于의 시대

201~128   산서성 북부를 비롯하여 漢으로 점차 침입, 공격

200   平城전투(한고조, 흉노에게 패배)

139~126   漢의 張騫, 서역 파견

127   한무제의 흉노공격 시작

121   霍去病의 흉노토벌

58~31   呼韓邪單于의 시대, 漢과 평화관계 유지

57   흉노, 5單于로 분립하여 쟁투

33   王昭君, 흉노 呼韓邪單于에게 시집감

AD 10   중국의 내분을 틈타 보호국이었던 車邪國을 빼앗고 중국 공격

48   남북으로 분열

50   남흉노, 북흉노의 공격을 받고 西河郡으로 옮겨감

52   북흉노, 後漢과 화해

73   後漢의 竇固, 북흉노를 天山까지 추격

91   북흉노, 後漢에 패하여 烏孫의 땅으로 이주. 이 즈음부터 鮮卑, 북흉노의
고지로 들어감

158   북흉노 서쪽으로 향함(4세기 말 유럽에 등장한 훈족과 관계가 있다고 함)

166   鮮卑의 수장 檀石槐, 북흉노의 고지를 전부 점유하고 몽골고원 통일

216   남흉노 呼廚泉單于, 魏에 입조하고 鄴에 억류됨

290   劉淵, 匈奴五部大都督이 됨

304   劉淵, 大單于라 칭하고 이어 漢王으로 칭함. 이로부터 5호16국시대 개막되고
흉노가 중요한 역할을 수행

310   劉淵 사망, 아들 劉聰이 계승

318   劉聰 사망, 지배권 분열. 劉曜, 前趙를 세우고 趙皇帝라 칭함

319   石勒(남흉노에 속한 羯族) 後趙를 세우고 趙王이라 칭함

397   沮渠蒙遜(흉노족 출신) 北凉을 빼앗음

407   赫連勃勃(흉노족 출신) 夏를 세움

들과 향리를 떠났으나 머지않아 곧 영구에게 의지하여 돌아왔다. 당시의
북부도위 유감(劉監)은 유망하고 있는 호인을 붙잡아서 팔아 해치우고 있었
다. 석륵은 영구 덕분에 그것을 피할 수 있었으나 결국에는 산서성 장관의

강제적 인신매매 조치로 많은 호인들과 함께 2인 1조로 족쇄에 묶여 산동성의 사환(師歡)이라는 사람의 노예로 팔려 갔다.

이러한 4세기 초의 기근은 갈족을 포함한 흉노인의 일반적인 부락생활을 파멸시키고, 그들 대부분을 노예나 마찬가지 상태로 떨어뜨렸다. 실제로 그 무렵 태원(太原)에는 노예시장이 성립되어 있었고, 그 공급원은 태원을 중심으로 하여 산서성에 거주해 있던 흉노인이 틀림없다고 생각된다. 그러나 그것은 3세기 아니 그 이전부터 시작된 것으로 흉노족이 자주성을 상실하고 그에 따라 생활이 곤궁해진 결과였다.

5호16국의 개막 – 유씨한국(劉氏漢國)의 성립

그러므로 그들이 이러한 흉노족의 괴로움과 약소 종족으로서 한인에게 멸시를 당해야 했던 상황에서 벗어나 자주성 회복을 위하여 움직이기 시작한 것은 당연한 현상일 것이다. 그들이 5부로 분할 지배당하고 있었다고 하더라도, 한인정부가 일반 군현과는 별도로 5부라고 하는 특별 행정구역을 설정한 것 자체가 흉노족 고유의 부락생활을 완전히 부정할 수 없는 증거였다. 그들에게는 다시 일어설 수 있는 잠재력이 남아 있었다.

어부라 선우의 아들 유표(劉

『晉書』 載記 冒頭 諸國

	건국자	건국년	국명	수도	관용적 국명
1	劉淵	304	漢	離石	前燕
2	石勒	313	趙	襄國	後趙
3	張重華	349	涼王	河西	前涼
4	冉閔	350	魏	鄴	冉魏
5	苻健	351	秦	長安	前秦
6	慕容儁	352	燕	遼東	前燕
7	慕容垂	383	後燕	鄴	後燕
8	慕容沖	385	西燕	阿房	西燕
9	乞伏國仁	385	秦	枹罕	西秦
10	慕容永	386		上堂	西燕
11	呂光	386	涼	姑臧	後涼
12	慕容德	398	南燕	滑台	南燕
13	禿髮烏孤	398	南涼	廉川	南涼
14	段業	398	北涼	張掖	北涼
15	李暠	401	敦煌	西涼	西涼
16	沮渠蒙遜	402	涼		北涼
17	譙縱	406	成都王	蜀	
18	赫連勃勃	408	大夏	朔方	夏
19	馮跋	410	北燕	和龍	北燕

國名	自稱國名	建國者	흥한 해	망한 해	지배민족
成漢	成都→大成	李雄	302.5	347.2	巴
前趙	漢→魏	劉淵	304.10	329.9	匈奴
後趙	趙→大趙→趙	石勒	319.11	351.4	羯
冉魏	大魏	冉閔	350.閏2	352.8	漢
前燕	燕→大燕	慕容皝	337.9	370.11	鮮卑(慕容)
前仇池	仇池	楊茂搜	296	371.4	氐
前涼	涼	張軌	301.1	376.8	漢
代	代→西平	拓拔猗盧	310.10	376.12	鮮卑(拓拔)
前秦	秦→大秦	苻洪	351.1	394.10	氐
西燕	燕	慕容沖	384.4	394.8	鮮卑(慕容)
後燕	燕	慕容垂	384.1	407.7	鮮卑(慕容)
南燕	燕	慕容德	398.1	410.2	鮮卑(慕容)
北燕	大燕→燕	高雲	407.7	436.4	高句麗→漢
翟魏	魏	翟遼	388.2	392.6	丁零
後秦	秦→大秦	姚萇	384.4	417.8	羌
西秦	河南→秦	乞伏國仁	385.9	431.1	鮮卑(乞伏)
夏	大夏	赫連勃勃	407.6	431.6	匈奴
後涼	酒泉→三河→涼	弓光	386.10	403.8	氐
南涼	西平→武威→河西→涼	禿髮烏孤	397.1	414.6	鮮卑(禿髮)
北涼	建康→涼→張掖→河西	段業	397.5	439.9	漢→盧水胡
西涼	涼	李暠	400.11	421.3	漢
後仇池	仇池→武都→大秦→武都	楊定	385.11	442.閏5	氐
北魏	代→魏	拓拔珪	386.1	534.閏12	鮮卑(拓拔)

豹)는 5부 분할과 함께 좌부수(左部帥)가 되었다. 선우 일족이 유씨를 칭한 것은 일찍이 한대(漢代)에 황실 유씨와 통혼하면서 모계의 성을 따서 중국식으로 바꾸었기 때문이다. 유표의 아들 유연(劉淵)은 부친이 죽은 후에 좌부수의 지위를 계승하고 280년대 말경에는 북부도위에 임명되었다. 『진서(晉書)』의 기술에 따르면, 그는 "형법을 명확히 하고 간사한 것을 금하고 재물을 가벼이 여겨 베풀기를 좋아하며, 진심으로 사람들을 대접했으므로 5부의 뛰어난 인물이 모두 그에게 마음을 의지하였다"고 한다. 그의 신망은 좌부(左部)와 북부(北部) 등의 틀을 넘어 5부 전체에까지 이르고 있었다. 그의 후임인

16국 흥망 개념도(三崎의 표에서 인용)

山東　遼寧　　河北 山西　陝西　　　甘肅　　　四川

```
296
304
310
                              前 趙
                    代                    前      成
320                                       仇      漢
              後 趙        (後 趙)          池
330
340                              前 涼
350                  冉魏
360    前 燕
                              前 秦
370

383 --------------------- 淝水 전투 ---------------------

       後 燕    西燕
390           翟魏
                          西      後
400          後 秦        秦  南   仇
    南                       涼  池
410  燕                        北  西
         北 魏                  涼  涼
420
             夏
430
439
442
```

북부도위 유감이 유망중인 동족을 붙잡아 팔아 해치워 사욕을 채우는 등 흉노족 내부에 분열 현상이 있었던 반면, 유연과 같은 인물이 주목받는 현상도 역시 한층 강화되었음에 틀림없다.

　그 무렵 진(晉)왕조에서는 어리석은 황제 혜제(惠帝) 아래에서 황실 일족이

16국의 천도 일람표(三崎의 표에서 인용)

국명	수 도
成漢	302成都→347멸망(이동×)
前趙	304離石→308蒲子→309平陽→319長安→329上邽→329멸망
後趙	319襄國→335鄴→350襄國→351멸망
冉魏	350鄴→352멸망(이동×)
前燕	337棘城→342龍城→350薊城→357鄴→370멸망
前仇池	296仇池→371멸망(이동×)
前涼	301姑臧→376멸망(이동×)
代	310盛樂→376멸망(이동×)
前秦	351長安→385晉陽→386南安→389胡空堡→394湟中→394멸망
西燕	384長安→386長子→394멸망
後燕	384滎陽→384中山→397龍城→407멸망
南燕	398滑台→399廣固→410멸망
北燕	407龍城→436멸망(이동×)
翟魏	388黎陽→388滑台→392멸망
後秦	384馬牧→386長安→417멸망
西秦	385勇士城→388金城→395苑川西城→400苑川→400멸망(일시)→409度堅山→410苑川→412譚郊→412枹罕→426定連→427枹罕→429定連→430南安→ 431멸망
夏	407건국→413統萬城→427上邽→428平涼→430上邽→431멸망
後涼	386姑臧→403멸망(이동×)
南涼	397廉川→399樂都→399西平→402樂都→404멸망(일시)→408姑臧→410樂都→414멸망
北涼	397建康→398張掖→412姑臧→439멸망
西涼	400敦煌→405酒泉→420敦煌→421멸망
後仇池	385歷城→394仇池→422멸망
北魏	386牛川→398平城→494洛陽→534東西 분열

어지러이 다투는 사태가 이미 시작되고 있었다. 이른바 '8왕(八王)의 난'인데, 8왕 가운데 한 명인 성도왕(成都王) 영(穎)은 유연을 막하의 장군으로 삼아 자신의 근거지인 업(鄴)에 끌어들여 흉노의 군사력을 자기 편으로 만들고자 했다. 한편 산서의 흉노 5부에 속해 있던 유연의 종조부 유선(劉宣)은 곧 약소종족으로서 한인의 멸시를 받고 있는 흉노족의 자주성을 회복할 호기가 도래했다고 생각하고, 몰래 유연을 대선우(大單于)로 받들고 흉노족의 자립을

『魏書』崔鴻傳과 『十六國春秋纂錄』의 '16국'
(三崎의 표에서 인용)

『魏書』崔鴻傳		『十六國春秋纂錄』	
기재순	건국자	건국자에 상당하는 국명	게재순
1	劉淵	前趙	1
2	石勒	後趙	2
3	慕容儁	前燕	3
4	苻健	前秦	4
5	慕容垂	後燕	11
6	姚萇	後秦	5
7	慕容德	南燕	13
8	赫連屈子	夏	16
9	張軌	前涼	7
10	李雄	蜀	6
11	呂光	後涼	10
12	乞伏國仁	西秦	14
13	禿髮烏孤	南涼	12
14	李暠	西涼	8
15	沮渠蒙遜	北涼	9
16	馮跋	北燕	15

꾀하고 있었다. 유선은 선우 일족의 인척에 해당하는 흉노귀족 호연유(呼延攸)를 업으로 보내 그 계획을 유연에게 알렸다.

유연은 성도왕에게 장례식 참가를 이유로 귀국을 희망하였으나 허락을 받지 못했다. 그래서 우선 호연유를 귀국시켜 성도왕에게 호응한다는 명목으로 흉노 5부를 소집하도록 유선 등에게 의뢰했다. 때마침 304년 선비족의 응원을 얻은 하북성 북부의 왕준(王浚)이 남하하여 성도왕의 군사를 무너뜨리니, 성도왕은 혜제를 옹립하여 낙양으로 도망하지 않으면 안 되었다. 그 때 유연은 성도왕으로부터 왕준의 선비병이나 다른 적대세력에 저항하기 위하여 귀국하여 흉노 5부의 병사를 통솔할 것을 허락받게 되었다.

이리하여 유선 등 흉노귀족의 환영을 받으며 귀국한 유연은 우선 대선우를 칭하고 산서성 이석에 모인 흉노족 병사 5만을 장악하였다. 그리고 유선 등의 계획에 따라 같은 해 304년 10월 한왕(漢王)에 올라 독립을 선언했다. 나라를 한(漢)이라고 칭한 것은 한왕조의 피를 이어받은 자로서 현재의 진왕조를 타도하고 한제국을 재흥하겠다는 뜻을 표방한 것으로, 유선을 승상으로 삼고 한왕조와 비슷한 백관 형식을 갖춘 중앙정부를 설치하였다.

304년 흉노족 유씨의 한국(漢國) 성립은 같은 해 저족(氐族) 이(李)씨가 사천성에서 성국(成國)을 세운 사실과 더불어, 여러 이민족이 중국 내지에서 국가를 세우는 이른바 5호16국 시대의 개막을 알리는 중대 사건이었다.

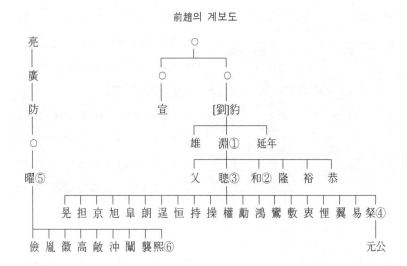

前趙의 계보도

그것은 중국 내지에 이주한 이민족의 자립운동의 개시로, 이전 장성 밖의 이민족 국가의 재현에 머물 수는 없었다. 흉노족 유씨가 한제국의 부흥을 표방했듯이, 중원에 국가를 세우는 자는 필연적으로 호족·한족의 양 세계를 포괄하는 보편적인 국가 건설을 지향해야 할 운명을 안고 있었다. 그러나 이는 결코 쉬운 길이 아니었다. 이후의 화북은 그로 인하여 길고도 험난한 모색의 과정을 걷게 된다.

한(漢)에서 전조(前趙)로

독립행동을 개시한 유연은 그 후 산서성 남부 일대를 거의 세력범위에 넣고, 308년 평양(平陽 : 산서성 臨汾縣)에서 제위에 올랐다. 그 무렵까지 석륵은 노예신분에서 해방된 후 8왕이 서로 다투는 대혼란 속에서 마적이 되어 동류인 18기(十八騎)와 함께 점차 세력을 넓히며 성도왕 영(穎) 측의 여러 세력을 전전하였으나 결국 실패하고 유연에게 귀속했다.

유연은 석륵과 같이 산동 방면에서 군사를 일으켜 귀항해 온 한인 왕미(王彌) 등에게 동쪽을 경략하게 하여 그 세력은 산서 남부를 중심으로 하북·하남

310

만리장성

으로 확대되었다. 그러나 310년 유연은 일을 마무리하지 못한 채 병사하였다.

유연이 죽은 뒤에 그 아들인 유화(劉和)가 제위를 이었으나 형제간에 다툼이 일어나 대사마(大司馬)·대선우의 지위에 있던 그의 동생 유총(劉聰)이 형을 죽이고 제위에 올랐다. 대선우의 지위에는 유총의 동생 유예(劉乂)가 임명되었고 그는 유총의 뒤를 이을 후계자인 황태제의 지위도 차지하게 되었다.

유총은 그의 아들 유찬(劉粲), 동족인 유요(劉曜), 나아가 왕미·석륵 등을 장군으로 삼아 하남성 각지를 공략하고 진(晉)의 수도 낙양까지 공격해 들어갔다. 이러한 위기일발의 상황 속에서도 진왕조에서는 회제(懷帝)와 동해왕(東海王) 월(越) 사이에 반목이 일어났다. 월과 함께 낙양을 나온 진왕조의 고관 및 군인들은 월이 죽자 귀족 왕연(王衍)의 통솔을 받으며 하남성 녹읍현(鹿邑縣) 서남의 영평성(寧平城)에 도달했을 때, 석륵의 군사에게 포위되어 섬멸당하고 말았다. 311년 4월의 일이다. 이 때 왕공(王公) 이하 10만 명 이상이 살해당했다고 한다.

한편 수도 낙양은 그 해 6월 유요·왕미 등의 연합군에게 함락되어 궁전과

彩繪木馬 | 16국, 아스타나 22호묘

민가는 모두 잿더미로 변해 버렸다. 이 때 왕공 이하의 사망자가 약 3만에
달했으며, 회제는 포로가 되어 평양으로 끌려갔다가 다음 해 312년 그 곳에서
살해되었다. 이것이 이른바 '영가(永嘉 : 307~312)의 난'이다.

유요 등은 311년에 장안을 함락시켰으나 다음 해 진군(晉軍)이 장안을
탈환하고, 진왕(秦王) 업(業)이 한때 서진(西晉)의 제위를 계승하였다. 그가
민제(愍帝)인데, 316년 유요는 다시 장안을 함락시키고 민제를 비롯한 진왕조
의 문관·무관을 포로로 삼으니 이로써 서진은 완전히 멸망하였다.

이리하여 유씨 한국은 낙양에서부터 관중 일대를 장악하고 또 동쪽으로는
석륵 등이 세력권을 확대하고 있었다. 그런데 석륵 등은 명목상 한(漢)에
귀부했다고는 하나 나중에 보듯이 실질적으로는 독립세력이나 마찬가지여

서, 실제 한의 힘은 산서 남부를 중심으로 하여 새로이 하남성 일부 및 섬서성의 관중에까지만 미쳤다.

그 무렵 평양에 있던 유총의 조정에서는 이미 정치적 혼란이 시작되고 있었다. 유총은 국력을 능가하는 궁전의 건립을 강행하고 후궁의 규모를 확장하였다. 그와 함께 외척과 환관의 권력이 증대되고 있었다. 그들에게 동조하지 않는 조정 대신들은 압박당했고, 살해되는 자도 속출했다. 외척과 환관들은 유총의 아들인 유찬을 부추겨 317년 황태제인 유예 일파를 주멸하고 유찬은 황태자가 되었다.

318년 7월 유총이 죽고 유찬이 즉위하자 외척인 근(靳)씨와 환관이 완전히 권력을 장악하였다. 황실 유씨 가운데에서 주멸당하는 자가 속출하였고, 결국 황제인 유찬까지 살해당하고 외척인 근준(靳準)이 정권을 빼앗기에 이르렀다. 근씨는 유씨와 마찬가지로 도각종(屠各種)에 속하는 흉노귀족이다.

정변이 일어나자 장안에 있던 유요와 동쪽의 석륵 등이 즉각 각기 병사를 이끌고 수도인 평양으로 공격해 왔으나, 한(漢)의 조정 대신들은 유요에게 도망가 그를 황제로 추대했다.

유요는 그 해 10월 장안에서 즉위하고 다음 해 국호를 조(趙)라고 고쳤다. 한이라는 국호가 한민족의 의향을 고려하여 진왕조의 타도를 표방한 것이었던 데 반해, 조는 이미 서진이 멸망하여 최초의 의미가 퇴색되면서 분명히 북족 국가임을 나타낸 것이다. 이어서 사실상 동쪽에서 독립세력을 형성하고 있던 석륵도 319년에 조왕(趙王)의 자리에 올랐다. 따라서 유요의 나라를 전조(前趙), 석륵 쪽을 후조(後趙)라고 불러 구별한다.

석씨 후조국(石氏後趙國)의 화북 제패

석륵은 유씨의 한(漢)나라로 귀부한 후, 오환족(烏丸族)의 장(張)씨가 이끄는 병력을 자신의 휘하로 통합하고 명목상으로는 한나라 이름을 걸고 하북성 남부를 중심으로 판도를 넓혀 갔다. 그러나 309년에 이미 그의 병력은 10만

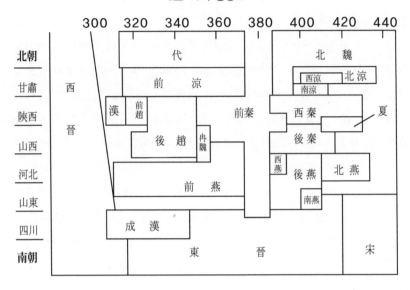

5호 16국 흥망표

이상에 달하였고, 하북성 남부 일대에 남아 있던 한족 지식인을 모아 '군자영 (君子營)'이라는 것을 만들었으며, 그 안에서 장빈(張賓)을 참모로 발탁했다. 중국의 학자 범문란(范文蘭)은 "석륵은 싸움에 능했으며, 거기에 장빈 등 실의에 빠진 사인(士人)들의 지모가 더해져 당시 대적할 자가 없는 강력한 세력을 형성하고 있었다"고 평가하고 있다.

311년에는 이미 보았듯이 동해왕 월(越)에서 왕연(王衍)으로 이어진 서진 수뇌부를 괴멸시키고, 또 동쪽의 독립세력으로서 석륵의 강적이었던 한인 왕미를 죽여 그 군대를 병합했다. 당시 화북에서는 하북성 북부의 왕준(王浚)과 산서성 중부의 유곤(劉琨) 등이 진왕조의 유신(遺臣)으로서 아직 세력을 갖고 있었으나, 314년에는 왕준을, 318년에는 유곤 세력을 분쇄하여 화북에 남아 있던 서진세력을 대부분 일소했다. 그리고 같은 해에 한나라에서 정변이 일어나 자, 석륵은 병사를 이끌고 수도인 평양으로 진군한 것이다.

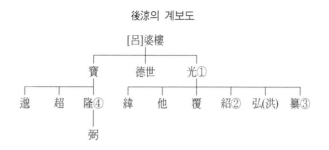

後涼의 계보도

[呂]婆樓

寶　　德世　　光①

邈　超　隆④　緯　他　覆　紹②　弘(洪)　纂③

弼

그 때 한나라의 조정 대신들 대부분은 같은 유씨 일족인 유요 측으로 몰려갔지만, 갈족은 물론 평양으로 이주한 저족·강족(羌族)을 비롯하여 민중의 대부분은 석륵에게 항복했다. 석륵은 그들을 근거지인 양국(襄國 : 하북성 邢台縣)으로 강제 이주시키고 평양을 점령하여, 산서 남부의 옛 한나라의 중추부 일대를 자신의 판도에 넣었다. 이 때의 한나라 정변의 사후처리를 둘러싸고, 이후 화북은 유요의 전조(前趙)와 다음 해 319년에 조왕이라 자칭한 석륵의 후조(後趙)가 들어서 대항관계에 들어가는데, 실력 면에서는 석륵 쪽이 훨씬 나았다.

이리하여 322년 무렵 석륵은 하북·하남·산동·산서·요서 일대를 거의 평정하고, 328년에는 낙양탈환을 노리고 출격한 유요를 패사시켰다. 또한 329년에 전조(前趙)를 무너뜨려 섬서성을 지배하에 넣고, 330년에는 우선 '천왕(天王)'이라 칭한 후 황제 자리에 올랐다. 이 후조(後趙)의 지배영역은 하서 회랑지대를 중심으로 독립한 한인의 전량국(前涼國)을 제외하면 대체로 화북 전역에 이르러, 사천성 저족의 성한국(成漢國)과 회수 이남의 동진(東晉)을 포함한 양자강 유역에 대해 남북으로 크게 대치하는 형세를 보이게 된다.

석륵의 이러한 화북 평정사업에서 그의 보좌역으로서 가장 크게 활약을 한 것은 석륵의 조카 석호(石虎)였다. 그가 이끄는 군대는 가는 곳마다 대적할 자가 없었는데 석륵이 조왕(趙王)·대선우의 자리에 오르자 그는 선우원보(單于元輔)라는 요직에 임명되었다.

선우제도가 만들어진 것은, 한편으로는 각지의 갈인을 국군의 중핵적

『魏書』권95~99의 구성

권	卷名	관용적인 國名
95	匈奴劉聰・羯胡石勒・鐵弗劉虎	①前趙・②後趙・③夏
	徒何容廆	慕容燕(④前燕・⑤西燕・⑥後燕・⑦南燕)
	臨渭氐苻健・羌姚萇・略陽氐呂光	⑧前秦・⑨後秦・⑩後涼
96	僭晉司馬叡・竇李雄	東晉・⑪成漢
97	島夷桓玄・海夷馮跋・島夷劉裕	楚・⑫北燕・宋
98	島夷蕭道成・島夷蕭衍	南齊・梁
99	私署涼州牧張寔・鮮卑乞伏國仁	⑬前涼・⑭西秦
	鮮卑禿髮烏孤・私署涼王李暠	⑮南涼・⑯西涼
	盧水胡沮渠蒙遜	⑰北涼

구성분자로서 통합시키고, 석호를 비롯한 석륵의 자제들에게 그들을 분할 배치시켜 석씨 중심의 부족연합체=전사공동체를 재건하고자 한 것이었다. 그리고 실제로 갈족을 중심으로 하는 이민족이 후조국을 지탱하는 군사적 기반이었음에 틀림없었다.

한인들은 그들을 '오랑캐'라는 멸칭으로 불러서는 절대 안 되었고, 갈인에 대해서는 '국인(國人)'이라고 불러야만 했다. 그것은 직접 한인으로부터 모멸을 받아본 석륵 등이 이제 화북에 군림하는 실력자가 되어 자신들 이민족의 지위향상을 지향한 시책이었고, 그 같은 풍조 아래에서 이번에는 반대로 갈인이 한인에게 횡포를 부리는 예가 많아졌다.

그러나 화북을 중심으로 나라를 세운 이상, 자기 동족만으로 중원을 통치할 수 없다는 것을 석륵은 충분히 인지하고 있었다. 앞서 기술했듯이 일찍부터 '군자영(君子營)'을 설치하여 한족 지식인을 산하에 흡수한 것이 그 예라 할 수 있겠다. 그는 장빈을 비롯한 한인 사대부의 협력을 얻어 율령을 제정하고, 구품관인법에 따른 관리등용과 사찰(査察)제도를 만들었으며 수도인 양국(襄國)에는 태학을, 군마다 학관(學官)을 두어 학교제도도 정비했다. 그리고 호족(胡族)이 한인 사대부를 모욕하는 것을 엄금하고 사인(士人)의 권위를 보장했다. 나아가 한인을 정치의 중추에 두고 그 힘을 이용하는데,

이는 후조국이 화북을 제패하는 큰 요인이 되었다.

종실적인 군사봉건제

석륵은 제위에 오른 뒤 겨우 3년 만인 333년에 죽었다. 제위는 석륵의 아들로서 황태자인 석홍(石弘)이 계승하였는데, 실력자인 석호가 곧 석홍 일파를 눌러서 승상(丞相)·대선우의 자리를 빼앗고 다음 해 석홍을 죽인 뒤 실권을 완전히 장악했다.

석호는 '천왕(天王)' 자리에 오르고, 죽기 직전인 349년에 황제에 올랐으나 그 치세의 대부분은 '천왕' 자리에 있었다. 천왕이란 원래 봉건제도가 행해진 고대 주(周)나라의 왕의 지위를 나타내는 말이다. 석호가 자신을 주왕(周王)에 비유하여 천왕이라 칭한 것은 당시의 군주가 일종의 군사적 봉건제를 전제로 성립하고 있었음을 승인한 것이라 해석할 수 있다.

여기에서 잠깐 군사적 봉건제에 대해 언급하고 넘어가자. 후조(後趙)의 군사적 기반이 갈족을 중심으로 한 호족(胡族)의 부족연합인 전사공동체에 있었던 점은 이미 기술한 바 있는데 그러한 사정은 유씨의 한(漢)과 전조(前趙)에서도 마찬가지였다. 유씨 한나라의 전성기인 314년, 황제 유총은 국가체제를 정비하고 산서성 남부의 중추부를 다음과 같은 두 계열의 행정방식에 의하여 통치하기로 했다.

⑴ 좌우 사예(司隸)를 두고 각각 20여만 호씩 다스린다. 또 1만 호마다 내사(內史) 한 사람씩을 두어 총 13명의 내사를 둔다.
⑵ 선우의 좌우보(左右輔)를 두어서 각각 6이(六夷 : 5호에 巴蠻을 더한 것)의 10만 부락을 장악하게 한다. 그리고 1만 락(落)마다 1도위(都尉)를 둔다.

⑴의 영호제(領戶制)는 주로 한인(漢人)을 대상으로 하고, ⑵는 6이 즉, 비한족을 부락제로 통괄하는 것이니, 이른바 호한(胡漢) 이중체제에 의해

별도로 통치한 것이다. 그리고 (2)의 통치계통의 최고책임자가 대선우이고 좌우보를 직접 집정관으로 하여 6이, 즉 호족의 20만에 이르는 부락을 통솔했다. 이 여러 부락의 비한족이 국군의 주요 구성원이 된다.

전조(前趙)의 유요(劉曜)도 또한 태자인 유윤(劉胤)을 대선우로 삼고, 좌우현왕(左右賢王) 이하의 여러 왕에는 '호갈(胡羯)·선비(鮮卑)·저·강(羌)의 호걸'이 임명되었다. 후조(後趙)에서도 처음에는 대선우 석륵 아래서 실제로는 선우원보(單于元輔)인 석호로 하여금 호족을 통괄하게 한 듯한데 그 권한을 황태자인 석홍에게 옮겼기 때문에 불만을 품은 석호가 석륵 사후 황태자를 죽이고 천왕을 칭하며 실권을 장악하였던 것이다.

선우 또는 좌우현왕 이하의 여러 왕이 다스리는 이러한 부락통령제(部落統領制)는 일찍이 만리장성 밖에 살던 유목민족들의 흉노국가체제가 중국 내부로 들어온 것이고, 한(漢)·전조(前趙)·후조(後趙) 등의 여러 나라가 흉노국가의 부흥을 꾀한 형태이다.

그러나 장성 밖에 있었을 때의 체제가 그대로 부활된 것은 아니었다. 일찍이 흉노세계에서는 여러 왕이 각자의 부족을 통솔하고 선우도 자신의 부족을 직접 관할하면서 전체 흉노세계의 최고통령권을 쥐고 있었다. 그리고 여러 왕은 선우의 동족 또는 인척 관계에 있는 이성(異姓)이 차지했고, 선우와 여러 왕을 연결하는 유대관계는 완전히 혈연관계에 의거하고 있었다. 그러나 이제는 반드시 그런 것도 아니었다.

우선 중국 내지에 재건된 흉노국가에서 최고의 수장은 대선우가 아니라 중국식 황제였다. 대선우는 황제 다음 가는 실권자이기는 하나 황제가 보았을 때는 어쨌든 신하이다. 그리고 유요의 경우에서 보았듯이 그는 '호갈·선비·저·강의 호걸'을 좌우현왕 이하의 여러 왕에 임명하였으나, 이들 여러 왕은 이미 흉노족·도각종의 동족도 인척도 아니고, 다른 종족의 실력자였다. 여러 왕의 지위는 그 성격을 달리하여 이른바 일종의 봉건적인 의미를 띠게 되었던 것이다.

국 명	칭 호
成漢	益州牧302—成都王304—皇帝306—347
前趙	漢王304—皇帝308—漢天王318—皇帝318—趙皇帝319—329
後趙	趙王319—趙天王330—皇帝330—趙天王334—大趙天王337—皇帝349—趙王351—351
冉魏	皇帝350—352
前燕	燕王337—皇帝352—370
前仇池	右賢王296—左賢王317—左賢王·下辯公334—仇池公337—371
前涼	涼州刺史301—仮涼王345—西平公·仮涼王346—西平公353—涼公353—皇帝354—西平公355—376
代	代公310—代王315—376
前秦	天王·大單于351—皇帝352—大秦天王357—皇帝385—394
西燕	皇帝384—燕王386—皇帝386—大單于·河東王386—皇帝386—394
後燕	燕王384—皇帝386—庶民天王400—407
南燕	燕王398—皇帝400—410
北燕	天王407—436
翟魏	大魏天王388—392
後秦	大單于·萬年秦384—皇帝386—天王398—皇帝416—417
西秦	大單于385—大單于·河南王388—秦409—河南王412—秦王414—431
夏	大夏天王·大單于407—皇帝418—431
後涼	酒泉公386—三河王389—天王396—403
南涼	大單于·西平王397—武威王398—河西王401—涼王402—(滅404)—涼王408—414
北涼	建康公397—涼王399—張掖公401—河西王412—439
西涼	涼公400—421
後仇池	仇池公385—隴西王390—仇池公394—武都王425—大秦王436—武都王440—442
北魏	代王386—魏王386—皇帝398—534

그러나 유(劉)·석(石)씨의 종실 즉, 왕족은 황제 아래에서 황태자 혹은 여러 왕으로서 중국식의 장군호(將軍號)를 가지면서 각각 군대를 장악하였고 그들의 군대는 주로 비한족 출신자로 구성되어 있었다. 황제를 중심으로 한 중국식 관제 아래에서는 대선우도 또한 이들 종실의 유성(遊星)과 같은 군대 장악자 가운데 가장 유력한 한 명으로 편입된다. 이러한 군사조직을

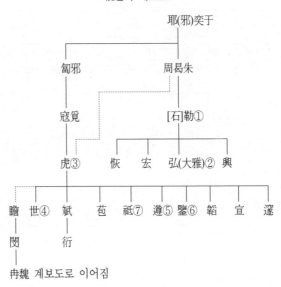

後趙의 계보도

耶(邪)奕于

匐邪　　　周曷朱

寇覓　　　[石]勒①

虎③　恢　宏　弘(大雅)②　興

瞻　世④　斌　苞　祗⑦　遵⑤　鑒⑥　韜　宣　邃

閔　　　衍

冉魏 계보도로 이어짐

　'종실적 군사봉건제'라고 하는데, 혈연적 유대에 의거한 장성 밖 흉노국가의
골격은 대선우의 행정체제보다도 오히려 이와 같은 중국식 관료제의 베일을
쓴 군사조직 안에 재현되어 있다고 생각된다.

　황제를 중심으로 하는 종실의 왕족들이 각각 강력한 군대를 거느리는
종실적 군사봉건제는 흉노족이든 갈족이든 각 종족의 부족적 결합을 핵심으
로 하여 중원에 국가를 수립할 경우 필수불가결한 버팀대가 되었다. 그러나
그것이 제대로 기능하면 일족이 힘을 합쳐 강적을 무너뜨림으로써 석륵이
화북을 평정한 것처럼 뛰어난 힘을 발휘하게 되지만, 한 발짝만 어긋나면
동족간의 처참한 권력다툼을 불러오게 된다. 한(漢)나라에서 황제 유화와
대선우인 유총 형제간의 다툼뿐만 아니라, 유총의 아들 유찬(劉粲)과 유총의
아우 대선우 유예(劉乂)의 다툼, 또한 후조(後趙)에서의 황태자 석홍과 실력자
석호 사이의 다툼도 역시 모두 거기에 원인이 있었다.

　이와 같이 종실적 군사봉건제는 황제의 권력을 제약하여 불안정하게 할

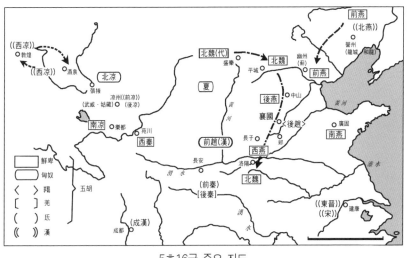

5호16국 주요 지도

소지를 포함하고 있다. 게다가 그것이 불가결한 체제였던 데서 필연적으로 '천왕(天王)'이라는 봉건제적인 호칭이 생겨난 것이고, 후조(後趙)는 그 체제의 강점과 약점을 가장 극단적인 형태로 분출시켰던 것이다.

후조의 멸망

335년 이래 15년 간에 이르는 대조천왕(大趙天王) 석호의 치세는 화북을 제패한 후조의 국운이 가장 번창한 시대로, 그 위세를 사방으로 떨치고 있었다. 그러나 동시에 이 시기는 붕괴로의 내리막길로 치닫기 시작한 시기이기도 했다. 석호는 즉위하자 곧 그의 아들 석수(石邃)를 태자로 삼아 국정을 위임하고, 정벌과 형옥을 자신이 관리하기로 했다. 그러나 그는 나라의 번영에 탐닉하여 사냥과 토목사업에 빠졌고, 게다가 후궁의 규모를 확장하여 민간에서 수만에 이르는 부녀자를 징발하였기 때문에 목매어 죽는 여자, 남편에게 살해당하는 여자, 달아나는 여자가 속출했다고 한다.

토목사업과 후궁의 확장으로 국운이 기울어지는 현상은 한(漢)나라의 유총에게서도 보였던 것인데, 그것은 군주의 권위를 과시하기 위한 조치였다.

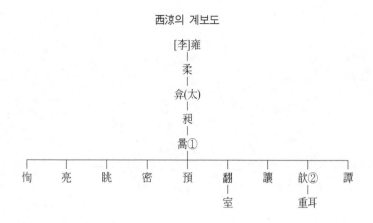

西涼의 계보도

그리고 그 배후에는 군주권이 종실적 군사봉건제에 의하여 제약받고 있다는 사실이 숨어 있었다.

　실제로 태자인 석수는 국정을 위임받았음에도 불구하고 형제인 석선(石宣)·석도(石韜)가 각각 군대를 거느리고 있었고 게다가 아버지가 그들을 총애하고 있었기 때문에 태자의 지위가 반드시 안정되어 있지는 않았다. 불만을 품은 태자는 결국 아버지를 죽이고 제위에 오르고자 했으나 미연에 발각되어 살해되었다. 이는 석호가 즉위하여 태자를 임명한 때로부터 겨우 2년째인 337년의 일로, 종실적 군사봉건제의 약점이 형제간의 다툼에서부터 아버지에 대한 살의로까지 진척된 것을 보여준 사건이다.

　그 뒤 석선이 태자가 되고 석도는 태위(太尉 : 최고 군사령관)에 임명되어 두 사람이 하루씩 교대로 국정을 맡게 되었다. 그러나 그들은 아버지를 따라 사냥에 몰두하고 마치 소황제처럼 궁녀를 거느리고 환관을 키워 음란한 생활에 빠졌다. 이리하여 실제의 정무는 환관이 처리하게 되고, 한편으로 석선·석도 형제 사이에는 반목이 생겨 결국 348년에 태자인 석선은 몰래 동생인 석도를 죽여 버린다. 또한 석도의 죽음이 태자의 짓이라는 사실이 발각되자 석도를 총애하고 있던 석호에게 태자도 죽임을 당한다.

　석호는 겨우 열 살 난 석세(石世)를 새로이 태자로 세우고 다음 해인

西秦의 계보도

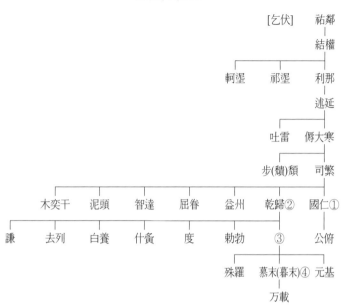

349년 황제의 자리에 올라 권위를 높이고자 했으나 그 해가 가기 전에 병사했다. 석호가 죽은 후의 후조(後趙)는 이미 종실의 연대가 완전히 해체되어 서로 죽고 죽이는 상황을 연출하였고, 그 사이 석호의 양자였던 한인(漢人)인 석민(石閔)이 병력을 장악해 나갔다.

석민은 호족과 한족이 뒤섞인 수도 업의 혼란 속에서 호족이 끝내 자기 편에 서지 않을 것을 알게 되자, 갈족에 대한 대대적인 학살을 감행했다. 제2장에서 기술했듯이 이 때 20만 이상이 사망했다고 한다.

염민의 위(魏)나라

석민은 다음 해인 350년, 황제에 올라 국호를 위(魏)라고 칭하고 본래의 성씨인 염(冉)씨로 바꾸었다. 염민(冉閔)의 호족(胡族) 대학살은 당연히 호족의 맹렬한 저항을 불러일으켰다. 석호의 서자 석기(石祇)는 양국(襄國)에서

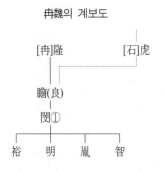

冉魏의 계보도

[冉]隆   [石]虎

瞻(良)

閔①

裕 明 胤 智

황제를 칭하였고, 갈족은 물론 선비족의 모용부(慕容部)와 강족(羌族) 등의 비한족이 이들과 연합했다. 호족과 한족의 투쟁은 끝없이 이어졌다. 업(鄴)을 중심으로 하는 기주(冀州) 일대로 강제 이주당한 수백만의 호한(胡漢) 부족들은 전화를 피해 고향으로 향하기 돌아가기 시작했으나, 도중에 서로 약탈과 살육을 일삼고 굶주림과 병으로 쓰러져, 고향으로 돌아간 자는 열에 두셋에 지나지 않았고 들에는 시체가 가득하고 경작할 수 있는 자가 없었다고 한다.

염민은 석기를 죽이고 352년에 양국을 함락시켰으나, 곧바로 진군해 온 선비 모용부의 군사에게 살해당하여 위나라는 겨우 3년 만에 멸망했다. 그러나 위나라가 멸망할 때 그 나라의 한인(漢人) 대신들이 자살한 것은 진한위진(秦漢魏晉) 때는 없었던 현상이다. 나라가 멸망하자 자살한다는 현상이 이 때부터 시작되었다는 것은, 당시 한족과 비한족 사이의 투쟁이 극도로 첨예화하였음을 나타내는 것이라고 범문란(范文蘭)은 지적하였다.

이상과 같이 염민은 석씨의 후조를 무너뜨리고 그 자신도 또한 대혼란 속에서 멸망했다. 그러나 후조를 무너뜨리고 대혼란을 일으킨 진짜 원인은 염민이 아니었다. 그것은 후조의 체제 즉, 종실적 군사봉건제가 오로지 중국의 부(富)를 수탈하는 기구로서 작용했기 때문에 종실 여러 왕이 종족적 결속을 잃고 각자 사사로운 이익을 추구하며 정치윤리를 완전히 짓밟아 끝없는 퇴폐로 빠져 들었기 때문이다. 그것이 국가를 와해시켰고, 한인의 기대를 저버린 결과 대혼란을 초래한 것이다.

이리하여 중원의 흉노계 국가들은 4세기 중엽에 소멸했다. 하서 회랑지역에 흉노족 저거(沮渠)씨가 세운 북량국(北涼國)은 제2장에서 약간 언급한 바 있다. 마찬가지로 5세기에 흉노계의 혁련발발(赫連勃勃)이 섬서성에 하

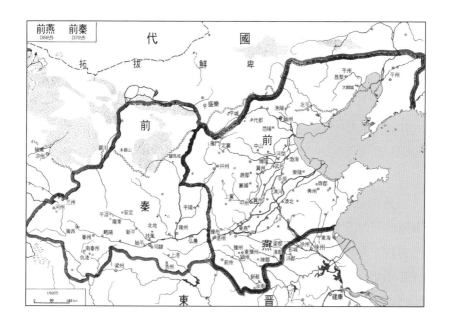

(夏)나라를 세우지만 그에 대해서는 후에 언급하기로 하고, 다음으로 후조가 멸망한 후 중원에서 패권을 장악한 선비 모용부의 연(燕)나라에 대해 살펴보도록 하자.

선비 모용부·저·강의 나라들

전연(前燕)의 성장

제2장에서 고구려의 국가형성을 기술했을 때, 선비족 모용부(慕容部)의 연나라가 요하 유역에 출현했다는 사실을 언급한 바 있다. 거기에서 보았듯이 연나라의 기초를 닦은 것은 모용부의 추장 모용외(慕容廆)라는 인물이다. 그가 서진 말기 흉노계 민족의 자립과정에서 대혼란에 빠진 중원으로부터 속속 피난해 들어온 한인 사대부를 받아들였기 때문에, 중국문화가 요하유역에서 유지·지속되었음도 이미 기술했다. 그러나 그 당시에는 아직 자신의

나라를 정식으로 연나라라고 부른 것은 아니다.

모용외는 307년에 이미 선비대선우(鮮卑大單于)라고 일컬어지고 있었는데, 317년에서 318년에 걸쳐 동진왕조가 성립된 시기에 이와 연관하여 동진으로부터 대선우(大單于) 창려공(昌黎公)이라는 칭호를 받았다. 이어 325년에 석륵과 관계를 맺은 같은 선비족 우문부(宇文部)를 공격하여 그 본거지를 함락시킨 후에는 연왕의 지위를 내려주도록 자주 동진에 공작을 벌였다. 그러나 그 실현을 보지 못한 채 333년 모용외는 병사하고 만다.

뒤를 이은 것은 셋째 아들 모용황(慕容皝)이다. 이 계승 때도 앞 절에서 보았던 흉노계 국가들과 마찬가지로 형제간에 다툼이 일어났다. 모용황은 반항하는 형제들을 공격하여 평정하고, 그들을 응원한 우문부 등 선비 여러 부를 압박하면서 337년 연왕(燕王)의 자리에 올랐다. 연나라는 이렇게 성립했으나 동진왕조가 이를 승인한 것은 341년의 일이다. 이를 통상 전연(前燕)이라고 부르는데, 후에 성립한 다른 연나라와 구별하기 위해서이다.

338년 모용황은 적대적인 선비의 단부(段部)를 후조(後趙)의 석호와 협공하여 분쇄시키고, 이어 후조와 대치하여 하북성 동북변을 공격할 정도로 세력이 강성해졌다. 게다가 342년에는 고구려를 공격하여 그 수도인 환도(丸都)까지 침입하였고, 344년에는 숙적인 우문부를 괴멸시켰다. 이러한 일련의 정복전쟁으로 영역이 확대되고, 이로 인하여 흘러 들어오는 유민들을 수용해서 인구는 10배로 증가했다. 모용황은 수도를 용성(龍城 : 요녕성 朝陽縣)으로 옮기고 국유지를 유민들에게 풀어서 둔전케 하고, 학교제도도 정비하여 선정을 베풀었다. 그것은 동북방의 신흥국가로서 강대한 힘을 축적하고 있었기 때문이다.

348년 모용황이 죽자, 그의 아들인 모용준(慕容儁)이 자리를 이었다. 앞 절에서 기술했듯이 석호가 죽고 후조가 대혼란에 빠진 것은 그 다음 해의 일이다. 한족과 비한족이 뒤섞여 서로 다투고, 저족·강족 등도 각자 독자적인 움직임을 보이고 있던 화북 중원을 향하여 동북방에 축적되어 있던 연나라의

前燕의 계보도

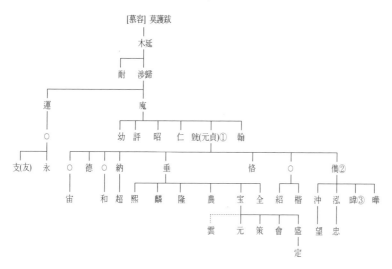

힘이 한꺼번에 분출하였다. 350년 연나라 군사 20만 명은 계(薊 : 북경시)를 함락시킨 후 곧 이 곳으로 수도를 옮기고 이윽고 352년에는 염민을 죽이고 후조 이래의 수도인 업을 점령했다. 모용준이 계에서 대연(大燕)의 황제에 오르니 이로써 전연(前燕)제국이 탄생하였다.

전연은 옛 조(趙)나라의 잔존세력을 제거하면서, 하남으로부터 산동 방면으로 진출하여 357년에는 수도를 계에서 업으로 옮기고, 대체로 화북의 동반(東半)을 영역으로 삼고 산서성에까지 진출했다.

그러나 당시 남쪽에서는 환온(桓溫)이 지휘하는 동진(東晉)세력이 낙양을 탈환하여 황하 연안으로까지 그 세력을 뻗쳤고, 서쪽에서는 저족의 전진(前秦)이 발흥하여 섬서성을 중심으로 그 세력을 산서성에까지 뻗치고 있었다. 350년대부터 60년대에 걸쳐 황하 유역은 후조 멸망 후의 혼란기에 생긴 여러 세력이 전연(前燕)·전진(前秦)·동진(東晉)이라고 하는 3대 세력의 정립(鼎立)으로 정리되어 가는 과정에 있었다.

전연의 멸망

전연(前燕)의 모용준(慕容儁)은 우선 동진(東晉)을 공격하고자 대규모 징병을 실시하였으나 공격을 실행에 옮기지 못한 채 360년 병사했다. 그 뒤 유약한 셋째 아들인 모용위(慕容暐)가 제위를 잇고, 준의 동생인 모용각(慕容恪)이 국군의 최고지휘관이 되어 이를 보좌하였다. 이 모용각이 보좌한 7년 동안 전연은 절정기를 맞아, 그 동안 동진을 압박하고 낙양을 비롯한 하남 일대를 탈환하여 전진에게는 손도 대지 못하게 하였다.

그러나 각이 죽은 뒤 그를 대신하여 보좌역이 된 준의 숙부 모용평(慕容評)이 황태후와 한패가 되어 뇌물을 받고 정치를 농단하게 되면서 국정은 문란해지고 앞길에 어두운 그림자가 드리워지기 시작하였다.

369년 동진의 환온은 다시 북벌을 개시하여, 연나라 군대를 격파하면서 황하를 건너는 지점인 방두(枋頭 : 하남성 濬縣 서남쪽)에까지 이르렀다. 전연조정은 전진에 원군을 요청하는 한편 원래의 수도인 용성으로 도망치기에 급급했지만, 용장 모용수(慕容垂 : 각의 동생)는 도망을 저지하고 진군(晉軍)에 대항하여 환온을 대패시킴으로써 전연을 위기에서 구해 냈다.

모용수는 형인 각이 사망한 이후 전연의 가장 중요한 기둥이었다. 그러나 그의 위명이 올라감에 따라 시기심을 이기지 못한 보좌역 모용평은 그를 죽이고자 하였다. 결국 모용수는 전진으로 망명하고, 전진은 그를 기꺼이 맞아들였다. 전연으로 보았을 때 그의 망명은 날개를 떼인 것이나 마찬가지의 타격이었으나, 전연을 공략할 틈을 노리고 있던 전진에게는 이 전연의 국정문란이야말로 생각지도 않은 횡재였다.

370년 전진은 드디어 전연 공략을 노리고 산서성에서 군사를 출격시켰다. 모용평은 30만 병사를 이끌고 노주(潞州 : 산서성 潞城縣 북쪽)에서 방어했으나 일격에 섬멸당하고 업으로 도망쳤다. 전진군은 신속하게 수도인 업을 함락시키고 전연의 황제 모용위와 여러 왕들과 공(公)들을 포로로 삼아 4만여 호에 이르는 선비족과 함께 장안으로 옮겼다. 전연 제국은 이렇게 덧없이 무너졌다.

전연이 멸망한 직접적 원인은 모용수의 망명사건으로 알 수 있듯이, 국군을 지휘해야 할 종실의 종족적 결합이 무너지고 황태후와 모용평과 같은 권세자가 사사로이 이익을 추구하여 국군 전체가 기능마비 상태에 빠졌기 때문이다. 그러한 현상은 이미 흉노계 국가들의 경우에서 본 것과 공통된 면을 보인다. 즉 이른바 '종실적 군사봉건제'의 해체현상이었던 것이다.

전연에서도 종실의 여러 왕들은 각자 군대를 장악하고, 각각의 군영은 방대한 수의 '영호(營戶)'라 불리는 특수 호구를 거느리면서 군현제와는 구별되는 '군봉(軍封)'을 구성하고 있었다. 영호의 실태는 분명하지 않지만, 모용부족 전사의 전투활동을 지탱하기 위한 군수생산에 종사하는 농업 노동자·상공업자 등으로 구성되어 있었던 것으로 보인다. 아직 요녕성에 머물러 있던 왕국시대의 전연으로 많은 유민이 흘러 들어갔음은 앞에서 보았는데, 그들 가운데에서 이와 같은 군영제에 편입된 자가 많았음에 틀림없다. 그것은 실로 '종실적 군사봉건제'라고 불러도 좋을 것이다.

한화(漢化)의 진전

그러나 전연이 이 같은 군영제뿐만 아니라 동시에 중국적인 군현제를 포함한 것은 일찍이 모용외 시대부터 나타난 현상이다. 제2장에서 보았듯이 그는 유입한 한인들의 출신지의 이름을 따서 교군(僑郡)을 설치하고, 그 중에서 한인으로서 명망있는 지식인을 군장관(郡長官)에 임명했다. 이와 같이 군현제를 일찍부터 도입하고 군영제 안에도 다수를 차지하는 한인 영호(營戶)를 포함시킨 것은 전연의 국가체제를 흉노족보다 한층 더 중국화시킨 이유일 것이다.

흉노족이 세운 유씨 한나라의 경우에는 6이(六夷)에 대한 부락통령제와 한인에 대한 영호제(營戶制)의 두 계통의 제도가 있었고, 또 전자를 다스리는 최고 책임자로서 대선우의 칭호는 후조가 멸망할 때까지 잔존하고 있었다.

拓拔族 풍속 | 太和 13년(489) 銘의 佛並坐像台座

그런데 전연의 경우에는 모용준이 황제로 즉위함과 동시에 대선우라는 칭호가 폐지되고 관제는 완전히 중국식으로 통일되었다. 그리고 정부의 대신급에는 대부분 한인이 임명되어, 이른바 한화(漢化)가 더욱 진전되었다.

그러나 봉건적인 군영제는 화북의 동반부를 지배한 제국시대에도 역시 중원으로 들어왔고 자연스럽게 그것이 국군을 유지하기 위한 기반이 되었다. 그리고 대선우는 소멸했으나, 중국식의 '대사마(大司馬)'라고 하는 직임이 국군의 최고지휘관으로서 군영 즉, 군봉(軍封)을 기반으로 하는 여러 군대를 통괄하였다. 앞서 보았던 보좌역인 모용각이나 모용평이 바로 이 대사마였고, 여러 군대를 거느리는 장군은 종실을 비롯한 모용족이 대부분이어서 중국식 관제 아래 종실적 군사봉건제가 지속되었다고 해도 좋을 것이다.

군봉을 장악하는 장군-대사마 계열이 군봉을 부(富)의 수탈기구로 삼아 사익 추구로 빠질 위험을 갖고 있었다는 점은 흉노계 여러 국가들과 같았다.

그리고 실제로 그러한 방향으로 기울어지는 조짐은 이미 모용각의 시대부터 시작되었지만, 특히 모용평 시대에 접어들면서 그러한 경향이 현저해져 종실결합의 해체와 국군의 기능 마비, 나아가 국가해체까지 초래하게 되었음은 앞에서 본 그대로이다.

결국 선비족 모용부가 세운 전연의 국가체제는 형식상 흉노계의 그것보다도 호한(胡漢) 합작을 한층 진전시켰으나, 아직 군사적 봉건제에서 그들의 종족적 혈연주의라는 한계를 뛰어넘을 수는 없었던 것이다. 다음으로 전연을 무너뜨린 저족의 전진(前秦)을 살펴보도록 하자.

王猛

전진(前秦)의 화북통일

후조(後趙) 시대, 섬서성의 저(氐)족과 강(羌)족은 석호에게 정복당한 후 방대한 수의 인민이 수도인 업을 중심으로 한 하남성 북부로 강제 이주당하였다. 349년에 시작된 후조의 붕괴와 함께 그들은 일제히 서쪽으로 되돌아가기 시작하였다. 저족은 추장인 부홍(苻洪), 강족은 요익중(姚弋仲) 휘하로 앞다투어 모여들어 관중(關中)으로 향하였다. 도중에 비명횡사한 부홍의 뒤를 이은 그의 아들 부건(苻健)은 저족 무리를 이끌고 우선 장안으로 들어가 351년에 천왕 대선우의 자리에 올랐다. 나라를 대진(大秦)이라고 칭하고 다음 해에 황제에 올랐다.

354년 동진의 환온이 한때 관중으로 진입했지만 곧 퇴각하고, 대진이

汗血馬 | 고비사막에 가까운 감숙성 武威縣에서 출토된 銅製馬

관중의 모든 지역을 장악하였다. 그 다음 해에 황제인 부건이 죽자, 부생(苻生)
이 그 뒤를 이었는데 그는 가공할 만한 폭군이었다. 357년 신변의 위협을
느낀 부건의 조카 부견(苻堅)이 정변을 일으켜 부생을 죽이고 대진 천왕
자리에 올랐다. 천왕에 대해서는 앞에서 설명한 대로이다.

　부견은 5호의 통치자 가운데에서도 가장 위대한 명군(名君)으로 알려진
인물로서, 역사서는 그를 높이 평가하고 있다. 그는 한인 출신의 명재상
왕맹(王猛)의 적극적인 협력을 얻어 내정을 정비하고 국력을 충실히 하여
강적 전연을 단숨에 무너뜨리고 화북 전역을 통일했다. 그 전성기를 『진서(晉
書)』는 다음과 같이 묘사하고 있다.

　영가(永嘉)의 난 후 학교라는 말은 전혀 들어본 적이 없었으나, 부견이
제위에 오르자 유학에 크게 관심을 갖고 왕맹은 민심의 안정에 노력했다.
정치에 조리가 서고 학교는 점차 융성하였다. 섬서성 일대는 완벽한 통치가
이루어지고, 사람들은 풍요로운 생활을 누렸다. 수도 장안에서 여러 주에
이르기까지 도로 양쪽으로 모두 회화나무와 버드나무를 가로수로 심고,

20화리(華里 : 약 1킬로미터)마다 정자, 40화리마다 역사(驛舍)를 만들어 여행자는 그 곳에서 보급과 휴식을 취하고, 상인과 수공업자는 길에서 자유롭게 거래했다. 사람들은 이 태평성세를 가져온 군주를 찬양하며 노래하였다.

장안 도읍의 큰 길은
버드나무와 회화나무 가로수가 뻗어 있고
붉은 수레가 달려가고
위로는 봉황님이 살고 계시는구나
훌륭한 분들이 우르르 몰려와
민초들을 이끌어 주시는구나

명군 부견(苻堅)의 이상주의

실제로 부견은 재상 왕맹 이하 관료들의 보좌를 받으며 극히 중국적인 덕치정치를 행하였고, 375년에 왕맹이 죽은 후에도 그 정치이념을 일관되게 견지하였다. 예를 들면 373년에 동진에서 사천성을 탈취하고, 376년에 감숙성에서 서역에 걸쳐 독립해 있던 전량(前涼)을 병합하여 광대한 화북 전 지역에 군림하는 대제국을 건설하였을 때, 서역의 여러 나라가 속속 조공을 해왔다. 그 가운데에는 한무제가 그토록 갖고 싶어했던 저 유명한 대완국(大宛國)의 한혈마(汗血馬)도 포함되어 있었다. 그러나 부견은 한 문제의 옛 일을 생각하여 한혈마를 포함한 500종 이상의 진품을 모조리 되돌려주고, 「지마시(止馬詩)」를 군신들에게 짓게 하여 욕심이 없음을 보여주었다.

382년에 바야흐로 전진의 천하통일을 방해하며 동남의 한 구석에서 유일하게 잔존해 있던 동진에 대하여, 부견은 직접 강남원정의 결의를 굳혔다. 위험을 예상한 명승(名僧) 도안(道安)[30]의 충고에 대하여 부견은 이렇게 답하였다.

---

30) 도안에 대한 자세한 사항에 대하여서는, 鎌田茂雄 著, 章輝玉 譯, 『中國佛敎史-初傳期의 佛敎-』, 도서출판 장승, 1992의 제5장 釋道安을 참조하면 좋을 것이다.

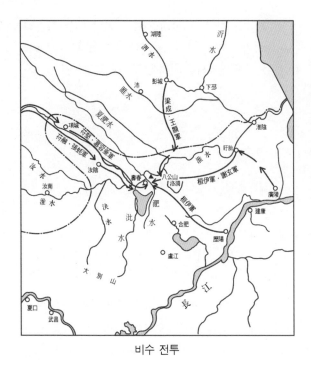

이 원정은 영토확장과 인구탈취를 목적으로 하는 것이 아니다. 오직 천하를 통합하여 민중을 괴로움으로부터 구제하고 싶을 뿐이다. 더욱이 이 원정은 정의의 전투이다. 영가의 난 이래, 강남에 떠돌고 있는 사대부들을 고향으로 돌아가게 하는 것은 그들을 어려움으로부터 구하여 인재를 등용하기 위함이었고, 무력을 휘두를 생각은 없다.

비수 전투

다니가와 미치오(谷川道雄)가 지적하듯이, 부견에게는 강남원정을 '정의와 평화와 문명을 위한 전투'라고 생각하는 이상주의가 있었던 것이다. 그러나 그 이상주의는 냉엄한 현실 앞에 무참히 부스러진다.

전진의 붕괴

부견은 주위의 반대를 무릅쓰고 383년 선봉 군단 25만 명 외에 스스로 보병 60만 기병 27만이라고 일컬어지는 대군을 이끌고 강남으로 공격해 들어갔다. 그러나 이 원정은 비수(淝水)의 일전으로 참담한 패배로 끝나고 말았다.

전패한 대군 가운데 군단의 통합을 유지할 수 있었던 것은 일찍이 전연에서 망명하여 부견에게 중용된 모용수 휘하의 3만 군단뿐이었다. 부견은 겨우 수행원 1천 기를 이끌고, 모용수의 군단에 몸을 의지하는 상황에 빠졌다.

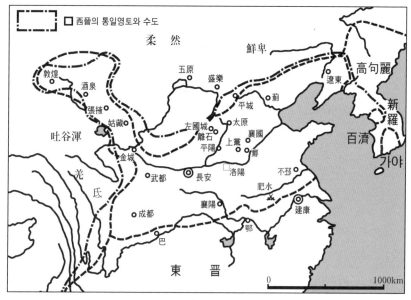

前秦 주요도

이 때 부견에 대한 모용수의 대응은 감동적이다. 모용수의 자제와 막료들은 이기회에 부견을 죽이고 나라를 다시 일으켜야 한다고 제의했으나 모용수는 다음과 같이 말하며 이를 물리쳤다고 한다.

그대들이 무엇을 말하는지 잘 안다. 그러나, 그는 조금의 의심도 없이 몸을 의탁해 왔다. 그런데 어찌 그를 죽이겠는가? 일찍이 내가 망명했을 때, 그는 나를 국사(國士)로 받아들여 최고의 대우를 해 주었다. 그 후 왕맹에게 살해당할 뻔 했을 때도 또한 나의 혐의를 벗겨 주었다. 그 은혜에 아직 전혀 보답을 못했다. 진나라의 명운이 다했다면 그를 죽일 길은 언제라도 있다. 그 때가 오더라도 함곡관 서쪽에 대해서는 손을 대어서는 안 된다. 대신 그 동쪽에서 연나라를 부흥시킬 수 있을 것이다.

이리하여 모용수는 패잔한 황제 부견을 받들어 병사를 모아 서쪽으로 향하였다. 그 도중에 내심 독립을 기대하면서도 패전으로 민심이 어수선한

업(전연의 옛 수도) 일대를 평정하고 싶다고 했다. 부견은 그것이 선비족 모용부가 재독립하는 길이 될 수 있음을 알면서도 모용수를 신뢰하여 이를 허가하고, 도중에 그와 헤어져서 자신은 10만 정도의 병사를 이끌고 수도 장안으로 돌아갔다.

이 같은 은의과 신뢰의 관계는 거대한 전진제국이 이제 무너져 분해되는 상황을 배경으로 하고 있는 만큼 한층 더 감동적이다. 그러나 냉엄한 현실 속에서 그 같은 신뢰관계는 부견의 신하가 충고한 말을 이용하면, '작은 믿음'이고 '국가를 가벼이 여기는' 결과를 초래한 데 지나지 않았다. 그 다음 해 384년에 모용수가 독립한 것을 시작으로 해

雙龕佛造像 | 北魏

서 각지의 선비족·강족의 지도자들이 속속 독립하였고, 385년 부견은 결국 관중에서 독립운동을 시작한 강족 추장 요익중의 아들 요장(姚萇)에게 붙잡혀 살해되었다. 그러나 부견이 최후까지 강렬한 이상주의와 도의적 정신을 계속 견지했던 것은 이전 5호의 군주들에게는 볼 수 없던 특징이다. 그리고 그의 사후 부씨 일족이 그 위패를 받들어 394년까지 여러 세력에게 완강히 저항한 것도 종실의 퇴폐와 함께 스스로 붕괴한 이전의 5호 국가들과는 사뭇 다른 양상을 띤 것이다.

卷	卷 名	관용적 國名	卷	卷 名	관용적 國名
101	劉元海	(1) 前趙	116	姚弋仲·姚襄·姚萇	(5) 後秦
102	劉聰		117	姚興上	
103	劉曜		118	姚興下	
104	石勒上	(2) 後趙	119	姚泓	
105	石勒下		120	李特·李流	(6) 成漢
106	石季龍上		121	李雄·李班·李期·李壽·李勢	
107	石季龍下		122	呂光·呂纂·呂隆	(7) 後涼
108	慕容廆	(3) 前燕	123	慕容垂	(8) 後燕
109	慕容皝		124	慕容寶·慕容盛·慕容熙·慕容雲	
110	慕容儁		125	乞伏國仁·乞伏乾歸·乞伏熾磐 馮跋	(9) 西秦 (10) 北燕
111	慕容暐		126	禿髮烏孤·禿髮傉鹿孤·禿髮傉檀	(11) 南涼
112	苻洪·苻健·苻生	(4) 前秦	127	慕容德	(12) 南燕
113	苻堅上		128	慕容超	
114	苻堅下		129	沮渠蒙遜	(13) 北涼
115	苻丕·苻登		130	赫連勃勃	(14) 夏

전진이 멸망한 원인

저족의 전진에도 이전의 5호 나라들과 마찬가지로 종실적 군사봉건제가 있었다. 부견이 처음 병사를 이끌고 정변을 일으켜 종형인 폭군 부생(苻生)을 죽이고 천왕에 오른 것은 앞서 본 대로이다. 그리고 전진의 체제 안에 황실과 그 일족이 각각 사리사욕을 채우는 데로 치닫게 할 요인을 포함하고 있었던 점도 5호의 나라들과 다르지 않다. 그러나, 부견은 이를 막아 종실을 억제하고 군주권을 높이기 위하여 덕치주의에 의거한 천하통일의 이념을 내걸었다. 이 이념에 따라 정치를 추진한 것이 재상 왕맹 등의 관료였으며, 이것이 성공하여 화북의 통일과 종실의 퇴폐를 방지하는 데 기여하였던 것이다.

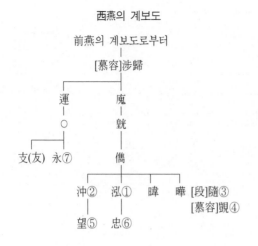

西燕의 계보도

前燕의 계보도로부터

[慕容]涉歸

運　　廆

○　　皝

支(友)　永⑦　　儁

沖②　泓①　暐　曄　[段]隨③
　　　　　　　　　　　[慕容]覬④

望⑤　忠⑥

그러나 그 덕치주의는 동족을 중심으로 한 통일제국의 건설을 지향했을 뿐만 아니라 나아가 다른 종족도 평등하게 대접하는 데까지 이상화되어 갔다. 왕맹은 이 이상화의 위험을 감지하여 앞서 인용한 모용수의 말에서도 언급되었듯이 이를 일찌감치 말살할 것을 간언하였다. 또 동진에는 손을 대지 말고 우선 영내의 다른 종족을 제압하라는 유언을 남겼으나, 부견은 이를 뿌리치고 이상주의로 치달았다. 병합된 옛 전연의 왕공(王公 : 諸王·諸公)은 옛 왕인 모용위 이하 모두 새로이 전진의 고관에 임명되었고, 모용수 같은 경우에는 수도권 장관이라는 중직에 임명되었다. 게다가 수도 장안을 중심으로 하는 관중에는 다수의 선비족이 동쪽에서 강제 이주되고 있었다.

前秦의 계보도

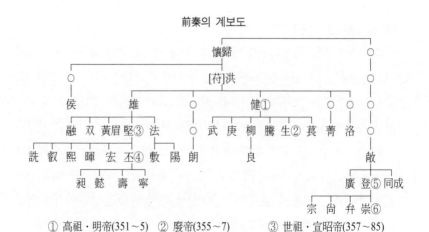

懷歸

○　　[苻]洪　　○

侯　雄　○　健①　○　○　○

融　双　黃眉　堅③　法　○　武　庚　柳　騰　生②　萇　靑　洛　○

詵　叡　熙　暉　宏　丕④　敷　陽　朗　　　良　　　　　　　　　敞

昶　懿　壽　寧　　　　　　　　　　　　　　　　　　　　　　廣　登⑤　同　成

　　　　　　　　　　　　　　　　　　　　　　　　　　　　　宗　尙　弁　崇⑥

① 高祖·明帝(351~5)　② 廢帝(355~7)　③ 世祖·宣昭帝(357~85)
④ 哀平帝(385~6)　⑤ 太宗·高帝(386~94)　⑥ 394

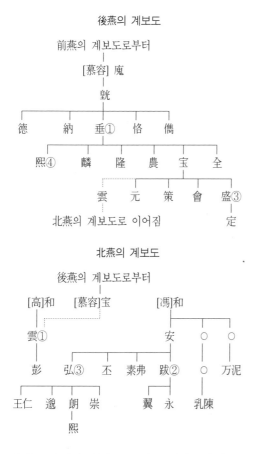

後燕의 계보도

前燕의 계보도로부터

[慕容] 廆

皝

德　　納　　垂①　　恪　　儁

熙④　　麟　　隆　　農　　宝　　全

雲　　元　　策　　會　　盛③

北燕의 계보도로 이어짐　　　　定

北燕의 계보도

後燕의 계보도로부터

[高]和　　[慕容]宝　　　　[馮]和

雲①　　　　　　　　　　　　安　　○　　○

彭　　弘③　　丕　　素弗　　跋②　　○　　万泥

王仁　邀　朗　崇　　　　翼　　永　　乳陳

熙

이 같은 선비우대책은 당연히 저족인 전진 수뇌부에 불안을 주었다. 그러나 부견에게는 "이민족도 평등하게 적자(赤子)로 보고, 천하를 한집과 같이 융화시킴으로써 덕을 닦으면 옛 적을 무서워할 필요는 없다"는 이상화된 덕치주의의 신념이 있었다. 그래서 380년 하북성 북부에서 일어난 종실의 반란을 평정한 뒤 관중의 저족 15만 호를 동쪽의 몇몇 요지로 분산 이주시켜 치안유지를 담당하게 했던 것이다.

결국 여러 종족을 융화한다는 이상주의가 현실에서는 전진의 중심기지를 약화시키는 시책이 되었고, 게다가 이상주의의 발로로 감행한 강남원정의 대패를 계기로 대제국은 일시에 와해되었던 것이다. 부견은 중국의 전통적인 덕치주의를 기반으로 하여 호한(胡漢) 여러 종족을 융화하여 보편적인 통일국가를 건설하고자 하였으나, 그 이상주의는 현실에 뿌리깊게 존속해 있던 종족주의로 인해 뼈아픈 반격을 받았다고 해야 할 것이다.

이리하여 전진제국이 해체된 후, 여러 종족이 각각 독립하고 서로 흥망을 전개하면서 화북은 또다시 대혼란으로 빠져들었다. 이들 군소 제국은 이윽고 산서성 북부에서 웅대한 모습을 드러낸 선비족 탁발부의 북위(北魏)제국과

동진에서 송으로 이어지는 강남 왕조의 두 세력
사이에 끼여 5세기 전반까지 차례차례로 붕괴된
다. 다음에서 이들 여러 나라에 대해 간단히 언급
하겠다.

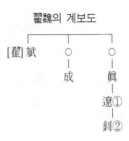

翟魏의 계보도

화북 동부의 흥망[31]

화북 동반부의 옛 전연 영내에서는 앞서 언급했듯이 384년 모용수가
연나라를 다시 일으켜 세워 이윽고 중산(中山 : 하북성 定縣)을 수도로 삼고
제위에 올랐다. 이를 전연과 구별하여 후연(後燕)이라고 한다.

또 모용수의 독립을 계기로 하여 옛 전연의 황제 모용위의 동생들이 장안의
동쪽과 산서성 남부에서 병사를 일으켰고, 이에 호응하고자 한 모용위가
부견에게 살해당한 뒤 동생 가운데 한 명인 모용충이 황제를 칭하였다.
이 세력을 서연(西燕)이라 한다. 서연은 부견으로부터 수도 장안을 빼앗았으
나 관중으로 강제 이주되어 있던 선비족이 그 세력의 주체였고 그들은 동쪽으
로 돌아가기를 희망했기 때문에, 장안을 포기하고 산서성 동남부의 장자현(長
子縣)을 근거지로 삼았다. 그러나 서연은 이미 동쪽에서 독립해 있던 모용수와
의 사이에 의사소통이 불충분하였고, 그 후 394년에는 후연에게 병합당했다.

이후 후연은 남쪽으로는 황하를 건너 산동성 각지를 동진으로부터 탈환하
여 옛 전연의 영역을 대부분 회복하고, 서북쪽의 북위와 대치하게 된다.
그러나 396년 모용수가 죽자 종실 사이에 불화가 표면화되었고, 북위가
남진을 개시하여 산서성에서 하북·하남으로 진출했다. 397년 후연 황제
모용보(慕容寶)는 수도 중산을 탈출하여 북쪽에 있는 옛 수도 용성으로 자리
를 옮기고 그 곳에서 좀더 국가의 명맥을 유지하지만, 409년에 한인인 풍발(馮
跋)에게 나라를 빼앗겼다. 이 한인 풍씨의 나라가 북연(北燕)이다.

---

31) 여기에 나오는 西燕, 南燕, 北燕에 대한 자세한 내용은 지배선, 『中國中世史硏究-慕容燕
과 北燕史』, 연세대출판부, 1998 참조.

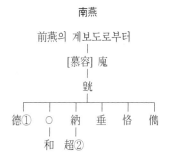

南燕

前燕의 계보도로부터

[慕容] 廆
|
皝
|
德① ○ 納 垂 恪 儁
  |
 和 超②

397년 북위의 대공세로 후연의 여러 군단은 각지로 나뉘어졌는데, 그 중에서 남쪽의 업에 주둔해 있던 모용덕(慕容德)은 북위군에게 밀려 황하 남쪽 활대(滑臺 : 河南省 滑縣)로 옮기고, 그 곳에서 그는 398년에 연왕의 자리에 올랐다. 이를 남연(南燕)이라고 부른다. 남연은 산동성 방면을 제압하고 광고(廣固 : 산동성 익도현 서북쪽)를 수도로 삼았다. 모용덕은 400년에 제위에 올랐으며 409년 그의 아들 모용초(慕容超)가 제위에 올랐을 때 동진의 실력자 유유(劉裕)의 군에게 남연은 멸망당하였다.

이리하여 5세기 초에는 화북 동반부의 옛 전연 영내는 대개 북위의 지배하로 들어가고 한편, 실질적으로는 유유가 이끈 동진세력도 또한 황하의 남쪽까지 북으로 그 세력을 크게 뻗쳤다.

이하에서는 전진제국이 해체된 후 그 근거지였던 관중 일대가 어떻게 변화하였는지 알아보자.

화북 서부의 흥망

앞에서 살펴보았듯이 한때 장안을 탈취한 모용충 등의 서연 세력은 동쪽인 산서성 남부로 이동해 갔다. 그리고 그 후 관중 일대를 제압한 중심세력은 전진 황제 부견을 죽인 강족 요장(姚萇)이 세운 후진(後秦)이었다.

요장은 원래 선비족인 모용수와 마찬가지로 부견을 섬긴 장군으로, 383년 전진의 대군이 동진을 습격했을 때는 부견에게 중용되어 사천성 방면의 군총사령관이라는 중직에 있었다. 패전으로 인한 전진제국 해체에, 그는 선비족의 독립을 노린 모용수와 마찬가지로 강족의 독립운동을 단행하였다.

요장은 부견을 죽인 뒤 386년 모용충이 포기한 장안에 들어가 제위에 올랐으나, 요장이 명군 부견을 노골적으로 배신하였기 때문에 저족을 중심으

後秦의 계보도

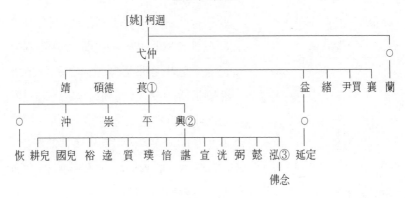

南涼의 계보도

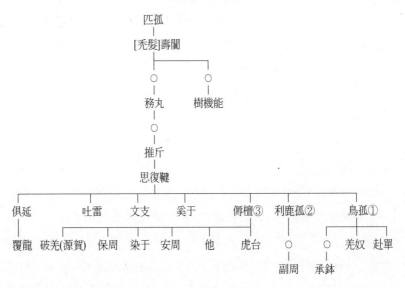

로 하는 부씨 세력의 저항이 매우 완강했다. 그는 사투를 되풀이하며 점차 그들을 압박하였으나 치세중에는 결코 이들의 저항을 근절시킬 수 없었다.

394년 제위를 이어받은 그의 아들 요흥(姚興)은 전진의 잔존세력을 무너뜨리고 관중을 안정시키기 위하여 내정의 정비에 노력했다. 이리하여 국력을

草堂寺 鳩摩羅什舍利塔 | 5호16국시대

충실히 한 뒤, 후진은 서쪽을 향하여 국위를 떨쳐 나갔다. 400년에는 감숙성 동남쪽에 자립해 있던 선비족 걸복(乞伏)씨의 서진(西秦)을 항복시키고, 403년에는 하서 회랑지대에 저족이 세운 후량(後凉)을 무너뜨려 화북 서부의 강국으로 대두하였다. 그 결과 그 유명한 쿠마라지바[鳩摩羅什]가 장안에 들어와 불교가 흥성하게 된다.

그러나 이러한 후진의 권위와 평화도 오래 유지될 수는 없었다. 서쪽의 감숙성 방면에서는 가장 서쪽에 위치하여 독립해 있던 한인 이(李)씨의 서량을 비롯하여, 선비족 독발(禿髮)씨의 남량이나 흉노 저거(沮渠)씨의 북량, 409년에는 후진(後秦)에서 다시 독립한 선비 걸복(乞伏)씨의 서진(西秦), 게다가 유목민의 토욕혼(吐谷渾)까지 가세하여 서로 뒤엉킨 채 세력다툼을 벌였기 때문이다. 후진은 가장 가까운 서진의 진압에조차 여러 가지로 어려움을 겪었다. 나아가 북방의 오르도스에서는 흉노족 혁련발발의 하(夏)나라가 흥기하여 압력을 가하였고, 동으로는 화북 중원을 제압한 북위나 남으로는 이미 동진의 사실상의 지도자가 된 유유라고 하는 거대한 여러 세력에도 대처하지 않으면 안 되었다.

416년 요흥이 죽자 5호의 여러 나라가 항상 겪었던 내부혼란이 후진에서도 일어났다. 이러한 후진을 노리고, 매가 마지막 숨을 헐떡이는 짐승을 습격하듯이 주변의 여러 나라가 후진으로 공격해 들어왔다. 그 가운데 417년 첫번째로 장안에 들어와 이 나라를 멸망시킨 것은 동진의 유유였다. 그러나 겨우 주둔군만 남겨놓고 강남으로 돌아가자, 혁련발발이 곧 대군을 이끌고 남하하여 동진의 주둔군을 몰아내고 다음 해 418년에 장안에서 제위에 올랐다.

이리하여 화북 서부는 관중 일대를 제압한 하(夏)나라와 414년에 남량을 무너뜨린 서진과 420년에 서량을 무너뜨린 북량이라는 세 나라가 남게 되었다. 그러나 이들 삼국은 점차 북위의 거대한 힘 앞에 소멸되어 간다. 이제 장을 바꾸어 이 북위제국에 대하여 자세히 살펴보도록 하자.

10.
북위제국과 귀족제
5세기의 화북

북위제국의 형성

선비 탁발부의 건국

선비족 가운데 모용부가 일찍부터 중국문명을 받아들여 동방의 요하 유역에 연국을 형성하고 나아가 화북 중원으로까지 진출한 데 비해, 탁발부의 국가형성 및 중국문명과의 접촉은 그보다 훨씬 늦다. 그들은 고지인 흥안령(興安嶺) 동쪽 기슭의 시라무렌 유역에서 다년간에 걸친 민족이동 후 몽강(蒙彊) 장성지대로 나왔다. 그리고 3세기 중엽 역미(力微)라고 하는 추장(酋長) 아래 탁발부를 중핵으로 하는 부족연합국가가 형성되어 성락(盛樂 : 내몽고 자치구의 托克托 부근)에 본거지를 정했다. 그는 북위의 시조가 되는 인물이었으나 이 국가는 아직 취약한 상태여서 그의 사후 부족연합은 붕괴되었다.

그 후 4세기 초 역미의 손자인 의로(猗盧)가 또다시 여러 부족을 통합하였다. 그는 중원의 대혼란 속에서 산서성 중부에 고립된 진(晉)의 지방장관 유곤(劉琨)을 원조하여 그 공으로 대왕(代王)의 작위를 받고, 산서성의 구주산(句注

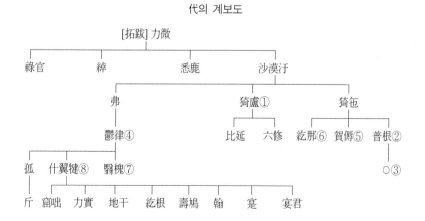

代의 계보도

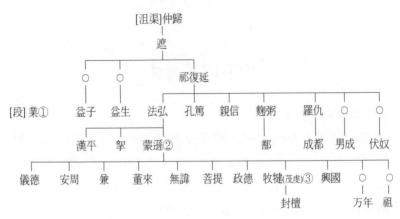

北涼의 계보도

[沮渠]仲歸
　　遮
　　　○　　　○　　　　　祁復延
[段]業①　　益子　益生　法弘　孔篤　親信　麴粥　羅仇　○　　○
　　　　　漢平　挈　蒙遜②　　　　　　　　鄯　成都　男成　伏奴
　　儀德　安周　兼　董來　無諱　菩提　政德　牧犍(茂虔)③　興國　○　　○
　　　　　　　　　　　　　　　　　　　　　　　　封檀　　　　　万年　祖

山 : 代縣의 서쪽) 이북지역에 대한 관할을 인정받았다. 이것은 탁발국가가 화북으로 진출한 일보로, 이 대국(代國)에는 이미 일부 한인 지식인들도 참여하여 왕권강화에 노력했다. 그러나 부족장들의 불만이 폭발하여 국가는 와해되었다.

와해된 탁발부의 여러 부족은 대부분 화북을 제패한 후조에 복속되었다. 그런데 수도 업에 인질로 붙잡혀 있던 십익건(什翼犍)이 338년 형이 죽은

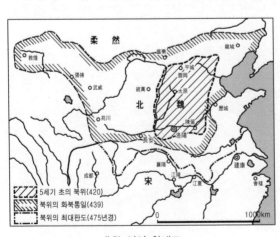

北魏 영역 확대도

후 귀국을 허락받아 대왕(代王)의 지위를 이으면서 탁발국가의 새로운 형성이 시작되었다. 오랜 세월 업에 머물면서 중국문명의 영향을 받은 십익건은 한인을 이용하여 중국식으로 관료제도와 법률을 정비하고, 한편으

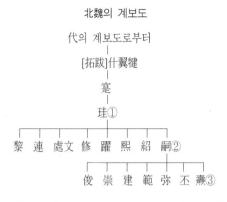

北魏의 계보도

로는 부족장들의 자제를 시종직에 임명하여 여러 부족세력을 왕권과 연결시키는 데 노력했다. 그러나 이처럼 애써 만들어 놓은 국가도 화북을 통일한 전진 황제 부견의 공격으로 376년에 무참하게 무너졌다. 십익건이 혼란 속에 죽음을 맞은 후, 부견은 그 나라를 하동·하서의 두 부분으로 분할하였다.

십익건의 손자인 탁발규(拓跋珪)는 이 어려운 시기에 하동부를 주재한 인척 유고인(劉庫仁) 및 그 부족인 흉노족 독고부(獨孤部)의 두터운 보호를 받으며 기회를 엿보고 있었다. 이윽고 383년 비수의 패전으로 시작된 전진국의 해체라는 큰 물결이 독고부와 하란부(賀蘭部) 등 탁발규를 둘러싼 여러 부족간에 다소의 혼란을 야기하였으나, 386년 그는 여러 부족의 추대를

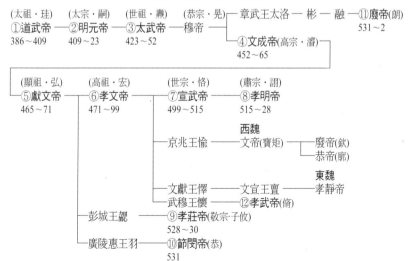

北魏 - 東魏 - 西魏 계보도

夏의 계보도

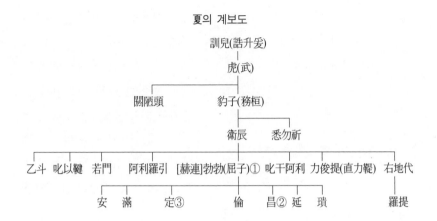

받아 대왕에 올랐다. 그 해에 수도를 성락으로 정하고 대왕(代王)을 위왕(魏王)이라고 개칭하여 위(魏)왕국을 성립시켰다. 이를 3세기 초 한제국이 붕괴된 후 조조가 세운 삼국시대의 위와 구별하기 위하여 후위(後魏) 또는 북위(北魏)라고 부른다.

이후 탁발규는 대적하는 여러 부족과 투르크 족 고차(高車) 외에 유연과 같은 다른 종족을 공격하고, 오르도스 일대의 흉노계 부족을 평정하여 대량의 노동인구와 가축을 획득했다. 나아가 그는 유목민족 특유의 정복전쟁 이외에도 수도 주변에 농경을 통하여 국력을 충실히 다지면서 중원진출의 기회를 노렸다.

396년 후연의 모용수가 죽고 나라가 어지러워진 틈을 타 북위의 40만 대군이 일제히 중원으로 밀어닥쳐 다음 해인 397년에 북위가 황하 이북의 화북평원을 대부분 정복하였음은 이미 앞에서 살펴보았다.

398년 탁발규는 점령지를 순행하고 후연의 옛 도읍인 중산(中山)과 업 등의 요지에 총독부와 같은 '행대(行臺)'를 설치하고 점령지 행정의 중핵으로 삼았다. 또 그 지방의 옛 관리 및 호·한의 민 가운데 10만 이상을 수도 주변으로 강제 이주시켜 옛 세력을 무너뜨림과 동시에 이들 이주민에게 일정한 토지를 지급·경작케 하여 국가재정의 기초를 굳히는 조치를 취하였다.

순행에서 돌아온 탁발규는 수도를 평성(平城 : 산서성 대동시)으로 옮기고 황궁을 조영하여 황제에 올랐다. 이 탁발규가 도무제(道武帝)라고 불리는 북위의 초대 황제이고, 이렇게 하여 북위제국은 그 거대한 모습을 드러내기 시작하였다.

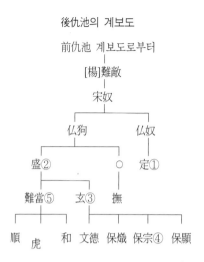

後仇池의 계보도

북위의 화북통일

다음 5세기 백 년 간은 4세기가 끝날 무렵 성립한 북위제국이 잔존한 군소 제국을 평정하여 화북 전역을 통일하고, 강남의 송·제 왕조와 대치하면서 서쪽으로는 멀리 서역지방에까지 진출하는 시대였다. 또한 호족과 한족을 통합한 보편적인 국가사회를 건설하기 위해 전진의 황제 부견처럼 성급한 방법이 아니라 한걸음 한걸음 보다 착실하게 나아간 시대였다고 할 수 있다. 먼저 북위제국의 화북통일 과정을 살펴보도록 하자.

409년 도무제가 그의 아들에게 살해당하자 국내는 일시 동요했으나 북위제국의 창업 공신들은 후사로 지정되어 있던 여덟 살 난 탁발사(拓跋嗣)를 옹립하고 그를 보좌하여 위기를 넘기는 데 성공했다. 이 어린 황제가 명원제(明元帝 : 재위 409~423)이다. 그는 성장한 후 유능한 한인 관료 최호(崔浩) 등의 의견을 받아들여 당시 장성 밖에서 크게 세력을 떨치고 있던 유연에 대한 경계를 게을리하지 않고 수도 주변을 안정시키고 국력을 충실히 하는 데 노력했다.

명원제는 수십 년에 걸쳐 주변 제국의 격렬한 움직임 속에서 선제 시대에 급속히 확장시킨 국토를 계속 지켜 나갔다. 말년에는 남조 송의 무제, 즉 유유(劉裕)가 죽었을 때 황하 도하작전을 감행하여 낙양을 포함하는 하남성

돈황 막고굴 전경

일대를 탈취하였다.

이렇게 하여 축적된 북위의 국력은 다음 태무제(太武帝) 탁발도(拓拔燾)의 시대(재위 424~452)에 사방으로 분출하였다. 최호의 지략과 선비 병사의 용맹으로 뒷받침된 화북통일의 대사업과 서방·북방으로의 원정은 다음과 같이 진행되었다.

424~425년	대거 유연을 공격, 멀리 고비사막 이북(漠北)으로 추방
426년	하국 공격. 장안 점령
427년	하국의 수도 통만(統萬 : 陝西省 橫山縣西) 점령
431년	서진을 멸망시킨 하국이 최후에 토욕혼에게 멸망된 후 관중 전역 점령
436년	북연국을 무너뜨리고 요하 유역 점령
439년	북량국을 무너뜨려 화북통일을 완성하여 5호16국 시대

통만진

	막을 내림
445년	서역의 선선(鄯善) 점령
448년	서역의 언기(焉耆)·구자(龜玆) 양국 격파하고 언기 점령
449년	유연에게 대승을 거둠. 이후 유연은 쇠퇴
450년	태무제 친히 대군을 이끌고 남정하여 강북을 휩쓸며 양자강 북안까지 압박하고 남조 송의 수도 건강을 위협, 그러나 상당한 손해를 입고 북으로 회군

그런데 도무제 이래 3대에 걸쳐 이렇듯 착실하고 순조롭게, 게다가 급속히 발전을 이룬 북위제국의 모습은 앞서 살펴보았던 5호 제국과 비교해 볼 때 조금 다른 양상을 보인다. 이전의 여러 나라에서는 대부분 제국을 창건한 군주가 사망하고 나면 군대를 소유한 종실간에 다툼이 일어나 그 나라가 와해되거나, 아니면 방계의 유능한 종실이 실력으로 군주가 되든가 둘 가운데 하나였다. 따라서 도무제 사후, 겨우 여덟 살 난 유약한 후계자가 옹립되어

四面佛像龕 | 북위

북위제국의 와해 위기를 극복할 수 있었던 것은 이전에는 볼 수 없었던
경우라고 할 것이다.

　이와 같은 북위제국의 안정, 요컨대 황제권의 확립은 도무제가 후연을
중원에서 몰아내고 제국을 창건한 398년 무렵 휘하의 여러 부락을 해산시킨
데서 그 원인을 찾을 수 있다. 그 때까지 부락을 통솔하고 있던 '대인(大人)'은
부락에서 분리되어 통솔권을 빼앗기고 여러 부락은 일정한 지구에 정주하여
유목민족적인 이동을 금지당했다. 그리고 부락민은 국가의 직접 지배하에
놓이게 되었다.

　그러나 해산된 옛 부락민, 즉 북족(北族)이 곧 한인과 똑같이 동일한 입장에
놓인 것은 아니다. 그들은 수도 평성의 기외(畿外)에 설정된 8국(八國) 또는

8부(八部)라 불리는 특별 행정구역에 정주하였는데, 그 곳에서는 농경이 장려됨과 동시에 일반 주군(州郡)의 민과는 다른 기준으로 군수품이 징발되었다. 또 거기에서는 일반 주군과 마찬가지로 한족의 구품관인법과 비슷한 임관제도가 행하여졌는데, 옛 대인 일족에 대해서는 부락해산의 타격을 경감해 주기 위한 특별 우대조치가 취해졌다. 이 같은 특별 행정구역은 그 후 점차 축소되어 이윽고 태무제의 치세 동안에 결국 소멸한 것으로 보인다. 하지만 어쨌든 이러한 부락해산이라는 단호한 조치가 종실간의 다툼으로 와해한 5호 여러 나라의 선례를 피하고, 북위제국의 지속을 가능케 한 최대의 원인이었다고 할 수 있다.

북족계 군단과 주진제(州鎮制)

부락 해산으로 선비족을 비롯한 북족의 옛 부락민은 수도인 평성의 기외에 설치된 팔국(=八部)으로 재편되고, 그 특별 행정구역도 결국 축소 소멸되었지만 그렇다고 해서 북족계 옛 부락민이 곧 한인사회에 완전히 동화되었다고는 할 수 없다. 왜냐하면 이들 옛 부락민으로 구성된 북족계 병사와 그 통솔자인 북족계 장군들이야말로 북위제국의 발전을 뒷받침한 주춧돌이고, 제국의 판도가 확대됨에 따라 북족계 병사들은 화북 각지에 군대로서 주둔하고 나아가 그 땅에 정주하였기 때문이다.

도무제의 후연국 토벌에서 태무제의 화북통일까지 북위제국의 확대를 추진한 것은 실제로 이들 북족 군단이었다. 도무제가 후연의 옛 세력을 분쇄하기 위하여 그 나라의 옛 관리와 호·한의 민 가운데 10만 이상을 수도 주변으로 강제 이주시킨 점은 이미 기술했는데, 그 뒤에는 행대를 설치하고 나아가 주군(州郡)제도를 선포하여 민정체제를 취했다. 그러나 후연의 옛 수도인 중산을 비롯하여 하북의 요지에는 선비병사를 핵으로 하는 국군의 일부가 상주하였으며 점령지역에 대한 군의 영향력은 매우 강하였다. 태무제가 하국을 정복했을 때에도 적대성이 가장 강한 일부 옛

제20굴 **大露坐佛** | 北魏의 傑僧 曇曜가 당시의 황제 文成帝에 주청하여 조상한 것의 하나. 높이 14m. 초기 雲岡佛의 대표작

하국의 관민을 수도 주변으로 강제 이주시킨 후 그 옛 수도 통만(統萬)에는 '진(鎭)'을 설치하고 사령관에 해당하는 통만진장(統萬鎭長)을 두고 군정을 시행했다. 북연·북량의 두 나라를 평정했을 때도 하국을 정복했을 때와 똑같은 방식으로 지배하였다.

이와 같이 점령지역에 대한 군정조직으로서는 우선 옛 적국의 요지에 '진'을 설치하고, '진'이 관할하는 군영 구내의 각지에는 하부조직으로서 '수(戍)'를 설치했다. 이 '진'과 '수'에 주둔하는 국군의 통할자가 진장이었다. 이후 이 군정지배는 민정으로 이행하고, 진은 주(州)로 수는 군(郡)으로 개칭되어 민정장관인 '자사'가 통할하게 된다. 그러나 군정에서 민정으로의 이관은 일거에 이루어진 것이 아니라 일정 기간 주·진이 병존하였다. 예를 들면 통만진은 60여 년의 긴 군정시대를 거친 후 487년에야 하주(夏州)로 개칭되어 민정으로 이행하였으나, 그 후에도 하주자사는 통만진장을 겸임했다. 즉 북위의 화북지배는 군정지배적 색채를 강하게 띠었고, 따라서 각지에 주류하

雲岡石窟 평면도

는 북족계 군단의 군사력이 이 거대한 제국을 지탱하는 근간이었다고 해야 할 것이다.

제국의 근간인 북족계 국군의 중핵은 말할 것도 없이 수도의 근위군단이었다. 이들 병사는 우림(羽林)·호분(虎賁) 등으로 불리는데, 우림병은 국가의 중추로서 가장 명예로운 존재였다. 이 강력한 근위군이 수도 주변에 영향력을 발휘하여, 그 곳으로 강제 이주당하여 군현제에 편입된 옛 적국인을 위압하고 있었던 것이다.

우림병사의 근위군이 중앙에서 이와 같은 역할을 하고 있었던 데 대하여, 주·진에 주류하는 북족 병단은 일종의 지방 분점이었다. 그것은 일찍이 전진의 황제 부견이 관중의 저족 15만 호를 동방의 요소 요소에 분산 배치하여 치안유지에 힘쓰도록 한 것과 마찬가지 역할을 하고 있었는데, 북위의 경우에는 근위군을 중핵으로 하여 기내 및 기외를 훨씬 강력하게 제압하고 있었던 것이다.

이러한 북족 군단을 통솔한 것은 주로 북위의 제실 일족과 북족계 귀족이었다. 그들은 중국식 장군호를 직함으로 달고, 군부를 열어 속관을 두고 있었다. 이들 군단에 영호가 종속해 있었던 것도 전연국의 경우와 같다. 소위 군사적 봉건제의 모습은 여기서도 여전히 존재한 것이다. 그러나 부락해산을 거친 후의 북위에서는 군단 통솔자인 종실이나 귀족과, 군단을 구성하는 북족 병사들 간의 유착 정도가 훨씬 약화되었고 통솔자의 성격이 소위 군부관료로서 변모되어 나간다는 데 주의해야 할 것이다. 부족연합국가의 유제(遺制)인

운강석굴

종실적 군사봉건제는 북위에서도 여전히 북족적인 전투공동체의 성격을
갖고 있었지만 5호의 여러 나라보다도 훨씬 보편적인 관료체제에 근접해
갔다고 할 수 있겠다.

한족 지식인(사대부)의 협력

4세기 말부터 5세기 전반에 걸친 북위제국의 놀라운 팽창은 이상에서
기술한 북족 무인전사들의 움직임에 힘입은 바 매우 컸지만, 또 하나 잊어서는
안 될 것은 한족 지식인들의 협력이다. 북위는 아직 대국(代國)이라는 이름으
로 산서성 북부에 움추리고 있을 무렵부터 그 주변 한인 사대부들의 협력을
받고 있었다. 그리고 화북의 중원을 지배함과 동시에 중원에 잔류해 있던
일류 지식인들이 본격적으로 북위정권에 참여하기 시작하였다. 그 중에서
가장 주목해야 할 존재는 위진 이래 5호16국 시대를 통하여 줄곧 하북성

남부 청하현(淸河縣)의 명문이었던 최씨 일문이다.

그 한 사람인 최굉(崔宏)은 도무제 아래서 관제와 율령 등의 창설에 참여하고 다음 명원제를 옹립한 8명의 원훈에도 속하였다. 또한 이미 도무제 때부터 신임을 받았던 그의 아들 최호(崔浩)의 활동은 그야말로 눈부신 것이었다. 명원제에서 태무제 치세에 이루어진 북위의 중요 정책은 거의 그의 의견에 따라 결정된 것으로, 큰 효과를 거두었다. 특히 태무제의 화북통일사업은 그의 작전지도로 성공했다고 해도 과언이 아니다.

실제로 전승을 기원하는 연회가 열렸을 때 이런 일이 있었다. 아름다운 여인처럼 화사한 몸매를 가진 최호를 가리켜 태무제는 모두를 돌아보며 이렇게 말했다.

너희들, 이 사람을 잘 보라. 나긋나긋하고 매우 가냘프다. 활도 쏠 줄 모르고 방패도 들지 못할 것이다. 그러나 가슴 속 세 치에는 대병단에도 뒤지지 않을 것이 감추어져 있다. 내가 싸움에서 승리를 거둘 수 있었던 것은 모두 이 사람이 나를 이끌어 주었기 때문이다.

431년 태무제는 칙령으로 하북 각지의 명사 수백을 불러내어 모두 관리로 임용했다. 그 가운데 필두를 장식한 것이 범양(范陽 : 河北省 涿縣)의 명족 노현(盧玄)이었는데, 그는 최호의 고종동생이었다. 그 후 북연·북량 등이 무너졌을 때도 그 나라를 섬기고 있던 이름이 널리 알려진 한인 사대부가 최호 등의 원조로 관직에 오른 예가 적지 않다. 태무제의 치세는 최호 등을 돌파구로 하여 대량의 한족 지식인들이 북위정부에 참가한 시대였다.

그 같은 정세는 북위제국이 호족왕조에서 중국적인 귀족제 국가로 변신할 수 있는 가능성을 보여주었다. 한족의 명문 출신인 최호의 가슴 속에는 강남에 유지되고 있는 전통적인 중국문명의 국가형태가 일찍부터 이상적인 모습으로 새겨져 있었다. 실제로 대량의 한인 사대부가 정권에 참여할 수 있었던 것은 그러한 방향을 추구한 최호의 노력이 맺은 최초의 결실임에 틀림없다.

일찍이 417년에 후진국이 동진의 실력자 유유에게 무너졌을 때 동진왕실의 사마씨 일족과 일부 강남귀족들은 동진왕조를 찬탈하려 하는 유유의 압박을 피하여 후진국으로 망명하였는데, 후진이 멸망하자 그들은 다시 북위로 망명하였다. 그 가운데 동진 제일의 귀족이었던 왕혜룡(王慧龍)이라고 하는 인물이 있었다. 최호의 동생은 왕혜룡의 이야기를 듣고 자기 딸을 그와 혼인시켰다. 최호 자신도 왕혜룡을 보고 이렇게 말했다.

태원의 왕씨는 대대로 코끝이 빨갛게 부어올라 있어 강남에서는 코주부 왕씨라 한다고 한다. 왕혜룡은 코가 매우 크니 실로 고귀한 혈통이다.

최호가 침이 마르도록 그를 칭찬하는 바람에 그것이 북족의 비위를 거슬려 결국 태무제 앞에서 북족을 모욕한 죄를 사죄해야 했다. 이 이야기는 강남의 귀족사회와 그 문명에 대하여 최호와 한인 지식인들이 얼마나 동경하고 있었는가를 보여줌과 동시에, 태무제 치세 초에는 아직 중국적인 국가체제로 이행하는 데 큰 저항이 있었음을 나타내고 있다.

산서성 대동시, 즉 당시의 수도인 평성 동쪽에 있던 사마금룡(司馬金龍) 부부의 무덤에서 북위 병풍의 칠화(漆畵)가 출토되었다. 사마금룡이라는 인물은 왕혜룡과 같은 무렵 동진에서 망명한 왕실의 피를 받은 사마초지(司馬楚之)의 아들로, 북위정부에서 대신을 지냈고 484년에 사망했다. 칠화는 같은 시대의 운강석굴의 거친 양식보다 강남의 세련된 회화예술의 흐름 위에 서 있는 것으로, 고개지(顧愷之)가 그린 「여사잠도(女史箴圖)」 등에 가까운 것으로 평가된다. 그것은 최호와 한인 지식인들이 동경한 강남문화의 향기를 전하는 작품이라 해도 좋을 것이다.

국사사건과 북위조정의 혼란

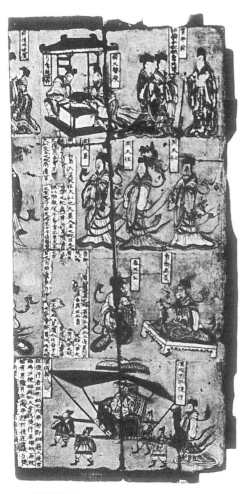

목판칠화 | 北魏, 「烈女傳圖」, 사마금룡묘 출토

한족 지식인들이 북위정부에 속속 참가함에 따라 최호는 이 나라를 더욱 더 중국적인 귀족제 국가로 개편하고자 했다. 당시의 말로 '성족(姓族)을 분명히 하는 것', 즉 명망가로서 사회적인 평가 정도에 따라 가문의 신분적 차등을 명확히 규정하여 강남에서 행해지는 귀족제 사회의 계급 질서를 만들어 내고자 한 것이다. 고종사촌인 노현이 "그런 것을 원하는 자는 거의 없다. 아직은 시기상조다"라며 반대했으나, 최호는 받아들이지 않고 적극적으로 공작을 진행시켰다. 그것은 앞서 왕혜룡을 둘러싸고 불붙은 북족의 반감에 기름을 붓는 격이었다.

마침 최호 등은 칙명을 받들어 북위의 국사를 편찬하고 있는 중이었는데, 국사는 중국사학의 전통에 따라 설령 국가에 불리한 것이라도 사실을 있는 그대로 직필하는 태도로 기록되었다. 이렇게 해서 쓰여진 국사를 석비로 새겨 수도의 성내에 세우자고 편찬관 하나가 제안을 했다. 그것은 당시 제일급 학자이기도 했던 감수자 최호의 이름을 후세에 길이 전하자며 제안한 것으로, 최호에 대한 아부였다. 최호는 이 제안을 받아들였고 황태자도 거기에 찬성하였다. 공비 3백만을

出其言善千里應之苟違斯義同衾以疑

고개지의 「여사잠도」 | 위진남북조시대의 풍속을 엿볼 수 있는 귀중한 자료이다.

들여 국사를 새긴 석비가 줄을 이어 세워졌다.

길을 가던 사람들이 발길을 멈추고 읽어 보니, 거기에는 현재의 제실의 선조인 탁발부족이 멀리 북방의 문화 끝에서부터 나온 과정이 객관적으로 묘사되어 있었다. 북족 출신자에게 그것은 참기 힘든 모욕으로 받아들여졌고, "최호 등은 국가의 치욕을 폭로한다"는 비난이 일어났다. 이를 듣고 격노한 태무제는 최호 이하의 편찬관을 사형에 처하고, 그것만으로도 모자라 최씨 일가는 물론 그 인척인 범양의 노(盧)씨, 태원의 곽(郭)씨, 하동의 유(柳)씨

362

일가에까지 형벌을 내렸다. 이는 450년 6월의 일로 소위 국사사건이라고 불린다.

　최호와 연루되어 대탄압을 받은 사람들은 이미 화북에서 제일급의 명망가에 속하고 모두 학식있는 문화인들이었다. 그 때까지 태무제의 절대적인 신임을 받으며 최호가 부지런히 축적해 온 중국적인 귀족제 국가 건설의 꿈은 하루아침에 무너져 버렸다. 이민족 왕조로서의 북위제국의 성격이 한족 지식인들 앞에 새롭게 냉엄한 현실이 되어 나타난 것이다.

　태무제는 이 사건 직후, 강남의 한족국가 송에 대한 정복전쟁을 단행했으나 이미 기술했듯이 결국 강북을 휘젓고 돌아다녔을 뿐 정복에는 성공하지 못하였다.

　그 무렵 북위궁정에서는 환관인 종애(宗愛)가 세력을 떨치고 있었다. 종애는 황태자를 핍박하여 근심에 빠진 그를 죽음으로 내몰고, 452년에는 결국 태무제까지 암살하고 말았다. 그 뒤 자신의 구미에 맞는 태무제의 막내아들 남안왕(南安王) 탁발여(拓拔余)를 제위에 앉혔으나 이도 또한 살해하는 폭거를 거듭하였기 때문에 실각하였다.

　이리하여 태무제의 적손으로 겨우 열세 살 난 탁발준(拓拔濬)이 제위에 올랐다. 이를 문성제(文成帝 : 재위 452~465)라고 하고, 그가 죽은 뒤에 아들 탁발홍(拓拔弘)이 제위를 잇는다. 헌문제(獻文帝)라고 불리는 이 황제도 열두 살 어린 나이로 즉위하여, 이윽고 실권을 장악한 황태후 풍(馮)씨의 강요로 제위 6년 만인 471년에 겨우 다섯 살밖에 안 된 탁발굉(拓拔宏), 즉 효문제(孝文帝)에게 자리를 양보하고 결국 풍태후에게 살해당한다.

　국사사건 후 20년 동안 이 피비린내 나는 궁정의 사건을 포함하는 시기에 대하여 사서가 남긴 기사는 너무나 적다. 아마 국사사건에 의해 국가의 중요사건을 기록하는 작업이 정체되었기 때문일 것이다. 그러나 이러한 궁정혼란은 전진을 제외한 5호 여러 나라의 경우와 마찬가지로 북족에게 고유한 종실적 군사봉건제의 부패화 현상과 무관하지 않을 것이다. 즉 당시 북위에도 군대를 장악한 종실·귀족이 그 힘을 배경으로 사리를 추구하는 경향이 있었다. 국사사건을 계기로 대량의 한족 지식인이 탄압당하면서 그 부패화 현상에 대한 관료측의 제어능력이 약해졌고, 그 결과 사익 추구 경향이 궁정혼란이라는 모습으로 빙산의 일각을 드러낸 것으로 생각된다.

귀족제 국가로의 길

한족 사대부의 저력

국사사건 이후, 문성제·헌문제로부터 풍태후의 섭정시대에 걸쳐 관계(官界)에서 한족 사대부의 힘은 전대의 최호 때 보이던 화려함을 잃고 표면적으로는 크게 감퇴한다. 최호 등과 함께 국사편찬에 관계하다가 겨우 탄압을 피한 고윤(高允)은 27년 간이나 승진을 못하였으나 원한의 기색도 보이지 않은 채 묵묵히 벼슬하여 한족 사대부들의 지도자로 주목받고 있었다. 그들은 호족정권 하에서 낮은 지위에 있으면서 화북 농촌사회의 질서를 지탱하기 위하여 건실한 노력을 하고 있었다.

예를 들면 국사사건 후, 태무제가 강남원정 때문에 자리를 비운 사이 국정을 맡게 된 황태자 탁발황(拓拔晃)이 교양없는 측근들을 신임하여 그들이 말하는 대로 광대한 농지를 점유하였다. 그리고 거기에서 나오는 생산물을 상업 루트에 끌어넣어 막대한 이익을 거둬들였다. 현재의 대기업이 중소기업을 압박하고 사회책임을 무시함으로써 일반인에게 비난의 표적이 되어 있듯이 황태자의 이 영리사업에 대한 비난의 목소리는 원근으로 끝없이 퍼져 나갔다. 이 때 고윤은 황태자에게 하찮은 측근을 추방하고 농지를 빈민들에게 분배할 것을 건의하였으나, 결국 받아들여지지 않았다고 한다(『위서』).

국사사건 이후에 보이는 북위궁정의 혼란은 앞에서도 기술했듯이 북족에 고유한 종실적 군사봉건제가 사적 이익을 추구하기 위한 기구가 되어 부패한

宮崎市定

것과 무관하지 않다. 이는 탁발황이 측근을 신임하여 영리행위에 빠지고 하찮은 측근들이 이를 통하여 세력을 확장해 나가는 모습에서 구체적으로 드러난다.

이러한 영리행위는 일반 농민을 압박하여 사회불안을 초래하고 나아가 화북 농경사회 전체의 농업생산력을 저하시켜서, 그 위에 서 있는 국가의 기반을 약화시키는 것이었다.

고윤을 비롯한 한족 지식인들은 국가가 그러한 방향으로 기울어지지 않도록 노력하였으나, 탁발황이 고윤의 충고를 무시한 데서도 알 수 있듯이 문성·헌문의 두 황제에 대해서도 그들의 제어능력은 큰 효과를 보지 못했다.

그럼에도 불구하고 그들의 영향력은 서서히 북족 사이에 커져 가고 있었다. 미야자키 이치사다(宮崎市定)의 지적대로, 대대로 북위를 섬겨 온 공신인 선비족 육(陸)씨는 점차 중국적 교양을 갖추고 하동의 유(柳)씨, 범양의 노(盧)씨, 나아가 박릉(朴陵)의 최(崔)씨 등 한족사회의 명문과 혼인관계를 맺었다. 바야흐로 북족의 유력자들 간에 중국문명에 대한 이해가 깊어지고 또 한인의 명문 측에서도 중국적인 교양인으로 변모한 북족을 자신들과 동류로 받아들이는 기운이 서서히 형성되고 있었던 것이다. 옛날 최호가 중국적인 귀족제 국가를 만들고자 강행하였을 때 북족 사이에 일어난 거부반응은 그 후 20년

동안 서서히 감소된 것이라 해도 틀린 말은 아닐 것이다.

그 무렵 남조에서는 5세기 후반이 되자 살육을 일삼는 왕이 속출하는 불안정한 시기로 접어들었다. 465년 박해를 피해 송의 왕족 유창(劉昶)이 수행원 20여 명과 함께 북위로 망명한 것을 비롯하여, 빈발하는 반란 속에서 국경에 가까운 지역의 토호들 가운데 그 세력권 하에 있는 민중과 함께 북위로 귀순하는 자도 적지 않았다.

石造菩薩三尊立像 | 北魏, 하남성 낙양시 출토, 높이 81cm

유창은 그다지 높은 교양을 갖춘 인물은 아니었으나, 북위조정에서 높이 평가받아 이후의 제도개혁에도 큰 역할을 하게 된다. 강남 한민족의 귀족제 사회와 그 선진문명으로부터 자극받는 기회가 늘어난 것도 북위제국이 화북 농경사회에 적응하는 방향으로 나아가는 데 큰 영향을 미쳤다.

이리하여 북위에서는 한족 지식인의 영향력이 점차 증대되고, 농경사회를 안정시킬 필요성을 점차 자각해 나가기 시작했다. 섭정을 시작한 풍태후는 농업장려책을 추진함과 동시에 대토지소유자가 많은 농민가족을 거느리는 것을 막기 위하여 감찰을 강화하였다. 그리고 유명한 균전법(均田法)과 삼장제를 잇따라 시행하였다.

삼장제(三長制)

균전법은 조군(趙郡 : 하북성) 출신의 한인 관료 이안세(李安世)의 상소를 계기로 하여 485년에 처음으로 법령이 발포되었다. 삼장제는 농서군(隴西郡 : 감숙성) 출신인 이충(李沖)의 의견에 따라 486년에 시행되었다. 균전법의 발포가 삼장제의 시행보다도 1년 빠르지만, 균전법은 삼장제를 시행하고 나서야 비로소 시행할 수 있었을 것이고 균전법규도 492년에 제정된 율령으로 겨우 정비되었을 것이므로 우선 삼장제부터 살펴보도록 하자.

삼장제란 호적을 분명히 하기 위한 반상회와 비슷한 조직이다. 5가(家)를 하나의 '린(隣)'으로 하고, 5린을 하나의 '리(里)', 5리를 하나의 '당(黨)'으로 묶은 후 각각 인장·리장·당장을 두었는데 장으로는 그 가운데 착실한 인물을 임명한다. 인장은 요역을 면제받고, 리장은 본인 외에 한 사람, 당장은 본인 외에 두 사람의 요역을 면제받되, 그 대신 관할하의 촌락과 삼장제 아래의 각 호구가 어김없이 세를 납부하고 요역인부를 내도록 책임을 졌다.

이 제도는 당시 호적제도가 문란해져 30채 혹은 50채에 이르는 집들이 '종주(宗主)'라고 불리는 호족(豪族)의 보호하에 들어감으로써 한 일가 안에 포함되어 있던 상황을 시정하기 위한 것이었다. 종주의 보호하에 들어가 일종의 소작인이 된 농가는 국가에 요역의무를 지지 않는 대신 종주로부터 고율의 지대를 착취당하였는데, 그 액수는 국가에 지불해야 할 세액의 두 배나 되었다. 이와 같은 불합리를 해소하고 호족에게 속한 농가를 자유농으로 되돌려 국가재정의 기초를 굳히고자 한 것이다.

이 제도는 당연히 호족들의 반대에 부딪혔고 호족은 여전히 관할 하의 농민을 사역으로 부리는 일도 있었겠지만, 어쨌든 삼장제는 시행되었고 상당한 효과를 올린 것으로 보인다. 그리고 이 삼장제 아래 각 농민가족의 소유지는 새로 작성된 호적에 등록되었고, 그것을 기초로 하여 균전법이 시행되었다.

용문석굴 빈양중동 | 북위

균전법과 그 실시

　현재『위서』「식화지」에 남아 있는 균전법규는 492년에 제정된 것으로
보이는데, 주된 내용은 다음과 같다.

　15세 이상의 성년남자에게 노전(露田) 40무, 처에게는 20무, 노비에게도 같은 면적을 할당한다. 일소[耕牛]의 소유자에게는 1마리당 30무씩 할당하는데 4마리에 한한다. 노전이란 나무를 심지 않는 민둥 땅이라는 의미로, 곡물을 생산하기 위한 경작지이다. 당시의 농업기술로는 작물을 수확한 뒤의 땅은 1년 간 휴경하는 것이 보통이었으므로 대개 규정 면적의 두 배, 즉 성년남자에게는 80무, 처에게는 40무라는 식으로 할당한다. 3년에 한 번 경작할 경우에는 규정 면적의 세 배를 할당한다. 나이가 70세에 이르렀거나 사망했을 때는 노전을 국가에게 돌려주어야 한다. 그 이유는 15~70세까지는 전조(田租)의 납입과 요역의 의무를 지게 되어 있기 때문이다. 후의 당나라 제도에 나오는 구분전(口分田)에 해당하는 것이 이 노전이다.

노전 이외에 20무의 뽕밭[桑田]이 남자에게 할당되었다. 이것은 국가에 반납할 필요가 없고 자손에게 전해 줄 수 있다. 당나라 제도에서 말하는 영업전(永業田)이 이것에 해당하고, 항구적으로 소유를 인정받았다. 단 뽕밭에는 양잠을 위한 뽕나무 50그루와 그 밖에 대추나무 5그루와 느릅나무 3그루를 심고, 여기에서 생산되는 비단 등의 일부를 조로써 국가에 납부해야 한다.

뽕나무 생육에 적합하지 않는 지방에서는 대추나무와 느릅나무를 심기 위하여 1무의 땅 외에 남자에게는 10무, 처에게는 5무의 삼밭[麻田]이 할당되어 삼베의 생산을 명령받았다. 삼밭은 뽕밭과는 달리 노전과 비슷하고 국가에 반환해야 한다.

그 밖에 일반 서민에게는 3인마다 1무, 노예에게는 5명에 1무씩이 택지로서 할당되었다. 단 지방관에 대해서는 공전이 지급되었는데, 자사(刺史 : 주장관)에게 15경(頃), 태수(군장관)에게 10경 이하, 현령(현장관)과 군승(郡丞 : 군차관)에게는 6경을 부여하는 규정이 제정되었다.

이상의 내용을 갖는 균전제는 이후 여러 규정을 거쳐 몇 가지 변형이 이루어지기는 하였으나 북조에서 수·당으로 계승되었다. 단지 북위의 균전법에서 특징적인 것은 전지가 노비와 일소[耕牛]에까지 지급되었다는 점인

효문제릉 | 孝文帝의 능은 두 군데에 있다. 한 곳은 大同 북쪽 方山에 위치한 풍태후의 능묘인 永固陵과 같은 범주 안에 만들어 놓은 萬年堂이다. 이 곳은 효문제가 낙양으로 천도하는 바람에 虛宮으로 되었다. 실제로 효문제가 묻힌 곳은 사진에서 보는 낙양 北邙山의 長陵이다. 장릉에서 약간 떨어진 곳에 보이는 능이 高皇后의 능이다. 현재 이 능을 장릉이라고 부르고 있는 것도 고황후의 능에서 나온 묘비명을 통해 유추한 것이다. 고황후는 고구려 계통으로서 유명하다(李憑, 「북위의 두 고씨 황후 고찰」, 『중국사연구』 20, 2002 참조).

데, 그것이 노비와 일소의 소유자에게 돌아갔음은 말할 것도 없다.

이는 당시 큰 세력을 갖고 삼장제 시행에 저항한 '종주', 즉 대토지소유자와의 타협의 산물임은 틀림없다. 그러나 삼장제와 균전법의 시행은 그 같은 대토지소유의 진행과 그로써 생겨난 소농민의 무산화(無産化)를 시정하고, 개개 농가가 자립할 수 있을 만큼 농지를 각각 확보하게 하여 자작농을 육성함으로써 농업생산을 증진시켜, 이를 기초로 국가재정의 충실을 노렸던 것이다.

이와 같은 정책을 건의하여 추진한 한족 지식인들은 5호16국시대 이래의 혼란과 이민족 지배하의 고통스러운 환경에 처해 있으면서 화북 농촌사회의 질서를 열심히 유지해 온 명망가였다. 그들은 함부로 자신의 토지소유를 확대하고 주변 농민을 무산화시켜 자기의 예속하에 두게 되면 그로 인해 오히려 농업생산이 저하되고 농민의 원한을 사 명망을 잃게 된다는 것, 즉 농촌공동체에 대한 지도력을 상실한다는 점을 숙지하고 있었다. 그들이 삼장제와 균전법을 추진한 것은 그 같은 입장에서 북위의 지배력을 빌리면서 화북의 농촌사회에 안정된 질서를 유지하려고 했던 것이라 생각된다.

효문제의 한화정책

풍태후의 섭정시대에 삼장제와 균전제를 시행하고 나아가 백관에 대한 녹봉제도를 정하여 마음대로 민간으로부터 재물을 탐하는 일을 금한 것은, 앞서 언급했듯이 한족 지식인의 영향력이 점차 커진 결과이다. 그러나 한편으로는 태무제의 황태자 탁발황의 영리행위에서 보았듯이 특히 호족지배자들 사이에 탁발황과 같이 사익 추구와 부패화 현상이 진행되고 있었고, 그 폐해를 시정하기 위하여 한족 지식인의 의견에 귀를 기울일 필요가 있음을 호족지배자들도 통감하게 되었다. 실제로 수도 평성(平城)을 중심으로 하는 기내에는 많은 빈곤층이 발생하는 반면 한편으로는 귀족들의 화려한 생활 추구로 빈부의 격차가 심화되고 있었다.

삼장제·균전제는 이 같은 정세를 시정하기 위한 시책이었다. 490년 풍태후가 죽고 겨우 친정을 개시한 탁발굉 즉 효문제(재위 471~499)가 적극적으로 한화정책을 추진한 것도 우선 그와 같은 호족국가의 체질을 개선하려 생각했기 때문일 것이다.

효문제는 중국적 교양을 완벽하게 갖춘 문화인이었다. 경서와 사서는 물론 노장학에서 불교 교의에 이르기까지 깊은 이해를 갖고 있었고, 문장력이 탁월하여 삼장제가 시행된 486년 이후의 조칙은 모두 그의 자필로 작성되었다. 이러한 교양인이 남조에서 유지되고 있는 선진적인 중국문명의 국가체제를 배우려 한 것은 당연하다. 그러나 그의 국가개조에 대한 열의는 단순히 개인적 관심에서 나오지는 않았을 것이다. 평성을 중심으로 하는 기내의 선비귀족의 부패와 그런 벽촌지역에서 소수의 선비족으로 광대한 화북을 통치해야 하는 곤란을 생각할 때, 일대 타개책을 내세울 필요를 느꼈음에 틀림없다. 이리하여 그는 493년에 평성에서 낙양으로의 천도를 강행한다.

북위 낙양성

낙양천도의 강행

1세기에 이르는 수도 평성에서의 오랜 생활에 익숙해진 선비인에게 천도는
상당한 충격이었다. 효문제는 천도의 뜻을 굳히고서도 천도는 선포하지
않은 채 남조의 제(齊)를 친정한다는 이름하에 30만에 이르는 대군을 대거
동원하여 그 해 7월 평성을 출발했다. 9월 낙양에 도착하여 1주일째 되는
날, 주룩주룩 장마비가 내리는 가운데 여러 군단에게 출발을 명한 효문제는
스스로 군복으로 무장하고 말에 올라타 채찍을 손에 쥐고 나타났다. 대신인
이충(李沖)을 비롯하여 뭇 신하가 모두 말 앞에 꿇어 엎드려 간하였다.

"이번 원정은 어느 누구도 원치 않습니다. 폐하만이 바라시는 일입니다.
홀로 출정하시게 될 터이니 제발 그만두시옵소서……"

황제가 격노하며 질타하였다.

"짐이 천하를 통일하고자 하는데, 어찌 너희 유자(儒者)들은 계획에 의심을
품는가. 사형으로 다스릴 터이니 이제 입을 다물라."

그리고는 말을 채찍질하여 출발하려 했다. 군사령관인 대숙부 안정왕(安定王) 탁발휴(拓拔休) 등은 눈물을 흘리면서 간언을 되풀이했다. 그제서야 효문제는 신하들에게 말하였다.

"지나치게 흥분한 듯하다. 성공하지 못할 것을 고집해서는 본보기도 되지 않는다. 짐은 대대로 북방에 있었으나 일찍부터 중원으로 옮기고 싶었다. 만약 지금 남정하지 않는다면, 여기에서 수도를 옮기고 싶은데 왕들 이하는 어찌 생각하는가. 천도에 찬성하는 자는 왼쪽으로, 찬성하지 않는 자는 오른쪽으로 서라."

강남원정보다는 낙양천도가 낫다고 생각한 신하들은 이미 반대를 포기하였고, 천도는 이렇게 결정되었다.

곧 낙양의 궁성 축성이 시작되었다. 황제는 중원의 주군(州郡)을 순행하고, 업에서 그 해를 보내며 북으로 돌아갈 의지가 없음을 보여주었다. 평성에는 신임하는 숙부 임성왕(任城王) 탁발징(拓拔澄)을 파견하여 천도 사실을 전달함과 동시에 옛 수도가 공황에 빠지는 일이 없도록 진무시켰다. 효문제는 다음 해 봄, 드디어 평성으로 돌아가 백관과 그 가족에게 새 도읍으로의 이주를 명하고, 그 해 가을 선대 황제들의 위패를 모시고 낙양으로 돌아왔다.

귀족제 국가의 성립

호족국가에서 중국적 국가로

낙양은 먼 옛날의 동주(東周)까지는 언급하지 않더라도 후한에서 위진에 걸쳐 천하의 중심이었음은 말할 것도 없다. 이 유서 깊은 땅에 수도를 정한 것은 북위제국이 호족국가에서 탈피하여 위진의 전통을 잇는 중국적인 천하 국가로 비약하는 상징이기도 했다.

긴 전란으로 황폐해진 낙양 거리에 새로운 도읍을 조영하는 활기넘치는

왕숙

망치소리가 울리는 동안, 업의 가어전(假御殿)에서 해를 넘긴 효문제는 마침 남제에서 망명한 왕숙(王肅)을 만나보았다. 그는 남조에서 제일급 귀족인 유명한 낭야(琅邪) 왕씨의 한 사람이었다. 왕숙과의 대화는 우선 혼란에 빠진 제(齊)를 토멸하고 천하를 통일할 방책을 이야기하는 것으로 시작되었다고 하는데, 남조의 발전된 귀족제 사회의 현상과 그 문제점 쪽으로 이야기가 발전된 것은 당연하다. 청년 황제는 이 최신 정보에 눈이 휘둥그래져 시간 가는 줄도 모르고 대화에 열중했다. 그 결과 가장 새롭고 바람직한 귀족제 국가의 모습이 그려지기 시작하였고, 왕숙은 이후 효문제를 도와 문물제도의 제정에 중요한 역할을 한다.

　493년에 시작된 천도와 국가개조의 대사업은 매우 바쁜 것이었다. 한편으로는 국가권력의 기간인 군사력을 확보하기 위해 하남성 급현(汲縣) 부근에 대목장을 설립하고, 그 곳에서 지속적으로 군마 10만을 기르게 하였다. 군마는 서북의 건조한 한랭지에서 이송되었으므로 습도와 온도가 모두 높은 새로운 목장에 적응시키기 위해서는 별도의 조치가 강구되었다. 그리고 선비족의 무인 15만을 골라, 앞서 언급한 우림(羽林)·호분(虎賁) 등의 근위군단을 편성하였다. 그 동안 문무백관과 그 가족도 평성에서 낙양으로 이주를 끝냈다.

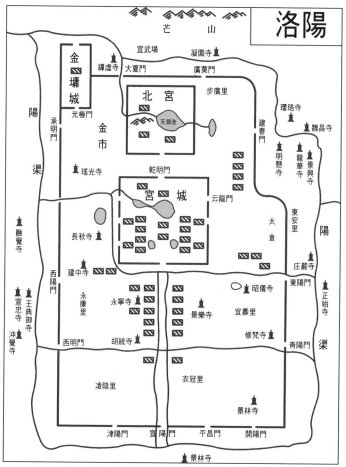

북위 낙양성 복원도

한편으로는 풍속의 전환 명령이 떨어졌다. 호복 착용이 금지되고, 조정에서는 북족 언어를 쓰지 말고 중국어를 사용하라는 명령이 나왔다. 단, "30세 이상의 사람은 습관이 되어 갑자기 고칠 수 없을 것이다. 그러나 30세 이하로 현재 조정에 벼슬하고 있는 자는 지금까지처럼 호어(胡語)를 사용해서는 안 된다. 만약 고의로 사용하면 관위를 강등시키겠다"고 하였다.

懸空寺 | 山西省 大同, 산 절벽 위에 세워진 절로 북위 말기에 창건

습속의 중국화

북족 출신자의 풍속을 중국식으로 고치는 것 중에는 호성(胡姓)을 한성(漢姓)으로 바꾸는 일도 포함되었다. 황실의 탁발(拓拔)씨는 원(元)씨로, 공신 가문인 달해(達奚)씨는 해(奚)씨 식으로 두 글자 이상으로 이루어진 호족의 성은 중국식의 한 글자로 바뀌었다. 앞서 선비족 육(陸)씨가 중국풍 교양을 갖추고 한족 명문과도 통혼하기 시작했음을 기술했는데, 이 육씨도 원래 보육고(步六孤)씨라는 호성을 중국식으로 바꾼 것이다.

이와 같이 풍속을 중국식으로 바꾸고 나아가 호족과 한족과의 통혼을 장려하였다. 혼인관계는 가문과 가문의 사회적인 균형을 생각하여 맺어지는 경우가 많다. 위진부터 남조에 걸쳐 발전한 귀족제 사회에서는 가문이 그 사회적인 등급과 관계(官界)에서 차지하는 지위의 고하라는 두 가지가 대응하

帝后禮佛行列圖 | 北魏, 하남성 鞏縣 석굴. 선두의 황제는 면류관을 쓰고 있고 그 뒤를 선비족 귀족이 뒤따르고 있다. 胡族의 복장을 漢化하는 정책의 추진을 보여주는 듯.

는 형식으로 고정화되어 통혼 범위도 각 계층 내부로 한정되는 경향이 두드러 졌다. 화북의 한족사회에서도 제일급 명망가라든가 거기에 못 미치는 지방적 명망가라는 식으로 사회적 등급이 고정되면서, 혼인관계도 서로 어울리는 가문 사이에 맺어지는 경향이 있었지만, 호족 지배하의 관계에서는 그들의 지위가 반드시 안정된 것은 아니었다. 국사사건에서 보인 한족의 명문 최씨와 그 인척인 노씨의 운명이 이를 잘 말해 준다.

즉 화북의 한족사회에서는 아직 명망가의 사회적 지위와 관계(官界)에서 정치적 지위와의 대응관계가 확립되지 않았고, 그런 의미에서 귀족제 사회는 아직 미성숙했다고 해야 할 것이다.

한편 호족사회에서도 부족제 시대부터 부족의 통솔자·지배자층과, 그렇 지 않는 자 사이에 신분의 차이가 있었고, 제국시대에 들어서고부터는 훈공과 북위황실과의 통혼관계까지 얽혀, 신분이 고정되는 경향이 진척되었다. 앞에서 보육고씨(즉 육씨)의 경우에서 보았듯이 그들 가운데에는 귀족계급에 어울리는 중국풍 교양을 갖춘 자도 생겨난 반면, 아직도 천민을 아내로 맞아들이기도 하고 일족이 낮은 관직에 종사해도 별 신경을 쓰지 않는 기풍이 여전히 남아 있었다. 호족사회에 생겨나고 있는 귀족제도 또한 아직 충분히 성숙하지 않았던 것이다.

성족상정(姓族詳定)

이러한 실정을 배경으로, 효문제는 남조의 선진적인 귀족제 사회를 본뜨고자 노력했다. 귀족제 사회를 이루는 원리는 인격적인 자질에 가치의 기준을 두고, 그 자질은 대대로 학문교양을 전수받아 우수한 가풍을 유지해 온 가문에서 생겨나는 것으로, 서민층에서 예외적으로 뛰어난 인물이 나오기도 하지만 그 같은 자질이 일반적으로 하루아침에 만들어지는 것은 아니라는 사고방식에 기초한다. 그리고 종족의 차이를 뛰어넘는 이와 같은 인격주의적인 귀족제 원리야말로 당시 호족국가의 체질을 극복하기 위한 보다 보편적인 원리가 될 수 있었다.

따라서 호족과 한족 간의 통혼 장려도 무원칙적으로 행해지는 것이 아니라, 귀족제 원리에 의거하여 양자가 서로 상응하는 계층 사이에 이루어지지 않으면 안 되었다. 그것을 위해서는 우선 당시 한족·호족의 양 사회에 미숙한 귀족제적 계층조직을 국가의 손으로 정비할 필요가 있었다. 그 작업이 바로 '성족상정'이라고 불리는 시책이다.

낙양천도 후 496년에 실행된 이 시책은 우선 한족 측에서 범양(范陽)의 노씨, 청하(淸河)의 최씨, 형양(滎陽 : 하남성 형양현)의 정씨, 태원(太原)의 왕씨의 '4성'과, 이에 농서(隴西)의 이씨와 조군(趙郡)의 이씨를 포함한 '5성'을 북위황실과 통혼할 수 있는 제일급 귀족으로 인정했다. 그 밖의 가문에 대해서도 선조로부터 3대에 걸쳐 차지한 관위의 고하를 조사하여 갑성·을성·병성·정성의 4계층으로 구분하였다. 이와 같은 가문등급의 인정 작업

彩繪人物俑 | 北魏, 북위시대의 복장을 잘 보여준다.

은 인재를 등용하고 관직을 수여할 경우 기준을 정하기 위한 것이기도 했다.

한편, 호족에 대한 '성족상정'은 위와 같이 해서 정비된 한족사회의 귀족제 계급에 준하여 이루어졌다. 우선 목씨(穆氏 : 원래의 성은 丘穆陵), 육씨(陸氏 : 步六孤), 하씨(賀氏 : 賀賴), 유씨(劉氏 : 獨孤), 누씨(樓氏 : 賀樓), 우씨(于氏 : 勿忸于), 혜씨(嵇氏 : 紇奚), 위씨(尉氏 : 尉遲)의 '8성'은 도무제 이래 특히 큰 공을 세워 최고관직을 수여받아 왔으므로 한족의 '4성'과 마찬가지로 황실과 통혼하기에 손색이 없는 제일급 귀족으로 인정되었다. 그 밖에 북족의 각 씨에 대해서는 부락대인(部落大人)의 후손인가 아닌가, 북위 건국 이래 얼마나 높은 관작을 차지했는가에 따라 높은 것을 '성(姓)'이라 하고 낮은 것을 '족(族)'의 범주에 넣었다. 즉 북족은 (1) 8성 (2) 성 (3) 족 (4) 성 또는 족으로 갈라진 방계가문으로 나누었다.

호족과 한족의 가문계급을 대응시켜 표시하면 위의 도표와 같이 된다.

호족·한족의 가문 계층조직(신분제도)

	I *	II	III	IV	V
한족(漢族)	사성(四姓)	갑성(甲姓)	을성(乙姓)	병성(丙姓)	정성(丁姓)
호족(胡族)	팔성(八姓)	성(姓)	족(族)	성·족의 방계**	

* 사성(四姓)은 갑성 가운데서 특별한 것이고 팔성(八姓)도 성 가운데서 특별한 것이다. 넓은
  의미에서 갑성이란 사성을 포함하고 성 가운데 팔성도 포함된다.
** 방계는 성족에서 갈라진 세대의 원근 등에 의해, 다시 IV와 V로 갈라졌지만 규정이 까다롭기
  때문에 지금은 생략한다.

황실의 탁발씨(새로 元씨가 됨)가 이와 같은 호·한 양자를 관통하여
귀족제 신분계급의 최정상에 선 것은 말할 것도 없다. 이리하여 귀족제
국가의 건설은 효문제가 위로부터 강행했던 시책으로 일단 그 형식이 정비되
었다. 효문제는 이와 같은 국가개조를 강행함과 동시에 남조의 제를 토멸하기
위한 남정을 계속하다 499년 33세로 병사했다. 그러나 북위는 그 정력적인
국가개조사업을 통해 호족적 성격을 탈피하고 당당한 중화제국으로 발돋움
하는 데 성공하였다. 그렇지만 이러한 위로부터의 개혁은 국가 내부에 여러
가지 문제를 내포한 채로 강행될 수밖에 없었다. 그러한 모순은 6세기 이후
서서히 확대되다가, 이윽고 중대한 결말을 끌어내게 된다. 장을 바꾸어 그
모순의 폭발과 새로운 해결의 모색 과정을 살펴보도록 하자.

11.
귀족제 국가에서 부병제 국가로
6세기의 화북

북위제국의 해체

낙양의 번영

효문제를 이어 황제에 오른 그 아들 선무제(宣武帝 : 재위 499~515)는 501년 기내의 인부 55만 명을 동원하여 수도 낙양에 대규모 수축을 행하였다. 궁전과 귀족의 저택을 중심으로 하는 종래의 도성 바깥측에, 동서 20화리, 남북 15화리에 이르는 외성(外城)을 만들고, 그 내부를 동서남북으로 가지런하게 통하는 도로를 내어 323개의 방(坊)으로 갈라 약 11만에 달하는 민가 외에 수많은 불교사원까지 수용하는 대도시를 탄생시켰다.

이미 5세기 전반 태무제가 화북통일을 진행시켜 나가던 중 북량국을 무너뜨리고 그 곳의 승려 3천을 포로로 잡아다 다수의 북량국인과 함께 수도 평성으로 강제 이주시켰을 때부터 불교는 북위 국내로 확산되고 있었다. 이윽고 태무제의 재상 최호는 당시 도교계의 지도자가 되어 있던 구겸지(寇謙之)와 함께 황제로 하여금 도교로 개종케 하고 446년에 불교에 대탄압을 가하게 하였다. 그러나 다음 시대인 문성제 시대부터 불교는 또다시 크게 번성하였다.[32] 평성시대의 불교흥륭의 유적은 운강의 거대한 석굴군에서 볼 수 있다.

낙양천도 후 선무제와 그 뒤를 이은 효명제(孝明帝 : 재위 515~528) 시대에 불교는 북위에서 황제를 비롯한 귀족의 신봉과 보호를 받으며 전에 없던 성황을 이룬다. 518년에는 낙양성 안의 불교사원이 모두 500사, 북위 말년에는 1367사에 달해 도시의 3분의 1을 사원이 차지할 정도였다고 한다. 그

---

[32] 당시의 불교와 도교의 상황을 잘 전해주는 것으로서『위서』「釋老志」가 있는데, 한국어로 번역되어 있다. 전영섭, 「『위서』「석로지」 역주」『중국사연구』 8(2000)은 매우 꼼꼼한 번역으로서 추천할 만하다.

龍門石窟 全景 | 河南省 洛陽 남쪽 14km. 伊水변의 석회암산에 뚫은 石窟群. 北魏 孝文帝의 洛陽 천도(494)와 함께 開堀. 사진은 唐代의 窟이다.

성황과 낙양의 번영을 지금에 전하는 것으로 양현지(楊衒之)의『낙양가람기(洛陽伽藍記)』라는 서적이 있으며, 낙양 교외에 현존하는 용문(龍門)석굴이 그 양상을 보여주고 있다.

　낙양은 북위 전 지역에 퍼진 불교의 일대 중심지로, 선무제가 세운 영명사(永明寺)에는 서역 제국에서 온 승려가 3천 명이나 있었다고 한다. 그렇다고 해서 낙양이 그저 거대한 불교도시만은 아니었다. 낙양에는 각국에서 온 망명자와 귀화인을 받아들이는 시설과 거주구역이 설정되어 있던 것이다. 낙양에 거주한 귀화인은 1만 세대 이상에 이르렀고, 그 밖에 외국으로부터 사절과 상인이 빈번하게 왕래하였다. 낙양은 진기한 재보가 흘러들었으며, 불교행사에 모여든 민중들로 붐비는 거리에 서역풍의 기술(奇術)과 서커스 등의 볼거리가 화려하게 수놓는 국제도시였다.

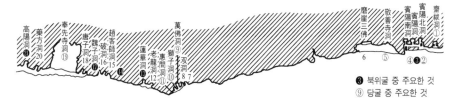

용문석굴 평면도 | 석굴 1352개에 석감 785개를 합쳐 총 2137개에 달한다. 고양동, 빈양동, 위지동 등은 북위시대에, 봉선사동 등은 당대에 만들어졌다.

활기로 가득 찬 모습은 낙양성 내의 동쪽과 서쪽에 마련된 소시(小市)와 대시(大市), 특히 대시라고 부르는 시장구역에서는 날마다 이러한 모습을 볼 수 있었다. 이 시장 주변에는 수많은 수공업자와 상인이 업종별로 나뉘어 살았으며, 거대한 소비도시를 지탱하기 위한 경제활동을 활발히 계속하고 있었다. 효문제 때부터 '태화오수전(太和五銖錢)' 등의 화폐가 주조·발행되기 시작했는데, 이는 교환경제의 진전을 크게 자극한 요인이 되었다. 그리고 부유한 자산계층이 거주하는 도매상 거리 또한 즐비했다.

귀족제 국가의 이완

수도의 생활이 화려하게 흘러감에 따라 궁정과 귀족들의 생활도 한층 화려해졌다. 아니, 궁정생활이 점차 화려해지자 그것이 수도 전체의 생활을 유사한 방향으로 이끌고 갔다는 것이 더 맞는 말일 것이다. 양자가 서로 원인과 결과가 되어 사회 전체가 화려함을 추구하는 방향으로 흘러간 것이다. 그 결과 귀족제 국가의 내부에 계층간의 격차, 특히 수도권과 지방, 무엇보다도 변경과의 사이에 생활수준의 격차가 커졌고, 이에 불만을 품는 사람들이 증가했다. 그것은 어떻게 나타나게 되는 것일까.

앞의 표에서 보았듯이 효문제가 만든 귀족제 등급은 호·한 양자를 완전히 대등하고 공평하게 혼합시키고자 한 것이었다. 그러나 여기에서 주의해야 할 것은 형식상으로는 그렇게 이루어졌다 하더라도, 실제의 관직과 정치의 실권은 그다지 공평히 분배되지 않았다는 점이다. 즉, 북위 귀족제에서는

선무제릉 | 宣武帝의 능묘인 景陵은 능묘박물관이 있는 것으로 유명하다. 위의 사진이 그의 능묘이며 그 위에서 멀리 서북쪽으로 보면 그의 황후인 高氏황후의 능묘가 보이는데, 형식이 잘 갖추어져 있다. 경릉은 발굴되어 내부로 들어갈 수있도록 되어 있으며, 능묘 앞에는 종실(宗室 : 청하왕 元懌과 낙양왕 元乂)의 배장묘가 있다. 이들은 황태후와 관련된 정치적 사건으로 처형되었는데, 이 곳에 배장되어 있다는 점은 매우 의아스럽다. 아래 사진은 경릉을 발굴하고 난 후, 이 곳 지하를 개조하여 만든 능묘박물관으로, 능묘로 들어가는 입구가 되는 건물이다.

황실과 왕족이 항상 최고귀족이었고, 이를 돕는 것이 육씨·목씨를 비롯한 북족의 8성이었다. 고위 고관은 종실과 이들 북족 귀족이 독점하는 반면, 중하위 관직에는 한인이 진출하였다. 따라서 북족 가운데에서 상급귀족으로 인정받지 못한 많은 사람들은 실제의 관직과 특권에서 배제되었다.

이에 따라 우선 실권을 장악한 종실이 정치를 좌우하고 황제의 통제가 통하지 않는 사태가 일어났다. 왕들이 실권 장악을 둘러싸고 서로 다투고 황제는 환관의 도움을 얻어 이를 억압하려 하였기 때문에, 그 결과 환관의 세력이 대두하게 된 것이다. 이러한 정치적 불안 속에서 선무제가 사망하고 겨우 다섯 살 난 효명제가 즉위하자 호태후가 섭정하게 되고 그 밑에서 왕들과 환관과의 다툼은 끊임없이 일어났다.

게다가 권력에 연결된 이들 왕후귀족은 낙양의 번영을 배경으로 화려하고 사치스런 생활을 누리며 뇌물은 물론 관직매매까지 널리 행하였다. 권력을 잡은 왕들의 저택은 황궁에 필적하였으며 기녀 수백을 거느렸고 하룻밤 연회에 온갖 사치를 다하였다. 그리고 또 한편으로는 수천 명의 노비를 부려 대토지경영을 시작하였으며, 생산품 판매와 고리대 등 여러 영리사업에 손을 대 막대한 이득을 올렸다. 앞서 본 낙양의 번영과 장려한 불교사원의 난립은 황제를 에워싼 이들 궁정귀족의 경제활동 및 소비붐과 밀접히 관련되어 있다.

선무제에서 효명제의 치세에 걸쳐 6세기 초 20여 년 남짓한 시기의 이와 같은 상황을 보면, 저 북족의 고유한 종실적 군사봉건제의 타락상과 상통함을 느낄 수밖에 없다. 물론, 북위는 일찍부터 부락(部落) 해산을 단행하여 군사봉건제적 유제(遺制)는 특히 효문제에 의하여 교양주의·인격주의에 의거한 중국적인 귀족제 국가체제로 전환되어 있었다.

그러나 종실과 후궁·환관 등을 둘러싼 궁정정치의 혼란은 문치주의 하에 여전히 호족적 체질이 존재하고 있음을 보여준 것으로 생각된다. 그들의 영리주의는 당연히 균전제까지도 유명무실하게 만들었다.

중앙군인의 불만이 폭발하다=우림(羽林)의 변

이러한 상황 속에서, 확대되는 격차에 대한 불만은 신분제의 하위에 놓인 북족 출신의 군인들 사이에 더욱 커져 갔다. 그들은 원래 상층부 북족 귀족과 함께 북위의 군사력을 지탱하고 화북통일의 대사업을 완수한 공신의 자손이라고 자부하고 있었다. 그러던 것이 천도와 함께 평성에서 낙양으로 이주하고 우림·호분의 근위군단에 편입된 채 거의 특권다운 특권은 부여받지 못한 상태로 방치되고 있었던 것이다.

물론 그들에게도 인격

회도채회 여자俑 | 東魏

주의적 귀족제의 계층 안에서 문관으로 승진할 길이 완전히 막혀 있었던 것은 아니다. 그러나 그들 대부분은 교양도 낮고 '읽고 쓸 줄도 모르며 셈도 할 줄 몰라' 관리에 어울리지 않는 것도 사실이었다. 그리고 관리를 선발할 때 가문의 고하와 함께 인격주의·교양주의에 의거한 귀족제 원리에 따라 '현명한지 어리석은지'를 문제삼을 경우 그들은 결정적으로 불리하였다. 게다가 중하위 관직을 차지한 한족 지식인의 입장에서 보면, 이들 군인이 그 쪽으로 진출하는 것은 자신들의 세력권을 침범하는 것이었다. 따라서

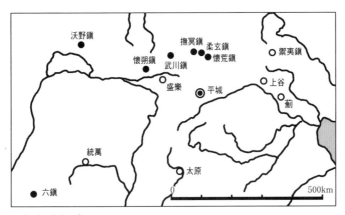

六鎭의 배치도 | 북쪽 변방을 방비하기 위하여 장성지대에 배치되었다. 경우에 따라서는
옥야진을 빼고 어이진을 포함시키기도 하지만, 양쪽 모두 넣어서 '7진'으로 헤아리기도 한다.

이들의 진출을 적극 막으려고 하였고 양자의 관계는 긴장되어 갔다. 519년
한인의 명문 장중우(張仲瑀)가 엘리트 코스의 관직에 무인을 등용하지 말
것을 건의하자 근위 군인의 불만은 드디어 폭발했다. 우림·호분의 병사
약 1천 명이 모여 상서성(尙書省)에 항의시위를 하고 욕설을 퍼부으며 돌을
던진 뒤 장중우의 저택을 태워버렸다. 중상을 입은 장중우는 아슬아슬하게
도망쳤지만 그 아버지는 불구덩이에 던져져 큰 화상을 입고 이틀 후 사망하였
다. 이것이 소위 '우림의 변'이다.

호태후가 섭정하는 정부는 고답적인 처치로 사건을 일시적으로 무마하였
다. 우림·호분의 군인 가운데 가장 흉포한 8명을 사형에 처하고는 대사령을
내려 사건을 불문에 붙이고 북족 군인의 불만을 해소하기 위하여 무관의
지위에 따라 문관으로의 평행이동을 승인한 것이다.

이 조치로 인해 관직에 오를 자격자가 격증했음에도 불구하고 관직의
수가 한정되어 있었기 때문에 현명함과 어리석음을 판단하여 관직을 부여할
수 없게 되었다. 따라서 관직임용은, 전직을 그만둔 후의 기간만을 기준으로
하여 오래 된 사람부터 차례대로 선발할 수밖에 없었다. 이 임용법이 '정년격
(停年格)'이다.

심화되는 지방군인의 불만

정년격으로 인해 폭발점까지 달해 있던 우림·호분군사의 불만은 일단 해소되었으나, 이 같은 인사의 퇴폐로 인하여 관계(官界)의 분위기가 침체된 것은 당연했다. 그리고 중앙에 있던 북족 군인의 불만은 이것으로 해소되었다고 하더라도, 그보다 훨씬 심각한 문제는 지방 특히 변경에 배치된 군인들의 불만이었다.

앞장 제1절의 '주진제' 항에서 기술하였듯이 북위의 화북지배는 요소요소에 비치된 '진(鎭)'과, '진'이 '주(州)'로 전환된 후에도 아직 그 곳에 주둔하는 북족 군사의 군사력에 의해 지탱되고 있었다. 그들은 중앙의 우림·호분의 군사만큼은 아니라 해도 역시 군인으로서 북위를 지탱한다는 높은 자긍심을 지니고 있었다.

그런데 효문제 이후 귀족제 국가로의 전환은 이들 군사를 내버려둔 채 문치주의 노선을 달리고 있었다. 그들에게는 벼슬길로 나갈 길이 완전히 막혀 있었고, 시간이 지남에 따라 신분은 격하되어 진병(鎭兵)이라는 사실과 군적에 있다는 사실이 통혼의 장애물로까지 되었다. 이는 우림·호분 군사보다도 훨씬 비참한 상황으로, 중앙에 거주하며 귀족풍 생활에 익숙해진 동족과의 사이에 격심한 차이를 낳았다.

그 모순이 가장 심했던 곳은 도읍에서 멀리 떨어진 북방의 장성지대, 곧 국방의 제1선에 배치된 소위 북진(北鎭)이었다. 그리하여 그 가운데 옥야(沃野)·회삭(懷朔)·무천(武川)·무명(撫冥)·유현(柔玄)·회황(懷荒) 등의 6개 진을 중심으로 하여 524년, 드디어 북위제국의 붕괴를 부른 대반란의 막이 올랐다. 이것이 흔히 말하는 '6진의 난'이다. 이 반란은 6진의 병사들이 극심한 차별과 굴욕에 대한 비분을 폭발시킨 것이었다.

6진·성민의 대란

북진의 군사들은 원래 호·한의 양가 출신으로 벼슬길도 열려 있었고

390

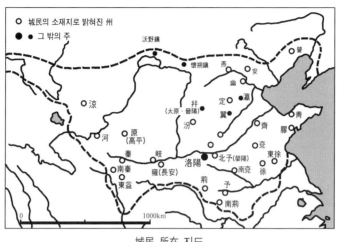

城民 所在 지도

요역면제의 특권도 있었지만, 앞서 이야기했듯이 효문제 무렵부터 사태가 달라졌다. 한족계 군인은 군적을 면하게 되어 사대부 생활로 돌아가는 반면, 새로운 유형자(流刑者)가 속속 진병으로 보내져 종래 호족계의 명예로운 군사들도 이윽고 유형자와 같은 부류로 간주되고 천민이나 마찬가지로 취급 당하게 되었다. 그리고 그들은 '부호(府戶)', 즉 진장의 장군부에 예속되는 군호라고 불리며 진장에게 천민처럼 사역당하게 되었다.

게다가 처음에는 황실 가운데 뛰어난 인물이 진장에 임명되었지만, 낙양천 도 후에는 북변 방위가 경시됨에 따라 진장에는 용렬한 인물만이 임명되었다. 그들은 축재에만 열을 올렸고, 중앙에서 좌천되어 온 관리들이 이들과 결탁하 여 진에서는 뇌물 없이는 되는 일이 없을 정도였다. 진장(鎭將)과 진병(鎭兵) 간의 영예로운 북위 국군장병의 결합관계가 수탈과 예속의 관계로 전환된 것이다.

523년의 봄에 옥야진에서, 성을 파육한(破六汗)이라 하고 이름이 발릉(拔 陵)이라고 하는 진민이 진장을 죽이고 진왕(眞王) 원년이라고 개원하여 북위 왕조를 부정하는 깃발을 높이 내걸었다. 이 반란은 곧 육진 전체에서, 동으로는 요서에까지, 서로는 감숙에까지 이르는 장성지대 전역으로 파급되었다. 또한 감숙 동남부에서 섬서에 걸쳐 저·강족을 중심으로 하는 반란까지 발발하였다. 파육한 발릉의 20만 반란군은 북위의 토벌군과 여기에 협력한 유연족 군대에게 패하여 일단 북위에게 항복하고, 하북성 일대로 옮겨 갔다. 그러나 그들은 같은 북진의 두락주(杜洛周)와 갈영(葛榮) 등의 인솔하에 또다시 하북 일원을 반란으로 몰아넣고 점차 남하하였다.

이와 같이 북변의 국경지대에서 발발한 반란이 곧 장성지대 전역에서 화북 내부로까지 파급된 것은, 화북 각지에 잔존한 진 또는 주로 전환된 곳에도 잔존해 있던 주군의 병사들이 북방 6진의 진민들과 같은 처지에 놓여 있어 그 반란에 동조하였기 때문임에 틀림없다. 진민은 일반 주군의 민과 구별되어 군적에 편입되고, 진성에 소속된 민이라는 뜻에서 '성민(城民)'이라고 불렸는데, 주에서도 군적에 편입된 '성민'이 각지에 존재하고 있었다. 그것은 다니가와 미치오(谷川道雄)가 사서의 기록에서 성민이 존재한 주(州)를 추출하여 나타낸 지도에 명확하게 나타나 있다

6진의 반란은 성민반란이라는 형식으로 전국적 규모로 확대되었다. 북위제국의 기둥이어야 할 지방군의 이러한 대규모 반란에 대하여 낙양정부는 완전히 무력했다. 게다가 동란의 절정기에도 궁정 내부의 다툼은 그치지 않아 호태후 일파와 효명제 일파가 맹렬히 싸움을 벌이고 있었다.

이 때 계호족(稽胡族)의 이주영(爾朱榮)이 8천 호 이상의 부락민을 거느리고 목장에 수만 마리의 말을 소유하는 추장으로서 수용(秀容：山西省 忻州市) 일대에 큰 세력을 구축하고 있었다. 북위제국은 일찍이 자신들 선비족 부락은 일찍이 해산하였으나 다른 계통의 북인 부족에 대해서는 부락해산을 강요하지 않았다. 즉 '영민추장(領民酋長)'이라는 이름하에 부락민을 세습 통할하게 하되 북위정부와는 조공관계를 유지함과 동시에 필요할 때 종군하도록 하였던 것이다. 근위군 이외의 지방군이 모두 동요하고 있을 때 북위정부로서는 이 이주영의 세력을 경계하면서도 그에게 원조를 요청하지 않을 수 없었다.

동서 이중정권의 출현

북위의 멸망

이주영은 가재를 털어 혼전에 혼전을 거듭하는 주변의 여러 군 가운데서 유능한 무장들을 자기 진영으로 끌어들였다.

그 중에는 회삭진민(懷朔鎭民) 고환(高歡)과, 고환과 함께 행동하다가 후에 남조의 양(梁)에 항복하고 결국에는 양제국을 대혼란으로 밀어넣은 후경(侯景)도 가담해 있었다. 이주영 군단은 이리하여 옛 진민을 휘하에 넣으면서 강력한 신흥세력으로 성장하였다.

528년 궁정 내부에서 세력다툼을 계속하던 효명제 당은 이주영의 군을 낙양에 진주시키고 그와 연결하여 호태후 당을 억누르려 했다. 이주영은 고환을 선봉으로 삼아 낙양으로 향했으나 호태후 당은 그가 진주하기 전에 황제를 독살했다. 그러나 그것은 이주영에게 정권간섭의 구실을 제공하였다. 그는 선제(先帝) 즉 선무제의 종제에 해당하는 원유(元攸)를 효장제(孝莊帝 : 재위 528~530)로 옹립하고 낙양에 진주하여 극도의 난맥상을 보이던 호태후와 그 일파를 제거한 뒤 그 죄를 물어 그들을 황하에 던져버렸다. 그는 또 낙양의 부패한 정계를 쇄신할 작정으로 황족과 벼슬아치 2천 명 이상을 하음(河陰)에서 학살했다.

이 폭거는 오히려 이주영에 대한 반발을 초래하여, 이주영에게 옹립된 효장제 자신이 참다못해 여차하면 그를 주살할 생각까지 하게 만들었다. 그러나 강력한 군대를 이끌고 이주영은 동쪽에서는 갈영(葛榮)의 세력을 분쇄하고 남쪽에서는 한때 낙양에 진입한 남조 양(梁)의 군대를 격퇴하였으며 서쪽으로는 관중을 평정함으로써 그 세력을 배경으로 효장제에게 간접적으로 선양을 강요하였다.

이에 황제는 530년 이주영이 입궐한 기회를 틈타 그를 주살하고 동시에 하북 각지의 호족들에게 결기를 촉구하는 사자를 파견했다. 그러자 이주영의

효장제릉(靜陵)은 그의 생전의 여러 파란과 마찬가지로 애처롭게 관리되고 있다. 능의 봉우리는 경작지로 변했으며 능 옆구리에는 너구리 구멍이 뚫려서 지나가는 사람들의 눈길을 끌고 있다.

조카 이주조(爾朱兆)가 복수를 내세우며 군을 일으켜 낙양으로 진입, 황제를 죽이고 다른 황족을 황제로 옹립했다. 이에 발해군의 고건(高乾) 형제를 비롯하여 같은 발해군의 봉(封)씨, 범양(范陽)의 노(盧)씨, 조군(趙郡)의 이(李) 씨 등 하북 각지의 명족은 각각 향리에 병력을 결집하여 서로 연계하면서 이주씨에 대한 반항운동을 일으켰다.

이 때 이주조의 부장으로서 원래 북진의 반란군 20만 남짓을 통솔하고 있던 고환은, 식량 조달을 명목으로 부하와 함께 동방으로 이동하여 신도(信 都:河北省 冀縣)에 도착하였다. 이미 신도를 점거하고 있던 고건 등의 하북 명족은 고환이 이주씨로부터 독립하려는 의도를 갖고 있음을 알아차렸다. 그리하여 531년 양자 간에는 연계가 성립되었고, 이들은 북위 황실의 한 사람인 원랑(元朗)을 추대하여 연합정권을 수립하였다.

그 다음 해 고환 등의 연합군은 업을 점령하였다. 이주조 등은 이를 토멸하기 위하여 각지에서 20만 대군을 업의 주변으로 운집시켰다. 양군의 승패는

업의 교외에 위치한 한릉산(韓陵山) 싸움으로 결정되었다. 대패한 이주씨는 이미 휘하 군사에 대한 통제력을 완전히 잃고 있었다. 옛 북진 반민(反民)계의 여러 군은 일찍이 이주씨와 그 부족의 횡포에 불만을 품고 있었으므로, 이 대패를 기회로 하여 거꾸로 이주씨를 섬멸하기 시작하였던 것이다.

이주씨가 낙양에서 섬멸된 후 입성한 고환은 이주씨가 세운 전폐제(前廢帝)와 자신들이 신도에서 옹립한 후폐제(後廢帝)를 모두 폐위시키고 새로이 원수(元脩)를 황제로 옹립했다. 이를 효무제(孝武帝 : 재위 532~534)라고 하는데, 실권이 이주씨의 손에서 고환으로 넘어갔을 뿐 북위제국은 이주영이 실권을 장악했을 때 이미 사실상 소멸된 것이나 마찬가지였다.

고환은 진양(晉陽 : 山西省 太原)에 막부를 열어 낙양의 북위조정을 조종했다. 당시 장안을 중심으로 하는 관중에는 6진의 하나인 무천진에서 남하한 우문태(宇文泰) 등이 독자적 세력을 형성하고 있었다. 고환의 제약을 싫어한 효무제는 534년, 낙양에서 우문태에게로 탈출했다. 고환은 어쩔 수 없이 다른 황족인 원선견(元善見)을 황제로 옹립했다. 이를 효정제(孝靜帝 : 재위 534~550)라고 한다.

이리하여 화북지역에서는 효정제를 받드는 고환과 효무제를 장안으로 맞이한 우문태 세력이 동서로 대치하는 양상을 보였다. 이를 동위 및 서위라고 부르고, 이로써 북위는 동서로 양분되었다. 고환은 서위에 가까운 낙양에서 효정제를 업(鄴)으로 옮기고 이 곳을 수도로 정하였다. 이후 낙양은 동위와 서위의 격전지로 바뀌고, 번영을 구가하던 이 대도시는 또다시 잿더미로 바뀌었다. 이는 당당한 귀족제 국가인 북위의 와해를 상징하는 모습이었다.

동위의 고환과 서위의 우문태

6진 반란을 발단으로 하여 520년대 초부터 10년 동안 화북에 불어닥친 대동란의 폭풍은 북위제국을 완전히 해체시켜 동쪽의 고환과 서쪽의 우문태를 중심으로 하는 동서로 갈린 두 개의 새로운 세력을 형성시켰다. 이러한

돈황석굴 | 西魏 미술을 대표하는 굴

세력을 만들어 낸 제1의 원인은, 북위제국이 귀족제 국가로서 정비되어
가는 과정에서 천민화되고 있던 진민·성민들이 자유신분을 회복하기 위하
여 봉기한 데 있었다. 북족 전사들의 이 고양된 힘을 결집시킨 것이 새로운
정권의 제1의 구성요소를 형성한 것이다.

　그것은 고환이 원래 회삭 진민 출신이고, 우문태 또한 무천 진민 출신이었다
는 점에서 명백하다. 사서에는 고환이 발해군의 명족 출신이라고 기록되어
있지만 이는 의심스럽고, 조부 때부터 계속 북방에 거주하며 선비풍의 하육혼
(賀六渾)이라는 이름을 가질 정도로 선비화되어 있었다고 하는 것이 정확한
표현이리라. 우문태는 물론 우문부족에 속하는 북족이었다. 그들은 북진의
반란기, 이주씨와의 이합 시기, 동서로 나뉘어 독립 대립하던 시기라는 3단계
를 극복하고 각각 패권을 확립하였다. 그들이 대혼란의 소용돌이 속에서
최후의 승자로 남은 것은 그 동안 단련해 온 무장으로서의 뛰어난 능력과,
인심을 수렴하기에 충분한 정치가로서의 재능에 힘입은 것이었다.

　그러나 그들의 성공은 개인적 자질에만 의한 것이 아니다. 그들과 마찬가지

로 진민 혹은 각지의 혼란 속에서 성공한 유능한 무장들이 자유를 희구하는 진민과 민중을 이끌고 고환 등에게 협력하여 난국을 극복하며 시국수습에 임하였기 때문이다. 그들은 고환 혹은 우문태와 함께 새로운 정권을 구축한 공로자였고, 당시의 말로 '훈귀(勳貴)'라고 불렸다. 고환에게 협력한 후경 등이 그러한 인물인데, 그들이 만들어 낸 군사정권은 이들 '훈귀' 즉 벼락출세한 무장들의 모임이었다.

고환 또는 우문태와 이들 '훈귀'들은 고락을 함께한 동료였다. 고환과 우문태는 '훈귀'들 가운데 제1인자이긴 했으나, 많은 동료를 압도하고 단번에 황제의 자리에 오를 수는 없었다. 벼락출세한 사람들의 잡다한 모임을 통합하여 그들의 정권을 유지하기 위해서도 전통적인 문화와 권위의 상징인 위(魏)나라 조정을 받들 필요가 있었다. 동위(534~550)와 서위 (535~556)의 두 조정은 이렇게 해서 성립되었다. 그리고 서로 위나라의 정통 후계자임을 주장하며 다투는 동안 각 실력자는 자신의 막부를 군사요지에 둘 필요가 있었다.

이리하여 고환은 진양에 막부를 열고, 업의 동위조정에는 중신을 파견하여 이를 원격 조종했다. 반면 우문태는 화주(華州 : 섬서성 大荔縣)에 막부를 열고 장안에 있는 서위조정을 제어했다. 조정과 막부가 다른 장소에 위치하면서, 막부에서 조정을 원격 조종하는 이중정권의 형식이 생겨난 것이다.

동서 양 정권의 과제

막부의 주재자인 고환과 우문태에게 부여된 문제는 한편으로는 조정을 감시·통제하면서, 다른 한편으로는 조정의 권위를 이용하여 동료였던 '훈귀'를 억누르고 자신의 지위를 높이는 데 있었다. 즉 '훈귀'를 억누르면서도 그들의 협력을 유지하고 자기를 중심으로 하여 전력을 통합하는 것이 과제였던 것이다.

'훈귀'에는 북진 출신의 호족 또는 호족화한 한인이 많았다. 고환의 군대에서는 호령(號令) 등에 선비어가 사용되었다. 그러나 발해의 고건 형제를 비롯하여 화북 각지의 한인 명망가들이 그 땅의 민중을 결집하여, 당시의 말로 '향병' 부대를 이끌고 북진(北鎭)세력과 제휴하면서 고환 정권을 만들어 낸 것은 앞서 기술한 대로이다. '향병' 부대가 동서로 대치하는 양 정권을 지탱하고, 각각 전력의 큰 부분을 차지한 것은 우문태나 고환 모두 마찬가지였다. 그리고 한인 출신의 고건 형제처럼 향병부대의 공로자는 '훈귀' 집단에 속해 있었으므로, '훈귀'를 어떠한 형식으로 통합할 것인가는 호·한의 통합과, 그 배후에 있는 '향병'의 조직화로 연결되는 것이었다.

요컨대 고환과 우문태가 안고 있는 문제 가운데 하나는, 북위 말기의 귀족제 국가가 만들어 낸 극단적인 신분격차의 모순에 반발하여 진민·성민 및 향병이 일으킨 자유회복의 기운을 더욱 효율적으로 통합·조직화하고, 민중의 자발성을 지속시키면서 소위 군국주의 체제를 만들어 내는 것이었다. 그것은 상대국을 무너뜨리고 살아남을 수 있는 유일한 길이었다. 결론을 먼저 말하면 그 길에서 성공한 것이 우문태가 연 서위(북주)이고, 그 길로 곧바로 나아가지 못하고 멸망한 것이 고환의 동위(북제)였다.

서위(북주)가 어떻게 해서 성공하였는가는 나중에 보도록 하고, 우선 동위(북제)의 경우를 살펴보도록 하자. 동위가 서위처럼 자발적인 군국주의 체제로 원활하게 이행할 수 없었던 첫번째 원인은, 동위가 교양있는 명망가들이 많은 하북·하남을 중심으로 입지하여 이들 명망가들의 문치주의와 군국주의가 충돌했기 때문이다. 이 대립은 북족계 무장과 한인 귀족과의 대립이라는 형식으로 첨예화되고 거기에 호족과 한족과의 통합 문제까지 얽혀 한층 복잡한 양상으로 나타났다.

게다가 동위는 당시 아직 번영을 구가하던 남조 양(梁)나라의 영향을 꾸준하게 받아 높은 문화수준으로부터 받는 자극의 강도도 높았다. 또 동위(북제)의 문화수준은 서위(북주)보다 높았을 뿐만 아니라 교환경제도 또한 서위보다도 훨씬 활발했다. 양나라에 자극받은 점도 없지 않았으나 북위 이래 동위(북제) 지역에 들어와 있던 서역의 소그드 상인들이 서위(북주) 때문에 서방으로 직진하는 길이 단절되었음에도 불구하고, 북방 돌궐을 통하여 서역과 활발히 왕래하고 있었던 것으로 추측된다. 이 활발한 경제활동과 높은 문화수준은 동위(북제)의 군국주의화를 방해하였다.

이와 같은 여러 원인이 동위(북제)의 정치과정에 어떻게 나타나는지를 추적해 보도록 하자.

동위(북제)의 비극

동위의 고뇌

534년 효정제를 받들어 업으로 천도한 고환은 도읍지를 조영하는 한편, 자신은 진양을 근거지로 삼아 이주씨의 잔존 세력을 일소하고 서위와의 대결에 총력을 결집하고자 하였다.

고환은 536년, 후계자 고징(高澄)을 조정 보좌역이라는 명목으로 업으로 파견했는데 실제로는 그를 통해 조정을 감시케 했다. 고징은 한인의 명문 출신 최섬(崔暹)을 중용하고, 인재등용에 세심한 배려를 하여 효정제와 연결된 한족 지식인을 자기 휘하로 불러들였다. 그것은 조정의 힘을 꺾는 데 유효한 방법이었으나, 바로 여기에서 고징 휘하의 한인 귀족들이 '훈귀'를 제압하는 움직임이 싹트기 시작했다.

그 무렵 벼락출세한 무장들 사이에 지위를 앞세워 민중으로부터 폭력적으로 재화를 빼앗는다거나 뇌물수수 등 그 밖의 오직(汚職)행위를 하는 경향이 이미 시작되고 있었다. 고환이 서위와 한판 승부를 벌이려 한 데 반해, 한족 지식인들은 외적보다는 우선 '내부의 적을 없애는' 일이 선결과제라고 주장했다. '내부의 적'이란 '훈귀'를 가리킨 것이다. 이에 대해 고환은 이렇게 말하였다.

相國寺 | 北齊 때 창건

　북위 이래 빈오(貧汚)의 기풍은 이미 오래 되었다. 게다가 지금 무장들의 가족 중에는 관중에 남아 있는 자가 많고, 우문태가 무장들에게 넌지시 유혹의 손길을 보내고 있어 인심이 안정되어 있지 않다. 강남에서는 소연(양무제)이 학문과 예악을 중시하고 있어 우리 중원의 사대부들은 문명의 소재지로서 이를 매우 부러워하고 있다. 지금 서둘러 기강을 잡아 사정없이 탄압을 가하면 무장은 하나하나 우문태에게 귀속할 것이고 사대부는 모두 소연에게 달려갈 것이다. 인재가 유출되면 국가는 와해될 수밖에 없다. 잠시 기다리라.

　이것은 서쪽의 군국주의와 남쪽의 문명에 당장이라도 흡수될 것만 같은 괴로운 입장을 잘 나타내는 말이다.

　고환은 일단은 우선 '훈귀'를 부추겨 서위 토멸에 나서게 했다. 서위와의 결전은 537년부터 543년까지 수차례에 걸쳐 벌어졌고, 산서성 남부에서

石造觀音菩薩像 및 諸尊像 | 北齊, 59.5cm, 산서성 太原市 출토

도하하여 관중으로 진입한 고환이 사원(沙苑)에게 대패한 적도 있었다. 543년에는 낙양 교외의 망산(邙山) 결전에서 우문태에게 결정타를 날려 관중으로 패주시켰지만, 계속된 전쟁에 지쳐 고환 측은 이를 추격할 여력도 갖고 있지 못했다. 이렇게 하여 낙양의 서쪽에서 섬주(陝州 : 弘農)의 동쪽 사이를 경계로 하여 양국은 휴전 상태로 들어가 각각 국내정비에 힘쓰게 되었다.

훈귀 탄압과 북제의 탄생

현안이었던 '훈귀' 탄압 조치가 고환의 승인을 얻어 드디어 544년부터 시행되었다. 그것은 고씨의 권위를 높이는 동시에 동위조정을 폐지하고 고씨 자신의 정권을 수립하기 위한 필수적인 조치였다. 추진자는 후계자인 고징과 그를 둘러싼 최섬 등 한인 귀족이었다. 전통적인 문인귀족이 고씨 휘하에서 벼락출세한 무장 '훈귀'를 탄압하는 데 착수한 것이다.

'훈귀'를 탄압할 때 내세운 절호의 구실은 바로 '훈귀'의 부정부패였다. 이로 인해 중앙의 '훈귀'와 그들과 관련된 사람들이 투옥되었고, 혹은 면직처

北齊(高氏)의 계보도

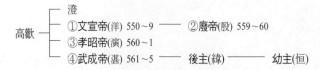

분을 받았다. 탄핵문 안에는 후경의 이름도 포함되어 있었다. 그는 하남대장군 겸 사도라고 하는 최고 관직에 있었으며 황하 이남의 영토 경영을 위임받은 총대장이었다. 그는 고환의 옛 친구로서 고환을 형으로 섬겼으나 후계자인 고징 등에 대해서는 안중에도 없었다. "고왕(高王)이 살아계실 동안에야 군이 반대하지는 않겠다. 그러나 돌아가시면 저런 선비(鮮卑) 애송이따위에 게 협력은 하지 않겠다"고 말할 정도였다.

546년 고환이 병으로 몸져누웠을 때, 중앙으로부터 후경에게 소환장이 날아들었다. 그것은 고환의 친서 형식을 띠고 있었으나, 실제로는 고징이 보낸 것임을 후경은 간파했다. 고징의 훈귀 탄압에 불만을 갖고 있던 후경은 다음 547년 고환의 죽음을 계기로 드디어 반란을 일으켰다. 그러나 이는 결국 실패하고 만다. 고징의 정토군에게 패하고 양나라에게 항복하여 이후 강남을 대혼란으로 몰고갔다는 것에 대해서는 이미 서술하였다.

후경을 남쪽으로 내쫓은 고징은 그를 둘러싼 한인 귀족들과 함께 위의 효정제로부터 선양을 받을 계획을 추진해 나갔다. 그런데 549년 사람들을 물리고 선양 방법에 대해 밀담을 나누던 중 고징이 심부름꾼 노예에게 찔려죽 는 돌발사건이 일어났다.

뒤를 이은 고징의 동생 고양(高洋)은 훈귀들의 반란을 누르고 550년 선양을 강행했다. 이를 지지하고 추진한 것은 역시 양음(楊愔) 등의 한인 귀족층이었 다. 이리하여 동위조정은 무너지고, 고양은 북제의 초대 황제(문선제 : 재위 550~559)에 올랐다.

문선제(文宣帝)의 광란

문선제는 양음 등을 중용하여 처음에는 정치에 정진하였다. 민호를 재산의 다소에 따라 9등으로 나누고, 그 등호에 따라 세와 노역을 부담시켰으며 선비족 용사를 선발하여 근위군을 충실히 하고, 한족 용사를 국경 수비군으로 편입시켜 유연과 돌궐에 대승을 거두었다. 또한 장성을 수축하고 법제를 정비하며 난립되어 있던 군현을 정리 삭감하는 등, 북제의 기초를 굳히고 강력한 국가로 만들어 나갔

石造四面佛碑像 | 北齊

다. 그러나 그는 급속히 잔학하고 음란한 황제로 기울어져 간다.

그는 앞서 보았듯이 '훈귀'의 반대를 무릅쓰고 한인 귀족의 지지를 받아 제위에 올랐다. 그의 인물됨이 아버지 고환과 형 고징에 미치지 못한다는 것은 즉위 전부터의 정평이었다. 따라서 위나라 황제의 선양에 반대하는 사람에 대하여 지지자인 한인 귀족은 "부형(父兄)에 미치지 못하므로 일찍 제위에 올라야 한다"는 논리를 내세웠다. 즉 패자(覇者)로서의 부족한 점을 황제라는 권위를 통해 보충해야 한다는 논리였다.

문선제는 이름에 걸맞게 행동하고자 노력했다. 그러나 안으로는 그의 즉위에 반대한 '훈귀'들에 대한 불만이 있었고, 밖으로는 순조롭게 군국주의 체제를 정비하는 서위(북주)에 대한 초조감이 있었다. 자신의 노력이 당장

성과를 보이지 않을 때, 이 불안과 초조는 배로 증가한다. 그것을 잊기 위하여 그의 주량은 급속히 늘어갔다. 불안에 사로잡혀 자존심만 앞세우는 포학한 황제의 모습은 7장에서 기술한 남조의 송·제라는 두 왕조에서 가끔 볼 수 있었던 예이다. 그와 똑같이 문선제는 위의 탁발=원씨를 모두 살해하고, 즉위에 반대한 '훈귀'와 간언하는 중신을 계속해서 죽였다. 559년 그는 완전히 알콜 중독의 인사불성 상태에서 죽음을 맞이했다.

그런데 이 무분별한 '훈귀' 주살을 뒤에서 조정한 것이 양음 등의 한인 귀족이었음에 주의할 필요가 있다. 사실 전통적인 한인 귀족과 벼락출세한 무장 '훈귀'들의 대립이 문선제를 그렇게 만들었다고 할 수도 있을 것이다.

문선제 사후, 양음은 태자 은(殷 : 廢帝)에게 권력을 집중시키려고 하였다. 그러나 그에 대한 반발이 울적한 심사에 빠져 있던 왕들과 훈귀 측에서 일어났다. 560년 이들은 쿠데타를 일으켜 양음 등을 참살하였다. 그리고 그 해 8월 왕들과 훈귀의 추대를 받은 문선제의 동생 상산왕(常山王) 연(演)이 즉위하였다. 이가 효소제(孝昭帝 : 재위 560~561)다.

북제의 종말

효소제는 '훈귀'의 노선에 서서 문선제 시대의 폐해를 고치고 고환 시대를 모범으로 삼았으나 낙마 사고로 겨우 재위 1년 만에 죽었다. 그의 유언으로 동생 무성제(武成帝 : 재위 561~565)가 제위에 오르자 또다시 북족계 훈귀세력과 한인 귀족 사이에 분열·대립이 시작되었다. 나아가 서역 상인 출신이라고 하는 화사개(和士開) 등의 은행(恩倖 : 소그드 상인)이 군주에게 아부하여 큰 세력을 얻었다. 은행이 대두한 배경에는 활발해진 경제활동과 서역상인을 비롯한 정상(政商)의 출현이 있었다. 이것은 남조의 5세기 후반 이후의 현상과 동일한 모습을 띠고 있다. 이리하여 정계는 북족계 훈귀·한인 귀족·은행 간의 각축장으로 변해 갔다.

무성제는 문선제와 마찬가지로 자제력이 없는 천자였다. 반면 은행인

화사개 세력은 급속히 신장하였고, 정계는 금전만능의 난맥상을 띠었다. 그럼에도 불구하고 한인 귀족 조정(祖珽)은 화사개와 결탁하여 황제권 강화와 그에 밀착하는 화사개의 권력유지 등을 위해 한 가지 책략을 진언하였다. 즉 무성제가 태자 위(緯 : 後主)에게 양위케 하고 스스로는 상황(上皇)에 오르게 하는 것이었는데, 이는 화사개가 2대에 걸쳐 황제의 은총을 입기 위한 책략이었다. 기어이 565년 양위가 이루어져 후주(재위 565~576)가 즉위하였다. 상황은 568년에 죽었으나 화사개의 권력은 같은 부류의 은행을 결집하여 점점 강화되었다.

571년 화사개 등의 전권에 불만을 품은 왕들과 훈귀들은 결국 정변을 일으켜 화사개 등을 참살했다. 그러자 이 기회에 한인 귀족 조정은 살아남은 은행들과 결탁하여, 황제 후주를 움직여 훈귀를 탄압하고, 북주를 위압하고 있던 명장 곡률광(斛律光)까지 죽여 버렸다. 이렇게 되자 북주의 침공을 막아낼 방위력은 급속히 약화될 수밖에 없었다.

훈귀를 배제하는 데 성공한 조정은 '문림관(文林館)'이라고 하는 아카데미에 한인 귀족과 지식인을 결집하였다. 그들에게 은행세력은 최후의 적이었으므로 조정은 마침내 최후의 대결에 나섰다. 그러나 573년 그들은 거꾸로 은행세력에 패하여 조정의 주요인사들은 실각·병사하고, 문림관 지식인들이 거의 살해되는 비극적 결말을 낳았다.

결국 북제는 은행의 세상이 되었고, 북주의 침공 앞에 칼 한 번만 휘둘러도 쓰러질 만큼 이미 약체가 되어 있었다.

서위(북주)의 성공

신군단 조직 부병제

577년 자멸의 길을 걷고 있던 북제는 북주의 무제(재위 560~578)가 이끄는 군사에게 무너지고, 화북은 또다시 통일되었다. 북주의 군사력을 최초로 조직한 인물은 서위의 실력자 우문태였다. 그는 동위의 고환에 비하여 훨씬 적은 병력과 빈약한 민력밖에 가지고 있지 않았으나 그것을 효율적인 군대로 편성하였다.

우문태의 세력을 뒷받침한 것 가운데 하나는 무천진을 비롯한 북진에서 남하한 북족계 군사를 중심으로 하는 진민세력이고, 두 번째는 그에게 협력한 관중의 호족들이 이끄는 향병집단이었는데, 이는 고환의 경우와 거의 동일하다. 그러나 우문태는 이 향병집단을 적극적으로 조직화했다는 데 주목하지 않으면 안 된다.

병력이 고환보다도 열세였던 우문태는 고환과의 결전기, 특히 543년에 있었던 망산전투에서 패전한 후 각지의 명망있는 호족을 지명하여 '향수(鄕帥)'로 임명하고, 각 지방에서 향병의 결집을 적극 추진했다. 이들 향병부대에는 한인뿐만 아니라 5호16국시대 이래, 관중으로 유입된 다수의 호족도 포함되어 있었다. 그리고 이전의 북위계 진민부대가 주로 근위군단을 구성한 데 대하여, 이들 향병부대는 부병제라고 불리는 군단조직으로 통합되어 갔다.

부병제 조직은 550년 무렵까지 존재한 것으로 보이는데, 그것은 총 24군으로 구성되고 '개부(開府)'라고 칭하는 사령관이 각각 1군을 통솔한다. 그 위에 '대장군'이 2명의 '개부' 즉 2군을 통할하고, 그 위에 '주국(柱國)'이라고 하는 신분의 최고사령관이 2명의 '대장군' 즉 합계 4개의 군을 지휘한다. 서위에는 총 6명의 '주국'이 있어, 서위군은 부병제에 의하여 6주국−12대장군−24개부로 계열화되었다. 이 전체 통괄자가 바로 서위의 승상 겸 총사령관인 우문태였다.

군단위 밑에는 몇 개의 '단'이 있고, 의동(儀同)장군·대도독·수도독(帥都督)·도독이라고 하는 서열의 지휘관이 있었다. 향병부대는 이상과 같은 군단조직에 편입되어 '향병'이 아니라 '부병'으로 불렸다. 부병은 '조·용·

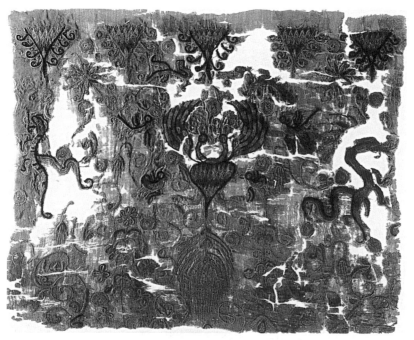

神鳥紋絲繡殘片 | 北朝, 아스타나 382호묘

조'의 세와 역역 부담을 면제받고, 전사로서 필요한 말과 식량은 6가(家)에게 제공받았다. 즉 부병은 자가부담하는 병사였고, 명예로운 전사로서 자발적 참여 형태를 취한 것이었다.

이것은 북위 말 대혼란이 과거의 영예로운 신분으로 회복하고자 하는 북족계 전사들의 운동에서 발단되었던 사실과 관련하여, 그 자발성을 살리는 방향에서 이루어진 것이라고 할 수 있다. 들고일어난 한인 향병부대에도 부패한 귀족제하의 신분격차에 대한 반발과 자유를 회복하고자 하는 바램이 있었다. 부병제는 이러한 움직임에 응하여 민중의 자발적 역량을 살리는 것이었다고 생각된다. 그리고 이 같은 방책이 군대를 거느리기 위한 국가재정의 부담을 크게 경감시킨 것은 말할 것도 없다.

이리하여 군단조직을 정비한 서위에서는 주국·대장군이라고 하는 신분

北周武帝

의 군사령관이 최고 실력자였고 지위는 군공(軍功)의 대소에 따라 결정되었다. 동위(북제)에서 보인 전통적 문인 귀족계층은 여기서는 거의 문제시되지 않았다. 오히려 한족풍의 교양주의가 부정되어, 549년에는 북위의 효문제 이래 호성(胡姓)을 한성(漢姓)으로 고친 것을 다시 원래의 호성으로 고치라는 명령이 나왔다. 한인관료에게 호성을 사여하는 일도 있었을 뿐만 아니라 한인사회가 호족화되는 경향조차 보인 것이다.

실제로 554년에는 이러한 방향에 따라 훈공이 높은 여러 장군을 북위 건국 전의 36부족의 후예로 삼고, 다음으로 훈공이 높은 자를 북위에 귀속한 탁발부 이외의 99부족의 자손으로 간주하여, 이들 여러 장군이 통솔하는 군사들에게도 각 장군의 성을 따르게 했다. 서위군단은 일찍이 부족연합형식에서 나온 자발적인 전사집단의 구조를 본떴다. 서위의 군국주의는

北周의 계보도

宇文泰 ─┬─ ①孝閔帝(覺) 557
        ├─ ②明帝(毓) 557~60
        └─ ③武帝(邕) 560~78 ─── ④宣帝(贇) 578~80 ─────── ⑤靜帝(衍) 580~1

이 같은 복고풍을 띤 군단의 재편성에 조응한다.

주례적 관제의 시행

그 같은 복고풍은 관제에서도 나타났다. 우선 우문태의 신임을 얻어 부국강
병책을 수행한 소작(蘇綽)이 『서경』의 문체를 본떠 '대고(大誥)'를 만들고,
이를 공문서의 모범으로 삼았다. 그것은 위진 이래의 문장을 옛날로 되돌리는
근본적인 개혁조치였다. 이 점은 556년에 공포된 '6관제(六官制)'를 살펴보면
더욱 명확하다.

'6관제'는 한위 이래의 번잡한 관제를 『주례(周禮)』에 따라 간결 소박한
형태로 바꾸려는 것이었다. 이 작업도 소작이 착수하였는데, 546년 그가
죽은 후 노변(盧弁)이 완성하였다.

『주례』에 나타난 주대의 관제란, 크게 6종 즉 천(天)·지(地)·춘(春)·하
(夏)·추(秋)·동(冬)을 모방하여 성(省)을 천관·지관·춘관·하관·추관·
동관의 6개로 나눈다. 천관부(天官府) 장관은 대총재(大冢宰)라고 하고 행정을
담당한다. 지금으로 말하면 국무총리이다. 지관부의 장은 대사도(大司徒)로
교육을 맡고, 춘관부의 장은 대종백(大宗伯)으로 의례를, 하관부의 장은 대사
마(大司馬)로 군사를, 추관부의 장은 대사구(大司寇)로 형옥·법률을, 동관부
의 장은 대사공(大司空)으로 토목·공예를 각각 관리한 것으로 되어 있다.

서위의 '6관제' 아래에서 556년 당시 임명된 인물은 아래 도표와 같다.
이들은 모두 앞서 기술한 부병군단의 최고사령관, 즉 '6주국'과 동일한 인물이
라는 점에 주의해야 한다. 행정관으로서의 그들의 직책이 『주례』에서 언급한
것과 동일한지는 의심스럽지만 부병군단 사령관이 그대로 최고 행정관이었
다는 사실은 일종의 군단주의체제가 정비된 것을 의미한다.

우문태는 부병군단의 최고 총수인 동시에 처음에는 승상으로서, 후에는
대총재로서 모든 행정관을 통솔하는 총리의 역할도 했다. 그러나 또 한편으로
는 서위의 천자에 대한 신하였으며 한 명의 주국대장군으로서, 또 6관의

西魏의 6관제

관부	관명	담당임무	인명	족속
천관	大冢宰	行政	宇文泰	북족
지관	大司徒	敎育	李弼	한족
춘관	大宗伯	儀禮	趙貴	한족
하관	大司馬	軍事	獨孤信	북족
추관	大司寇	刑獄·法律	于謹	북족
동관	大司空	土木·工藝	侯莫陳崇	북족

한 사람으로서 다른 주국, 5관들과 대등한 지위에 있었다.

이같이 수평으로 연결되는 동료관계를 포함하고 통솔과 종속이라고 하는 수직관계도 아우르게 한 데서 이 조직의 성격을 찾을 수 있다. 동위(북제)가 훈귀들을 결국 충분하게 파악할 수 없었던 데 비하여, 서위에서는 이를 『주례』의 옛 제도와 북족적 부족연합의 형태를 뒤섞어 훌륭하게 제도화시켰다고 할 수 있겠다. 복고풍의 경향 아래 현실의 세력관계를 살리는 원리와 제도가 여기에서 새로이 생겨난 것이다.

556년 이 제도를 완성한 직후 우문태는 죽는다. 효무제-문제-폐제-공제로 이어진 서위조정은 우문태를 이어 실권을 장악한 그의 형의 아들 우문호(宇文護)에게 선양을 강요받았다. 우문호가 우문태의 후계자 우문각(宇文覺)에게 선양을 받게 하여 '천왕' 자리에 올리니, 이에 북주왕국이 성립했다. 군권을 장악한 우문호는 자신을 고대 주왕국의 주공단(周公旦)과 같은 지위에 비견했다. 그것은 서위조정에 대한 우문태의 지위와 같은 것으로, 앞서 기술한 서위의 주례적인 부병제 국가의 구조와 원리가 그대로 계승되었다는 것을 의미한다.

북주제국의 화북통일

우문호는 557년 천왕 우문각과 대립하게 되자 그를 폐하고 그 동생 우문육(宇文毓)을 세웠으나, 560년에 다시 그를 죽이고 그 동생 우문옹(宇文邕)을 세웠다. 그가 바로 명군으로 일컬어지는 북주의 무제(재위 560~578)이다.

우문호는 572년 무제에게 주살될 때까지 조정을 제압하는 한편, 계속하여 훈귀를 주살하고 자신이 차지한 대총재 아래에 다른 5관을 예속시켜 권력을 집중시켜 나갔다. 그것은 형식상 『주례』라는 겉옷을 걸치면서 그 실질을 바꾸어 나간 것이었다.

이 같은 집권화 노선은 『주례』적 원리 그 자체만으로는 국가의 새로운 발전을 기할 수 없음을 의미하는 것이었다. 또 실제로 이와 같은 집권기반이 없었더라면 무제에 의한 화북통일은 불가능했을 것이다. 부병제 국가에서 군단의 자발성을 유지하면서 그 분할통치를 하나로 집중하지 못한다면, 통일제국의 형성은 불가능하다. 무제는 우문호로부터 집중화한 권력을 이어받은 후 균형이 잡힌 시점에서 북제를 병합하는 데 성공한 것이다.

앞에서 기술했듯이 당시 북제는 여러 세력으로 분열되어 있었을 뿐 아니라 '훈귀'·한인 귀족·은행의 삼파전으로 스스로 자멸해 가고 있었다. 북제의 후주는 삼파전의 마지막 승리자인 은행들에게 둘러싸여 이기적인 향략주의의 소용돌이 속에서 순간의 쾌락만 추구하였다. 제8장에서 기술했듯이 남조의 진(陳) 세력은 선제(宣帝) 치하인 573년에 양자강 북쪽에서 회수(淮水)선으로 진출하고 강회(江淮)지방을 북제로부터 탈환했지만, 북제는 이미 이를 되찾을 힘조차 갖고 있지 않았다.

576년 북주의 무제는 그 같은 북제의 쇠약을 확인한 후 북제에 대한 진격명령을 내렸다. 잘 통제된 북주의 부병군단은 북제의 군사요지인 진양으로 진격하였다. 북제의 후주는 총비들과 함께 노닐며 사냥을 겸해 북제군을 독전해서 대항하려고 나섰다. 진양의 북제군은 선전했으나 그러한 통솔자 밑에서는 당연히 부병군단의 진격을 당해 낼 수 없었다.

후주는 완전히 붕괴된 군을 버려둔 채 재빨리 수도인 업으로 도망갔으나, 이미 어떤 대책도 강구할 능력을 갖고 있지 못했다. 577년 정월 초하루, 겨우 여덟 살 난 황태자에게 제위를 물려준 후주는 추격해 오는 북주군을 피해 정월 3일 업에서 산동성 방면으로 탈출했다. 성공하면 황하의 남쪽에서

돈황막고굴 제428굴 항마상 | 북주

병력을 모아 부흥군을 일으키고, 실패하면 남조의 진국으로 망명하면 된다는 안지추 등의 진언에 따른 것이다.

제위를 물려받은 어린 황태자도 6일 후 업을 탈출하여 아버지의 뒤를 따랐다. 북주의 무제는 정월 20일 업에 입성하고, 청주(青州 : 山東省 益都縣)로 도망간 후주와 어린 황제에 대한 추격을 멈추지 않았다. 각지의 북제군은 이미 뿔뿔이 흩어져 북주에 투항하는 자가 속출하였다. 겨우 수십 명의 수행원만을 거느린 후주 등은 진나라로 망명하려 했으나, 지금까지 가장 신뢰해 온 은행 중에는 북주와 몰래 내통하여 일신의 안전만을 바라는 자도 있었다.

"주의 군대는 아직 멀리 있습니다. 청주에서 군대를 모으면 남쪽으로 망명할 필요가 없습니다."

은행의 이 말을 듣고 어물어물하고 있는 사이 북주의 군사가 밀려들었다. 재빠르게 항복한 것은 바로 그 은행이었다. 후주 등은 모두 북주군에 붙잡혔다. 그 은행은 북주와 내통하여 후주 등을 포로로 넘기기로 약속하고 있었다고 전한다.

새로운 시대의 전개

북주의 멸망

숙적 북제를 간단히 무너뜨리고 화북통일에 성공한 북주의 무제에게 천하 평정의 길은 훤히 열려 있는 것으로 생각되었다. 북주는 북제의 쇠약을 틈타 북상해 온 남조 진나라의 군대에도 큰 타격을 가했고, 그 결과 진군은 위축되었다. 4세기 초 서진의 붕괴 이후 3백 년에 가까운 중국의 대분열 시대는 바야흐로 북주의 무제가 통솔하는 새로운 부병군단에 의하여 겨우 종결될 기미를 보였다.

한편 무제 자신도 천하통일의 의욕을 보였고 그 방향으로 나아가고 있었다. 그는 북제를 병합한 다음 해 578년, 무제는 진군에게 대타격을 가하여 이를 꺾고는 방향을 돌려 친히 북방의 유목제국인 돌궐에 대한 정벌에 나섰다. 이는 북제의 잔당이 돌궐로 들어가 계속 불온한 움직임을 보였기 때문이었다. 그러나 친정 도중에 무제는 병으로 쓰러졌다. 친정은 중지되고 수도 장안으로 돌아온 무제는 웅지를 이룰 수 없게 되었음을 한탄하며 겨우 36세의 젊은 나이로 세상을 떠났다.

뒤를 이은 선제(宣帝 : 재위 578~579)에게는 아버지의 위업을 이을 만한 능력이 전혀 없었다. 아버지가 북제를 병합한 직후인 이 시기에는 옛 북제의 영토를 통치하기 위해 여러 가지 해결해야 할 문제가 산적해 있었을 것이다. 또 우문호에서 아버지 시대에 걸쳐 부병제의 여러 군단을 황제의 통제하에 강력히 통합해 왔다고는 하지만, 광대한 옛 북제의 영토에 배치된 여러 군단을 통합하기 위해서는 점령지 정책과 관련하여 새로운 통제조치가 강구되어야 했다.

그러나 아버지의 엄격한 교육을 받으며 성장한 선제는 일단 제위에 오르자 아버지의 위엄으로부터 해방되어 개인적 욕망을 마음대로 추구하고, 정념이 가는 대로 즉시 행동으로 옮기기 시작했다. 주색에 빠진 것은 물론이고 마음에 들지 않는 공신들을 계속 제거하였다. 모든 것을 생각나는 대로 이리저리 바꿔 버리고, 대신들과는 아무런 상담도 하지 않았다.

선제는 즉위한 다음 해 일찌감치 태자인 우문연(宇文衍)에게 자리를 물려주었다. 그 때 태자 나이는 겨우 일곱 살, 이를 정제(靜帝 : 재위 579~581)라고 한다. 선제는 스스로 천원(天元)황제라고 칭하며 자신을 '천(天)'이라고 부르고, '천(天)·고(高)·상(上)·대(大)'라는 명칭을 자신 이외에 사용하는 것을 금하였다. '고'씨 성은 '강(姜)'씨로 바꾸게 하고, 관명일지라도 위의 네 글자가 붙은 것은 모두 바꾸게 하였다. 이는 껍데기뿐인 그저 신경질적인 권위추구였다. 북제의 문선·문성의 두 제왕과 마찬가지로, 어쩌면 그 이상으로 상궤를 벗어난 이 무분별한 행위는 그의 불안과 초조에서 유래한 것이었다.

이리하여 점차 군신들로부터 멀어진 천원황제는 광란 끝에 그 다음 해 580년 22세의 나이로 죽었다. 그 후 황후의 아버지인 양견(楊堅)이 조정 관료들의 추대를 받아 집정하고, 결국 적대세력을 무너뜨린 후 581년에 정제에게 선양을 강요하여 수조(隋朝)를 창시했다. 북주 선제의 광란은 주수(周隋)혁명으로의 길을 매우 쉽게 마련한 것이다.

바야흐로 수문제가 된 양견은 그 해가 가기 전에 잔존한 옛 북주 왕실의 우문씨를 모두 죽였다. 선제는 결과적으로 자신뿐만 아니라 국가와 일족 전체의 무덤을 스스로 팠던 것이다.

분열시대의 종결

수문제 양견은 그 아버지 양충 때부터 6주국의 한 사람으로서 부병군단을 이끈 우두머리였다. 북주의 선제가 죽고, 양견이 집정에 오르자 옛 북제영토의 중심지역을 평정하고 있던 위지형(尉遲迥)은 양견에게 북주찬탈의 의도가 있다고 보고 양견 타도의 군사를 일으켰다. 이 위지형도 일찍부터 주국대장군의 지위에 있던 부병군단의 거물이었다. 그러므로 양자의 대결은 부병군단끼리의 대결이었고, 대결에서 승리한 자의 권력도 부병군단의 군사력을 기반으로 한 것이었다.

따라서 위지형 등을 타도하고 이룩된 양견의 수제국은 결국 북주 이래의 부병제를 국가형성의 기반으로 했다고 할 수 있다. 수문제는 북주의 무제가 달성한 화북 통일사업의 뒤를 이어, 주(周)·수(隋)혁명 이후 옛 북제의 영토를 포함하는 화북 전역의 안정과 부병군단의 정비에 노력하였다. 그리고 우수한 군사력을 배경으로 589년 강남의 한 구석에 존재하던 진왕조를 일거에 분쇄하고 4백 년에 이르는 긴 분열의 시대를 종결지었다.

그런 의미에서 주·수혁명에 의한 수제국의 형성은, 북주의 부병제 국가를 이어받아 이를 발전시킨 것이었다. 그리고 긴 혼란과 분열을 최종적으로 수습한 원동력은 서위(북주)로부터 수나라로 발전적으로 계승된 부병 여러 군단의 군사력이라고 해도 될 것이다.

부병제는 이미 앞서 기술했듯이 원래는 무천진을 중심으로 하는 북족계 군사들의 신분회복 운동과, 관중 각지의 향수(鄕帥)-향병(鄕兵)들의 자유회복 의욕 등을 효율적으로 통합하고 조직화한 제도였다. 그것을 호족과 한족과의 통합이라는 시각에서 본다면, 북위 효문제가 사회의 상층부를 중심으로 하여 호한통합의 귀족제 사회를 만들어 내려 한 것과는 달리, 부병제는 그 같은 상층부의 귀족제 사회를 전복시키려는 의도로, 보다 하층의 호족과 한족을 협동하여 만들어 낸 제도이다. 화북에서의 호한융합은 사회의 보다 아래층에서부터 보다 넓은 층에 걸쳐 진행되었고, 양쪽의 힘을 효과적으로 결집한 부병제 국가로서 새로운 시대를 열었다고 할 수 있다.

이에 비하여 북제에서는 그러한 통합을 이루지 못한 채 세력이 분산되어 상호 투쟁하고 결국 자멸의 길을 걸었다. 힘의 결집이 이루어지지 못한 것은 남조의 진도 마찬가지였다. 앞 장에서 기술하였듯이 5세기부터 6세기에 걸쳐 강남에서는 아래로부터 압력을 가하여 귀족제 사회를 변용시키려는 움직임이 점차 활발해져 갔다. 그 움직임이 후경의 난을 계기로 폭발하였고, 이렇게 해서 일어난

진인각

6세기 중엽의 대혼란은 거대한 하극상 현상을 보였다. 귀족이 몰락한 후 강남사회를 움직이는 새로운 실력자는 각지의 깡패 등을 불러들인 벼락출세자와 벽촌의 토호들로 대체되었다. 진조는 난립하는 이 자립적인 소집단들을 확실하게 하나로 통합할 제도를 만들어 내지 못했다.

이와 같이 북제나 진 모두 국내의 여러 세력을 충분히 통합할 수 없었고 아니 오히려 사회의 여러 세력을 결집하기 어려운 정세였다는 점, 이것이야말로 부병제 국가로서의 통합을 유지하고 발전시킨 북주-수제국이 중국 전토를 제패할 수 있었던 이유라고 생각할 수 있다.

새로운 시대의 과제

그런데 진나라 통치하의 강남에서 여러 세력의 통합이 어려웠던 것은 하극상 현상을 수습하기 곤란했기 때문이고, 그 하극상 현상을 일으킨 하나의 큰 원인은 강남의 화폐경제가 생각보다 훨씬 높은 수준에 달해 있었기 때문으로 생각된다. 그리고 양대에 정점에 달한 남조의 높은 문화수준이 진조에 들어서도 여전히 유지되었던 점도 북주와 같은 군국주의적 체제로 통합하기 어려운 조건이 되었다.

민간의 활발한 경제활동과 높은 문화수준 등은 군국주의적 통제를 곤란하게 한다. 사정은 북제에서도 마찬가지여서 무인 '훈귀'와 상인계열의 은행 및 한인 귀족 간의 대립도 그러한 이유 때문이었다. 요컨대 북제나 진도 그러한 의미에서는 선진지역이었고, 후진지역인 관중을 기반으로 한 북주만이 강력한 군국주의 체제를 만드는 데 성공한 것이었다.

따라서 북주와 그 계보를 잇는 수왕조가 선진지역인 옛 북제의 영토를 병합하고 나아가 옛 남조영역을 합하여 통일제국을 유지 발전시켜 나가기 위해서는 북주 이래의 부병군단을 근간으로 하면서도, 여러 변용을 가하지 않으면 안 되었다. 수왕조에 이르러 서위(북주) 이래의 옛스러운 『주례』식 관제가 곧 폐지되고, 위진 이래의 제도로 복귀한 것을 그 한 예로 들 수 있다. 그러나 그것은 단순한 복귀가 아니었다. 수는 북위에서 북제로 이어진 제도와 남조에서 발전한 제도 등을 합치고, 나아가 그 폐해를 배제하여 새로운 통합을 꾀하지 않으면 안 되었다. 수·당의 여러 제도가 북주계·북제계·남조계의 세 근원으로부터 어떻게 형성되었는가에 대해서는 이미 진인각(陳寅恪)이 『수당제도연원약론고(隋唐制度淵源略論稿)』라는 명저로 정리한 바 있다.

여기서는 선진지역의 한 지식인이 남조의 양으로부터 서위로, 나아가 북제, 북주에서 수로 전전하며 힘든 시대를 살아나가는 동안 어떠한 생각을 품었는지를 살펴봄으로써 새로운 시대의 과제를 언급해 보겠다.

지식인의 바램 – 『안씨가훈』

여기서 말하는 지식인은 이미 몇 번인가 이름이 나온 안지추(531~591)이다. 그는 앞 장에서 기술했듯이 원래 남조의 양을 섬기던 사람인데, 제일급 귀족은 아니었으나 이름 있는 가문에서 태어난 지식인이었다. 후경의 난으로부터 시작되는 남조사회의 대변동기에 휘말려 수도 건강의 끔찍한 모습을 목격한 그는 554년 강릉함락으로 서위군에게 쫓기다 관중으로 납치되었다.

황하 | 중국 제2의 大河. 길이 약 4800km

청년시대의 이 체험은 남조귀족의 부패상을 절실하게 뒤돌아보게 만들었다.

그러나 간신히 다다른 관중은, 고대의 번영한 문화는 흔적도 찾아볼 수 없는 황폐하고 삭막한 세계였다. 그 곳에서는 신흥 호족 군인들이 일부 한족사대부의 협력 아래『주례』식인지 뭔지 하는 복고주의 이데올로기를 고취하고 있었는데, 그에게는 이것이 완전히 야만적인 부족연합제의 군정지배를 호도하기 위한 계책에 불과한 것으로 보였다. 남조에서 끌려온 지식인 가운데에는 이 숨막히는 군국주의 서위(북주)를 어쩔 수 없이 섬기는 사람도 상당히 있었다. 형인 안지의(顔之儀)도 그 길을 선택했으나, 안지추는 아무래도 견딜 수 없었던 듯하다. 그는 빈틈없이 탈주계획에 착수했다. 추정컨대 557년 초 무렵, 그는 처자와 몇몇 수행원을 데리고 대담하게도 큰 물이 흐르는 황하에 배를 띄우고 280킬로미터나 되는 먼 거리를 한 번에 타고 내려와 북제로 망명하는 데 성공했다. 황하가 북주에서 북제 땅으로 흘러나오는 사이에 '지주(砥柱)의 험(險)'이라고 해서 암석이 강 가운데 겹겹이 돌출한 위험한 곳이 있다.

보통 때의 강물이라면 배는 여지없이 난파했을 터이나, 수량이 크게 불어난 때를 택해 강물이 흐르는 대로 그 곳을 빠져나올 수 있었던 것이다.

북제는 앞에서 기술했듯이 한인 귀족에게는 여러 가지로 어려운 국면이 있었다. 그러나 남조문화의 자유로운 공기 속에서 자란 안지추로서는 그 곳이 북주보다 훨씬 살기 좋았다. 그는 북제왕조를 섬기고 점차 출세하여 조정(祖珽)이 통솔하는 문림관 아카데미에서 중요한 문화사업에 종사하였다. 573년 문림관 지식인들에게 비극이 찾아들었을 때, 그는 가까스로 그 참극을 피했다. 그리고 자멸해 가는 북제조정에서, 특히 북주의 대공격이 한창일 때 배신자가 속출하는 조정에 끝까지 머물러 북제 후주에게 진조로의 망명을 권했다. 그러나 그마저 실현되지 못하고, 결국 북제는 멸망하였다.

정복자 북주의 무제는 문림관계 지식인들을 이번에는 정중하게 관중으로 이주시켰다. 안지추도 그 안에 포함되어 있었다. 그러나 여전히 혹독한 북주정권 하의 관중생활은 그에게 결코 탐탁한 것이 아니었다. 그는 가능한 한 자기를 억제하며 조용히 살면서 북주에서 수나라로의 변천과정을 지켜보았다.

그 동안 그는 전부터 써둔 글을 자손들에 대한 훈계로서 『안씨가훈』이라는 형식으로 완성한 것으로 보인다. 그의 이 책은 '가훈'이라 할 경우 그의 책을 가리킬 만큼 유명하다. 그는 가훈 안에서 체험에 의거하여 아이들이 진정 인간답게 살아가기를 바라는 마음을 토로하고 있다. 그것은 단순히 안씨 자손에 대해서만이 아니라 새로운 세대에 대하여 마땅히 그들이 지녀야 할 인간상을 나타낸 것이라고 생각하면 되겠다.

지식인의 강인성

『안씨가훈』[33)]에서 말하는 내용은 여러 분야에 걸쳐 있다. 여기에서는 지식인의 재생을 시사하는 문장을 일부 인용하도록 하겠다.

---

33) 『안씨가훈』을 한글로 번역한 것으로는 유동환이 옮긴 것(홍익출판사, 1999)이 있으나 본문 번역과 번역자의 해설 부분이 구분되어 있지 않아 많은 혼동을 주며 복잡하게 되어 있다.

부형(父兄)은 언제까지나 의지할 수 있는 것은 아니다. 고향의 일족이나 국가의 제도도 또한 항상 보증해 준다고는 할 수 없다. 일단 방랑자가 되면 원조해 줄 사람이 누구라도 반드시 있는 것은 아닐 것이다. 스스로 자신이 자기 삶의 모든 것을 풀어나갈 수밖에 없는 것이다. 속담에도 "산처럼 쌓아둔 재산보다 몸에 익히고 있는 보잘것 없는 재주가 더 도움이 된다"라고 하지 않았는가. 그런데 재주 가운데서도 배우기 쉬우면서도 게다가 귀중한 것은 독서술에 비할 것이 없다……

학예를 갖춘 사람은 설령 어디를 가더라도 안주(安住)할 장소쯤이야 찾을 수 있다. 후경의 대란 이래, 포로가 되는 괴로움을 경험한 사람은 많았다. 그 중에는 대대로 신분도 없는 미천한 출신자로 겨우 『논어』나 『효경』 정도를 읽을 수 있는 것만으로도 제법 선생이라고 불린 인물도 사실 있었다. 그러나 반면 몇 대에 걸쳐 높은 신분과 벼슬을 유지했던 집안에 태어났으면서도 서적이라고 할 만한 것을 제대로 읽지도 못한 무리는 예외없이 땅을 갈던가 말을 돌보는 일이라도 할 수밖에 없었던 것도 사실이다. 이러한 실례를 보면 누구든 스스로 힘써서 공부해야 한다는 마음이 들 것이다. 만약 항상 수백 권의 서적이라도 집에 수장하고 있다면 설령 몇 백 대를 지나더라도 신분도 없는 계층으로 떨어지는 일만은 없을 것이다……

업(鄴 : 북제)이 평정된 후, 우리는 모두 관중으로 옮겨 살게 되었다. 그 때의 일인데, 맏아들인 사로(思魯 : 당시 22세를 넘겼던 것으로 생각된다)가 어느 날 나에게 이렇게 말했다. "관계에서 벼슬자리나 봉급도 얻을 길이 없고, 집에는 번듯한 재산도 없습니다. 막노동을 해서 아버님을 모실 수밖에 없게 되었습니다. 항상 아버님께서 과업을 돌보시고 저는 경서와 사서 공부만 열심히 해 왔습니다. 그러나 과연 자식된 자로서 이대로 태평스레 있어도 좋을는지 저는 정말 의문스럽습니다." 나는 사로에게 아버지로서 확실히 설명해 주었다. "아들이 아버지를 봉양해야 한다고 생각하는 것은 자식으로서 당연한 마음가짐이다. 그러나 아버지가 자식의 학문교육을 게을리할 수 없다고 생각하는 것 또한 아버지로서 당연한 마음가짐이다. 너에게 학문을 버리고 돈 버는 데 전념케 하여 풍요롭게 먹거나 입을 수 있게 되었다고 해서 내가 마음 편히 그것을 맛있다고 여기면서 먹을 수 있겠는가, 편안히 그것을 따뜻하다고 생각하며 입을 수 있겠는가. 네가 옛 성왕(聖王)이 열어놓은 길을 너 자신이 나아가야 할 길로 알고, 우리

가문 대대로의 학문을 계승하는 데 노력해 준다면, 나는 설령 먹는 것이 변변치 않거나 입는 것이 초라하더라도 오히려 즐거이 그것을 먹을 것이며 그것을 입을 것이다…… (勉學編)

顏氏 가계도

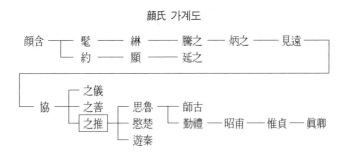

과거(科擧)로의 길

좀 인용이 장황했는데, 위의 문장은 대혼란의 소용돌이 속을 살아온 지식인이 고향과 친척들로부터 떨어져 있다는 고독감 속에서 학문과 교양의 필요성을 새삼스럽게 확인하고, 삶이란 독서와 학문에 있다는 신념을 점점 굳혀가는 모습을 처절하게 느끼게 해 준다. 여기서는 독서를 통해 '옛 성왕의 길'을 배우고 문명의 기초와 그 전통을 지키는 것이, 즉 구체적인 삶, 직을 얻고 신분을 유지하는 것으로 그대로 직결된다. 그와 같은 지식인의 의식은 사회가 향촌공동체를 해체시키고 친족공동체로부터조차 개인이 방출되는 방향으로 움직이면 움직일수록, 그리고 그 같은 사회의 거친 파도 속에 개인이 농락당하면 당할수록 단가족(單家族)을 최후의 기반으로 하여 더욱 강렬히 자각되어 갔다.

이러한 의식은 안지추에게만 나타나는 독특한 것일 수는 없다. 그와 동시대의 지식인들은 같은 환경 속에 살았고, 많든 적든 간에 유사한 의식을 갖고 있었음에 틀림없다. 『안씨가훈』이라는 작품은 같은 시대인의 의식을 적어도 일면은 반영하는 것이라고 보아도 좋을 것이다. 그리고 또 많은 사람들이 이 작품을 읽었다는 것은 그와 같은 의식이 널리 퍼져 나갔음을 나타내는 증거가 된다. 그것은 난세에 처한 중국 지식인의 강인성을 보여줌과 동시에, 난세가 끝난 후 새로운 세계를 맞이한 지식인의 모습에 대한 지표이기도 했다.

문화적 선진지역을 통합한 북주-수제국은 안지추와 같은 사고를 지닌 지식인들을 그 휘하에 편입시켜 그들의 적극적인 협력을 끌어낼 방책을 마련해야 했다. 또 뿔뿔이 흩어진 사회 속에서 무수히 생겨난 소집단의 유력자들을 안지추가 표현한 그러한 독서인으로 양성하고, 국가사회의 질서를 안정시키기 위하여 이들 새로운 지식인을 유용하게 사용하는 것은 통일제국에게도 필요한 일이었다. 그러한 상황에서 생겨난 제도가 6세기 말 수문제 치세에 등장한 과거(科擧)였다.

과거라는 시험제도는 응모자의 출신에 상관없이 시험을 통해 뛰어난 독서인을 선발하여 급제자에게 위정자의 직과 신분을 보증하는 제도이다. 그것은 실로 안지추가 지적했듯이, 독서를 통해 '옛 성인의 길'을 배우는 것이 그대로 직을 얻고 신분을 유지하는 것으로 이어진다는 독서인 이념을 국가적 규모로 실현하려 한 것이었다. 안지추의 시각과 과거제도의 목표는 완전히 일치했다. 그러한 시각을 만들어 내고 그러한 제도를 등장케 하는 상황이 당시 이미 존재하고 있었던 것이다.

그것은 즉 "대란 이래……대대로 신분도 없는 계층에 속한 몸이면서……서적을 읽을 수 있다는 것만으로 충분히 선생이라고 불리는 인물도 실제 있었던 반면, 수십대 동안 높은 신분과 관위를 유지한 집안에 태어났으면서도 서적이라고 할 만한 것을 제대로 읽지도 못하는 무리들은 예외없이 땅을 갈던가 말을 돌보는 일을 하지 않을 수 없는" 상황이었다. 신분과 계층서열이 고정된 귀족제 사회가 붕괴하는 일종의 거대한 수평화 현상이야말로 새로운 독서인 이념을 낳았고, 그 이념이 실현을 향하여 사람들을 나아가게 하는 근본 원인이었다.

과거를 통해 새로운 독서인층이 형성되는 것은 이미 말한 바와 같이 수·당

3백 년을 지나 10세기의 송대에 이르러서이다. 그러나 6세기 말 수대에 이미 과거제도가 발족되고 독서인 이념이 자각되었다는 것은, 이미 그 방향으로 한 걸음 크게 내디딘 것을 의미한다. 그것이 곧 송대 단계로까지 발전하지 못한 것은, 옛 북제 영토의 소위 '산동'귀족(화북 이동의 중원귀족)을 중심으로 하는 지식인들이 안지추와 마찬가지로 스스로 새로운 독서인으로 탈바꿈하여 정치적·사회적·문화적 주도권을 다른 사람에게 쉽게 빼앗기지 않았기 때문으로 생각된다. 그와 같은 탈피와 전진(轉進)이야말로 수당시대에 계속되는 신귀족주의를 형성하는 것이었다. 예를 들면 안지추의 가계에서는 안사고라고 하는 뛰어난 사학자와, 유명한 서예가 안진경 등을 배출하였는데 이들은 새로운 당대문화를 발전시켜 나간 지식인으로 활약하였다. 그러한 의미에서 안지추는 6조시대를 마무리하는 인물임과 동시에 새로운 시대를 여는 지표라고 하겠다.

책을 마무리하며 |

위진남북조시대라고 하는 매우 어지러운 시대의 역사를 더듬어 보고,
드디어 그 대분열 상태가 수제국의 재통일로 막을 내리는 부분에 도착했다.
이 때는 한제국에 의하여 통합되어 있던 고대세계가 붕괴하고, 각 지방·각
민족이 각각 자립을 추구하면서 서로 관계를 맺고 새로운 질서를 모색하는
고민의 시대였다. 여러 지역·여러 시기에 일어난 혼란은 그와 같은 고민의
외침이었다.

그러나 첫머리에서 기술했듯이 이러한 엄청난 혼란의 시대에도 중국문명
은 새로운 호족적 요소를 도입하면서 착실하게 전진하여, 더욱 풍부해지고
깊이를 더해 갔다. 또 그 문명권은 혼란의 절정기에도 오히려 팽창하여
동아시아 문명세계를 형성해 나갔다. 이 시대는 중국문명의 유연성과 강인성
을 보여주었으며, 동시에 이 문명을 담당한 중국인 특히 지식인의 강인성을
놀랍도록 표출시킨 시대라 하겠다.

사람들은 종종 "역사를 움직이는 것은 민중이다"라는 테제를 주장한다.
그런데 필자는 이 책에서 오히려 문명의 중핵적 담당자였던 문인귀족·지식
인에게 중점을 두고 역사의 전개를 추적해 왔다. 사람들은 이러한 태도가
위의 테제에 반대된다고 비난할지도 모른다. 그러나 '민중'이라든가 '인민'
등의 말을 추상화시키고 아무리 많이 구사한다 해도 '역사를 움직이는 민중'
의 구체적인 모습은 오히려 어디론가 사라져 버린다. 민중의 의지가 역사의

여러 현상 속에 구체적으로 어떠한 형식으로 나타나는가를 항상 주의하는 것만이 과거시대의 '민중'에게 접근하는 방법이 되는 것이다.

대혼란을 거듭한 6조시대에 '민중'들 사이에서조차 무력이야말로 의지할 힘이라는 생각이 널리 퍼져 있었음에도 불구하고, 무력이 없는 문인귀족과 지식인은 결국 무사계급의 형성을 허용하지 않았다. 문인귀족과 지식인은 어떻게 그토록 강인성을 유지할 수 있었을까. 그 강인함은 결코 그들만의 힘은 아니었을 것이다. 오히려 소위 '민중' 대다수가 무인이 아닌 문인이나 지식인 쪽을 그들의 지도자로 선택했다고 보아야 이해가 될 것이다.

문인귀족 혹은 지식인의 강인성은 이 대혼란기를 통하여 보이는 구체적인 역사 현상이다. 그것을 '민중'이 어떠한 형태로 지지했는가 혹은 부정하였는가 하는 구체적인 모습은 그저 추상적으로 '민중'이라는 말을 빌린다고 해서 판명될 수 있는 것이 아니다. 당시의 '민중'이라는 것을 구체적으로 이해할 사료가 극히 적은 이상, 오히려 우회하여 당시 지배자층의 행동과 사상을 통해 그들이 '민중'에게 어떻게 지지받고 있었는가 혹은 부정되었는가를 살펴보는 것 외에는 구체적인 방법이 없는 것이다. 그러므로 문인귀족과 지식인, 혹은 반대로 군인과 상인들에 관한 연구가 더욱 진전되어야 할 것이다.

이상과 같은 생각에 따라 문인귀족과 지식인을 중심으로 그들과 교차되는 군인과 상인을 뒤섞어 이 시대의 역사를 정리했다. 지금까지 축적된 많은 연구에 힘입은 것은 말할 것도 없지만, 필자의 생각에 따라 가능한 한 일관되게 서술하고자 노력했다. 이 책 제7장과 제8장은 기존의 『동양의 역사(4)-분열의 시대』(人物往來社, 1967) 중에서 필자가 집필한 「강남개발」 부분을 많이 이용했다. 필자의 생각이 기본적으로 변하지 않았고 또 그 책은 출판사가 해산된 이래 절판되었을 터이므로 많은 부분은 그대로 이용해도 상관없을 것으로 생각했기 때문이다.

제9장 이하는 오랜 친구인 다니가와 미치오(谷川道雄) 씨의 견해를 기본으

로 하고 덧붙여 여러 연구를 참고하면서 나름대로 정리해 보았다. 처음에는 이 부분을 다니가와 씨에게 직접 집필을 의뢰할 예정이었으나, 필자의 지지부진한 집필 때문에 제8장까지의 완성이 늦어지는 바람에 결국 부탁하지 못한 채 필자가 끝까지 집필하게 되어 버렸다. 다니가와 씨의 학설은 필자에게 가장 이해하기 쉬웠으므로 그것을 기본선으로 차용한 것인데, 마음대로 왜곡한 부분도 있을 터이므로 이 책에 잘못이 있다면 그것은 모두 필자의 책임이라 할 것이다.

이상으로 이 책을 정리하면서 가능한 한 논지를 일관시키기 위해 학계에서는 아직 승인되지 않은 나름대로의 생각도 많이 포함시키게 되었다. 따라서 여기에 쓰여진 것은 확고부동한 정설을 모은 것이 아니라 필자 나름의 해석을 제시한 것이라고 받아들여 주었으면 한다. 역사 사실에 관해서는 가능한 한 오류가 없도록 하였으나, 사실이 갖는 의미는 필자대로의 해석이 많다는 점을 양해해 주길 바란다. 역사학이란 역사상의 여러 사상(事象)을 얼마나 종합적으로 해석할 수 있는지를 시도해 보는 것이라고 생각한다.

이 책에서 문화적인 사상에 대한 기술이 적었던 점은 정말 유감으로 생각한다. 6조시대는 불교·도교 등의 종교적인 면과 학문과 사상, 예술과 문학의 분야에서도 언급해야 할 것이 산처럼 많았던 시대이다. 여기에 결여된 부분에 대해서는 각각 관계되는 참고문헌을 참고해 주었으면 한다.

마지막으로 이 책을 정리하는 데 많은 분들의 연구를 참조하였다. 그분들께 사의를 표함과 동시에 이 책의 지도와 계도 등의 작성 및 도판 선정 등에 협력해 주신 고베(神戸) 상과대학의 조교수 기누가와 쓰요시(衣川强) 씨와 필자의 동료 구와야마 쇼신(桑山正進) 씨께 깊은 감사를 드린다. 또 집필이 늦어져 폐를 끼친 점에 대해 편집부의 사자나미 세이코(漣清光) 씨를 비롯한 많은 분들께 사죄를 드린다.

위진남북조 시대의 특징을 분명하게 드러내는 용어로는, '세론(世論)과 향론(鄉論)'·'패권(覇權)과 선양(禪讓)'·'호한(胡漢) 및 만한(蠻漢)'·'서역(西域)'과 '불교(佛敎) 및 도교(道敎)' 등을 들 수 있다. 그동안에 대만이나 중국에서 출판되었던 시대사 개설서에서는 이러한 내용들이 언급은 되고 있으나 그것을 바탕으로 시대적 흐름을 이해하게 하는 수준에까지는 이르지 못했다. 이 책을 번역하게 시도하게 된 동기 중의 하나도 여기에 있다.

한편, 다른 시기와 달리 이 시대에는 황제권이 그렇게 강하지 않았다고 할 수 있으며, 그에 따라서 '호족(豪族)'이 오랫동안 사회적인 명망을 유지할 수 있었다. 그 결과, 소위 '노블레스 오블리주(noblesse oblige)'의 유형, 즉 자긍심에 따르는 정신적인 절제가 형성되기도 하였을 것이다. 물론, 너무 단순화시켜서 보고 있는 것이 아니냐는 반론도 제기할 수 있을 것이다. '귀족제'라는 개념으로 이 시대를 설명하는 경우도 있으나, 그 용어를 사용하는 데에 문제가 있다는 점은 예전에 언급한 적이 있으므로 참조하기 바란다.

최근 미사키 요시아키(三崎良章) 씨는 그의 『五胡十六國－中國史上의 民族大移動』(東方書店, 2002)에서, 중국이란 결국 많은 민족들의 활동·융합에 의해 형성되었다고 주장하였다. 한족(漢族)·비한족(非漢族)의 대규모 인구 이동과 융합을 통해서 5호16국시대에 정치적·종교적·사회적 변화를 일으켰다는 것이다. 선진(先秦)시기나 진한(秦漢)시기는 그 때까지 분권적이었던 지역사의 전개를 중원지역을 중심으로 일원적으로 통합해 나아가는 때였다고 할 수 있다. 그와는 달리, 위진남북조시대는 그 범주를 더욱 넓혀, 주변의 이민족들이 별개로 존재하는 것이 아니라, 대규모로 민족이동하여 중국 내부에서 융합되면서 직접적으로 영향을 미친 때였다. 중국사를 이해하는 데는 항상 주변 이민족들의 영향을 고려해야 한다. 그들이 유목민족이었든 또는 반유목민족이었든지 간에 그들 이민족들이 중국 내부에서 차지하는 영역이 커졌다는 점에서 이 시대의 또 다른 특징을 찾아낼 수 있을 것이다.

또한, 불교(佛敎)라는 서역(西域)적인 사유와 더불어 그 미술이 도입된 것은 중국문화의 범주를 넓히는 데 중대한 역할을 하게 되었다. 그리고 이로 말미암아, 중국적인 도교(道敎)가 형성되어 가는 계기를 만들어낼 수 있게 된다. 이 부분이 제대로 이해되어야, 그 사유영역이 다음 시대에 어떻게 전개되어 가는가 하는 문제를 이해할 수 있다. 이러한 점에서 위진남북조시대에 대한 이해는 중국사 전체를 올바르게 이해하는 데에 결코 빠뜨릴 수 없는 부분이라고 할 수 있다.

한국에서 중국사 전체의 개설서는 이미 많이 번역되었고, 이제는 체계적으로 전 시대에 걸친 개설서를 우리 힘으로 만들어 내야 되지 않겠느냐는 소리도 들린다. 하지만, 그 이전에 각 시대를 구체적으로 서술한 시대사 개설서가 없었다는 점이 못내 아쉬웠다. 각 대학의 역사학 전공과목에는 시대사 과목이 들어 있는데도 아직 이러한 것이 마련되지 않았기에, 경북대학교 역사교육과에서는 우선 번역서라도 만들어 써야겠다는 생각으로 개발한 것 가운데 하나가 바로 이 책이다. 그것을 그냥 학과에서만 쓴다는 것이 아깝게 느껴져 출판하는 방안까지 생각하게 되었는데, 그 사이에 수많은 손질과 다듬는 작업이 필요하였던 것이다.

애초에 이 책의 번역은 옮긴이가 일본에 유학가 있을 때 매년 여름 하코네(箱根)에서 열리는 당대사연구회에서 원저자(原著者)를 만나, 밤늦게까지 이어지는 간친회(懇親會)에서 여러 가지 이야기를 듣던 것이 계기가 되었다.

그가 쓴 지의(智顗 : 538~597)와 관련된 논문에 대해 내가 질문을 하기도 하고 여러 가지 가르침을 받기도 하면서, 혹시 시간적 여유가 있다면 이 책과 더불어『六朝貴族制會の硏究』(岩波書店, 1982)를 한국어로 번역해 보는 것이 어떻겠느냐는 원저자의 권유를 받았다. 얼마 후, 원저자가 세상을 떠났을 때는 그와 몹시 절친한 사이였던 일본인 교수와 함께 이러한 연고로 교토에 있는 그의 자택에 들러 문상을 하기도 하였다. 번역작업은 당시 여러 가지 사정이 원만하지 못해 일단 중단하였다.

원저자인 가와카쓰 요시오(川勝義雄) 씨는 중국사를 연구하는 분 가운데에서는 드물게도 서양사학과 접목시키는 점이 많았으며, 또한 그가 선택한 용어가 굉장히 깔끔하고 문장 표현 자체가 상당히 유려하여 읽는 사람으로 하여금 손에서 책을 떼어놓기 어렵게 만들기도 한다. 그래서 어떤 때에는 문학작품을 읽는 듯한 느낌을 받을 때도 있다. 이러한 점 때문에 이 책을 번역하는 데에는 더욱 많은 노력과 정성이 요구되었다.

이 시대의 역사적 내용에 대한 다른 나라의 어떤 저자가 꼼꼼히 서술한 책을 읽을 때에는, 자칫 매우 짜증스럽고 답답하기 그지없는 느낌을 받게 되는 경우도 있다. 그러나 이 책의 원저자는 그러한 짜증스러운 부분을 구체적으로 묘사하기보다는, 오히려 전체적인 윤곽에 입각해서 전혀 다른 구도로 설명하고 있다. 그러므로 이 책을 읽을 때에는 거시적으로 그 구조를 이해하면서 시원스럽게 넘어갈 수 있게 된다.

이 책은 꽤 오래 전에 준비되어 있었다. 번역된 원고를 복사하여, 경북대학교 역사교육과의 '동양중세사' 교재로 이용하면서, 수업에 참여하였던 학생들로부터 많은 지적을 받았었다. 그리고 이를 바탕으로 하여 다시 전반적인 손질을 가하였다. 그 과정에서 일본학계에서 독특하게 쓰이고 있는 학술용어를 옮긴이 나름대로 우리 실정에 맞게 수정한 곳도 있다. 그렇게 해서 만들어진 원고를 출판사에 보냈고, 이 원고는 독자들이 쉽게 읽을 수 있는 방향으로 대폭 수정되어 지금과 같은 면모의 문장이 되었다. 이 점에서 역시 편집진이 잘 갖추어진 출판사라는 것이 얼마나 중요한 것인지를 뼈저리게 느끼게 되었다.

번역을 하는 과정에서, 한글전용시대에 맞도록 가능하면 용어를 우리말로 고치도록 노력하였다. 그리고 내용에서도 원저가 일본인 독자를 위하여 만들어진 관계로 일본인들을 위하여 일부러 삽입한 부분은 생략하기도 하였으며, 학술적인 용어에서도 우리 나름대로 재검토하여야 할 부분에 대하여서는 약간 손질을 하였다. 하루 빨리 우리 실정에 맞는 중국 중세사 교재가 개발되기를 빌어마지 않는다.

도나미 마모루(礪波護) 교수의 협조에 대해서는 이루 말할 수 없는 고마움을 느끼고 있다. 이 책의 번역출판권에 대한 교섭뿐 아니라, 그의 저서의 몇몇 자료를 이 책에서 이용하도록 양해해 주기도 하였다. 미사키 요시아키(三崎良章) 씨는 앞에서 언급한 그의 저서에서 계보나 도표를 이 곳에 사용하도록 양해해 주었다. 두 분께 거듭 감사를 드린다. 경북대학교의 동료 교수인 김병욱 교수가 이 책의 번역 과정을 처음부터 지켜보면서 격려를 아끼지 않았으며 또한 프랑스에 관련된 서술에서는 그의 도움을 크게 얻었다. 이 모든 분들께 감사드리는 바이다.

본래 번역출판권에 관해서 일본 쪽 출판사와는 교섭을 끝내 놓은 상태였다. 그리고 판권을 가지고 있는 원저자의 부인(川勝安希子 씨)께는 복잡한 내용으로 번거롭게 하지 말라는 주위 분들의 조언이 있었다. 그러한 까닭에, 옮긴이가 교토에 1년이나 가 있으면서도 귀찮게 하지 않으려고 번역출판 준비가 다 끝난 뒤에야 연락하려고 생각했다. 일단 가와카쓰 부인께는 번역을 하고 있다는 편지만을 보내놓고 나중에 양해를 얻으려 하였는데, 거기에 실수가 있었다. 번역출판 준비가 끝난 뒤에도 부인으로부터 연락이 없자 중간에 여러분들을 통하여 독촉을 한 데에서 일이 더 꼬여버렸다.

결국은 한국 쪽 출판사에서 출판준비를 다 끝내놓고도 인쇄를 못하는 사태가 빚어졌다. 이 책의 시리즈의 다른 부분도 모두 번역해서 한국 쪽

출판사에 넘겨놓은 상태였기에, 이 책이 출판되지 않으면, 다른 부분도 출판을 할 수 없는 상황이었다. 3년의 시간을 그렇게 보내고 나자, 그동안의 경과를 잘 파악하고 계시던 도나미 마모루 교수께서 적극적으로 이 문제를 해결해 주셔서, 그의 안내를 받아 20여 년 만에 다시 자택을 방문하고서야 간신히 판권 문제가 해결되었다. 애초에는 원저자의 『六朝貴族制社會の研究』도 함께 번역출판 양해를 얻었으나, 이 책의 출판 결과를 지켜보고 나서 다시 상의하자는 연락을 추후에 받았다.

일본 쪽 출판사인 고단샤(講談社)에서는 애초부터 한국어 번역 출판에 대해 양해를 해 주었는데, 이를 쾌히 승낙해 주신 노마 사와코(野間佐和子) 사장과 호시노 도모나루(星野智成) 국제실장께 감사드리는 바이다. 마지막으로 이 책의 한국어 번역본의 출판을 선선히 맡아준 혜안출판사의 오일주 사장님과 몇 년이 넘게 걸린 작업에도 지치지 않고 꼼꼼하고 훌륭하게 교열을 맡아준 김현숙 님 등 편집진에게도 고마움을 전한다.

서력	연 호	중 국	동아시아	세 계
25	光武帝 建武元	광무제 즉위, 後漢 성립(~220), 赤眉의 난 극성		
27	3	赤眉, 光武帝에 항복		
32	8		고구려, 후한에 조공	예수 처형
36	12	光武帝, 蜀을 평정하고 천하통일		
42	18		금관가야 건국	
48	24	흉노 日逐王 比, 남선우가 되어 중국에 투항	흉노, 남북으로 분열	
54	30			네로 황제 즉위
57	中元 2	光武帝 사망, 明帝 즉위	倭奴國 수장, 후한에 조공하고 印綬 받음	
58	明帝 永平元	공신 鄧禹·耿弇 사망		
60	3	漢 중흥의 공신 28將의 像을 雲臺에 그림		바울, 로마 도착
64	7	陰太后 사망, 楚王 英, 부처 신봉		
70	13			로마,예루살렘 파괴
73	16	竇固, 북흉노 토벌. 班超, 서역으로 향함		
74	17		서역 제국 入朝	
76	章帝 建初元	75년 明帝 사망하고 章帝 즉위		
79	4	馬太后 사망		
87	章和元	북흉노 58부족 투항		
88	2	章帝 사망, 和帝 즉위, 竇太后 섭정		
89	和帝 永元元	竇憲, 북흉노에 대승 거두고 대장군이 됨		
92	4	竇憲, 주살. 환관세력 부각		
97	9	竇太后 사망. 班超, 甘英을 大秦國에 파견		
98	10			트라야누스, 로마 황제 즉위(~117). 그의 시대 때 로마 최대 판도 기록
102	14	班超 사망. 환관 鄭衆을 侯로 봉함		
105	元興元	和帝 사망. 생후 100일 된 殤帝 즉위. 鄧太后 섭정	고구려, 요동 6縣 공격	
106	殤帝 延平元	殤帝 사망. 安帝 즉위. 鄧太后 계속 섭정		로마, 기독교 제3차 박해
107	安帝 永初元	羌族반란. 西域都護 폐지	왜국왕 帥升 조공	
109	3		고구려, 후한에 사신 파견	
114	元初元	羌族, 漢中 약탈		
121	建光元	鄧太后 사망. 대장군 鄧隲 등 자살	鮮卑, 雲中 침입. 고구려, 馬韓 등과 연합하여 현도성 공격	

125	少帝 4	安帝 사망. 뒤를 이은 少帝 10월에 사망하고 환관 등이 順帝 옹립. 환관 19명 列侯가 됨	백제, 말갈의 침공받은 신라 구원	
126	順帝 永建元	隴西의 羌族반란		
128	3		鮮卑, 漁陽 침입	
135	陽嘉 4	환관에게 양자의 직위세습 허가. 梁商 대장군이 됨	烏桓, 雲中 침입	
139	永和 4	환관 張逵 처형		
140	5	남흉노의 반란 진압. 羌族, 畿內 침입		
144	建康元	順帝 사망하고 두 살 난 冲帝 즉위. 대장군은 梁冀		쿠샨왕조 카니시카왕 즉위. 불교경전 결집. 간다라 미술 최성기
145	冲帝 永嘉元	冲帝 사망, 質帝 즉위		
146	質帝 本初元	太學生 3만명으로 증원. 梁冀, 質帝 독살하고 桓帝 영립	고구려, 요동 습격	
148	桓帝 建和2	安息의 승려 安世高, 낙양에 와서 불경 번역		
156	永壽 2		鮮卑, 몽골 제압	
159	延熹 2	梁皇后 사망. 梁冀 주살당함. 환관 單超 등 열후가 됨		
166	9	제1차 黨錮사건. 학자 馬融 사망	南匈奴・烏桓・鮮卑 침입	
167	永康元	黨人을 赦하고 終身禁錮. 桓帝 사망, 靈帝 즉위		
168	靈帝建寧元	대장군 竇武, 太尉 陳蕃, 환관을 주살하려다 살해당함	고구려, 선비와 함께 幽・幷 2州 공격. 烏桓, 왕을 칭함	
169	建寧2	제2차 당고사건, 철저한 탄압 시작		
172	熹平1		고구려군, 후한의 침략군 격멸	
176	5	太學門 밖에 石經 세움(175). 이 해에 黨人의 一族 빈객에까지 禁錮令 확대		
177	6		鮮卑, 遼西 침입	
178	光和元	賣官을 행하여 公은 천만, 卿은 600만錢		
179	2		鮮卑, 幽・幷 2州 침입. 倭國, 大亂에 빠짐	
180	3			로마의 마르쿠스 아우렐리우스 사망(161~)
183	6		왜의 여왕 卑彌呼 전란 수습	
184	中平元	황건의 난 발발. 黨人 대사면		
185	2	崔烈, 돈을 내고 司徒가 됨. 환관들 황건적 張角을 평정한 공으로 열후가 됨. 黑山賊이 일어남		

436

186	3		鮮卑, 다시 幽·幷 2州 침입	
187	4	滎陽·長沙에 반란 발발. 陳寔 사망		
188	5	白波賊이 일어남. 정부, 州牧을 설치하고 西園8校尉 둠		
189	6	외척 何進, 천하의 명사 荀攸 등을 불러들임. 4월, 靈帝 사망하고 少帝 즉위. 8월, 何進이 환관에게 살해당한 것을 계기로 袁紹가 환관을 모두 살해. 9월 董卓, 낙양 제압. 少帝를 폐하고 獻帝를 세움. 요동태수 公孫度, 자립하여 侯를 칭함	고구려, 요동태수 군대의 침입 격파	
190	獻帝 初平元	정월, 동방의 여러 州가 董卓 토벌군 일으킴. 3월, 동탁 수도를 장안으로 옮김		
191	2	袁紹, 冀州 통치. 荀彧, 曹操에 협력하기 시작		
192	3	정월, 孫堅 전사. 4월, 董卓 살해되고 關中 대혼란에 빠짐. 青州의 황건, 조조에게 항복. 張魯, 漢中에 五斗米道의 독립국가 수립		
195	興平2	孫策, 강남에 진출. 曹操, 兗州牧이 됨		
196	建安元	曹操, 關中을 탈출한 황제를 許로 맞아들여 그 주변에 둔전을 염		
198	3		고구려, 丸都城 쌓음	
200	5	曹操, 官渡戰鬪에서 袁紹 격파. 孫策 사망		
201	6	曹操, 汝南에서 劉備 격파. 劉備, 荊州로 쫓겨감		
205	10	曹操, 鄴을 취해 冀州牧이 되고(204), 205년에 袁氏 잔당을 평정하고 화북을 거의 제압		
208	13	曹操, 적벽싸움에서 劉備·孫權에게 패배하고 천하는 三分. 曹操, 丞相에 오름		
209	14		고구려, 丸都로 천도	
212	17	荀彧 자살. 孫權, 建業 조영에 착수		
213	18	曹操, 魏公이 되고 선양공작 시작		파르티아 최후의 왕 아르타바누스 5세 즉위(~274)
214	19	劉備, 成都에 입성하여 益州牧이 됨		
215	20	曹操, 張魯 토벌하고 五斗米道 왕국 해체. 劉備·孫權과 荊州 분할		
216	21	曹操, 魏王이 됨. 南匈奴 單于, 魏에 복속		

연도		연호				
220		延康元	정월, 曹操 사망. 九品官人法 제정, 中正 설치		백제, 말갈의 침입 물리침	
221	魏文帝	黃初元	10월 曹丕 선양을 받아들임. 魏朝 성립			
		2	4월 劉備, 황제에 오르고(昭烈帝) 諸葛亮 승상이 됨			
222		3	9월 孫權, 黃武로 개원하고 吳國 건립. 天下三分			
223		黃初3	魏	蜀·吳		
				昭烈帝 사망, 後主 즉위		
226	明帝	7	文帝 사망 明帝 즉위	魏·吳戰		사산조 페르시아 창건(~651)
227		太和元	魏, 公孫燕을 遼東太守로 임명(228)	諸葛亮, 출사표를 올리고 魏 공격하고자 漢中에 진을 침		로마, 페르시아와 전쟁
229		3	吳·蜀과 전쟁	孫權, 황제 칭함		
230		4	司馬懿, 漢中 공격	孫權, 夷洲 정벌		페르시아, 조로아스터교를 국교화
234		靑龍2	明帝, 壽春까지 吳를 친정	諸葛亮, 五丈原에서 사망	고구려, 魏와 화친	
235		3			고구려, 吳 사신 도착	로마 군인황제시대 개막
236		4	陳羣 사망	吳, 大錢 주조	고구려, 吳의 사절을 베어 魏로 보냄	인도 안드라왕조 쇠퇴
238		景初2	司馬懿, 요동의 公孫氏 토멸	吳, 千大錢 주조	고구려, 魏와 함께 公孫淵 침	
239		3	明帝 사망, 齊王芳 즉위	蜀, 蔣琬, 大司馬가 됨	고구려, 요동군 공격	
240	齊王芳	正始元	曹爽 등 실권장악			
242		3		吳 태자 孫登 사망(241), 孫和가 태자가 됨		마니의 포교 시작
244		5			魏將 母丘儉, 고구려 침공. 고구려, 요동 공격	
246		7			고구려, 母丘儉紀功碑 건립	
249		嘉平元	司馬懿 쿠데타 일으켜 曹爽·何晏 등 주살. 王弼 사망. 州大中正 설치	吳, 太子黨과 魯王覇黨 대립		로마, 기독교 대박해

250	齊王芳	2	江陵에서 吳 대파	吳, 태자 孫和 폐위시키고 魯王 霸에 죽음을 내림		
252		4	司馬懿 사망(251). 그 아들 司馬師 대장군에 오름	吳, 孫權 사망, 孫亮 즉위		
253		5	吳軍의 北征 격파	吳의 諸葛恪 살해되고 孫峻 승상에 오름		
254	高貴鄉公	正元元	司馬師, 齊王 芳을 폐하고 文帝의 손자 高貴鄉公 髦 옹립			
255		2	毌丘儉 등, 司馬師 공격 실패. 司馬師 사망, 그 아우가 뒤를 이음	蜀의 姜維, 魏 정벌		
256		甘露元	魏將 鄧艾, 姜維 격파	吳 孫峻 사망. 孫綝, 실권 장악		
258		3	司馬昭, 諸葛誕의 반란군 평정	吳의 孫綝, 會稽王 폐하고 景帝 세움. 景帝, 孫綝 주살		
260	元帝	景元元	司馬昭, 반항하는 主君 살해하고 元帝 奐을 세움		백제, 16관등과 백관의 공복 제정	로마황제, 사산조 페르시아군의 포로가 됨. 갈리아 주둔군을 이끈 보스투무스, '갈리아 제국' 칭함
262		3	혜강 처형 당함	촉나라의 姜維 다시 위를 침공		
263		4	司馬昭, 相國晉公이 됨	蜀 멸망		
264		咸熙元	司馬昭, 晉王이 됨	吳의 景帝(孫休) 사망, 孫皓 계승		
265	晉武帝	泰始元	8월 司馬昭 사망. 아들 司馬炎, 12월에 魏帝로부터 선양받음. 晉朝 성립			
266		3			倭의 여왕 壹与, 晉에 조공	
268		4	律令 완성. 太保·琅邪王 祥 사망			
274		10	山濤, 吏部尙書 됨	名臣, 陸抗 사망		
277		咸寧3			鮮卑 拓拔部 力微 사망	페르시아 마니, 순교
278		4	杜預, 鎭南大將軍이 됨			
280		太康元	吳를 대대적으로 토벌(279.11). 3월 吳 멸망시키고 천하통일. 10월 州郡의 병사를 크게 삭감. 占田課田法(戶調式) 시행			

284	晉武帝	5		백제 阿直岐, 일본에 가서 일본태자의 스승이 됨	로마 디오클레티아누스 즉위(~305). 전제군주제 시작
285		6	杜預 사망(284). 鮮卑 慕容廆, 요서 침입	백제 王仁, 일본에 論語와 千字文 전래	
286		7		고구려, 帶方郡 공격	
289		10	慕容廆 항복하고, 鮮卑都督이 됨. 劉淵을 匈奴北部都尉로 삼음		
290	永熙元		외척 楊駿 집정. 武帝 사망, 惠帝 즉위. 劉淵, 匈奴五部大都督이 됨		
291	元康元		賈皇后, 楊駿과 楚王 瑋를 살해하고 專權 시작		
292		2	賈皇后, 楊태후 살해		
293		3		고구려, 慕容廆 내침	로마제국에 四分統治制 시작
294		4		慕容廆, 大棘城에 웅거	
296		6	저족추장 齊萬年 반란. 다음해 周處 전사	慕容廆, 고구려 재침략	갈리아 제국 붕괴
299		9	齊萬年의 반란 평정. 江統, '戎의 이주'를 논했으나 받아들여지지 않음		
300	永康元		趙王倫, 賈황후 일당 주멸하고 張華·裴頠 등의 名臣을 살해		
301	惠帝	2	趙王倫, 황제 칭하고 惠帝 유폐. 8왕의 난 시작. 成都王穎 등, 倫을 살해. 저족추장 李特, 成都 공격		
302		太安元	長沙王乂, 齊王冏을 살해	고구려, 玄菟郡 공격	
303		2	李特 살해되고 李雄이 뒤를 이어 益州에 웅거. 成都王穎 등, 長沙王乂를 토벌. 荊州에 張昌의 난 발발, 石冰 강남으로 향함		로마, 기독교에 대한 마지막 박해 시작
304		永興元	長沙王乂 살해. 琅邪王 睿, 낙양에서 封地로 탈출. 劉淵은 漢王을 칭하고 李雄은 成都王을 칭하며 모두 독립. 강남호족 등이 石冰의 난 평정	백제, 낙랑의 서쪽 縣 공취	
305		2	成都王 穎, 낙양 웅거. 강남에 陳敏의 난 발발		
306		光熙元	李雄, 황제에 오르고 국호를 大成이라 함. 成都王 穎, 河間王 顒 잇달아 살해됨		콘스탄티누스 1세, 로마황제에 즉위 (~337)
307		永嘉元	陳敏의 난 평정. 琅邪王 睿, 王導 등 建鄴 입성. 慕容廆, 鮮卑大單于로 칭함	신라를 국호로 사용하기 시작	
308	懷帝	2	劉淵, 平陽에서 제위에 오름. 강남호족, 琅邪王 睿에 협력		
310		4	劉淵 사망. 劉聰, 형을 살해하고 제위에 오름. 周玘, 강남 吳興의 난 평정		
311		5	石勒, 王衍 등 섬멸. 劉曜 등, 낙양 함락. 懷帝를 사로잡아 平陽으로 이송. 琅邪王 睿, 周馥의 군사를 섬멸	고구려, 晉의 西安平 점령	로마, 콘스탄티누스 1세 기독교박해 중지령 발표

312		6	劉聰, 懷帝 살해. 愍帝, 장안에서 즉위. 琅邪王 睿, 승상이 되고 강서의 華帙 토벌. 王郭이 이를 총지휘			
313		建興元			고구려, 낙랑군을 멸망시킴	밀라노 칙령 발포. 기독교 공인
314	愍帝	2	襄國(하북성 邢臺)에 웅거한 石勒, 王浚을 멸하고 전 하북 제압. 涼州에서 사실상 자립해 있던 前涼의 張軌 사망하고 張寔이 뒤를 이음. 강남호족 周顗, 반란일으켰으나 곧 진압		고구려, 대방군 점령하고 다음해 현도군 점령	
316		4	劉曜에 의해 장안 함락, 愍帝 항복. 西晉 멸망			
	東晉年號		5호16국~北朝	東晉~南朝		
317		建武元	劉聰, 愍帝 살해	琅邪王 睿, 晉王이 됨. 『抱朴子』 편찬		
318		太興元	石勒, 劉琨 멸하고, 산서북부 제압. 劉聰 사망. 劉曜 독립	琅邪王 睿, 제위에 오름(元帝)		
319	元帝	2	劉曜, 국호를 趙로 고침(前趙). 石勒, 趙王이라 칭함(後趙)	祖逖, 북진하여 석륵의 군대와 전투		
320		3	前涼의 張寔 살해되고 張茂가 뒤를 이음		고구려, 요동 침공, 慕容仁에게 패함	굽타조 찬드라굽타 즉위(~335)
321		4		祖逖 사망		
322		永昌元	後趙, 山西以東 제압	王敦 반란. 元帝 사망, 明帝 즉위		
324		太寧2	前涼의 張茂 사망, 張駿이 뒤를 이음	王敦 사망	고구려, 일본에 鐵盾과 鐵的 보냄	콘스탄티누스, 로마 재통일
325	明帝	3		明帝 사망, 成帝 즉위. 庾太后 섭정		니케아 종교회의. 아리우스파 추방 결정
327		咸和2		蘇峻, 祖約 등 반란		
328		3	石勒, 劉曜와 낙양에서 전투 벌여 그를 죽임	蘇峻, 수도 建康 제압		
329		4	石勒, 前趙를 멸하고 화북 제압	陶侃 등, 蘇峻의 난 평정		
330	成帝	5	石勒, 황제 칭함			비잔틴제국 성립
333		8	慕容廆 죽고 慕容皝이 뒤를 이음. 石勒 죽고, 石弘 뒤를 이음			
334		9	成의 李雄 사망. 李越 李期를 세움. 石虎, 石弘을 살해하고 居攝天王이 됨	陶侃 사망. 庾亮, 西府를 통괄함	고구려, 낙랑군 고지에 平壤城 증축	

335		咸康元	後趙, 鄴으로 천도. 佛圖澄, 國師가 됨			
337		3	石虎, 태자 살해. 慕容皝, 燕王 칭함(前燕)			로마 3분
338	成帝	4	成의 李壽, 李期를 살해하고 자립하여 국호를 漢으로 고침. 선비拓拔部의 什翼犍, 代王이 됨		後趙, 고구려와 제휴하여 屯田兵 1만을 키움	
339		5	燕王 慕容皝, 고구려 공격	王導, 郗鑒 사망. 庾亮 사망(340)		사산조 기독교 박해 시작
342		8	前燕, 龍城으로 천도	成帝 사망, 康帝 즉위	前燕軍, 고구려 수도 丸都 공격	
343	康帝	建元元	成의 李壽 사망,아들 勢가 뒤를 이음			
344		2	前燕, 宇文部를 멸함	康帝 사망, 穆帝 즉위. 褚太后 섭정		
345		永和元	長駿, 涼王 칭함(前涼)	會稽王 昱, 집정. 庾翼 사망. 桓溫, 西部의 수장이 됨		
346		2			백제 근초고왕 즉위	
347		3	成漢 멸망. 張駿 사망(346), 重華가 뒤를 이음	桓溫,成漢을 멸하고 蜀을 晉領으로 삼음		
348		4	慕容皝 사망, 아들 儁이 뒤를 이음	桓溫, 征西大將軍이 됨		
349		5	石虎, 황제 칭했으나 병사하고 後趙는 대혼란에 빠짐. 冉閔, 胡族 학살	征北大將軍 褚裒, 北征에 실패		
350	穆帝	6	冉閔, 魏國 수립. 前燕 남하하여 薊로 천도. 중원의 혼란 계속			
351		7	저족추장 苻健, 장안에 입성하여 天王單于를 칭함(前秦)	殷浩, 桓溫과 대립		
352		8	苻健 제위에 오름. 前燕, 冉閔 살해하고 魏 멸망. 慕容儁 제위에 오름			
353		9	前涼의 張重華 사망, 張祚가 뒤를 이음	殷浩의 北征 실패. 王羲之 등, 蘭亭會를 엶		로마 콘스탄티누스 2세, 로마제국 통일

442

연도	황제	연호				
354	穆帝	10	前秦, 桓溫을 물리치고 關中 제압	殷浩 실각, 桓溫 집정. 桓溫, 북벌에 나서 關中에 들어갔으나 퇴각		
355		11	前秦의 苻健 사망하고 苻生이 뒤를 이음. 前涼의 張祚 살해되고 張玄靚이 뒤를 이음		고구려, 前燕에 인질 보냄	밀라노 종교회의, 아리우스·아타나시우스파 배척
356		12	前燕, 前秦, 東晉, 하남에서 전투	桓溫 북벌하여 낙양 탈환	신라 내물왕 즉위	
357		升平元	前秦의 苻堅, 폭군 苻生을 살해하고 天王이 됨. 前燕, 鄴으로 천도	穆帝 친정		
360		4	慕容儁 사망, 慕容暐가 뒤를 이음	謝安, 桓溫을 섬김	백제, 『書記』 1권 편찬	
361		5		穆帝 사망. 哀帝 즉위		
363	哀帝	興寧元	前涼의 張天錫, 주군을 살해하고 자립	桓溫, 大司馬都督中外諸軍事가 됨		다음해 로마제국 양분
365		3	前燕, 낙양 점령	哀帝 사망. 海西公 奕 즉위. 낙양 함락		
367	廢帝	太和2	前燕의 慕容恪 사망	會稽王 昱, 승상에 오름(366)		
369		4	前燕의 慕容垂, 桓溫을 枋頭에서 격파. 垂, 前秦으로 망명	桓溫의 북벌 실패	백제 근초고왕, 고구려에 대승 거두고 백제통일 완성	
370		6	前秦王 苻堅, 鄴을 함락당하고 前燕 멸망			
371	簡文帝	咸安元		桓溫, 황제 폐하고 會稽王 昱을 세움	백제, 고구려 평양성 공격	
372		2	前秦, 王猛을 재상으로 삼음	簡文帝 사망, 孝武帝 즉위	고구려, 前秦으로부터 불교 전래, 태학 설치	
373	孝武帝	寧康元	前秦, 蜀을 東晉으로부터 빼앗음	桓溫 사망. 謝安 등이 정치 담당	고구려, 율령 반포	
375		3	王猛 사망		고구려, 불교공인	서고트, 로마령 내로 이동. 게르만족의 대이동 시작
376		太元元	前秦, 前涼 병합하고 什翼犍의 代國 공격하여 二分			인도 굽타조 최전성기
377					고구려·신라, 前秦에 사신 파견	

380		5	苻堅, 關中의 저족15만호 동쪽으로 분산배치	王羲之 사망(379)		
381		6			東夷西域62國, 前秦에 조공	제1회 콘스탄티노플 종교회의 소집
383		8	苻堅, 肥水戰에서 東晉에 대패. 화북 다시 혼란	謝石, 謝玄 등 前秦軍과 肥水戰에서 대승		라틴어 성서 완성
384		9	慕容垂 독립(後燕). 羌族의 姚萇, 秦王 칭함(後秦). 慕容沖 독립(西燕)	晉軍 북벌. 하남을 제압하고 낙양 입성	백제, 불교 전래	
385		10	姚萇, 苻堅 살해. 呂光, 姑臧에서 독립(後凉), 乞伏國仁 大單于로 칭함(西秦)	劉牢之 부대, 鄴까지 진격하였으나 철수. 謝安 사망	고구려, 요동 공격하여 요동과 玄菟 함락	
386	孝武帝	11	拓拔珪, 代王이 됨. 4월, 代를 魏로 개명. 後燕은 中山에, 後秦은 長安에 도읍 정함. 前秦의 苻登, 제위 잇고 南安에 웅거			
388		13	西秦의 乞伏國仁 사망, 동생 乾歸가 뒤를 이음	謝玄 사망. 謝石 사망		
391		16			광개토대왕 즉위	
392		17		殷仲堪, 西府의 수장이 됨	신라, 고구려에 볼모 보냄. 고구려와 백제 간의 전쟁 계속	로마, 기독교를 국교로 승격
394		19	後秦의 姚萇 사망, 아들 興이 뒤를 이음(393). 前秦, 後秦 멸함. 후연, 서연을 멸함	後燕이 山東방면 탈환. 司馬道子, 권력 전횡		
395		20			고구려, 卑麗 정벌	로마 동서로 분열
396		21	後燕의 慕容垂 사망, 아들 寶가 뒤를 이었으나 내정 혼란. 北魏, 後燕 침공	孝武帝 변사, 安帝 즉위. 司馬道子와 王恭 간의 대립 고조	광개토대왕, 수군 거느리고 백제 공격. 백제, 항복하고 王弟를 볼모로 보냄	
397	安帝	隆安元	南凉國·北凉國 독립. 北魏, 中山 함락시키고 남하, 황하이북의 중원 제압. 慕容寶, 龍城으로 도주하여 後燕 유지	北府의 수장 王恭, 司馬道子에게 내정개혁 강요. 道子, 할수없이 王國寶 등을 처단		
398		2	北魏, 平城으로 천도, 拓拔珪 제위를 이음(道武帝). 부족 해산. 慕容德, 滑臺에서 독립(南燕). 慕容寶 살해되고 盛이 뒤를 이음	劉牢之의 배신으로 王恭 살해당함	고구려, 숙신 정복	

444

399		3	呂光 사망하고 北涼은 혼란. 呂纂이 뒤를 이음. 法顯, 인도로 구법 여행(~413)	奴客징발령 발포. 孫恩의 난 발발. 桓玄, 殷仲堪과 싸워 그를 살해하고 西府의 수장이 됨	백제, 신라를 침	페르시아, 기독교 박해
400		4	西秦, 後秦에 항복. 돈황에 西涼國 독립. 南燕, 廣固로 이주	劉牢之·劉裕 등 孫恩을 토벌	고구려, 백제·가야·왜 연합군 격파	
401		5	後涼의 呂纂 살해되고 呂隆이 뒤를 이음. 沮渠蒙遜, 段業을 살해하고 北涼을 빼앗음	孫恩의 수군, 建康 육박. 劉裕, 이를 격퇴		서고트왕 알라리크, 이탈리아 침입
402		元興元	後秦, 여러 涼國 제압. 北魏, 後秦과 대전	孫恩 자살. 盧循 남진. 桓玄, 동쪽으로 내려가 建康 제압. 司馬道子, 劉牢之 등을 살해	柔然, 漠北의 패권 장악	
403		2	後秦, 後涼을 멸함	桓玄, 安帝로부터 선양받고 楚國 수립(永始元年)		
404	安帝	3	鳩摩羅什, 後秦의 國師가 됨(405)	劉裕 쿠데타 성공. 桓玄 살해되고 安帝 복위	고구려, 後燕과 대전(~405). 왜군, 고구려에 패퇴	
406		義熙元			고구려, 후연왕 慕容熙 군대 격퇴	반달·아랍족 등 갈리아 침입
407		3	赫連勃勃, 夏 건국. 고구려계 출신 高雲, 後燕 빼앗아 왕으로 즉위			
409		5	馮跋, 北燕 건국. 西秦, 後秦에서 다시 독립. 北魏의 道武帝 살해되고 明元帝 즉위	劉裕, 南燕 토벌		
410		6	晋황실의 일족 司馬國璠 등, 後秦으로 망명해 옴	劉裕, 南燕 멸망시킴. 盧循, 健康에 육박하였으나 劉裕에게 격퇴당함		알라리크, 로마 함락시키고 약탈
411		7		盧循 베트남으로 쫓겨나 자살		
412		8		劉裕, 劉毅 멸함	광개토대왕 사망	
413		9			장수왕, 東晋에 조공하고 고구려왕에 책봉. 왜왕 讚, 東晋에 조공	
414		10	西秦, 南涼 멸함	土斷 시행(413)	고구려, 광개토대왕비 건립	
415		11				히스파니아에 서고트 왕국 성립

416	安帝	12	後秦의 姚興 사망, 後秦은 혼란에 빠짐	劉裕에 中央大都督의 지위 덧붙임. 북벌에 나서 낙양 함락	백제, 東晉으로부터 작호 받음	카르타고 종교회의
417		13	後秦 멸망. 晉의 司馬休之, 國璠, 王慧龍 등 北魏로 망명	劉裕, 장안 함락하고 後秦을 멸함		
418	恭帝	14	夏國, 장안을 취하고 關中 제압	劉裕, 宋公이 됨. 安帝 살해하고 恭帝 옹립		서고트족, 스페인 정복
420 (宋)	武帝	永初元 (421년 西涼 멸망)	北涼, 西涼을 공격	劉裕, 선양받아 제위 오름(武帝). 東晉 멸망, 宋國 성립	백제·고구려, 宋으로부터 작호받음	동로마, 페르시아와 전쟁
422		3		武帝 사망, 少帝 즉위	고구려 장수왕, 宋으로부터 작호받음	
423	少帝	景平元	北魏 明元帝 사망, 太武帝 즉위	徐羨之 등 專權		
424		元嘉元		少帝 폐위, 文帝 즉위		
425		2	夏의 赫連勃勃 사망. 太武帝, 柔然을 막북으로 쫓아냄	文帝 친정	고구려, 북위에 사신 파견	에프탈, 사산조 페르시아 침입
426		3	北魏, 夏 토벌하고 長安 점령	徐羨之 주살. 江陵의 謝晦를 멸함		아우구스티누스 『神國論』 완성
427		4	北魏, 夏의 수도 統萬 점령	陶淵明 사망	고구려, 평양 천도	
430		7			백제, 송으로부터 작호받음	
431	文帝	8	夏, 西秦을 멸함. 吐谷渾, 夏를 멸함. 北魏, 관중 전역 점령	사수전 발행		
433		10	北涼 沮渠蒙遜 사망	謝靈運 처형		
436		13	北魏, 北燕을 멸하고 遼河유역 점령	功臣, 檀道濟 살해	北燕王 馮弘, 고구려에 투항해옴	
437		14			서역16국 北魏에 조공	
438		15			고구려, 馮弘과 그 자손 살해	
439		16	北魏, 北涼을 멸하고 화북 통일. 남북조시대 시작		고구려, 북위에 사신 파견	반달왕, 카르타고 공략하여 왕국의 수도로 삼음
443		20			고구려·백제, 宋에 사신 파견	론강 상류에 부르군트 왕국 성립(~534)
445		22	魏, 鄯善 점령. 446년 불교 탄압	元嘉曆 사용. 『後漢書』 저자 范曄 처형		

448		25	焉耆를 점령하고 龜玆 격파	通貨對策에 고심		
449		26	柔然에 대승			
450	文帝	27	宋에 南征하여 크게 위세 떨침. 國史사건으로 崔浩 처형, 漢人사대부 탄압	北伐 실패. 北魏에 江北을 유린당하고 建康 대요동		
452		29	太武帝, 환관에 암살당하고 文成帝 즉위. 불교 다시 부흥			훈족의 앗틸라왕, 이탈리아 침입
453		30		文帝, 황태자에게 암살당함. 황자 劉駿, 태자를 제거하고 제위에 오름		
454		孝建元		南郡王 義宣의 난. 四鑄錢 발행		
455	孝武帝	2			고구려, 백제 공격. 신라, 백제 원조	에프탈족, 중앙아시아에서 서북인도로 침입
459		大明3		景陵王 誕의 난		
460		4	雲岡石窟 개착 시작		漢人 闞氏, 高昌王이 됨. 왜국, 宋에 조공	
462		6			왜왕 興, 宋으로부터 安東將軍의 칭호 받음	반달족, 이탈리아 침입
464		8		孝武帝 사망, 前廢帝 즉위		
465	廢帝	泰始元	文成帝 사망, 獻文帝 즉위. 馮태후 섭정. 宋의 왕실 劉昶, 北魏로 망명	二銖錢 발행, 私鑄를 허가. 幣制의 혼란으로 상거래가 안됨. 황제, 諸王과 沈慶之 등을 차례로 살해하고 자신도 살해당함. 明帝 즉위. 幣制改革에 착수		
466		2		晉安王 子勛의 난		
468		4			고구려, 신라 침공	
469	明帝	5	宋으로부터 青州를 취함			
471		7	獻文帝, 5세의 태자 宏(孝文帝)에게 양위하고 자신은 太上皇帝가 됨			

472		泰予元	柔然, 魏 침공	明帝 사망, 後廢帝 즉위		
474		元徽2		桂陽王 休範의 난. 蕭道成, 평정		
475	後	3			고구려 백제의 漢城 공략, 백제 사비성으로 천도	
476	廢	4	馮태후, 獻文帝 살해하고 섭정이 됨			서로마 제국 멸망
477		昇明元		蕭道成, 황제를 폐하고 順帝 옹립. 袁粲 등 蕭道成을 쳤으나 敗死		
478	順	2			宋, 왜왕 武를 安東大將軍에 봉함	동고트, 발칸 반도 침입
479 (齊)		建元元		3월 蕭道成, 齊公이 되고 4월 선양받아 齊國으로 개명. 宋 멸망		
481	高帝	3			고구려, 南齊에 사신 파견	프랑크 클로비스왕 즉위. 메로빙거왕조 시작(~751)
482		4	同姓通婚 금지(483)	高帝사망, 武帝즉위		
485		永明3	均田法 발포			
486		4	三長制 시행			클로비스, 크랑크 왕국 건립
488	武	6			백제, 北魏의 침입 격퇴	사산조 카바드 1세 즉위. 카바드 마즈다교로 개종
490	帝	8	馮태후 사망. 孝文帝 친정	巴東王 子響의 난	백제, 국경에 침입한 북위군 대파	
492		10	均田法規, 令文으로 제정			북아프리카에 바달왕국 건설
493		11	洛陽 천도 결행	武帝사망, 廢帝즉위		
494	明	建武元	남조에서 망명한 王肅을 鄴에서 접견. 龍門石窟 개착 시작	蕭鸞, 황제 살해하고 황제에 오름(明帝). 景陵王 子良 사망	부여왕, 고구려에 항복	
496	帝	3	姓族詳定. 五銖錢 발행(495)		고구려 문자명왕에게 남제 관작 보내옴	클로비스, 기독교로 개종
498		永泰元		王敬則의 난. 明帝 사망, 東昏侯 즉위	麴氏高昌國 성립	
499	東	永元元	孝文帝 사망, 宣武帝 즉위	東昏侯 학정		
500	昏侯	2		蕭衍, 襄陽에서 군사를 일으킴		이 무렵 힌두교 일어남

501	和帝	中興元	洛陽 대수축	蕭衍, 南康王 寶隆을 받들어 진군. 東昏侯 살해하고 蕭衍, 建康 제압	梁, 백제·고구려의 왕에게 관작 보내옴	
502		天監元		蕭衍, 南康王으로부터 선양받음. 梁朝 수립, 南齊 멸망		동로마, 페르시아와 싸움
508		7	京兆王 倫의 난. 高肇, 彭城王 勰 살해	9품의 官階를 18班으로 개정	梁, 고구려왕에게 관작 보내옴	
511		10				클로비스왕 사망. 프랑크 왕국 분열
513		12		沈約 사망	백제, 일본에 五經博士 段楊爾 파견	
515		14	宣武帝 사망, 孝明帝 즉위. 諸王, 高肇 주살. 胡太后 섭정. 大乘의 賊 일어남			
519		18	羽林의 變 발발. 宋雲, 인도로 구법여행(518)		北魏, 고구려 안장왕에게 작위 보내옴	
520	梁武帝	普通元	元乂, 胡太后 유폐	北魏와 화친 맺음	신라, 율령 반포	
523		4	6鎮의 난 발발. 宋雲 서북인도에서 귀국	法定通貨를 鐵錢으로 전환	백제 武寧王 사망, 聖王 즉위	
524		5	鎮을 州로 고침. 亂이 더욱 확산			사산왕조, 동로마와 싸움
525		6	胡太后 다시 섭정			
527		大通元		武帝, 同泰寺에 捨身	신라, 불교 공인	동로마 유스티아누스 대제 즉위(~565)
528		2	胡太后, 황제 살해. 爾朱榮, 洛陽에 들어가 태후를 비롯한 황족 및 朝士 학살			동로마, 페르시아군 격파
529		中大通元	梁軍, 魏의 망명황족 동원하여 북진, 일시 낙양 입성에 성공하나 곧 패퇴	다시 同泰寺에 捨身		『유스티니아누스법전』 완성
530		2	孝莊帝, 爾朱榮 살해. 爾朱兆, 황제 살해. 동방 호족들, 反爾朱의 기치를 듦			
531		3	爾朱씨, 簡閔帝 옹립. 高歡 자립하여, 동방호족과 廢帝 옹립	昭明太子(蕭統) 사망. 蕭綱, 태자가 됨(후에 簡文帝)		사산조 호스로 1세 즉위. 사산조 페르시아 황금기

532		4	高歡, 鄴 점령. 爾朱씨의 군대를 멸하고 낙양에서 孝武帝 옹립		금관가야, 신라에 항복	
534		6	孝武帝, 낙양을 벗어나 關中의 宇文泰에게 피신. 高歡, 孝靜帝 옹립하고 鄴으로 천도. 宇文泰, 孝武帝 살해	武帝, 同泰寺에서 반야경을 講(533)		부르군트 왕국 멸망하고 프랑크 왕국에 병합. 클로타르 1세, 오탄 파괴
535		大同元	宇文泰, 文帝 옹립. 魏 동서로 분열			
536		2			신라 年號 사용 시작	
537		3	高歡, 宇文泰 공격하였다가 沙苑에서 패배	長干寺에 阿育王塔을 수축, 大法要를 염		
538	梁武帝	4			백제, 泗沘로 천도하고 扶餘로 고침. 백제 聖王, 불상과 佛論을 왜국에 전함	
541		7			梁의 佛經·工匠·畵史, 백제에 전래	
542		8	西魏, 六軍 설치			
543		9	邙山決戰에서 宇文泰, 高歡에 대패			
544		10	高歡의 勳貴 탄압 시작			
545		11			신라, 國史 찬술	
546		中大同元	西魏의 蕭綽 사망	武帝, 同泰寺에서 佛書 講		
547		太淸元	高歡 사망, 高澄이 뒤를 이음. 侯景, 배신	武帝, 同泰寺에 捨身. 侯景의 항복을 받아들임		
548		2		侯景의 난 발발	고구려, 백제의 獨山城 공격	
549		3	西魏, 胡姓으로 복귀	侯景, 建康 함락. 武帝 사망, 簡文帝 즉위		
550	簡文帝	大寶元	高澄 살해되고 高洋, 孝靜帝로부터 선양받음. 東魏 멸망, 北齊 성립(文宣帝). 西魏 府兵制 반포		백제와 고구려, 오랜 전쟁으로 모두 피폐	사산조 영내에 네스토리우스파 확산
551		2	西魏 文帝 사망, 아들 欽(廢帝) 즉위	侯景, 簡文帝 살해하고 漢帝라 칭함		

연도	황제	연호	중국		한국	세계
552	元帝	承聖元	王僧弁·陳霸先, 侯景 토멸. 湘東王 繹, 江陵에서 즉위 (元帝)		백제, 일본에 불교 전함. 이무렵 돌궐제국 건국	
554		3	宇文泰, 황제 폐위하고 恭帝 옹립. 西魏軍, 江陵을 함락하고 梁의 百官을 關中으로 납치	江陵 함락. 元帝 살해	백제 聖王, 신라 공격하다 전사.	
555	敬帝	紹泰元	北齊, 蕭淵明을 梁帝로 삼도록 王僧弁에게 압력	後梁國 성립(~587). 陳霸先, 王僧弁을 살해하고 蕭方智 옹립(敬帝)		동로마, 이탈리아 동고트왕국 멸망
556		太平元	西魏, 六官制 시행. 宇文泰 사망. 그 아들 覺, 周公이 됨	陳霸先, 분투하여 建康 주변의 北齊軍 격멸		
557 (陳)	武帝	永定元	宇文覺, 恭帝로부터 선양받음. 西魏 멸망, 周朝 성립. 宇文護, 覺을 폐하고 毓(明帝) 옹립	陳霸先, 敬帝로부터 선양받아 梁 멸망하고 陳朝 성립(武帝)		
558		2				클로타르 1세 프랑크 왕국 재통일
559		3	北齊 文宣帝 사망, 廢帝 즉위	武帝 사망, 文帝 즉위		
560	文帝	天嘉元	北齊 常山王 演, 황제 폐하고 자립(孝昭帝). 楊愔 등을 살해. 北周 宇文護, 황제 폐하고 邕(武帝) 옹립	陳軍, 王琳·北齊의 연합군 격멸. 王琳, 北周로 도주		
561		2	北齊 孝昭帝 사망, 武帝 즉위			프랑크 왕국 분열
562		3			신라, 대가야 합병	
564		5	北齊, 北周軍 격파	福建의 陳寶應을 멸하고 강남 통일		
565		6	齊의 武成帝, 태자 緯에게 양위하고 太上皇帝가 됨		신라, 陳으로부터 승려와 불경 전래	
566	廢帝	天康元		文帝 사망, 廢帝 즉위	신라, 皇龍寺 준공	
568	廢帝	光大2	齊 太上皇帝 사망. 北周의 楊忠 사망, 아들 堅이 뒤를 이음	安成王 頊, 황제 폐하고 569년 정월 제위에 오름(宣帝)		

570		太建2				마호메트 출생
571		3	齊의 琅邪王 儼, 和子開 등을 살해. 儼도 살해됨			
572		4	周 武帝, 宇文護 주살하고 親政. 齊의 명장 斛律光, 살해당함	돌궐 동서로 분열		동로마, 페르시아와 전쟁
573		5	齊의 祖珽 실각. 文林館의 漢人지식인들 살해	北齊 토벌하여 강북의 수개 郡 취함		
574		6	周 武帝, 불교와 도교 탄압	智顗, 天台宗을 염(575)	신라 皇龍寺의 丈六佛 완성	
577	宣帝	9	周, 齊를 멸하고 화북 통일		신라, 백제 격파. 백제, 經論·造佛工·造寺工 일본으로 보냄	
578		10	周의 武帝 사망, 宣帝 즉위			
579		11	宣帝, 태자(靜帝)에게 양위하고 天元皇帝라 칭함	강북의 諸郡, 北周에 빼앗김		동로마, 페르시아군 격파
580		12	天元皇帝 사망. 楊堅, 실권 장악하고 隋王이 됨			프랑크 왕국 3분국에서 제후들이 실권 장악
581		13	楊堅, 靜帝 폐하고 隋朝 성립		隋, 고구려·백제에 관작 보내옴	
582		14	隋, 신도읍을 龍首山에 조영	宣帝 사망. 後主 즉위		
583		至德元	大興城으로 천도	後主 改元		
587	後主	禎明元	後梁 멸함		蘇我馬子, 物部守屋을 멸함	
589		3	陳을 평정하고 천하통일	陳 멸망. 後主 등 포로가 되어 關中으로 이송		

452